Smart Health

Daniel Fasnacht
(Hrsg.)

Smart Health

Ansätze zur Digitalisierung und Demokratisierung des Schweizer Gesundheitsökosystems

Springer Gabler

Hrsg.
Daniel Fasnacht
EcosystemPartners AG
Universität Zürich
Zürich, Schweiz

ISBN 978-3-658-46761-6 ISBN 978-3-658-46762-3 (eBook)
https://doi.org/10.1007/978-3-658-46762-3

Die Deutsche Nationalbibliothek verzeichnet diese Publikation in der Deutschen Nationalbibliografie; detaillierte bibliografische Daten sind im Internet über https://portal.dnb.de abrufbar.

Planung/Lektorat: Karina Kowatsch
Springer Gabler ist ein Imprint der eingetragenen Gesellschaft Springer Fachmedien Wiesbaden GmbH und ist ein Teil von Springer Nature.
Die Anschrift der Gesellschaft ist: Abraham-Lincoln-Str. 46, 65189 Wiesbaden, Germany

Geleitwort

Smart Health aus Perspektive der Gesundheitspolitik

Smart Health ist wichtig. In der Schweizer Politik ist diese Erkenntnis angekommen. Der Begriff «Smart Health» wird politisch aber bisher noch nicht häufig gebraucht. Man spricht eher davon, dass moderne digitale Technologien umfassend als Teil der digitalen Transformation des Gesundheitswesens angesehen werden müssen – und das ist ganz im Sinne von Smart Health. Von verschiedenen Parlamentariern wurden unzählige Vorstöße eingereicht mit dem Ziel, unter Benutzung des Internets der Dinge, der künstlichen Intelligenz, von Big Data, Cloud Computing und Blockchain die digitale Transformation des Gesundheitswesens voranzutreiben. Der Bundesrat hat Vorlagen zur digitalen Transformation aufgegleist. Im Stände- und Nationalrat wurde mit dem Abstimmungsverhalten in den letzten Jahren ebenfalls deutlich zum Ausdruck gebracht, dass Smart Health ein gesundheitspolitischer Schwerpunkt sein muss. So wurde eine auf fünf Jahre befristete Übergangsfinanzierung für das elektronische Patientendossier (EPD) am 15.März 2024 vom nationalen Parlament gutgeheißen (1). Der Bundesrat hat nun in seiner Sitzung vom 28. August 2024 beschlossen, dass diese Übergangsfinanzierung am 1. Oktober 2024 in Kraft treten soll. Ebenso hat man sich anfangs 2024 für das Projekt Digisanté ausgesprochen, welches der Bundesrat am 4.Mai 2022 in Auftrag gegeben hat (2). Auch haben der Nationalrat sowie der Ständerat das Gesetz zur elektronischen Identifikation, kurz e-ID dieses Jahr in beiden Kammern angenommen (3). Mit solchen politischen Grundlagen können in der Schweiz überfällige Fortschritte im Bereich von smart health endlich umgesetzt werden.

Das elektronische Patientendossier: Eine dringende Notwendigkeit

Im Alltag des Gesundheitswesens ist das EPD in der Schweiz aber immer noch nicht so weit entwickelt, wie es idealerweise und mit Blick auf andere Länder sein sollte. Immerhin stellt die Bertelsmann Stiftung der Schweiz eine gute Prognose aus, auch wenn wir zurzeit immer noch auf den hinteren Rängen in einem Ländervergleich liegen. Wir sind weit abgeschlagen auf der Rangliste und liegen deutlich hinter Dänemark, Schweden oder Estland. Aber auch Länder wie Spanien oder Portugal sind beim EPD klar besser aufgestellt. Die Beurteilung der Schweiz wird in einer von dieser Stiftung durchgeführten Studie wie folgt zusammengefasst: «Beim Digital-Health-Index belegt die Schweiz einen der hinteren Ränge. Bedingt durch den starken Föderalismus, erschweren die komplizierten politischen Konstellationen oft die Zusammenarbeit. Dennoch herrscht bei den Zielen und der Umsetzung der nationalen E-Health-Strategie unter den Akteuren Einigkeit – gute Aussichten für den künftigen Fortschritt» (4).

Ende August 2024 hatten in der Schweiz erst rund 72'000 Personen ein EPD eröffnet (5). Bei über 9 Millionen Einwohnern in der Schweiz ist diese Anzahl an elektronischen Patientendossiers ein sehr bescheidener Anfang einer digitalen Transformation von Patientenakten. Woran liegt das? Ein EPD kann heutzutage zwar in den meisten Kantonen von zu Hause aus eröffnet werden, aber der Ablauf ist komplex, was auch der Erfahrungsbericht des Herausgebers dieses Buches im letzten Kapitel aufzeigt. Eine Vereinfachung des Vorgangs bei der EPD-Eröffnung ist dringend nötig. Weiter sind noch lange nicht alle Spitäler bereit, die Unterlagen automatisch für einen Patienten auch in seinem EPD abzulegen. Sie berufen sich dabei auf die berühmte «Huhn oder Ei» Frage, wie dies auch die Softwareentwickler machen: Braucht es zuerst eine kritische Menge an EPDs, bevor es sich lohnt, dieses so auszugestalten, dass es in der Anwendung attraktiv ist oder braucht es zuerst ein attraktiv gestaltetes EPD, damit eine signifikante Anzahl Personen damit arbeiten wollen und können? Ich selbst habe dem Verpflichtungskredit zum elektronischen Patientendossier über 30 Millionen Franken in den nächsten 5 Jahren im Parlament zugestimmt in der Hoffnung, die Anzahl der eröffneten Dossiers könne so signifikant gesteigert werden und es bestehe dann auch ein Anreiz, die Anwenderfreundlichkeit des EPDs zu erhöhen. Dank diesen vom Parlament gesprochenen 30 Millionen Franken erhalten die Stammgemeinschaften nun sicher einmal einen Anreiz, dass sich die EPDs rascher verbreiten, denn die Höhe der finanziellen Unterstützung ist davon abhängig, wie viele elektronische Patientendossiers eröffnet wurden.

Bezüglich der Anwenderfreundlichkeit des EPDs bleibt zu hoffen, dass mit zunehmender Anzahl eröffneter elektronischer Patientendossiers die Handhabung verbessert wird. Die Anwenderfreundlichkeit ist nämlich nicht nur bei der Eröffnung eines elektronischen Patientendossiers noch weit davon entfernt von dem, was generell als zumutbar beurteilt werden kann. Auch im alltäglichen Gebrauch ist eine erträgliche Anwenderfreundlichkeit zum jetzigen Zeitpunkt weder für die Gesundheitsfachpersonen noch für die Patienten gegeben. Selbstverständlich nützt es, wenn in einem pdf Dokument steht, welche Diagnosen und welche Therapien ein Patient hat oder hatte. Noch besser wäre es aber ganz klar, wenn mittels eines Algorithmus oder zumindest mittels einer einfachen Suchfunktion die aktuelle Therapie und die relevanten und ebenfalls aktuellen Diagnosen rasch im EPD gefunden werden könnten. Eine ungeordnete Ablage von Dokumenten, welche möglicherweise nicht einmal mehr aktuell ist, gibt zwar Anhaltspunkte, ist aber weniger hilfreich. Dennoch sind im Berufsalltag von Ärzten oder anderen Gesundheitsfachpersonen nicht-aktuelle oder gar falsche Dokumentationen besser als gar keine Anhaltspunkte, denn diese kann und muss man hinterfragen und kommt so vielleicht einer relevanten medizinischen Diagnose auf die Spur, welche der Patient von sich aus trotz wiederholter Befragung nicht erwähnt hätte. Ein mäßig gutes oder vielleicht sogar fehlerhaftes elektronisches Patientendossier ist also immer noch besser als gar kein elektronisches Patientendossier. Zum Beispiel kann ein Patient, der wegen einer Blinddarmentzündung auf den Notfall kommt, gleichzeitig auch einen gutartigen, symptomlosen Hirntumor haben, den man ebenfalls beispielsweise als Zufallsbefund nach einem Schädelhirntrauma entdeckt hat. Ein Routine MRI oder Routine CT macht man vor einer Blinddarmentfernung nicht und so würde man ohne EPD wohl in Unkenntnis dieser Diagnose operieren. Steht aber im EPD schon nur, dass der Patient einmal bei Schädelhirntrauma ein MRI gehabt hat, so wird man als Arzt oder als Ärztin hellhörig und beginnt nachzufragen, bestellt das MRI und den MRI Befund und erhält so diese Diagnose, die im EPD bisher gefehlt hat.

Im Zeitalter von Smart Health muss man sich jederzeit im Klaren sein, dass man sich bei ärztlichen, pflegerischen und weiteren Tätigkeiten in der Gesundheitsbranche nicht auf Daten des elektronischen Patientendossiers verlassen kann, sondern dass diese eine wertvolle Ergänzung darstellen, die im Einzelfall immer auf deren Glaubhaftigkeit überprüft und in den Gesamtkontext einer Konsultation oder Therapie gestellt werden müssen. Diese Pflicht zur Überprüfung von Aussagen, Befunden oder Daten ist übrigens auch einer der Gründe, wieso gerade Ärzte den Patienten wiederholt die gleichen Fragen stellen und gelegentlich eine Untersuchung wiederholen. Es ist entscheidend zu wissen, wie verlässlich die gemachten Aussagen, Befunde oder sonstigen Daten sind und wie weit man diesen vertrauen kann. Für einen einzelnen Patienten ist es allenfalls sogar existenziell, dass sein Arzt abschätzt, wie weit eine Datenlage für diesen einzelnen Patienten wirklich zutrifft und welche Faktoren auch noch berücksichtigt werden müssen. So kann die Empfehlung, einen gewissen Knochenbruch zu operieren, aufgrund der allgemeinen Datenlage absolut richtig sein. Es kann generell sogar als fehlerhaft gewertet werden, wenn man dies nicht tut. Wenn ein einzelner Patient aber gewisse Nebendiagnosen hat und als Folge davon beispielsweise ein deutlich erhöhtes Narkoserisiko aufweist, dann kann in der Einzelfallabwägung allenfalls doch entschieden werden, diesen spezifischen Patienten nicht zu operieren, obwohl eine Operation gemäß Datenlage klar indiziert wäre. Zusammenfassend ist also eine hohe Zuverlässigkeit in Patientendossiers in der Medizin wichtig, muss aber von gewissenhaften Ärzten und weiteren medizinischen Spezialisten im Einzelfall immer hinterfragt und auch in den Kontext von weiteren Informationen gestellt werden.

Im Bundesgesetz über das elektronische Patientendossier (EPDG) vom 19.Juni 2015 war die Teilnahme am EPD für Patientinnen und Patienten und für ambulante Leistungserbringer bislang freiwillig (sogenannte doppelte Freiwilligkeit). Seit dem 1.Januar 2022 müssen aber neu zur Tätigkeit zulasten der obligatorischen Krankenpflegeversicherung zugelassene Ärzte einer Stammgemeinschaft respektive zertifizierten Gemeinschaft gemäss Artikel 11, Buchstabe a des EPDG angeschlossen sein, also mit dem EPD arbeiten. Aktuell wird das EPDG erneut überarbeitet. Unter anderem soll definiert werden, wie die Aufgaben beim EPD zwischen Bund und Kantonen verteilt werden und wie das EPD finanziert wird. Es besteht die Idee, dass nicht nur Spital- und Pflegebetriebe mit dem elektronischen Patientendossier arbeiten, sondern auch alle ambulant tätigen Gesundheitsfachpersonen dazu verpflichtet werden. Weiter sollen alle Grundversicherten ein elektronisches Patientendossier gratis erhalten, wenn sie es wollen. Bis die umfassende Gesetzesrevision zum elektronischen Patientendossier vom Parlament verabschiedet worden ist, wird es wohl noch einige Jahre dauern. Auch wenn die Schweiz also auf einem guten Weg ist, so ist es schade und für unser vergleichsweise wohlhabendes Land unrühmlich, dass wir beim EPD noch nicht weiter sind. Es gilt, einen deutlichen Rückstand im internationalen Vergleich aufzuholen. Dieses Buch zeigt einige Ansätze und Werkzeuge.

Digisanté: Gesetzliche Grundlagen für die digitale Transformation im Gesundheitswesen

Ebenfalls noch einige Jahre dauern wird eine zweite Vorlage, die der National- und Ständerat mit einer großen Mehrheit verabschiedet hat und für welche ein hoher Millionenbetrag an Steuergeldern eingesetzt wird: Das Projekt *Digisanté*. Dieses Projekt kostet den Bund und die Steuerzahler einen Verpflichtungskredit von 392 Millionen Franken und hat Gesamtkosten von 623,8 Millionen Franken zur Folge. Es soll bis 2034 umsetzt werden. Auf den ersten Blick ist das eine unfassbar lange Zeit. Man muss sich aber auch hier vergegenwärtigen, dass das politische System in der Schweiz basisdemokratisch ist. Dies hat sich bewährt – auch wenn das föderalistische System tatsächlich ziemlich träge sein kann. Mit Digisanté sollen die gesetzlichen Grundlagen für die digitale Transformation im Gesundheitswesen geschaffen und die digitale Transformation grundsätzlich gefördert werden. Es wurden vier Pakete definiert. Daten sollen standardisiert und für die Behandlung, Abrechnung, Forschung und Verwaltung nahtlos ausgetauscht werden können. Behördenleistungen sollen digitalisiert werden. Der Datenschutz, die informationelle Selbstbestimmung und der Cyberschutz sollen verbessert und der Zugang zu den Gesundheitsdaten rechtlich klar geregelt werden. Außerdem soll die Sekundärnutzung der Gesundheitsdaten für Planung, Steuerung und Forschung im Rahmen der rechtlichen Vorgaben erleichtert werden. Es ist also das Ziel, dass zukünftig die digitalen Systeme im Gesundheitswesen untereinander kompatibel sein müssen, das ist wirklich überfällig. Die Umsetzung dieser Umrüstung und Anpassungen gehört aber nicht in die finanzielle Zuständigkeit des Bundes. Und das ist ein Problem. Denn hier entstehen Folgekosten für Kantone und Leistungserbringer, bei welchen mit Blick auf die aktuell defizitären Spitäler noch nicht klar ist, wer diese Folgekosten auf welche Art stemmen wird. Selbstverständlich führt ein smartes Gesundheitswesen mittel- bis längerfristig zu einem Effizienzgewinn und dadurch zu einem weniger ausgeprägten Kostenwachstum. Die Anschubfinanzierung dazu muss aber gewährleistet werden – und das kostet zuerst einmal sehr viel Geld. Die Finanzierung wurde mit Digisanté nun zwar im Bereich der Bundeskompetenzen gesprochen, ist damit aber noch lange nicht umfassend geklärt.

Elektronische Identität

Damit Projekte wie das elektronische Patientendossier, Digisanté und weitere digitale Transformationen gelingen, braucht es auch eine elektronische Identität. Auch damit hat sich das Schweizer Parlament beschäftigt. Der Nationalrat und auch der Ständerat hat das Bundesgesetz über den elektronischen Identitätsnachweis und andere elektronische Nachweise mit großer Mehrheit angenommen und dafür 100 Millionen Franken Steuergelder gesprochen. Wenn alles so läuft, wie geplant, sollte die staatliche Identifikation 2026 eingeführt werden können. Auch das ist ein Meilenstein und ein Bekenntnis für eine smarte Schweiz.

Wie weit darf und soll smart health gehen und welche Rolle hat die Politik dabei?

Smart Health geht deutlich weiter als das, was im Parlament bisher dafür getan wurde. Bereits heute lesen wir Röntgenbilder mit ChatGPT gegen, führen wir mithilfe von Robotern Operationen aus, berechnen mit dem Computer, wie man am besten eine Drainage im Gehirn einlegen sollte, nehmen die Sprechstunde mit einem Diktiergerät auf, welches am Schluss fertige Berichte ausdruckt und die Behandlung auch gleich abrechnet. Es wird noch viel mehr möglich werden. Deshalb sollte auch die Frage aufgeworfen werden, wie weit die Politik solche Entwicklungen begleiten, vorantreiben und regulieren soll und wo möglicherweise die Grenzen von Smart Health liegen.

Je mehr in der Medizin möglich und machbar wird, umso mehr rücken nebst Fragen zur Finanzierbarkeit und Effizienz sowie Effektivität auch ethische Aspekte in den politischen Vordergrund. Wir müssen als Gesellschaft einen Konsens finden und definieren, was wir mit Daten zur eigenen Gesundheit wirklich alles machen wollen und wie weit Prävention, Diagnostik und Therapie im Gesundheitswesen gehen sollen. Aus einer freisinnig-liberalen Perspektive sollte die Eigenverantwortung, die persönliche Freiheit von jeder einzelnen Person und der individuelle Wille dabei beachtet und hoch gewichtet werden. Der Herausgeber dieses Buches spricht in diesem Zusammenhang von der *Demokratisierung des Gesundheitswesens.*

Wenn wir daran denken, wie sorglos mit den eigenen Daten teilweise umgegangen wird, so stellt sich politisch und auch ethisch die Frage, wie weit solche Daten gerade im Bereich der Gesundheit geschützt werden müssen. Man denke hier beispielsweise an die Folgen von Genomsequenzierungen und die Möglichkeiten der Prävention, die sich hieraus ergeben. Oder wie weit soll die eigene Berufswahl beeinflusst werden, wenn jemand sein Genom sequenzieren lässt und deshalb schon in jungen Jahren weiß, welche medizinischen Probleme auf ihn zukommen können? Wie weit soll und muss präventive Medizin überhaupt gehen? Gerade wenn die Datenlage eine individualisierte Medizin erlaubt, ist es nicht abwegig zu denken, dass aufgrund von diesen Daten oder dank Algorithmen Krankheiten erkannt werden, bevor sie ausbrechen. Mit dieser Problematik ist die Medizin bereits heute ein Stück weit konfrontiert. So gibt es bei Magnetresonanzuntersuchungen des Kopfes beispielsweise den Zufallsbefund von Hirnaneurysmen. Diese Erweiterungen von Arterien im Gehirn können irgendwann einmal im Leben platzen und einen tödlichen Verlauf nehmen. Sie können aber auch nicht platzen und gesundheitlich entsprechend nie klinisch relevant werden. Soll man zufällig entdeckte Aneurysmen im Gehirn also prophylaktisch entfernen? Vielleicht kann diese Frage dank Big Data zukünftig noch besser beantwortet werden? Und falls ja: Mit welcher Zuverlässigkeit wäre sie dann richtig beantwortet? Im Einzelfall handelt es sich hierbei oft um eine überlebenswichtige Frage. Die Operation zur Entfernung eines Aneurysmas im Gehirn ist in der Regel keine Kleinigkeit. Oder was soll man bei Neugeborenen-Screenings machen: Welche Krankheiten sollen nach der Geburt alle gesucht werden? Was nützt es, eine Erkrankung im Neugeborenenalter zu finden, die (noch) nicht therapiert werden kann?

Es gibt noch viele große Fragen im Gesundheitswesen zu beantworten. Gerade wenn immer mehr möglich und machbar wird, wird es auch immer schwieriger,

Grenzen zu ziehen. Umso wichtiger ist es darum, dass wir diese Fragen als Gesellschaft gemeinsam angehen, hier sind wir alle gefragt und hier kann gerade auch der Ansatz von Smart Health gute Unterstützung bieten, allerdings wohl nicht die menschlichen Entscheide im Einzelfall ersetzen. Ob die Politik bei diesen Fragen die Grenzen setzen soll und muss, muss wohl auch anhand von Einzelfällen beurteilt werden. Generell sind gute Rahmenbedingungen zu befürworten, strikte Verbote vor dem Hintergrund eines gewollten medizinischen Fortschrittes schwierig und damit nicht erwünscht.

Eines sollte trotz Fortschrittsglaube in der Medizin und speziell in die technischen Aspekte der Medizin nicht vergessen gehen: In der Medizin sind zwischenmenschliche Beziehungen, Gespräche und Empathie sehr wichtig. Wie sonst wäre beispielsweise der Placeboeffekt in der Medizin zu erklären, also das Auftreten therapeutischer Wirkungen nach Scheinbehandlungen, insbesondere der Gabe von Scheinpräparaten (Placebos)? Die Ursache des Placeboeffekts ist bis heute nicht restlich geklärt, man geht von einer suggestiven Wirkung aus, welche die Symptom-Awareness und die Symptomverarbeitung eines Patienten beeinflusst. Die beobachteten Wirkungen eines Placebo Effektes können jedenfalls qualitativ sogar vollumfänglich denen eines „echten" Medikaments bzw. einer „echten" Therapie entsprechen (6).

Schlussbemerkung

Das Buch *Smart Health* kommt zur richtigen Zeit und ist aus einer politischen Perspektive wünschenswert. Es erklärt interdisziplinäre Ansätze, welche nicht nur dazu beitragen, Kosten zu reduzieren und die Effizienz im Gesundheitswesen zu steigern, sondern auch Innovationen voranzutreiben. Im Schweizer Parlament unterstützt erfreulicherweise eine große Mehrheit Smart Health. Wer JA zu einer hochstehenden Gesundheitsversorgung in der Schweiz sagt, sagt auch JA zu Smart Health. Als innovationsstarkes, wohlhabendes und fortschrittliches Land sollten wir bei Smart Health auf den vordersten Plätzen mitmachen. Ich bin willens, in der Politik meinen Teil dazu beizutragen. Gleichzeitig muss man aber nicht vergessen: Es gibt auch bei Smart Health gewisse Grenzen – und auch das ist gut so.

Fussnoten

(1) https://www.bag.admin.ch/bag/de/home/strategie-und-politik/nationale-gesundheitsstrategien/strategie-ehealth-schweiz/umsetzung-vollzug/weiterentwicklung-epd.html
(2) https://www.parlament.ch/de/ratsbetrieb/suche-curia-vista/geschaeft?AffairId=20230076

(3) https://www.parlament.ch/de/ratsbetrieb/suche-curia-vista/geschaeft?AffairId=20230073
(4) https://www.bertelsmann-stiftung.de/de/unsere-projekte/der-digitale-patient/projektthemen/smarthealthsystems/stand-der-digital-health-entwicklung/
(5) https://www.e-health-suisse.ch/koordination/elektronisches-patientendossier/aktueller-stand
(6) https://www.jneurosci.org/content/jneuro/25/34/7754.full.pdf

Bettina Balmer *(*19.4.1966) hat an der Universität Basel Medizin studiert und 1992 dort ihren Doktortitel erlangt. Sie hat einen Facharzttitel in Kinderchirurgie und arbeitet zur Zeit am Universitätskinderspital Zürich auf der interdisziplinären Notfallstation in einem Teilzeitpensum, außerdem hat sie einen Lehrauftrag für Kinderchirurgie an der Universität Zürich. Ihre politische Karriere begann sie 2008. Als langjährige Kantonsrätin im Kanton Zürich war sie auch Mitglied der Kommission für soziale Sicherheit und Gesundheit. 2023 wurde sie in den Nationalrat gewählt und ist nun in der nationalrätlichen Kommission für Wissenschaft, Bildung und Forschung tätig sowie erster Ersatz in der nationalrätlichen Kommission für soziale Sicherheit und Gesundheit. Sie ist verheiratet und Mutter von drei erwachsenen Kindern.* https://www.bettina-balmer.ch

Zürich
September 2024

Dr. med. Bettina Balmer
Fachärztin für Kinderchirurgie FMH,
Nationalrätin FDP

Danksagung

In einer Zeit rasanter technologischer Fortschritte und fortschreitender Digitalisierung stehen viele Branchen vor tiefgreifenden Umwälzungen – und das Gesundheitswesen bildet hierbei keine Ausnahme. In den letzten Jahren haben sich neue Kooperationsformen entwickelt, die über Unternehmens- und Branchengrenzen hinausgehen. Das Open-Innovation-Konzept, welches ich bereits vor 20 Jahren in meiner Doktorarbeit im Finanzsektor untersuchte und seitdem in mehreren Büchern weiterentwickelt habe, erreicht nun eine neue Dimension. Ich bin überzeugt, dass enormes Potenzial in der Konvergenz von Branchen und Technologien liegt. Smart Health sehe ich als ein Schlüsselinstrument für die zukünftige branchenübergreifende Zusammenarbeit. Es vereint digitale Technologien und innovative Lösungen, um Gesundheit und Wohlbefinden zu fördern. Smart Health umfasst eine Vielzahl an Anwendungen, darunter Telemedizin, elektronische Gesundheitsakten, mobile Gesundheitsgeräte und personalisierte Medizin. Angesichts einer alternden Bevölkerung und steigender Gesundheitskosten wird der Druck, das Gesundheitssystem effizienter und nachhaltiger zu gestalten, immer größer. Smart Health bietet die Chance, diese Herausforderungen zu bewältigen, indem es die Patientenerfahrung verbessert, administrative Prozesse vereinfacht und die Zusammenarbeit zwischen verschiedenen Akteuren im Gesundheitswesen stärkt.

Dieses Buch bietet einen umfassenden Überblick über die Konzepte, Technologien und praktischen Anwendungen von Smart Health. Es richtet sich an Fachleute im Gesundheitswesen, politische Entscheidungsträger, Studierende sowie alle, die an der Gestaltung eines offenen und digitalen Gesundheitsökosystems mitwirken möchten. Als Herausgeber war es mir wichtig, genau diese

Personengruppen auch als Autoren zu gewinnen. Ein großer Dank gilt Professor Dr. Alfred Angerer und Johanna Stahl von der Zürcher Fachhochschule für Angewandte Wissenschaften (ZHAW) und Dr. Christoph Golz und Jannic Bieri von der Berner Fachhochschule für ihre Beiträge, welche die aktuelle wissenschaftliche Sicht zu Smart Health beleuchten. Dr. Sebastiano Caprara, Dr. Fabio Carillo, Dr. Flavia Vajda und Bettina Wapf von der Universitätsklinik Balgrist haben die technologischen Möglichkeiten, unter anderem mit Beispielen anhand eines Forschungs- und Ausbildungszentrum für Chirurgie (OR-X), aufgezeigt. Besonderer Dank gilt Andri Fabig, Fabio Rosamina, Lukas Gasser, Kathi Correia Nogueira und Tijana Gruban für ihre wertvollen Einblicke in die untersuchten Unternehmen. Sie haben erfolgreich ihre Forschungsarbeiten in die Praxis transferiert. Insbesondere möchte ich mich bei Professor Dr. Christian Fichter und Dr. Nicole Frick von der Kalaidos Fachhochschule für ihre Unterstützung für das Buchprojekt bedanken. Dr. Daniel Heller, Verwaltungsratspräsident des Kantonsspital Baden, hat Innovationspotenziale bei Spitälern aufgezeigt und erklärt in seinem Kapitel, wie er das KSB als Innovations-Hub positioniert. Schließlich möchte ich mich noch für das Vorwort aus Sicht der Gesundheitspolitikerin Dr. med. Bettina Balmer bedanken. Sie betont die Wichtigkeit von Smart Health und setzt sich als Nationalrätin dafür ein, dass das Schweizer Gesundheitssystem reformiert und die Effizienz und Qualität gesteigert wird.

April 2025, Zürich Dr. Daniel Fasnacht

Inhaltsverzeichnis

Herausgeber- und Autorenverzeichnis

Über die Herausgeber

Dr. Daniel Fasnacht ist eine anerkannte Führungspersönlichkeit mit 30 Jahren internationaler Erfahrung in der Finanz- und Technologiebranche. Seine Karriere begann bei SAP und Accenture, wo er komplexe, globale Projekte leitete und als Key Account Manager bedeutende internationale Kunden betreute. In leitenden Positionen bei Privatbanken wie Credit Suisse und Julius Bär entwickelte er in Lateinamerika Märkte und betreute vermögende Privatpersonen. Als CEO führte er zuletzt kleinere Hedgefonds- und Private-Equity-Firmen in der Schweiz.

2018 gründete er die EcosystemPartners AG, eine Beratungsfirma für Strategie, Innovation und Transformation. Seit 2020 ist er zusätzlich Director in der Executive Education, Dozent und Fellow an der Universität Zürich und unterrichtet an renommierten Institutionen wie der Universität Bern, der University of Rochester, der Kalaidos Fachhochschule Schweiz und der Zhejiang International Business School in Shanghai. Dr. Fasnacht engagiert sich in zahlreichen Fachgremien als Experte, Reviewer in Fachzeitschriften und Berater, insbesondere in den Bereichen Strategie, digitale Transformation, Plattform-Geschäftsmodelle und Ökosysteme. Er war mehrere Jahre Experte bei der Schweizerischen Agentur für Innovationsförderung Innosuisse und wurde im Juli 2025 als Mentor akkreditiert. Seine grosse Erfahrung setzte er bei der Evaluation und der Förderung von über 50 Startups ein.

Er ist Wirtschaftsinformatiker und absolvierte einen Executive MBA an der Universität St. Gallen und der Haas Business School, University of California, Berkeley. Seine Doktorarbeit an der University of Nottingham zu Open Innovation legte vor 20 Jahren den Grundstein für seine Erkenntnis, dass Zusammenarbeit über Organisationsgrenzen hinweg zahlreiche Vorteile bietet. In seinen Büchern *Open Innovation in the Financial Services* (2009), *Open Innovation Ecosystems* (2018) und *Offene und digitale Ökosysteme* (alle bei Springer erschienen) zeigt er, wie sektorübergreifende Co-Innovation Mehrwert für Unternehmen, Kunden und die Gesellschaft schaffen kann – von Health to Wealth! Diese Konzepte bilden die Grundlage für sein neuestes Werk über Smart Health.

Autorenverzeichnis

Prof. Dr. Alfred Angerer ZHAW School of Management and Law. Winterthurer Institut für Gesundheitsökonomie, Winterthur, Schweiz. E-Mail: alfred.angerer@zhaw.ch

Jannic Stefan Bieri Berner Fachhochschule, Departement Gesundheit, Bern, Schweiz. E-Mail: jannic.bieri@bfh.ch

Dr. Sebastiano Caprara Universitätsklinik Balgrist, Zürich, Schweiz, Medizinische Spitaldirektion, Digital Medicine Unit. E-Mail: sebastiano.caprara@balgrist.ch

Kathi Correia Nogueira BBraun Medical AG, Regional Sales Manager, Kalaidos Fachhochschule, Zürich, Schweiz. E-Mail: kathi.correianogueira@gmail.com

Dr. Fabio Carrillo Universitätsklinik Balgrist, Zürich, Schweiz, Operating Room X (OR-X). E-Mail: fabio.carrillo@balgrist.ch

Andri Fabig uniQconsulting AG, Mitglied der Geschäftsleitung, Kalaidos Fachhochschule, Zürich, Schweiz. E-Mail: andri.fabig@gmail.com

Dr. Daniel Fasnacht Universität Zürich, Schweiz,Director, Dozent, Fellow; EcosystemPartners AG, CEO & Founder, Zürich, Schweiz. E-Mail: fasnacht@ecosystempartners.ch

Lukas Gasser Schweizerische Rettungsflugwacht Rega, Kalaidos Fachhochschule, Zürich, Schweiz. E-Mail: lukas.gasser@rega.ch

Dr. Christoph Golz Berner Fachhochschule, Departement Gesundheit, Bern, Schweiz, Leiter IF GV & Personalentwicklung. E-Mail: christoph.golz@bfh.ch

Tijana Gruban Tertianum, Zürich, Schweiz, Leiterin Pflege und Betreuung, Stellvertretende Geschäftsführerin, Kalaidos Fachhochschule, Zürich, Schweiz. E-Mail: tijana.gruban@bluewin.ch

Dr. Daniel Heller Kantonsspital Baden AG, Baden, Schweiz, Verwaltungsratspräsident; Team Farner, Zürich, Schweiz, Partner. E-Mail: daniel.heller@ksb.ch

Fabio Rosamina Rosamina & Partner, Partner, Kalaidos Fachhochschule, Zürich, Schweiz. E-Mail: fr@rosamina-partner.ch

Johanna Stahl ZHAW School of Management and Law. Winterthurer Institut für Gesundheitsökonomie, Winterthur, Schweiz. E-Mail: johanna.stahl2@zhaw.ch

Dr. Flora Vajda Universitätsklinik Balgrist, Zürich, Schweiz, Medizinische Spitaldirektion, Research & Innovation Node. E-Mail: flora.vajda@balgrist.ch

Bettina Wapf Universitätsklinik Balgrist, Zürich, Schweiz, Leiterin Stab Operative Spitaldirektion. E-Mail: bettina.wapf@balgrist.ch

Abbildungsverzeichnis

Tabellenverzeichnis

Teil I
Technologie, Daten, Ökosysteme

1 Was ist Smart Health und wieso brauchen wir es?

Daniel Fasnacht

Zusammenfassung

Smart Health ist ein ganzheitlicher Ansatz zur Digitalisierung des Gesundheitswesens, der Technologien wie das Internet der Dinge (IoT), künstliche Intelligenz, Cloud Computing, Blockchain sowie Augmented und Virtual Reality vereint. Ziel ist es, die Patientenversorgung, Verwaltung und Zusammenarbeit im Gesundheitssektor effizienter, sicherer und zugänglicher zu gestalten. Die zunehmende Fragmentierung des Schweizer Gesundheitssystems – geprägt von isolierten Anwendungen und fehlender Interoperabilität – macht die Entwicklung intelligenter, vernetzter Gesundheitslösungen notwendig. Zur Bewältigung der strukturellen Herausforderungen im Gesundheitswesen sind interoperable Systeme wie das elektronische Patientendossier (EPD) sowie eine gezielte Förderung von Telemedizin und Fernüberwachung unerlässlich.Das Konzept des Continuum of Care spielt dabei eine entscheidende Rolle. Es ermöglicht eine nahtlose und kontinuierliche Betreuung über alle Phasen der medizinischen Versorgung hinweg – von der Prävention über die Diagnose bis zur Behandlung und Nachsorge. Die Vernetzung der Akteure in einem offenen, digitalen Gesundheitsökosystem eröffnet neue Synergien zwischen Patienten, medizinischen Fachkräften, Versicherungen und Technologieanbietern. Durch die zunehmende Demokratisierung des Gesundheitswesens erhalten Patienten mehr Kontrolle über ihre Gesundheitsdaten und können aktiver an Behandlungsentscheidungen mitwirken. Diese gestärkte Eigenverantwortung fördert eine personalisierte, bedarfsgerechte und

D. Fasnacht (✉)
Universität Zürich, EcosystemPartners AG, Zürich, Schweiz
E-Mail: fasnacht@ecosystempartners.ch

D. Fasnacht (Hrsg.), *Smart Health*, https://doi.org/10.1007/978-3-658-46762-3_1

effizientere Versorgung. Smart Health ist ein Hebel zur Reform des Schweizer Gesundheitssystems – technologisch, strukturell und kulturell. Dieses Buchkapitel thematisiert die Relevanz, Chancen und Herausforderungen von Smart Health und zeigt auf, wie diese zur Gestaltung eines zukunftsfähigen, patientenzentrierten und vernetzen Gesundheitsökoystems beitragen können.

Schlüsselwörter

Smart Health • Digitalisierung • Digital Health • Gesundheitsökosystem • Elektronisches Patientendossier • Transformation

1.1 Das Schweizer Gesundheitssystem

Das Schweizer Gesundheitssystem ist bekannt für seine Qualität und Komplexität und wird durch eine Mischung aus öffentlicher und privater Finanzierung getragen. Jeder Einwohner der Schweiz muss eine Grundversicherung abschließen, die von privaten Krankenversicherern angeboten wird. Diese Versicherer müssen jeden Antragsteller unabhängig von dessen Gesundheitszustand annehmen. Die Grundversicherung deckt eine breite Palette von Gesundheitsleistungen ab, darunter Arztbesuche, Krankenhausaufenthalte und Medikamente. Die Leistungen sind gesetzlich festgelegt, obligatorisch und bei allen Versicherern gleich. Sie werden durch das Krankenversicherungsgesetz (KVG) geregelt (Fedlex, 2025). Zusätzlich können die Versicherten freiwillige Zusatzversicherungen abschließen, die Leistungen abdecken, die nicht in der Grundversicherung enthalten sind, wie beispielsweise alternative Heilmethoden oder Zahnarztbehandlungen.

Die Finanzierung des Schweizer Gesundheitssystems erfolgt hauptsächlich durch Prämien, die direkt von den Versicherten an die Versicherer gezahlt werden. Diese Prämien sind einkommensunabhängig und variieren je nach Alter, Geschlecht, Wohnort, Krankengeschichte und gewähltem Versicherungsmodell. Personen mit niedrigem Einkommen können Prämienverbilligungen vom Staat erhalten. Neben den Prämien müssen die Versicherten auch eine Eigenbeteiligung in Form von Selbstbehalten und Kostenbeteiligungen leisten. Die Beteiligung durch Franchise und Selbstbehalt ist bei allen Schweizer Krankenversicherungen gleich. Die Franchise ist der feste jährliche Betrag, den Versicherte zu den Behandlungskosten beitragen müssen. Dieser Betrag kann von den Versicherten gewählt werden und beeinflusst die monatlichen Prämien. Bei der minimalen Franchise von 300 Franken sind die monatlichen Prämien höher, aber die Eigenbeteiligung an den Gesundheitskosten ist niedriger. Bei der maximalen Franchise von 2500 Franken sind die monatlichen Prämien niedriger, aber im Ernstfall müssen bis zu 3200 Franken (inklusive 700 Franken Selbstbehalt) aus eigener Tasche bezahlt werden.

Die Kantone spielen eine entscheidende Rolle in der Finanzierung und Organisation des Gesundheitssystems. Sie tragen einen erheblichen Teil der Kosten für die stationäre Versorgung in öffentlichen Krankenhäusern und die langfristige Pflege. Diese Ausgaben werden durch Steuergelder und Beiträge der Gemeinden finanziert. Die Vergütung der medizinischen Leistungen erfolgt über verschiedene Tarifsysteme, wobei im ambulanten Bereich der *tarif médical* (TARMED) und im stationären Bereich das SwissDRG-System *(Swiss Diagnosis Related Group)* angewendet werden. Der Bundesrat hat am 19. Juni 2024 beschlossen, dass die seit 2004 geltende Tarifstruktur TARMED ab dem 1. Januar 2026 durch die neue Einzelleistungstarifstruktur TARDOC und Pauschalen ersetzt wird. Die Umstellung von TARMED auf einen Tarif für ambulante ärztliche Leistungen und Dokumentation (TARDOC) bringt mehrere positive Aspekte für das Schweizer Gesundheitssystem. TARDOC ermöglicht eine präzisere und realistischere Abrechnung von medizinischen Leistungen, was zu einer faireren Vergütung für Ärzte führt. Durch die Einführung von Pauschalen wird der Verwaltungsaufwand reduziert, was die Effizienz im Gesundheitssystem erhöht. Die genauere Tarifierung unterstützt die Qualität der Versorgung, indem sie besser auf die tatsächlichen Kosten und den Aufwand abgestimmt ist. Zudem fördert TARDOC eine transparentere Kostenstruktur, was sowohl für Leistungserbringer als auch für Patienten vorteilhaft ist. Sämtliche Tarife werden weiterhin in Verhandlungen zwischen den Leistungserbringern und den Krankenversicherern festgelegt, wobei die kantonalen und nationalen Behörden eine moderierende Rolle spielen.

Die Schweiz gibt knapp 12 % des Bruttoinlandproduktes (BIP) für Gesundheit aus, was etwa 800 Franken pro Kopf ausmacht und in direkter Verbindung mit der Wohlfahrt steht (BFS, 2023). Damit gehört die Schweiz zu den sechs teuersten Gesundheitssystemen, wobei die USA mit Ausgaben von 16 % des BIP die Liste anführt (Statista, 2024). Trotz der stetig steigenden Gesundheitskosten pro Kopf von aktuell über 11.000 Franken im Jahr (KOF, 2024), ermöglicht das Schweizer Gesundheitssystem eine umfassende und hochwertige Gesundheitsversorgung für alle Einwohner und ist weltweit beispielhaft. Bei der Digitalisierung befindet sich die Schweiz allerdings gemäß einer Untersuchung der Bertelsmann-Stiftung auf Rang 14 von 17 untersuchten Ländern, während Estland den *Digital-Health-Index* mit Abstand anführt (Bertelsmann-Stiftung, 2018). Die Studie Smart Health Systems beinhaltet 34 Indikatoren, unterteilt in drei Themenbereiche: Politische Aktivität, digitale Bereitschaft und effektive Nutzung der Daten. Innerhalb des Kernthemas politische Aktivität wird erfasst, inwiefern ein Land eine digitale

Gesundheitsstrategie hat, und diese umgesetzt wird. Zudem ist darin enthalten, wie diese Strategie in die Gesundheitsorganisationen einfließt und eine finanzielle Unterstützung vorhanden ist. Das Kernthema digitale Bereitschaft umfasst neben der Beschreibung der Infrastruktur auch konkrete Digital-Health-Anwendungen, wie elektronische Patientendokumentation, Telemedizin oder mHealth und mobile Apps. Zudem spielt darin die Bereitschaft zur Datennutzung und -Austausch eine große Rolle. Beim dritten Kernthema geht es um die tatsächliche Nutzung von Daten. Darin enthalten ist der Zugang von Fachpersonal auf Patientendaten, der tatsächliche Datenaustausch zwischen Dienstleistern oder auch die Datenstrukturen (Thiel et al., 2018).

Für internationale Vergleiche ist festzuhalten, dass es unterschiedliche Methoden zur Bewertung des Digitalisierungsfortschritts im Gesundheitswesen sowie des Reifegrads von e-Health gibt, wodurch die Ergebnisse variieren können. Ein kürzlich veröffentlichtes Ranking der Europäischen Kommission, das den Fokus auf den Zugang der Bevölkerung zu Gesundheitsdaten legt (Page et al., 2024), zeigt, dass die Schweiz nicht zu den Top-10-Ländern zählt (Abb. 1.1). Dies ist auf verschiedene Herausforderungen im Schweizer Gesundheitssystem zurückzuführen.

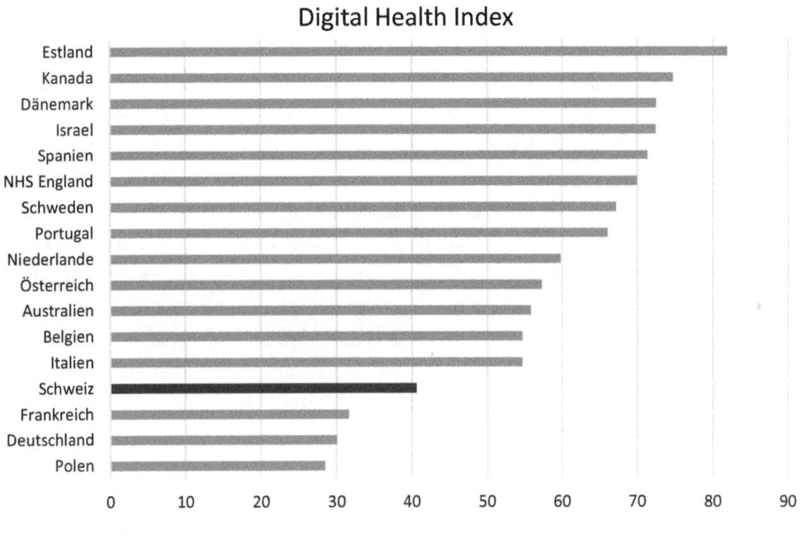

Abb. 1.1 Digital Health Index Ländervergleich (Thiel et al., 2018)

1.2 Herausforderungen

Das Schweizer Gesundheitssystem steht vor einer Vielzahl tiefgreifender Herausforderungen, die eine dringende Reform erforderlich machen. Diese Herausforderungen betreffen sowohl wirtschaftliche Aspekte als auch die Qualität und Effizienz der Gesundheitsversorgung. Ein zentrales Problem sind die hohen und weiter steigenden Kosten, vor allem in den Bereichen Prävention, Verwaltung und Rehabilitation, die sowohl die öffentliche Hand als auch die privaten Haushalte stark belasten (KOF, 2023). Der Anstieg der Krankenkassenprämien 2025 um 6 % auf eine mittlere Monatsprämie von durchschnittlich 380 Franken ist die Reaktion. Einerseits führen die fortschreitende medizinische Technologie und der Einsatz moderner, aber teurer Behandlungsverfahren zu steigenden Ausgaben. Andererseits tragen die demografischen Veränderungen, insbesondere die alternde Bevölkerung, zu einer erhöhten Nachfrage nach Gesundheitsleistungen bei. Mit einer immer älter werdenden Gesellschaft steigt der Bedarf an medizinischen Behandlungen und Pflege, was zusätzliche finanzielle Belastungen mit sich bringt.

Der Fachkräftemangel im Pflegebereich hat sich in den letzten Jahren weiter verschärft und stellt eine ernsthafte Bedrohung für die Qualität der Gesundheitsversorgung dar. Pflegeberufe sind physisch und emotional anspruchsvoll, was zu hoher Arbeitsbelastung und Burnout-Raten führt. Die unzureichende Anzahl an Pflegekräften bedeutet, dass viele Gesundheitsdienste unterbesetzt sind, was wiederum die Qualität der Patientenversorgung beeinträchtigt. Zudem führt der Mangel an medizinischen Fachkräften zu erhöhtem Druck auf das bestehende Personal, was die Gefahr von Behandlungsfehlern und ineffizienten Abläufen erhöht. Trotz dieser Probleme gelten die Arbeitsbedingungen in der Schweiz als besser als im benachbarten Ausland. Höhere Löhne, geregelte Arbeitszeiten, eine geringere Arbeitsbelastung und eine bessere Work-Life-Balance eröffnen vor allem Ärzten aus dem benachbarten Ausland gute Beschäftigungsmöglichkeiten. In Deutschland ist die Bürokratie für Ärzte erheblich, was zu einer großen Belastung für die Mediziner führt. Ärzte müssen eine Vielzahl an Formularen und Dokumentationen ausfüllen, was viel Zeit in Anspruch nimmt. Dies sind Gründe, warum von den rund 41.100 praktizierenden Ärzten in der Schweiz 40 % aus dem Ausland stammen, und davon weit über die Hälfte aus Deutschland (FMH, 2023).

Die Versorgungsqualität und -sicherheit sind für eine Volkswirtschaft äußerst wichtig (Hensen, 2022). Entsprechend sind gesunde Ärzte und Ärztinnen, frei von stressbedingten psychischen Erkrankungen, auschlaggebend für eine gesunde

Versorgung (Staeck et al., 2023). Obwohl die Schweiz für ihre hohen medizinischen Standards bekannt ist, zeigen aktuelle Berichte und Studien, dass die Versorgungsqualität nicht überall gleichbleibend hoch ist und seit 2010 stetig gesunken ist (De Pietro et al., 2015; OECD/WHO, 2011). Dies kann auf eine ungleichmäßige Verteilung der Ressourcen und den Zugang zu spezialisierten medizinischen Diensten zurückgeführt werden. In ländlichen Gebieten ist der Zugang zu bestimmten Gesundheitsdiensten oft eingeschränkt, was zu einer ungleichmäßigen Versorgungsqualität führt. Darüber hinaus können Unterschiede in der Ausbildung und Weiterbildung von medizinischem Personal zu Qualitätsunterschieden beitragen. Die Konferenz der kantonalen Gesundheitsdirektorinnen und -direktoren will die Qualität und Wirtschaftlichkeit verstärken (GDK, 2020) und der Bund hat dazu im Jahre 2019 in einer außerparlamentarischen Kommission die finanzielle Unterstützung von Programmen zur Verbesserung der Qualität in der Gesundheitsversorgung bewilligt, welche von 2025 bis 2028 umgesetzt werden sollen (BAG, 2024).

Das Schweizer Gesundheitssystems ist stark fragmentiert. Viele Gesundheitsanbieter arbeiten mit unterschiedlichen und oft inkompatiblen IT-Systemen, was den Austausch von Gesundheitsdaten zwischen verschiedenen Einrichtungen erschwert. Diese fehlende Interoperabilität führt zu ineffizienten Prozessen, die die Patientenversorgung behindern und die administrative Belastung erhöhen. Beispielsweise müssen Patienten bei jedem Arzt- oder Krankenhausbesuch oft dieselben Informationen erneut bereitstellen, was zu redundanten und zeitraubenden Abläufen führt. Dies verursacht nicht nur Frustration bei Patienten und Gesundheitsdienstleistern, sondern erhöht auch die Gefahr von Informationsverlusten und Behandlungsfehlern.

Die Verwaltung von Gesundheitsdaten und die Einhaltung der Datenschutzbestimmungen erfordern immer umfangreichere und spezialisiertere IT-Lösungen. Dies bedeutet, dass Gesundheitsdienstleister kontinuierlich in neue Technologien und Schulungen investieren müssen, um den sich ständig ändernden Anforderungen gerecht zu werden. Gleichzeitig steigt die Bedrohung durch Cyberangriffe, was zusätzliche Sicherheitsmaßnahmen und Investitionen erforderlich macht. Generell stellen wir eine unzureichende Nutzung der Digitalisierungsmöglichkeiten fest. Während der Corona-Pandemie wurden beispielsweise meldepflichtige Erkrankungen an das Bundesamt für Gesundheit (BAG) per Post oder Fax übermittelt, weil das seit 2014 versprochene digitale Meldesystem noch nicht funktionsfähig ist. Bei der digitalen Kommunikation fehlen standardisierte Schnittstellen und Austauschformate, die für einen effizienten Informationsaustausch zwischen den Systemen unerlässlich wären. Das elektronische Patientendossier (EPD), welches in etlichen Ländern bereits Realität ist, hat sich bislang nicht als Arbeits- und Kommunikationsinstrument manifestiert. In der Schweiz wurden per Ende August 2024 rund 70.000 EPD's eröffnet (ehealth Suisse, 2024) – die effektive Nutzung ist gering.

In vielen der 101 Schweizer allgemeinen Krankenhäuser laufen nach wie vor zahlreiche manuelle Prozesse ab, was zu Ineffizienzen führt. Die öffentliche Hand in beinahe allen Kantonen, muss etliche Spitäler unterstützen oder sogar retten. Der Grund liegt darin, dass Spitäler nach Abzug von Zinsen, Steuern, Abschreibungen und Mietkosten eine Marge von 10 % erwirtschaften müssten, um langfristig überlebensfähig zu bleiben. Diese sogenannte EBITDAR-Marge liegt aber im Durchschnitt bei nur 3.6 %, was die wirtschaftliche Stabilität vieler Spitäler erheblich gefährdet. Das Beratungsunternehmen PwC schätzt die Höhe der notwendigen Rettungspakete auf über eine Milliarde Franken pro Jahr (PwC, 2024). Neben den Kosten sehen wir, dass auch sogenannte Lean und Smart Hospitals (siehe Kap. 9) ebenso wenig implementiert sind, wie Spitäler mit einem hohen Technologie- und Innovationsgrad (siehe Kap. 10 und 11). Generell kann man sagen, dass in der Schweiz die Chancen der Digitalisierung noch nicht ausreichend genutzt werden. Eine umfassende Digitalisierung könnte jährliche Einsparungen von 8,2 Mrd. Franken ermöglichen, wobei der gezielte Einsatz von Technologie etwa die Hälfte dieser Einsparungen ausmachen würde. (McKinsey & ETH Zürich, 2021).

Der Gesundheitssektor steht zweifellos unter enormem Druck, und aufgrund der angespannten finanziellen Lage sind politische Interventionen unvermeidbar (siehe Vorwort von Dr. med. Bettina Ballmer). Eine tiefgreifende Transformation des Systems ist notwendig, um einen Kollaps zu verhindern. Smart Health bietet hier eine bedeutende Chance, um Effizienzsteigerungen und Kosteneinsparungen im Schweizer Gesundheitswesen zu realisieren. Allerdings erfordert die vollständige Ausschöpfung dieses Potenzials gezielte Maßnahmen zur Verbesserung der digitalen Kompetenz, die Entwicklung umfassender Strategien sowie eine klare Zuordnung von Verantwortlichkeiten.

1.3 Was ist Smart Health?

Der Begriff *Smart Health* oder *Smart Healthcare* entstand aus dem Konzept des *Smart Planet,* das 2009 von IBM vorgeschlagen wurde. Im Wesentlichen handelt es sich bei Smart Planet um eine intelligente Infrastruktur, die mithilfe von Sensoren Informationen wahrnimmt, diese über das Internet der Dinge (IoT) überträgt und die Daten anschließend mit Supercomputern und Cloud-Computing verarbeitet (Martin et al., 2010). Es existiert allerdings weder in der Forschung noch in der Praxis eine einheitliche Definition. Der Ansatz wird auch für die intelligente Verwaltung von Spitälern, sogenannten *Smart Hospitals* verwendet (Anthopoulus et al., 2024; Holzinger et al., 2015; Nickel et al., 2022). Oft wird Smart Health mit *Longevity* in Zusammenhang gebracht. Beide Ansätze nutzen fortschrittlicher Technologien und Datenanalyse für ihre Zwecke. Longevity konzentriert sich allerdings auf die Verlängerung der menschlichen Lebensspanne und die Verbesserung der Lebensqualität im Alter. Es umfasst sowohl medizinische als auch nicht-medizinische Ansätze, die darauf abzielen, den Alterungsprozess zu verlangsamen, altersbedingte Krankheiten zu verhindern und die Gesundheit und Vitalität im fortgeschrittenen Alter zu erhalten. Longevity-Initiativen können Forschung in Bereichen wie Genetik, regenerative Medizin, Ernährung und Lebensstiländerungen beinhalten. Ziel ist es, nicht nur die Lebensdauer zu verlängern, sondern auch die Jahre, die in guter Gesundheit verbracht werden, zu maximieren. Während Smart Health sich auf die Optimierung und Digitalisierung der aktuellen Gesundheitsversorgung konzentriert, ist Longevity ein breiteres, visionäres Konzept, das sich auf die grundlegende Erforschung und Anwendung von Maßnahmen zur Verlängerung des gesunden Lebens fokussiert. Longevity erweitert den Horizont der medizinischen und wissenschaftlichen Forschung, um die Grenzen der menschlichen Lebensspanne zu verschieben.

Digital Health ist ein weiteres Begriffskonstrukt, welches nicht klar abgegrenzt ist. Es beinhaltet *Trend Health, e-Health, Health Tech* und *Data Health,* welche im Kap. 3 Smart Health Ecosystem (siehe Kap. 3), genauer erklärt werden. Wir verwenden Smart Health allgemein für die Digitalisierung des Gesundheitswesens. Der wichtigste Aspekt von Smart Health ist, dass es Anwendung modernster digitaler Technologien zur Verbesserung der Gesundheitsversorgung und -verwaltung nutzt. Dazu zählen Technologien wie das Internet der Dinge (IoT), welches über 5G Geräte miteinander verbindet und kommunizieren lässt, Künstliche Intelligenz zur Sammlung und Analyse von großen Datenmengen (Big Data) oder Blockchain als Basisinfrastruktur für verteilte Gesundheitsdaten. Die wichtigsten Aspekte von Smart Health sind gemäß Vyas und Bhargava (2021):

- **Verbesserte Patientenversorgung:** Durch den Einsatz von Wearables und mobilen Gesundheitsanwendungen können Patienten in Echtzeit überwacht werden, was eine frühzeitige Erkennung potenzieller Gesundheitsprobleme und eine kontinuierliche Betreuung von chronischen Erkrankungen ermöglicht. Dies trägt dazu bei, eine personalisierte Versorgung zu bieten und die allgemeinen Gesundheitsergebnisse zu verbessern.

- **Datenintegration und -verwaltung:** Die Verfügbarkeit und der Austausch elektronischer Gesundheitsakten über verschiedene Gesundheitsanbieter hinweg sorgt dafür, dass Daten genau und sicher geteilt werden, was eine bessere Koordination und Kontinuität der Versorgung ermöglicht.
- **Betriebliche Effizienz:** Smart Health-Technologien rationalisieren administrative Prozesse, reduzieren Dokumente auf Papier und verbessern die Ressourcenzuweisung. Beispielsweise kann KI routinemäßige Aufgaben automatisieren, und IoT-Geräte können die Nutzung und den Zustand medizinischer Geräte verfolgen, um eine rechtzeitige Wartung und effiziente Nutzung sicherzustellen.
- **Erweiterte Entscheidungsfindung:** Big Data-Analysen und KI liefern Gesundheitsfachkräften Einblicke aus großen Datensätzen, die zu fundierteren Entscheidungen führen. Dies kann zu genaueren Diagnosen, personalisierten Behandlungsplänen und einer besseren Verwaltung der Bevölkerungsgesundheit führen.
- **Kostensenkung:** Durch die Verbesserung der Effizienz und die Reduzierung unnötiger Krankenhausbesuche mittels Telemedizin und Fernüberwachung kann Smart Health dazu beitragen, die Gesundheitskosten erheblich zu senken.

Diese Aspekte können durch agile Arbeits- und Organisationsformen, Zusammenarbeit und mehr Selbstverantwortung, anstelle der gewohnten linearen Prozesse und hierarchischen Strukturen optimiert werden (siehe Kap. 8 und 9). Smart Health ermöglicht so eine intelligente Verwaltung und Bedürfnisbefriedigung von Patienten. Es fördert die Interaktion aller Akteure in einem Gesundheitsökosystem, stellt sicher, dass alle Beteiligten die benötigten Dienstleistungen erhalten, unterstützt informierte Entscheidungsfindung und erleichtert die rationale Ressourcenverteilung. Ein offenes und digitales Ökosystem bildet dabei das Fundement (Fasnacht, 2024). Smart Health hat das Potenzial die Konvergenz von Branchen und Technologien auszuschöpfen und das Gesundheitswesen durch mehr Effizienz, Sicherheit und Patientenorientierung zu transformieren.

Zusammengefasst ist Smart Health ein ganzheitliches Konzept, welches Vernetzung, Digitalisierung und Personalisierung im Gesundheitsbereich abbildet und konkrete technologische und methodische Anwendungen wie Wearables, Apps, IoT, Virtual und Augmented Reality (VR/AR), Cloud, Blockchain, künstliche Intelligenz und Telemedizin strategisch kombiniert.

> *„Smart Health ist ein ganzheitliches Konzept, das auf der Konvergenz digitaler Technologien wie Wearables, Apps, IoT, AR/VR, Cloud, Blockchain und KI*

basiert, um eine effiziente, datengetriebene, personalisierte und patientenzentrierte Gesundheitsversorgung zu schaffen."

1.4 Wieso brauchen wir Smart Health?

Die aktuelle Problematik inkompatibler Systeme und Anwendungen verschiedener Gesundheitsanbieter könnte durch standardisierte Datenformate und Interoperabilität, die Smart Health mit sich bringt, erheblich verbessert werden. Ein zentraler Bestandteil von Smart Health ist demnach das elektronische Patientendossiers (EPD) und die Telemedizin, die zusammen die Leistungsfähigkeit und Qualität der Gesundheitsversorgung erheblich steigern können. Ein weiterer Vorteil von geteilten Daten ist innerhalb der Forschung auszumachen. Die Nutzung von Gesundheitsdaten ermöglicht es Muster, Ursachen und Trends zu erkennen und zu verstehen, wie sich Krankheiten verbreiten. Dies unterstützt die Entwicklung neuer Medikamente und Therapien und verbessert die Gesundheitsversorgung. Ein konkretes Beispiel für den wissenschaftlichen Fortschritt durch Gesundheitsdaten ist die Entdeckung eines Biomarkers, der auf ein erhöhtes Risiko für Herzerkrankungen hinweist (Roche, 2024). Ein Biomarker kann ein Protein oder eine genetische Veränderung sein, die als Warnsignal für Mediziner dient. Forschende konnten diesen Biomarker identifizieren, indem sie umfangreiche Datenmengen aus Blutproben von Patienten mit Herzerkrankungen analysierten. Mithilfe von maschinellem Lernen wurden spezifische Proteine erkannt, die auf ein erhöhtes Risiko für kardiovaskuläre Ereignisse hinweisen. Diese Blutproben wurden mit Zustimmung der Patient während routinemäßiger Untersuchungen entnommen. Die Ergebnisse wurden in einer speziell entwickelten Datenbank gespeichert und verglichen. Durch diese Analysen wurde klar, dass Patienten mit diesem Biomarker ein höheres Risiko für Herzerkrankungen haben. Diese Erkenntnis ermöglicht eine gezielte Vorsorge und präventive Maßnahmen, wie spezielle Medikamentationen oder Lebensstiländerungen, um Gesundheitsrisiken zu minimieren. Durch solche datengetriebenen Ansätze können Krankheiten früher erkannt und gezielter behandelt werden, was zu verbesserten Gesundheitsresultaten führt. Smart Health unterstreicht die Bedeutung der Nutzung von Gesundheitsdaten für die wissenschaftliche Forschung und die Weiterentwicklung personalisierter Medizin. Speziell das Teilen von persönlichen Gesundheitsdaten für die medizinische Forschung wird von rund 40 % der Schweizer Bevölkerung als Akt der Solidarität bezeichnet (Sotomo, 2023). Aktuell laufen in Europäischen Ländern ethische Diskussionen, welche die Balance zwischen individuellem Datenschutz und dem gesellschaftlichen Gesamtnutzen der Datenfreigabe thematisieren. Der Mehrwert von offenen und dezentralen Daten für das gesamte Gesundheitsökosystem wird in Kapitel 5, anhand des Beispiels der Blockchain-Technologie vertieft (siehe Kap. 5).

Dank des technologiegetriebenen Ansatzes von Smart Health eröffnen sich vielfältige Anwendungsmöglichkeiten. Beispielsweise kann in der präklinischen Notfall- und Rettungsmedizin, künstliche Intelligenz bei der effektiven Zuteilung präklinischer Ressourcen im Falle eines Herznotfalls unterstützen, was in Kap. 4 anhand einer Forschungsarbeit bei der Rettung Basel-Stadt, erläutert wird (siehe Kap. 4). Herausforderungen wie die begrenzte Verfügbarkeit von Personal oder das zunehmende Verkehrsaufkommen, das zu längeren Anfahrtszeiten und Wartezeiten bei Herz-Kreislauf-Notfällen führt, können mit Smart Health automatisiert und besser bewältigt werden. Während die in der Forschung beschriebene Nutzung von Gesundheitsdaten mit Teilen ist Heilen gleichgesetzt werden kann, kann in der Präklinik durch den Einsatz künstlicher Intelligenz Leben gerettet werden. Denn nach wie vor sind Herz-Kreislauf-Erkrankungen in der Schweiz mit 27,5 % die häufigste Todesursache und der dritthäufigste Grund für Hospitalisierungen (Bundesamt für Statistik, 2022).

Das *Continuum of Care* bezieht sich auf ein integriertes und umfassendes Modell der Gesundheitsversorgung, welches die vollständige Betreuung eines Patienten über verschiedene Stadien und Aspekte der medizinischen Behandlung hinweg sicherstellt. Diese Kontinuität der Versorgung überschreitet disziplinäre und organisatorische Grenzen (Haggerty et al., 2003). Durch die nahtlose Integration und Nutzung von Smart Health-Technologien können Gesundheitsdienstleister eine konsistente und hochwertige Patientenbetreuung gewährleisten. Beispielsweise ermöglicht 5G eine schnelle und zuverlässige Datenübertragung für Echtzeit-Überwachung und -Diagnostik, während Blockchain für eine sichere und transparente Verwaltung von sensitiven Gesundheitsdaten sorgt (siehe Kap. 5). Elektronische Patientendossiers erleichtern den Informationsaustausch zwischen verschiedenen Gesundheitsdienstleistern, was zu einer besseren Koordination der Versorgung führt. Telemedizinische Anwendungen erweitern den Zugang zu Gesundheitsdiensten, insbesondere für Patienten in abgelegenen Gebieten oder mit eingeschränkter Mobilität.

Die chinesische Firma Tencent, eher bekannt für Soziale Medien und als digitaler Zahlungsanbieter über die Super App WeChat, Gaming (Fortnite, League of Legends) oder Cloud Services, nutzt ihre technologische Expertise, um Gesundheitsplattformen zu betreiben (Fasnacht, 2023, S. 181–184). In den letzten Jahren hat das Unternehmen 11 % seiner Startup-Investitionen im Gesundheitssektor ausgegeben, davon ein Viertel in Europa und Nordamerika. *Tencent Trusted Doctors* betreibt über 50 Kliniken in acht Städten in China und hat sich zum größten medizinischen Versorgungsnetzwerk mit über einer halben Million Ärzten entwickelt (Fu, 2024; Gaw Capital, 2019). Durch die Telemedizin-Plattformen können Patienten sich aus der Ferne via Videokonsultationen von Ärzten beraten lassen. Weitere Leistungen sind Fernüberwachungen medizinischer Geräte, elektronische Rezepte und die Verwaltung von Gesundheitsakten. Neben vielen Digitalisierungsvorteilen hilft Tencent's Smart Health vor allem die Versorgungsqualität zu verbessern.

Anhand solcher Anwendungsbeispiele sehen wir, wie die Konvergenz verschiedener Technologien Mehrwert schafft. Mithilfe von künstlicher Intelligenz und maschinellem Lernen werden große Datenmengen analysiert, die in der Cloud gespeichert sind. Über 5G können diese Informationen nahezu in Echtzeit und rund um die Uhr genutzt werden, auch unter Einsatz von virtueller und erweiterter Realität (VR/AR). Um dies sicherzustellen, müssen Smart Health Ansätze in ein offenes und digitales Ökosystem (Fasnacht, 2023) integriert werden. Denn nur wenn Gesundheitsdaten digital verwaltet und öffentlich zugänglich sind, dienen sie als Grundlage für Innovationen. Schließlich sollen digitale und physische Gesundheitsdienste im Kontext des *Continuum of Care* zu einer umfassenden Gesamtleistung verschmelzen.

> *„Ein effektives Gesundheitsökosystem benötigt vielfältige Daten als Rohstoff, um resilient, nachhaltig und nutzenstiftend zu funktionieren."*

Smart Health steht für eine transformative Veränderung im Gesundheitswesen, die durch den Einsatz digitaler Technologien ermöglicht wird. Diese Innovationen fördern ein integriertes Versorgungssystem, das die gesamte Patientenreise optimiert – von der Prävention und Diagnose über die Behandlung und Überwachung bis hin zum Gesundheits- und Spitalmanagement. Durch diese ganzheitliche und vernetzte Herangehensweise wird eine nachhaltige, qualitativ hochwertige Gesundheitsversorgung gewährleistet, während gleichzeitig die Effizienz des gesamten Systems erheblich gesteigert wird.

> *„Das integrierte, patientenzentrierte Gesundheitsökosystem der Zukunft basiert auf Smart-Health-Technologien und Echtzeitdaten, welche die Grundlage für ortsunabhängige medizinische Beratung und Versorgung durch Telemedizin bilden."*

1.5 Die Patienten-Reise

In den vergangenen Jahren wurden in der Schweiz mehrere Initiativen und Referenden zu Gesundheitsthemen abgehalten. Beispielsweise wurde 2014 die Initiative „Für eine öffentliche Krankenkasse“ abgelehnt, die darauf abzielte, das Gesundheitssystem durch die Einführung einer einzigen staatlichen Krankenkasse zu reformieren. Diese Abstimmung zeigte die tiefe Spaltung der Meinungen in der Bevölkerung hinsichtlich der besten Vorgehensweise zur Kostensenkung und Qualitätsverbesserung im Gesundheitswesen. Weitere relevante Abstimmungen betrafen die Finanzierung der Pflege und die Einführung von neuen Technologien. Im Jahr 2020 wurde die Initiative „Für eine starke Pflege“ eingereicht, die bessere Arbeitsbedingungen und eine angemessene Bezahlung für Pflegekräfte fordert. Diese Initiative verdeutlicht den dringenden Handlungsbedarf in Bezug auf den Fachkräftemangel und die Arbeitsbedingungen im Pflegebereich.

Die Abstimmungsresultate zur Gesundheitsreform 2024 in der Schweiz zeigen eine deutliche Ablehnung der vorgeschlagenen Initiativen zur Prämienentlastung und Kostenkontrolle im Gesundheitswesen. Die sogenannte „Prämien-Entlastungs-Initiative“, schlug vor, dass die Krankenkassenprämien maximal 10 % des verfügbaren Einkommens einer Person betragen dürfen. Übersteigende Kosten sollten durch Prämienverbilligungen gedeckt werden, finanziert durch den Bund und die Kantone. Die „Kostenbremse-Initiative“, zielte darauf ab, Maßnahmen zur Kostensenkung im Gesundheitswesen zu ergreifen, sobald die Gesundheitskosten pro Jahr und Person mehr als 20 % stärker wachsen als die Löhne und die Wirtschaft. Alle diese Initiativen wurden vom Volk deutlich abgelehnt.

Die Abstimmungsresultate verdeutlichen die komplexe Herausforderung, vor der das Schweizer Gesundheitssystem steht. Trotz des zunehmenden Drucks durch hohe Gesundheitskosten und einen Fachkräftemangel zeigte sich die Bevölkerung skeptisch gegenüber konkreten Reformvorschlägen. Die Ablehnung deutet darauf hin, dass viele Stimmbürger entweder die vorgeschlagenen Maßnahmen als unzureichend oder als zu belastend für die öffentliche Hand und die Kantone empfanden. Auch wenn es Strukturen und Prozesse gibt, sind viele Bürger offensichtlich zu wenig informiert. So sind beispielsweise seit 2022 Spitäler, Rehabilitationskliniken, psychiatrische Kliniken, Pflegeheime, Geburtshäuser oder neu zugelassene Arztpraxen verpflichtet, sich dem elektronischen Patientendossier (EPD) anzuschließen. Mit einem EPD müssen diese Institutionen bestimmte Informationen wie Austrittsberichte, Pflegeberichte, Medikationslisten, Röntgenbefunde und Impfungen digital abspeichern. Zusätzlich können Patienten selbst Dokumente wie frühere Befunde, Schmerztagebücher, Blutdruckwerte,

Brillenrezepte, Patientenverfügungen und Organspende-Deklarationen hochladen und an ausgewählte Gesundheitsfachpersonen freigeben.

Durch neue digitale Technologien auf Daten zugreifen und diese teilen zu können ist der Kern der Demokratisierung im Gesundheitswesen. Alle Menschen sollten, unabhängig von ihrem sozioökonomischen Status, ihrer Herkunft oder ihrem Wohnort, gleichberechtigten Zugang zu qualitativ hochwertigen Gesundheitsdiensten haben. Die Demokratisierung im Gesundheitswesen zielt darauf ab, das System menschenzentrierter, gerechter und effizienter zu gestalten, indem die Beteiligung und Mitbestimmung der Patienten und Bürger gestärkt werden. Die Förderung der Gesundheitskompetenz der Bevölkerung ist entscheidend, um eine informierte und eigenverantwortliche Entscheidungsfindung zu ermöglichen.

„Demokratisierung im Gesundheitswesen bedeutet, dass der Patient mit neuen digitalen Technologien auf Daten zugreifen kann, welche bislang exklusiv von verschiedenen Gesundheitsdienstleistern verwaltet wurden."

In Deutschland belegten Studien, dass mehr als 50 % der Menschen Schwierigkeiten haben, Gesundheitsinformationen zu finden, zu verstehen, zu bewerten und anzuwenden (Dierks & Kofahl, 2019). Diese Zahlen verdeutlichen individuelle Probleme und weisen auf ein Gesundheitssystem hin, das nicht ausreichend auf die Bedürfnisse und Fähigkeiten seiner Nutzerinnen und Nutzer ausgerichtet ist. Um diese Situation zu verbessern, wurde 2018 in Deutschland der Nationale Aktionsplan Gesundheitskompetenz vorgestellt. Dieser Plan ist ein Beispiel für Bemühungen, die Gesundheitskompetenz zu stärken und damit die Demokratisierung des Gesundheitswesens zu fördern. Generell werden durch die Demokratisierung, Gesundheitsorganisationen und -behörden gefordert transparent zu arbeiten und ihre Entscheidungen und Handlungen offenzulegen. Theoretisch sollte dadurch das Vertrauen der Bürger gestärkt werden. Trotzdem besteht in Deutschland wie in der Schweiz und vielen anderen Ländern eine Zurückhaltung Daten mit Ärzten oder Krankenkassen zu teilen. Dies ist unlogisch, wenn wir sehen wie viele Menschen ihre Gesundheitsdaten von Wearables, Smartwatches und Fitnesstrackern bedenkenlos mit amerikanischen oder chinesischen Anbietern wie Apple, Alphabet, Fitbit, Huawei, Samsung oder Xiaomi teilen.

Insgesamt erfordert die Bewältigung der diskutierten (nicht abschließenden) Herausforderungen eine koordinierte und umfassende Reform des Schweizer Gesundheitssystems. Das Programm DigiSanté des Bundesamts für Gesundheit (BAG) zielt darauf ab, die digitale Transformation des Schweizer Gesundheitswesens bis 2034 zu fördern (BAG, 2023). Ein zentrales Ziel ist die Digitalisierung des Gesundheitswesens, wobei Grundlagen und konkrete Projekte zur Verbesserung der Versorgung geschaffen werden. Dazu gehören unter anderem die Koordination und Abstimmung der digitalen Aktivitäten, um die Zusammenarbeit zwischen den verschiedenen Akteuren zu stärken und eine systemweite Wirkung zu erzielen. Ein weiteres Ziel ist die Standardisierung des sicheren und nahtlosen Datenaustauschs im Gesundheitswesen, um die Effizienz und Effektivität der Versorgung zu erhöhen. Zudem werden notwendige rechtliche Grundlagen geschaffen oder angepasst, um die Digitalisierung zu unterstützen, wie etwa die Regelung des Zugangs zu Gesundheitsdaten für Forschungszwecke. Die Umsetzung von DigiSanté erfolgt in mehreren Phasen und umfasst etwa 50 verschiedene Projekte, die in vier Maßnahmenpakete unterteilt sind: 1) Voraussetzungen für die digitale Transformation, 2) nationale Infrastruktur, 3) Digitalisierung der Behördenleistungen und 4) Sekundärnutzung für Planung, Steuerung und Forschung.

Diese Projekte zielen darauf ab, die notwendigen technischen und organisatorischen Voraussetzungen zu schaffen, eine nationale Infrastruktur für den sicheren Datenaustausch zu etablieren, die Effizienz und Qualität des Datenaustauschs zwischen Behörden und Leistungserbringern zu steigern und die Nutzung gesundheitsrelevanter Daten für Forschung und Planung zu verbessern. Die erfolgreiche Umsetzung von DigiSanté erfordert die Zusammenarbeit und Koordination zwischen Bund, Kantonen und privaten Akteuren des Gesundheitswesens und ist eng mit der nationalen Strategie Digitale Schweiz (Schweizerische Bundeskanzlei, 2024) verknüpft, um eine kohärente und umfassende Digitalisierung des Gesundheitssektors zu gewährleisten.

Die digitale Transformation im Gesundheitswesen erfordert sowohl strukturelle als auch technologische Veränderungen. Eine dedizierte Digitalisierungsstrategie ist empfehlenswert und sollte entwickelt werden, bevor moderne digitale Technologien, das elektronische Patientendossier und telemedizinische Anwendungen diskutiert werden. Wie ein *Digital Transformation Framework* im Kontext von Smart Health aussehen kann und welche Methoden und Werkzeuge bei der Umsetzung unterstützen, wird in Kap. 2 ausführlich dargestellt. Die besten Strategien sind allerdings nur dann erfolgreich umsetzbar, wenn agile Arbeits- und Organisationsformen vorhanden sind (siehe Kap. 8 und 9). Denn eine erfolgreiche Digitalisierung erfordert nicht nur technische Veränderungen, sondern auch eine Kultur des Mitwirkens und der Flexibilität. Durch die Einbindung der Mitarbeitenden in den Veränderungsprozess wird sichergestellt, dass neue Technologien und Arbeitsweisen effektiv und nachhaltig in den Arbeitsalltag integriert werden können. Die Integration von Mensch, Technologie und Organisation ist besonders wichtig im Kontext von Smart Hospitals was im Buch unter anderem anhand von Innosuisse-Projekten dargestellt wird. (siehe Kap. 9).

Des Weiteren muss in die Ausbildung und Unterstützung des medizinischen Personals investiert werden, um den Fachkräftemangel zu beheben und die Qualität der Versorgung sicherzustellen. Umstellungen von Tarifsystem wie beispielsweise von TARMED auf TARDOC ziehen umfassende strukturelle Änderung mit sich und es bleibt die Hoffnung, dass damit auch komplexe Abrechnungsprozesse digitalisiert und effizienter gestaltet werden, was die Interoperabilität begünstigen würde.

Es ist evident, dass die digitale Transformation das Gesundheitspersonal zusätzlich belastet. Die Komplexität neuer Systeme, die Informationsflut auf der einen Seite und Wissenslücken auf der anderen Seite führen zu Veränderungsangst und Unsicherheit. Organisationen müssen präventiv darauf reagieren, um Technostress zu vermeiden (siehe Kap. 6).

> *„Smart Health hat das Potenzial, die Versorgungsqualität und -sicherheit zu verbessern, indem es Ineffizienzen durch den Einsatz modernster digitaler Technologien beseitigt und eine digitale Patienten-Journey ermöglicht."*

Wie im Vorwort von Nationalrätin Dr. med. Bettina Balmer betont, ist Smart Health in der Schweizer Politik angekommen. Obwohl der Nachholbedarf, im Vergleich zu anderen Ländern gross ist, gibt es Vorlagen des Bundesrates zur digitalen Transformation im Gesundheitswesen. Das elektronische Patientendossier (EPD) und die damit verbundene elektronische Identifikation der Bevölkerung sind dabei zentrale Anliegen der Gesundheitspolitikerin und Ärztin und müssen vereinfacht und für alle zugänglich gemacht werden. Werden der Schutz personenbezogener Daten, das Recht auf informationelle Selbstbestimmung und die Cybersicherheit gestärkt und der Zugang zu Gesundheitsdaten rechtlich eindeutig geregelt, so können Gesundheitsdaten für Planung, Steuerung und Forschung verwendet werden. Die Solidarität beim Teilen von sensitiven Gesundheitsdaten dürfte sich damit erhöhen. Digitale Systeme müssen allerdings untereinander kompatibel sein, um das volle Potenzial von Smart Health auszuschöpfen und so zu einer verbesserten Versorgung beizutragen.

Mit einer ganzheitlichen und integrativen Herangehensweise kann das Schweizer Gesundheitssystem die aktuellen Herausforderungen meistern und den hohen Standard der Gesundheitsversorgung auch in Zukunft gewährleisten. Mit den angewandten Forschungserkenntnissen aus diesem Buch leisten wir einen Beitrag, um die politischen und wirtschaftlichen Bestrebungen zu unterstützen und vertreten die allgemeine Meinung, dass Smart Health, dabei helfen kann.

Literatur

Anthopoulos, L., Karakidi, M., Tselios, & D. (2024). Defining the "Smart Hospital": A literature review. In A. Rocha, H. Adeli, G. Dzemyda, F. Moreira & A. Poniszewska-Marańda (eds.), *Good practices and new perspectives in information systems and technologies.* WorldCIST 2024. Springer. https://doi.org/10.1007/978-3-031-60218-4_15.

BAG. (2024). Ziele des Bundesrates zur Qualitätsentwicklung OKP für die Jahre 2025–2028. Bundesamt für Gesundheit.

BAG. (2023). DigiSanté: Förderung der digitalen Transformation im Gesundheitswesen. Bundesamt für Gesundheit. https://www.bag.admin.ch/bag/de/home/strategie-und-politik/nationale-gesundheitsstrategien/digisante.html#-1751260566. Zugegriffen: 18. Juni 2024.

Bertelsmann-Stiftung. (2018). #SmartHealthSystems: Digitalisierungsstrategien im internationalen Vergleich. https://www.bertelsmann-stiftung.de/de/unsere-projekte/der-digitale-patient/projektthemen/smarthealthsystems. Zugegriffen: 18. Juni 2024.

BFS. (2023). Kosten und Finanzierung des Gesundheitswesens. Bundesamt für Statistik. https://www.bfs.admin.ch/bfs/de/home/statistiken/querschnittsthemen/wohlfahrtsmessung/alle-indikatoren/gesellschaft/gesundheitsausgaben.html. Zugegriffen: 18. Juni 2024.

Bundesamt für Statistik. (2022). *Herz- und Kreislauf-Erkrankungen.* https://www.bfs.admin.ch/bfs/de/home/statistiken/gesundheit/gesundheitszustand/krankheiten/herz-kreislauf-erkrankungen.html.

de Pietro, C., Camenzind, P., Sturny, I., Crivelli, L., Edwards-Garavoglia, S., Spranger, A., ... & Quentin, W. (2015). The performance of the Swiss health system: good results but high costs: Wilm Quentin. *The European Journal of Public Health, 25*(suppl_3), ckv174-080.

Dierks, M. L., & Kofahl, C. (2019). Die Rolle der gemeinschaftlichen Selbsthilfe in der Weiterentwicklung der Gesundheitskompetenz der Bevölkerung. *Bundesgesundheitsblatt, 62,* 17–25. https://doi.org/10.1007/s00103-018-2857-1

Ehealth Suisse. (2024). Das elektronische Patientendossier: Aktueller Stand. https://www.e-health-suisse.ch/koordination/elektronisches-patientendossier/aktueller-stand. Zugegriffen: 30. Sept. 2024.

Fasnacht, D. (2024). Definition „Offenes Ökosystem". Springer Gabler Wirtschaftslexikon. https://wirtschaftslexikon.gabler.de/definition/offenes-oekosystem-126058/version-389907. Zugegriffen: 19. Juni 2024.

Fasnacht, D. (2023). *Gesundheits-Ökosysteme,* Kap. 6.7, 174–184. In: Offene und digitale Ökosysteme: Mehrwert durch Branchen- und Technologiekonvergenz. Springer Gabler. https://doi.org/10.1007/978-3-658-42494-7_6.

Fedlex (2025). Bundesgesetz über die Krankenversicherung (KVG), 1.1.2025, 832.10 (2025).

Fu, E. (2024). Tencent bets on China's growing healthcare needs. Global Corporate Venturing, 29. April.

FMH. (2023). *FMH-Ärztestatistik.* https://www.fmh.ch/themen/aerztestatistik/fmh-aerztestatistik.cfm. Zugegriffen: 19. Abgerufen: 18. Juni 2024.

Gaw Capital. (2019). Gaw capital partners announces equity investment in series C financing for tencent trusted doctors. *Press Release,* 29 April.

GDK. (2020). Qualität im Gesundheitswesen: Sicht der Kantone. Positionspapier der Konferenz der kantonalen Gesundheitsdirektorinnen und -direktoren.

Haggerty, J. L., Reid, R. J., Freeman, G. K., Starfield, B. H., Adair, C. E., & McKendry, R. (2003). Continuity of care: A multidisciplinary review. *British Medical Journal, 327*(7425), 1219–1221.

Hensen, P. (2022). Versorgungsqualität und Versorgungssicherheit. In: *Qualitätsmanagement im Gesundheitswesen.* Springer Gabler. https://doi.org/10.1007/978-3-658-38299-5_13.

Holzinger, A., Röcker, C., & Ziefle, M. (2015). *Smart health: Open problems and future challenges.* Springer. https://doi.org/10.1007/978-3-319-16226-3

KOF. (2024). KOF-Prognose der Gesundheitsausgaben. *ETH Zürich, KOF Konjunkturforschungsstelle, Nr. 180,* 11.

Martin, J. L., Varilly, H., Cohn, J., & Wightwick, G. R. (2010). Preface: Technologies for a smarter planet. *IBM Journal of Research and Development, 54*(4), 1–2.

McKinsey & ETH Zürich (2021). *Digitalisierung im Gesundheitswesen.* McKinsey Digital, September.

Nickel, K., Milde, K., Kremer, D., Malich, C., Antweiler, D., Reibel, T., ... & Diehl, A. (2022). Bereit für das Smart Hospital? Werkzeuge zur Unterstützung der digitalen Transformation für Krankenhäuser. Fraunhofer-Institut für Intelligente Analyse- und Informationssysteme IAIS.

OECD/WHO. (2011). OECD reviews of health systems: Switzerland 2011. OECD Publishing. https://doi.org/10.1787/9789264120914-en.

Page, M., Winkel, R., Behrooz, A., & Bussink, R. (2024). *2024 Digital decade e-health indicator study final report.* Publications Office of the European Union. https://op.europa.eu/en/publication-detail/-/publication/c04f6162-3833-11ef-b441-01aa75ed71a1/language-en.

PwC. (2024). Schweizer Spitäler: So gesund waren die Finanzen 2023. *PwC, 13.* Ausgabe, August.

Roche. (2024). Personalisierte Medizin mithilfe von Biomarkern. Fokus Mensch, https://roche-fokus-mensch.ch/pm/personalisierte-medizin/biomarker. Zugegriffen: 18. Juni 2024.

Schweizerische Bundeskanzlei. (2024). Strategie Digitale Schweiz 2024. https://digital.swiss/de/. Zugegriffen: 18. Juni 2024.

Sotomo (2023). Datengesellschaft und Solidarität: Einstellung und Verhalten der Schweizer Bevölkerung 2023. Stiftung Sanitas Krankenversicherung, Mai.

Staeck, R., Streit, S., & Zambrano Ramos, S. C. (2023). Gesunde Ärztinnen und Ärzte für eine gesunde Versorgung. *Primary and Hospital Care, 23*(4), 106–107.

Statista. (2024). Anteil der Ausgaben für Gesundheit am Bruttoinlandprodukt ausgewählter Länder im Jahr 2022. https://de.statista.com/statistik/daten/studie/283361/umfrage/anteil-der-gesundheitsausgaben-am-bruttoinlandsprodukt-ausgewaehlter-laender. Zugegriffen: 18. Juni 2024.

Thiel, R., Deimel, L., Schmidtmann, D., Piesche, K., Hüsing, T., Rennoch, J., Stroetmann, V., Stroetmann, K., & Kostera, T. (2018). *#SmartHealthSystems. Digitalisierungsstrategien im internationalen Vergleich.* Bertelsmann Stiftung und Empirica. https://www.bertelsmann-stiftung.de/fileadmin/files/Projekte/Der_digitale_Patient/VV_SHS-Gesamtstudie_dt.pdf. Zugegriffen: 18. Juni 2024.

Vyas, S., & Bhargava, D. (2021). Smart health: An introduction. In: *Smart health systems.* Springer. https://doi.org/10.1007/978-981-16-4201-2_1.

Digitalisierungsstrategien im Gesundheitswesen

2

Andri Fabig

Zusammenfassung

Ein wirkungsvolles Gesundheitssystem ist ein zentraler Erfolgsfaktor einer funktionierenden Gesellschaft. Neuartige Lösungsansätze mit digitalen Bestandteilen unterstützen dabei, gegebene Herausforderungen wie steigende Komplexität und Kosten zu adressieren. Die Digitalisierung ist jedoch eine komplexe Materie, die es in ihrer thematischen Gesamtheit zu verstehen gilt – und insbesondere als eine strategische Aufgabe einer Gesundheitsorganisation. Entlang eines wissenschaftlich erarbeiteten Digital Transformation Frameworks für Smart Health zeigt der Autor einerseits zentrale Erfolgsfaktoren für ein modernes strategisches Arbeiten auf und ergänzt diese andererseits mit einem Ansatz zur thematischen Einordnung von digitalen Entwicklungsvorhaben in Gesundheitsorganisationen. Dabei sind grundsätzlich alle Personen angesprochen, die sich in den Handlungsfeldern Digital Strategie, Patienten-/Kundenerlebnisse, Lösungen & Dienste, Kultur/Führung/Organisation, Daten & Prozesse sowie Digital-Funktionen (Technologie) inspirieren lassen möchten. Das erwähnte Digital Transformation Framework für Smart Health ist in dieser Publikation in seiner grundsätzlichen Form beschrieben und mit nützlichen Tool-/Methodenangaben ergänzt (Übersichten/Checklisten). Eine nachhaltige Entwicklung des Gesundheitswesens benötigt organisationsübergreifende Abstimmungen in interdisziplinären Themen, welche stets individuell nach Ausgangs- und Zielsituation betrachtet und angegangen werden müssen. Ein zwar theoretisches gehaltenes, jedoch

A. Fabig (✉)
uniQconsulting AG, Kalaidos Fachhochschule, Winterthur, Schweiz
E-Mail: andri.fabig@gmail.com

D. Fasnacht (Hrsg.), *Smart Health*, https://doi.org/10.1007/978-3-658-46762-3_2

nach wissenschaftlichen Gütekriterien ausgearbeitetes und mit Praxiserfahrung erprobtes, Framework bietet hoffentlich einen wirkungsvollen Orientierungsrahmen an.

Schlüsselwörter

Strategie • Digitale Transformation • Framework für Smart Health • Digitalisierung • Gesundheitssystem

2.1 Ein wirkungsvolles Gesundheitssystem

Die europäische Gesellschaft, insbesondere die der Schweiz, weiss sich auf einem hohen Plateau an Fortschritt und Wohlstand (Verband economiesuisse, 2024). In vielerlei Hinsicht nutzt die Bevölkerung intakte Infrastruktur, lebt und entscheidet in einem mehrheitlich funktionierenden Miteinander auf der Basis demokratischer Strukturen, fokussiert sich wirtschaftlich auf eine sich voraussichtlich weiter ansteigende Beschäftigung und Wertschöpfung und widmet sich immer mehr der sinnstiftenden Gestaltung des Lebens. Doch trotz vorherrschender Ambition zur nachhaltigen Sicherstellung dieses Qualitätszustands zwingt sich eine differenziertere Betrachtung auf. Ein funktionierendes Gesundheitssystem als zugrunde liegenden Basis- beziehungsweise Erfolgsfaktor für den dargestellten Sachverhalt ist allgemein anerkannt. Wobei ein so wichtiges Element der gegebenen Lebensqualität, lässt sich der Maturitätszustand des Schweizer Gesamtsystems nicht gleich positiv darstellen (Tab. 2.1).

Lösungsansätze zur Verbesserung dieses Zustands sind, besonders im Sinn einer nachhaltigen Sicherstellung von Versorgungsqualität und Wirtschaftlichkeit eines komplexen Gesamtsystems wie dem des Gesundheitswesens, stärker denn je gefragt und verlangen bei involvierten Organisationen und Teams ein gut ausgebildetes, interdisziplinäres Themenverständnis.

2.2 Die Welt im Wandel

Das Gesundheitssystem eines jeden souveränen Staates ist einer hohen Anzahl an globalen und insbesondere auch nationalen/regionalen Einflüssen ausgesetzt. Obwohl sie zueinander in einer Wechselwirkung stehen, sind innere Elemente eines Systems oft stärker von äusseren Faktoren beeinflusst als umgekehrt. Systeme geraten, unabhängig des Gesundheitswesens, unter Druck, wenn sich ihre Umwelt stärker entwickelt als die innere Funktionsweise beziehungsweise eigene

Tab. 2.1 Maturitätszustand des Schweizer Gesundheitssystems (Quellen: Diverse mit eigener Darstellung des Autors)

Parameter	Niveau	Entwicklung	Referenz
Gesamtniveau der Gesundheitskosten	Hoch	Steigend	Kosten des Gesundheitswesens seit 1960 (Schweizer Bundesamt für Statistik, 2024a)
Generelles Potenzial für Kostenoptimierungen im Gesundheitswesen	Hoch	Steigend	Finanzierungs- & Kostenangaben des Schweizer Gesundheitswesens (Schweizer Bundesamt für Statistik, 2024b)
Mangel an Fachkräften (primär Pflegeberufe)	Hoch	Steigend	Fachkräftemangel im Gesundheitswesen (Zürcher Hochschule für Angewandte Wissenschaften, 2024c)
Medizinische & chirurgische Versorgungsqualität in der Schweiz	Hoch	Stagnierend bis sinkend	Einschätzung der Versorgungssicherheit gemäss dem nationalen Ärzteverband FMH (Siroka, 2023)
Lebenserwartung in der Schweiz	Hoch	Steigend	Lebenserwartung in der Schweiz (Schweizer Bundesamt für Statistik, 2024a)

Wertschöpfung (Drucker, 1994). Ein Gesundheitsunternehmen verfolgt primär einen sozialen Auftrag und Zweck, ist bei nachhaltiger Ambition immer aber auch ein Wirtschaftsunternehmen.

Bei generischer Betrachtung der Umwelt einer Gesundheitsorganisation implizieren bereits, thematisch divers anzusetzende und unterschiedlich stark miteinander in Bezug stehende, Megatrends eine ernst zu nehmende Notwendigkeit für Weiterentwicklung und Transformation (Zukunftsinstitut, 2024). Deren Relevanz und Einfluss wird ergänzt durch einschneidende Events, wie die Ereignisse rund um die Covid-Pandemie, die das Gesundheitswesen stark fordern und prägen können.

Je nach Häufigkeit und Ausprägung können externe Entwicklungen einerseits Herausforderungen, andererseits jedoch auch Chancen für Lösungen und Impulse darstellen. Im erneuten Bezug auf den Standpunkt, dass Gesundheitsunternehmen stets auch wirtschaftlich handeln und sich strategisch wirkungsvoll weiterentwickeln müssen, stellen Veränderungen im Marktumfeld gewinnbringende Potenziale für Differenzierungen dar.

Damit ist nicht nur ein kommerzieller Vorteil oder der Kostenaspekt des heutigen Gesundheitswesens angesprochen, sondern sämtliche unternehmerischen Erfolgsfaktoren wie die Zusammenstellung und Erbringung des Leistungsangebots, die Geschwindigkeit und Qualität von Heilungsverläufen bei Patientinnen und Patienten oder die Zufriedenheit und Fluktuation des Schlüsselfaktors Personal.

Ein bewusster Mittel- und Ressourceneinsatz (organisatorische Effektivität & Effizienz entlang einer zielgerichteten Strategie) versteht sich neben den genannten äusseren Einflüssen stets auch in einem inneren Kontext bestehend aus einer spezifischen unternehmerischen Daseinsberechtigung und Funktionsweise (Vision, Mission, Organisation, Prozesse, Kultur, Werte etc.).

Ein systemischer Entwicklungsschritt in unserem Gesundheitswesen ist, soll das einleitend erwähnte Niveau an Fortschritt und Wohlstand in der Schweiz gehalten oder sogar ausgebaut werden, eine Chance. Und auch wenn dies eine sicherlich längerfristig andauernde Herausforderung sein wird, dann ist diese im Minimum eine ebenso existenzielle Notwendigkeit für uns alle.

2.3 Digitalisierung ist ein kompexer Prozess

Der Ausprägungsgrad von Investitionen in digitale Vorstösse sollte stets zweck- und bedarfsgerecht ausgelegt werden. Das Verstehen bestehender sowie zukünftiger Bedürfnisse unterschiedlicher Anspruchsgruppen in- und ausserhalb einer Organisation ist zentral. Wie den Ausführungen des Autors in den nachfolgenden Kapiteln zu entnehmen ist, deckt eine holistische Betrachtung der Thematik Digitalisierung im Gesundheitswesen eine komplexe Vernetzung unterschiedlichster thematischer Aspekte auf. Und diese sind in ihrer Breite sowie gleichzeitig auch Tiefe, gepaart mit einer stets situativ bezogenen Interpretation und Anwendung, möglichst fundiert zu verstehen und nutzengerichtet einzuordnen. Soll ein Anspruch zur zukünftigen Nutzung wirkungsvoller Gesundheits-Ökosysteme gegeben sein, ist zu verstehen, dass diese sich ohne innovative digitale Lösungen nicht etablieren können (Fasnacht, 2023).

Einen effizienten und sicheren Austausch gilt es digital sicherzustellen. Digitale Patientenakten benötigen vielseitige Grundvoraussetzungen wie eine breit akzeptierte E-ID (digitale Identität für Bürgerinnen und Bürger), auf welcher sie einheitlich aufbauen müssen. Moderne medizinische Lösungen, wie Radiologie-Bildsysteme (PACS), kreieren riesige Datenvolumen wie Röntgen-, CT- und MR-Informationen, die es systematisch zu nutzen gilt. Datensicherheit ist ein rechtlich vorgeschriebener, jedoch immaterieller und deshalb schwierig zu greifender, Sachverhalt. Pflegepersonal kann durch integrierte Lösungen in einem stetig schwieriger werdenden Alltag aktiv unterstützt werden.

Um im Kontext von wirtschaftlichem Handeln unter stets begrenzten Ressourcen möglichst viel gesellschaftlichen Nutzen durch Digitalisierung im Gesundheitswesen zu kreieren, sind involvierte Schlüsselorganisationen und -personen angehalten, die Thematik bewusst, mit möglichst umfassender Kompetenz sowie einer strategischen Betrachtung anzugehen.

Die menschliche Gesundheit wird auch zukünftig zu einem signifikant grossen Anteil analoge, klassische Leistungen und Lösungen benötigen (wie Medikamente, chirurgische Operationen oder psychologische Behandlungen). Ein nachhaltig wirksames Gesundheitssystem benötigt in ihrer Support- und Leistungsstruktur jedoch stetig mehr digitale Ansätze zur Bewältigung bevorstehender Herausforderungen vielseitiger Art.

2.4 Gesundheit und Digitalisierung

Dies sind beides Themengebiete, welche unterschiedlich tief erforscht, beziehungsweise empirisch geprüft sind. Klassische Fachgebiete wie die der Medizin, Chirurgie und Psychologie wissen seit Jahrhunderten um einen fest verankerten Platz in der universitären Ordnung rund um Forschung und Lehre. In Anbetracht steigender systemischer Komplexität nimmt das dazu komplementäre Feld der Gesundheitsökonomie eine steigende Bedeutung ein.

Ähnlich verhält es sich in der Informatik, deren Ursprung zwar nur Jahrzehnte zurückreicht, wo sich jedoch auch etablierte Forschungsfelder (Technologie) mit neuen (Wirtschaftsinformatik, Wirtschaftspsychologie) ergänzen.

Eine daraus vereinfacht hergeleitete Synthese führt zu einer heutzutage ansteigender Notwendigkeit an gleichzeitig möglichst breitem sowie tiefem Themenverständnis, um durch ein gesamtheitliches Bild eine komplex gewordene Realität (Herausforderungen im Gesundheitswesen) möglichst greifbar, verständlich und behandelbar machen zu können.

Fach- und Führungskräfte in den Disziplinen Gesundheitsökonomie, Wirtschaftsinformatik und Unternehmensführung benötigen ein Höchstmass an fachlichem und methodischem Knowhow, um in einer komplex gewordenen Welt strategische, taktische und operative Entscheidungen möglichst fundiert und mit existenzsichernder Richtigkeit treffen zu können. Digitalisierungsstrategien im Kontext von Smart Health müssen somit auf einer Wissenskombination aufbauen, zu welcher folgend aufgeführte wissenschaftliche Literatur eine (kleine) Basis darstellt (Tab. 2.2).

Mit weltweiter Betrachtung stellt insbesondere die Wirtschaft eine bereits hohe Anzahl an Digital-Champions, welche für den digitalen Wandel im Gesundheitswesen Vorbild und Inspirationsquelle sein können. Die Entwicklung von funktionierenden Lösungsansätzen im Kontext von Smart Health benötigt eine

Tab. 2.2 Literaturauszug für Digitalisierungsstrategien im Kontext von Smart Health. (Quellen: Diverse mit eigener Darstellung des Autors)

Themenfeld	Empfohlene Literatur	
Ordnungssysteme zu Strategien für digitale Entwicklung & Transformation	Digitale Transformation gestalten (Gassmann & Sutter, 2019)	Strategieentwicklung im digitalen Zeitalter (Peter, 2021)
Gesundheitsökonomie (mit Digital-Fokus)	Der Digital Health Report 2023/2024 (Angerer & Berger, 2023)	Digitaler Staat in der Schweiz (Bühler et al., 2022)
Strategie & Management	Exploring Strategy (Johnson et al., 2017)	The Digital Transformers Dilemma (Frankenberger et al., 2021)
	Strategic Digital Transformation (Fenton et al., 2020)	Strategie: Navigieren in der Komplexität der neuen Welt (Malik, 2013a)
Umsetzung/Methodik für Transformation	Accelerating Digitalization (Proff et al., 2021)	Geschäftsmodelle in der digitalen Welt (Becker et al., 2019)
	Digital-Transformation-Management (Disselkamp & Heinemann, 2018)	Toolbox Objectives and Key Results (Kudernatsch, 2020)

bewusste Berücksichtigung branchenspezifischer Eigenheiten, welche eine Adaption nicht immer einfach erscheinen lassen und auch die langwierige Kreierung von neuen Best-Practices voraussetzt.

Das in der Einleitung angeschnittene Chancenprofil wirkungsvoller digitaler Lösungen ist dabei sinnvoll genug, um gezielte Investitionen und Vorstösse mit einem Leitfaden zu Digitalisierungsstrategien im Gesundheitswesen zu unterstützen.

2.5 Erfolgsbestandteile einer überzeugenden Strategie

Evolutionen und insbesondere Revolutionen benötigen eine stetig hohe Abstimmung vielseitiger Zusammenhänge über einen definierten Zeithorizont mit Involvierung unterschiedlicher Rollen. Dazugehörige Erfolgsfaktoren, für das effektive Erreichen gesetzter Ziele einer Organisation, lassen sich aus der Management-Literatur synthetisieren. Eine Strategie, grundsätzlich unabhängig ihrer kontextuellen und thematischen Ausrichtung, beinhaltet hauptsächlich kontextuale und planerische Inhalte. Sie unterscheidet sich jedoch stark von einem Konzept und versteht sich auch nicht als Planung, sondern definiert sich darauf aufbauen über einen eigenständigen, weil gesamtheitlicheren und komplexeren, Charakter (Malik, 2013b; Johnson et al., 2017).

Die Erfolgsbestandteile einer nachhaltig wirkenden, und zu allen Anspruchsgruppen stets Verständnis schaffenden, Strategie beinhalten Aspekte aus ihrer inhaltlichen Zusammensetzung, dem prozessualen Vorgehen ihrer Erstellung, dabei psychologisch entscheidenden Aspekten für den Erhalt möglichst korrekter Entscheidungen sowie dem Verständnis ihres Kontexts bei möglichst sämtlich involvierten Schlüsselpersonen während den Phasen ihrer Erstellung, Umsetzung und danach wiederkehrenden Überprüfung.

2.6 Inhalt mit Nutzen

Strategien handeln von unternehmerischen Lösungsansätzen, für welche zukünftigen Ansprüche welcher Mehrwert erbracht werden soll und wie dies konkret erreicht werden kann (Malik, 2013a; Johnson et al., 2017). Eine einprägsame Formel dazu lautet: «Was für Wen – und Wie dieser Zustand erreicht werden kann».

Strategien beinhalten eine ausgewogene Fokussierung auf externe und interne sowie analyse- und lösungsbezogene Sachverhalte entlang stets nachvollziehbar hergeleiteten Schlussfolgerungen. Kontextual versteht sich eine Digitalisierungsstrategie nachfolgend der Business-/Unternehmensstrategie. Sie leitet sich von ihr ab und berücksichtigt dabei ebenfalls stark ökonomisch-organisatorische Aspekte in Bezug auf Markt/Umfeld (extern) und Organisation/Ressourcen (intern).

An diesem Punkt tritt der klar definierte inhaltliche Charakter einer Strategie zum Vorschein. Sie beinhaltet stets die fünf Schlüsselaspekte Ziele, Weg, Ressourcen, Zeit und Alternativen/Szenarien (Einhorn & Hogarth, 1981; Drucker, 1994; Hamel & Prahalad, 1996; Eppler & Platts, 2009).

- Ziele: Abgeleitet von Vision und Mission stellen qualitative und quantitative Ziele einen klaren Fokus auf zukünftig zu erreichende Zustände dar (gesamtheitlich sowie kaskadiert auf einzelne Organisationsbereiche und -stufen, funktionale Disziplinen oder Themenbereiche).
- Weg: Bis zur Zielerreichung zu erwartende Rahmenbedingungen (wie politische Regulierungen), Entwicklung von Marktverhalten und Leistungsangebot (Kundenbedürfnisse, Trends, Entwicklung der Globalisierung, Verhalten von Mitbewerbern etc.), Einfluss von Prozessen (Management-, Geschäfts- & Supportmechanismen) sowie Auswirkungen auf Organisation & Kultur.
- Ressourcen: Produktionsfaktoren der eigenen Unternehmen sowie auch Partnern inklusive mobilen und immobile Anlagen, Mitarbeitenden und Knowhow als Schlüsselfaktoren sowie Finanzen.
- Zeit: Pro Zielsetzung/zu behandelnder Disziplin oder Thematik die dazu erfolgsversprechendste Vorgehensmethodik (wie Wasserfall oder eine Form eines agilen Frameworks) mitsamt den zeitlich angesetzten Meilensteinen und einer funktionierenden Steuerungs-/Reportingstruktur (Governance).
- Alternativen/Szenarien: Bewusste Behandlung der Machbarkeit der Strategie mitsamt potenziellen Risiken (Eintrittswahrscheinlichkeit, Schadensausmass, Mitigation) und allfälligen Szenario-Varianten, welche (strategische) Alternativansätze bedingen könnten.

Entlang dieser Inhalte zeigt sich wie erwähnt der Standpunkt einer Strategie auf. Sie befasst sich mit einer (neuen) Zielsetzung und dem dazu notwendigen Gesamtpaket an unternehmerischer Investition mitsamt Vorgehen, um die zukünftige Daseinsberechtigung und Existenzgrundlage der Organisation oder Thematik sicherzustellen (Bleicher, 1991).

Eine Digitalisierungsstrategie enthält unternehmerisch-wirtschaftliches Gedankengut und unterscheidet sich dabei von einer fachlichen, primär technologisch ausgerichteten IT-Strategie. Einerseits gibt die Digitalisierungsstrategie der IT-Organisation einen Orientierungsrahmen für ihre strategische Entwicklung vor und versteht sich dementsprechend ihr über- oder nebengeordnet. Und andererseits behandelt sie bewusst keine tiefergehenden Lösungsansätze im technischen Sinn der Informatik, sondern überlässt dies bewusst der IT-Strategie mit Beizug fachkompetenter Personen aus der IT-Organisation (Bleicher, 1991).

2.7 Vorgehen zur Strategieerstellung

Unabhängig ob einer unternehmerisch-wirtschaftlichen Betrachtungsweise (wie Unternehmens- und Digitalisierungsstrategie) oder einer mehr fachlich-bezogenen Inhaltsgestaltung (wie IT-Strategie), ist der methodische Ansatz zur Strategieerarbeitung grundsätzlich gleich (Johnson et al., 2017). Generisch lässt er sich in wiederum fünf Aspekte beziehungsweise nacheinander folgende Phasen aufteilen (Mintzberg et al., 1976; Einhorn & Hogarth, 1981; Schwenk, 1984; Eppler & Platts, 2009).

- Phase 1 Beschaffung von Informationen: Erarbeitung einer gesamtheitlichen und fundierten Grundlage mit systematischem, explorativen Einholen neuer Informationen und einem dazugehörig kritisch-analytischem Evaluieren (interne & externe Faktoren).
- Phase 2 Generierung von Optionen: Erarbeitung von Varianten für direkte Vergleiche entlang der im vorgängigen Abschn. 2.6 genannten Dimensionen (Ziele, Weg, Ressourcen, Zeit).
- Phase 3 Evaluation & Entscheidung: Systematische Gegenüberstellung potenzieller Lösungsvarianten mit qualitativen und quantitativen Entscheidungsmethoden und dem stetigen Überprüfen allfälliger heuristischer Verzerrungen (Biases, siehe auch übernächstes Abschn. 2.9).
- Phase 4 Planung & Implementation: Umsetzung der vorliegenden Planung mit Berücksichtigung der methodischen Erfolgsfaktoren der gewählten Vorgehen (wie Rollenprofile in Frameworks à la Objectives & Key Results).
- Phase 5 Review & Feedback: Wiederkehrend angesetzte Überprüfungs- und Steuerungsintervalle auf unterschiedlichen Stufen der bei der strategischen Implementierung betroffenen Organisation (Top-Management, Kader, Projekt- & Fach-Teams) mit stetiger Strategie-Justierung bei Notwendigkeit.

Die Ausgestaltung der einzelnen Phasen beruht besonders auf dem Involvierungsgrad von Schlüsselpersonen wie auch Stakeholdern. Je nach Wichtigkeit/

Herausforderungsgrad einer strategischen Aktivität und der dafür verfügbaren Zeit sind Entscheidungen in zweckgerichteten (Fach-) Gremien angebracht oder durch Top-Management beziehungsweise Geschäftsleitung selbstständig zu treffen (Johnson et al., 2017). Bei einem unternehmerisch-wirtschaftlich bezogenen Kontext sind Vorgehen zur Strategieerarbeitung und die dabei zu nutzende Zusammenstellung von Instrumenten und Tools (wie BCG- oder McKinsey-Matrix, SWOT, Nutzwertanalyse etc.) seit Begründung der allgemeinen Management-Lehre in den 1950er-Jahren hauptsächlich unverändert geblieben. Dies stellt einen hohen Reife- und Etablierungsgrad der gegebenen Theorien und Ansätze dar.

2.8 Die Strategie-Toolbox

Gemäss Malik werden pro Strategie-Prozess (Phasen 1–3) durchschnittlich neun Instrumente/Tools angewendet (2013a). Bei deren selektiven Auswahl, einer dazu passenden Reihenfolge zur sequenziellen oder auch parallelen Anwendung, gilt es Einsatzzweck und Anwendungsform genau zu berücksichtigen, damit korrekte Resultate erhalten werden können (Malik, 2013a; Einhorn & Hogarth, 1981). Die nachfolgende Auswahl stellt eine Orientierungshilfe zur Zusammensetzung eines zielgerichteten und methodisch ausbalancierten Strategie-Prozesses dar (Johnson et al., 2017) (Tab. 2.3).

Das Arbeiten mit den Instrumenten und Tools verlangt ein bewusstes Anwenden von divergierenden und konvergierenden Denk- beziehungsweise Arbeitsvorgängen (Lewrick et al., 2017). Bei Abschluss einer Phase lohnt sich eine Konsolidierung der vielseitig erhaltenen Erkenntnisse für den Erhalt von Zwischenresultaten, welche in Anzahl und Themenumfang vom involvierten Strategie-Team überschau- und behandelbar sind, und dadurch die Basis für einen erfolgreichen Start der nachfolgenden Phase bilden.

2.9 Entscheidungsfindung

Das konzeptionelle Arbeiten für strategische Inhalte resultiert in Entscheidungen, welche entweder selbstständig oder in Gremien getroffen werden – sprich mit dem Einbezug von Menschen unterschiedlicher Charaktere, Rollen, formeller Aufträge und persönlichen Interessen. Dies verlangt ein permanentes Bewusstsein

Tab. 2.3 Auszug zu Strategie-Instrumenten entlang der fünf Vorgehensphasen (Quellen: Diverse mit eigener Darstellung des Autors)

Phase	Empfohlene Instrumente & Tools	
Phase 1 Beschaffung von Informationen	Outside-In: Rahmenbedingungen Marktdaten/Statistiken Business Model Canvas Value Proposition Canvas Wettbewerbskräfte (Porter) PESTEL KANO-Modell (Patientenfokus) Lebenszyklen/Hype-Cycle	Inside-Out: Leistungen/Portfolio Organisation & Prozesse (inkl. Gemba-Walk) Lean Business Canvas Kompetenz- & Fähigkeitsmatrix Produktionsmittel/-faktoren Kultur-Assessment Kostenstrukturen
Phase 2 Generierung von Optionen	Design-Thinking Morphologischer Kasten (Zwicky) Szenario-/Varianten-Konzeption Positionierung & strategische Stossrichtungen (McKinsey) Portfolio nach Cashflow (BCG) Produkt-/Markt (Ansoff)	
Phase 3 Evaluation & Entscheidung	Variantenvergleich/SWOT und TOWS (qualitativ & quantitativ) Positiv-/Negativ-Aspekte Nutzwertanalyse/Kriterienkatalog Entscheidungsbaum/Machbarkeitsbewertung Stakeholder-/Netzwerk-Analyse Risikobetrachtung ALARP inklusive Mitigationskonzept Finanzielle Instrumente (Business Plan, Laufzeitbetrachtung, Return on Investment, etc.)	
Phase 4 Planung & Implementation	Projektmanagement/Umsetzungsmethodik (wie Wasserfall-Meilensteine, Balanced Scorecard, OKR) Involvierungs-/Akzeptanz-/Kommunikationskonzept inkl. Anreizmodell/Incentivierung Governance mit Steering & Controlling	
Phase 5 Review & Feedback	Peer-Review/Sounding-Boards (Involvierung) KALM-Analyse Feedback-Loops/PDCA Lean-Ansätze wie Kaizen & Huddles	

und ein systematisches Behandeln von Entscheidungsprozessen und in Zusammenhang stehenden psychologischen (Gruppen-) Dynamiken, da diese unter stetiger Beeinflussung und Verzerrung stehen (Schwenk, 1984).

Die nachfolgende Tabelle zeigt eine Zusammenstellung von gängigen Heuristiken in Management-Praktiken auf, welche entlang den fünf Vorgehensphasen zur Strategieerarbeitung als Checkliste verwendet werden kann (Einhorn & Hogarth, 1981; Schwenk, 1984; Eppler & Platts, 2009) (Tab. 2.4).

Um Umfang und Auswirkungsgrad von psychologischen Heuristiken im Umfeld von geschäftsbezogenen Aktivitäten und Entscheidungen eindrucksvoll zu erfahren, ist die Nutzung des interaktiven Web-Tools des mcm Institute aus St. Gallen empfohlen (Eppler & Muntwiler, 2024).

2.10 Überprüfung und Adaption von strategischen Entscheidungen

Entscheidungen gilt es somit nicht nur zu verabschieden, sondern sie auch zu verifizieren. Insbesondere können qualitative und insbesondere subjektive Inhalte durch den Beizug quantitativer Einschätzungen und Berechnungen objektiviert und dadurch plausibilisiert werden. Ein zusätzlicher Aufwand, welcher jedoch die Qualität des Strategie-Prozesses erhöht und getroffenen Entscheidungen ein nachvollziehbares Fundament und dadurch nachhaltigen Mehrwert beschert.

Getroffene Entscheidungen gilt es ebenso während ihrer anschliessenden Umsetzung auf Richtigkeit und im Besonderen auf Anwendbarkeit und Aktualität zu überprüfen. Da sich Umweltfaktoren heutzutage in hoher Geschwindigkeit ändern und sie sich in selten vorhersehbarer Richtung und Ausprägung entwickeln, sind verabschiedete Ziele, gewählte Umsetzungsmethoden und insbesondere die Zusammenstellungen von Projektteams mehrmals jährlich zu überprüfen und bei Notwendigkeit radikal zu justieren (Johnson et al., 2017; Fenton et al., 2020).

Bei Anpassungen der eigenen Pläne sind die zwei Heuristiken «Loss Aversion» und «Sunk Cost Fallacy» zu beachten, welche ein flexibles Entwickeln der Stossrichtung verhindern können (Frankenberger et al., 2021).

Nach dieser generischen Abhandlung von Erfolgsfaktoren überzeugender Strategien, vertieft das folgende Kapitel konkrete Themeninhalte wirkungsvoller Digitalisierungsstrategien im Kontext des Gesundheitswesens.

Tab. 2.4 Checkliste zu Heuristiken entlang der fünf Vorgehensphasen. (Quellen: Diverse mit eigener Darstellung des Autors)

	Phase 1 Beschaffung von Informationen	Phase 1 Beschaffung von Informationen	Phase 1 Beschaffung von Informationen	Phase 1 Beschaffung von Informationen	Phase 1 Beschaffung von Informationen
Verzerrungen durch Vereinfachung	Simplified Reality	Narrow Focus	Hasty Evaluation	Naive Action	Superficial Feedback
Verzerrungen bei Verifizierungen	Confirming my View	Self-serving Options	Self-serving Evaluation	Overconfident Implementation	Self-serving Review
Verzerrungen bei Entscheidungen	Framed Information	Loss-reducing Options	Risk-averse Evaluation	Risk-averse Implementation	Loss-reducing Review

2.11 Digital Transformation Framework für Smart Health

Neben einem möglichst guten Verständnis der beschriebenen generischen Erfolgsfaktoren (Vorgehensphasen, Tools, Heuristiken etc.), gilt es zur Erarbeitung einer Digital Strategie noch zu verstehen, mit welchen Inhalten sie sich optimalerweise befasst. Da diese oft dem Anspruch gegenübergestellt sind, herausfordernde Ausgangslagen und Zielsetzungen zu behandeln, stellen auch diese besondere Kenntnisse heraus.

Das Lösen von komplexen Sachverhalten, die sich neben einer hohen thematischen Breite auch durch eine besondere thematische Tiefe auszeichnen, gelingt mit der richtigen Zusammensetzung eines vielseitig-kompetenten Strategie-Teams. Eine methodisch-fundierte Strategieerarbeitung ist die Grundlage für treffsichere Entscheidungen, die in nachhaltig erfolgreichen digitalen Entwicklungen resultieren können, doch ist passenden inhaltlichen Überlegungen die mindestens gleiche Gewichtung zu geben (Fokus von Strategiearbeit und Entscheidungsfindung auf korrekte methodische Handhabung sowie Handhabung relevanter Inhalte).

Eine Organisation benötigt für eine wirkungsvolle, nachhaltig existenzsichernde digitale Entwicklung ein stark ausgeprägtes Verständnis ihrer äusseren und inneren Einflussfaktoren. Herausforderungen stellen Chancen dar, sich selbst fit für die Zukunft zu machen (Ryf et al., 2021; Accenture, 2019) (Abb. 2.1).

Strategische Handlungsfelder sind, insbesondere beim sich im digitalen Entwicklungsrennen eher noch beim Startfeld befindenden Gesundheitswesen, in vielseitiger Anzahl vorhanden und im Kontext stetig begrenzter Ressourcen deshalb genau gegeneinander abzustimmen (Schallmo & Lohse, 2020; Angerer & Berger, 2023).

2.12 Digital-Strategie

Während die sechs zentralen Bestandteile des Digital Transformation Frameworks für Smart Health, graphisch als farbige Boxen dargestellt und durch den Autor begrifflich an Handlungsfelder angelehnt, in ihrer Auswahl, Reihenfolge und Vertiefung grundsätzlich frei entlang des jeweiligen Bedarfs einer Gesundheitsorganisation angegangen werden können, eignet sich der Einstieg grundsätzlich über die Erarbeitung einer digitalen Strategie.

Für solche gibt es gemäss Gassmann und Sutter (2019) vier Ausprägungen, wobei deren Nutzenpotenziale stark mit dem natürlich gegebenen Anteil

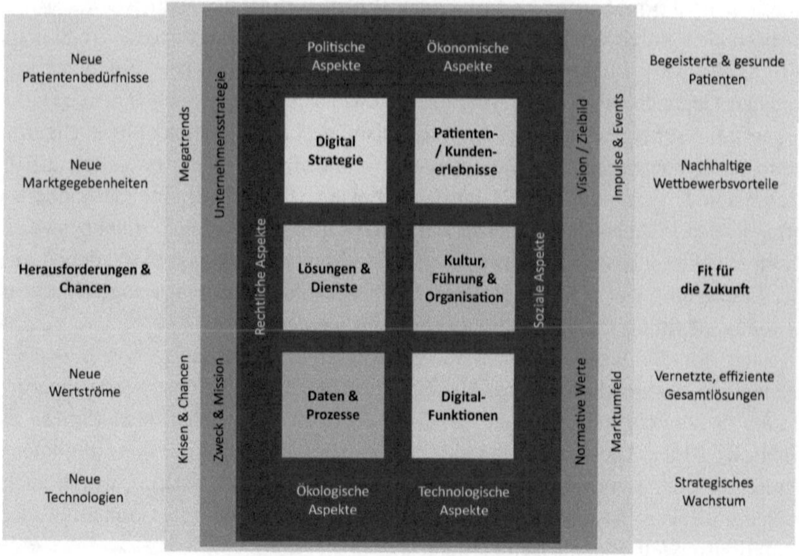

Abb. 2.1 Digital Transformation Framework für Smart Health. (Quelle: Eigene Darstellung des Autors)

an analogen Leistungen einer Gesundheitsorganisation zusammenhängen (digitales Entwicklungs- beziehungsweise Transformationspotenzial). Obermaier (2019) vergleicht diesen Nutzenansatz mit unterschiedlich digitalen und vor allem transformationalen Möglichkeiten einer Organisation. Rogers (2017) spricht davon, dass grundsätzlich die Anpassung des eigenen Wert- beziehungsweise Leistungsversprechens (also der Kern eines jeden Geschäfts- oder Funktionsmodells einer Organisation) an zukünftige Patienten- und Kundenbedürfnisse ein zentraler unternehmerischer Erfolgsfaktor ist – unabhängig des Grades digitaler Lösungsbestandteile. Dabei lässt sich entlang gegebener wissenschaftlicher Literatur erkennen, dass digitale Entwicklungen einer Gesundheitsorganisation stets entlang einer strategischen Transformation des Geschäfts- oder Funktionsmodells erfolgen werden sollte – der unternehmerische Zweck gibt das Digitalisierungspotenzial vor.

In einer immer mehr vernetzten Welt entsteht Wertschöpfung immer mehr durch Konvergenz von unterschiedlichen Organisationen mit unterschiedlichen Zwecken und unterschiedlichen Arbeitsformen (Hermeier et al., 2019; Franken, 2016; Gassmann & Sutter, 2019). Gesundheits-Ökosysteme definieren sich durch neue Formen von Akteuren und Rollenausprägungen im Markt, sowie insbesondere durch verstärkt exponentiell möglichen Skalenerträge aufgrund neuartiger Netzwerk-Effekte (Fasnacht, 2023). Dabei bilden sich neue Segmente mit eigenen Gegebenheiten und Dynamiken, sowie vor allem jedoch Potenziale für organisationsübergreifend abgestimmte Leistungen (Co-Creation) mit einzigartigen Nutzenversprechen für Patienten und Kunden (Gassmann & Sutter, 2019; Gassmann & Ferrandina, 2021; Iansiti & Levien, 2004). Will eine Gesundheitsorganisation in eine solch vernetzte Zukunftswelt Eintritt finden, beziehungsweise in ihr nachhaltig bestehen und wirkungsvollen Mehrwert erbringen, so können mit der Erarbeitung einer Digital Strategie fundiert evaluierte Entwicklungsinitiativen sowie strategische Erfolgspositionen definiert werden.

Eine digitale Vision dazu ist für eine gesamte Organisation von bildender Bedeutung, da sie als Kulturbestandteil sämtlicher Organe sinnstiftende Identifikation ermöglicht und zugleich Handlungsmotivation entstehen lässt (Spiess & Fabisch, 2017). Diese sollte gemäss Malik stets die Lösung eines (digitalen) Patienten- oder Kundenproblems im Zentrum haben (Malik, 2013a), womit auch hier ein direkter Zusammenhang zur erwähnten Innovation von Geschäfts- oder Funktionsmodell erkannt werden kann.

Für den Erhalt akkurater Strategieentscheide gilt es Umweltfaktoren möglichst vollständig zu berücksichtigen und in empirisch begründeten Zusammenhängen zu sehen (Bennett & Lemoine, 2014). Entlang dem VUCA-Modell (ein Akronym für Volatilität, Ungewissheit, Komplexität und Ambiguität) führen vermehrte Vorkommen ereignisreicher Impulse und Events zur Notwendigkeit einer steten (Neu-) Beurteilung der gegebenen politischen, wirtschaftlichen sozio-kulturellen, technologischen, ökologischen und rechtlichen Einflussfaktoren (Tratkowska, 2019). In Zusammenhang mit der Unternehmensstrategie einer Gesundheitsorganisation und der steten Ausrichtung an den digitalen Patienten-/Kundenbedarf erreichen Umweltfaktoren direkten Einfluss auf digital sinnvolle Stossrichtungen.

Eine ansteigende Dynamik in der Gesundheitsbranche führt in einer immer stärker vernetzten Welt zu immer komplexeren Sachverhalten und Beziehungsaspekten. Um vor allem Interessensansprüche und Einflussgegebenheiten adäquat erkennen zu können, welche sich intermediär in der Meso-Ebene aufzeigen lassen, gilt es der klassischen Stakeholder-Betrachtung besonders Gewicht zu geben (Tardieu et al., 2020; Tratkowska, 2019; Appelo, 2011; Disselkamp & Heinemann, Digital-Transformation-Management, 2018). Gemäss Birkinshaw (2004) können hierbei insbesondere agil funktionierende (Sub-) Organisationen Ansprüche unterschiedlicher Interessensgruppen ambidextrisch, sprich gleichzeitig, erfüllen. Eine zentrale Eigenschaft gemäss der Einschätzung des Autors, um auch in Zeiten möglicher Veränderungen im Gesundheitswesen (neue Leistungs- & Lösungsmodelle /Geschäftsmechaniken) noch möglichst viel Leistung und Qualität bei bisherigen Ansätzen erhalten zu können.

Geeignete Positionierungsmöglichkeiten und dazu notwendige Handlungsvorstösse (Projekte/Initiativen) sollten durch das, im vorgängigen Kapitel beschriebene, Denken in Szenarien und Optionen abgestimmt werden (Peter, 2021; Schallmo & Lohse, 2020). Gerade verschiedene Varianten können durch eine Strategiekarte vergleichbar und verständlich dargestellt werden (Pfannstiel & Steinhoff, 2020; Becker et al., 2019; Ricken et al., 2021).

Um eine Gesundheitsorganisation durch die strategisch deklarierten Handlungsvorstösse schlussendlich erfolgreich zu entwickeln, benötigt es eine Übersetzung von längerfristig getroffenen Grundsatzentscheiden (Zeithorizont von drei bis fünf Jahren) in mittel- und kurzfristige Ziele. Diese gilt es in einem agilen Sinn in einem iterativen Rhythmus zu überprüfen, womit optimalerweise eine zu jeder bevorstehenden Zeit durchgehend nutzenbringende strategische Ausrichtung sichergestellt werden kann (Tab. 2.5).

Die Beschreibung des Digital Transformation Framework für Smart Health vertieft sich nun in fünf weitere, konkret auf die digitale Entwicklung des Gesundheitswesen ausgerichtete, strategische Handlungsfelder.

Tab. 2.5 Hilfestellung zum Handlungsfeld Digital Strategie. (Quellen: Diverse mit eigener Darstellung des Autors)

Vorgehensschritt	Empfohlene Inhalte
Schritt 1 Business Analyse	Methodische Betrachtung von makro- und mikroökonomischen Sachverhalten inkl. Geschäftsmodell
Schritt 2 Vision & Mission	Erarbeitung von Markt-& Technologie-Szenarien für den Erhalt eines inspirierenden Zielbildes
Schritt 3 Machbarkeit	Bewertung von Schlüsselfaktoren wie Enabler/Disabler, Stakeholder-Einflüssen, Ressourcen & Kompetenzen
Schritt 4 Ziele	Verständliche Strategie-Karte nach Handlungsfeldern inkl. Varianten, Optionen sowie Einflüssen auf Budget & Cashflow
Schritt 5 Planung	Konkrete und anwendbare Projektinitiativen inkl. Erfolgskriterien, Methodik, Risiken, Organisation & Governance

2.13 Patienten-/Kundenerlebnisse

In der Digital Strategie erarbeiteten Grundsatzentscheide und Stossrichtungen werden mit hoher Wahrscheinlichkeit Nutzenziele zur Verbesserung von Patienten- beziehungsweise Kundenerlebnissen beinhalten (Schallmo & Lohse, 2020). Neuartige Erlebnisse holen Patienten und Kunden effektiver, sprich entlang ihrer vorherrschenden Bedürfnisse, ab und können signifikant starke Qualitäts- und Wettbewerbsvorteile gegenüber Marktbegleitern hervorrufen. Ein wesentlicher Hebel, welcher zukünftig gewinnbringende Nutzenerfahrungen von bisherigen (analogen) Ansätzen unterscheiden kann, ist die individualisierte sowie auch stetig mögliche Interaktion mit Patienten/Kunden jeglicher Art (Fenton et al., 2020). Einzigartige Personas und User-Storys gilt es zu erkennen, zu verstehen und adäquat beziehungsweise so bedürfnisgerecht wie möglich zu bedienen (Customer Centric Ansatz gemäss Peter, 2021). Für jede Leistung und Interaktion führen unterschiedliche Schlüsselaspekte zu positiven Erfahrungen. Und somit weiter zu positiver Resonanz, nachhaltiger Loyalität und sogar werbetragender Community-Effekte wie persönlicher Weiterempfehlungen oder Aspekte von Affiliate-Marketing (Reinnhart et al., 2018; Fenton et al., 2020). Eine hohe Affinität und Erkenntnis für digitale Potenziale des strategischen Handlungsfeldes Patienten-/Kundenerlebnisse ist nach eigener Auffassung des Autors ein zentraler Schlüsselaspekt, mit welchem eine spürbare digitale Entwicklung einer Gesundheitsorganisation erfolgreich gelingen kann.

Bei einer Betrachtung der heterogenen Zusammensetzung der Schweizer Gesundheitsbranche kann angenommen werden, dass ein signifikant hoher Anteil der am Markt partizipierenden Organisationen zukünftig analoge sowie auch digitale Patienten- & Kundenschnittstellen nutzen beziehungsweise anbieten wird (Eidgenössisches Bundesamt für Statistik, 2022).

Die heterogenen Berührungs- und Interaktionspunkte zwischen Gesundheitsorganisationen und ihren Patienten/Kunden stellen besonders bei hybriden Konstellationen mit analogen und digitalen Schnittstellen wahrnehmbar entkoppelte Erlebnisse dar, welche es zusammen zu harmonisieren und zu vernetzen gilt (Herstellung von Kohärenz gemäss Becker, et al., 2019; Foss et al., 2008). Die Zusammenstellung der gesamtheitlichen Schnittstellenlandschaft der Zukunft (Omni-Channel) erfolgt hierbei bewusst in Kombination des bisherigen sowie des voraussichtlichen Patienten- beziehungsweise Kundenstamms, da betriebswirtschaftlich bedingt mit grosser Wahrscheinlichkeit beide Welten (sprich mehrere Patienten-/Kundensegmente) berücksichtigt werden müssen (Kollmann, 2021). Dahinter liegend neu zu erarbeitende Erlebnisse gilt es kundenzentriert (Peter, 2021) sowie mit der Kreierung identitätsstiftender Alleinstellungsmerkmale zu erarbeiten. Die Auswahl passender Technologien (wie Virtual Reality Brillen oder Chat-Bots) gilt es danach gerichtet auszuwählen.

Können Bedürfnisse und Verhaltensweisen eines Patienten/Kunden digital eingeordnet werden, so ergeben sich dank der Korrelation unterschiedlicher Datenquellen entscheidende Erkenntnisse. Diese können und sollen zur individuellen Gestaltung zukünftiger Patienten- & Kundenerlebnisse beigezogen werden (Tardieu et al., 2020). Hierbei erhält jene Gesundheitsorganisation eine hohe Maturität, welche es schafft, nicht nur analytische Erkenntnisse aus gesammelten Daten zu erhalten, sondern welche prädiktive oder sogar präskriptive Schlüsse auf der Basis von zukunftsgerichteten Voraussagen ziehen kann. Dank empirisch abgeleiteten Schlussfolgerungen können Erlebnisse bedürfnisgerecht vor allem auf die spezifische Persona bezogen kreiert werden (Becker, et al., 2019; Sivarajah et al., 2017).

Der gesamte Lebenszyklus eines Patienten/Kunden, welcher sämtliche Interaktionspunkte mit einer Organisation (oder einem zusammengeschlossenen Gesundheits-Ökosystem) chronologisch aufführt, ergibt bei einer systematischen Erhebung und Bewertung Hebel für eine bessere Wahrnehmung der eigenen Leistungserbringung preis. Für sämtliche Tätigkeiten und Interaktionen, welche Patienten und Kunden beim Bezug eines Produktes oder einer Leistung erfährt, kann die massgebende Erwartung mit dessen wahrgenommenen Zufriedenheit verglichen werden. Nur wenn ein Patienten-/Kundenerlebnis durchgängig gestaltet ist und individuell Bedürfnisse und Erwartungen zu befriedigen mag, werden positive Resonanzen von Patienten und Kunden nachhaltig sichergestellt sein (Batra & Keller, 2016) (Tab. 2.6).

2.14 Lösungen & Dienste

Wertinnovationen mit starken und nachhaltigen Alleinstellungsmerkmalen können dank den neuesten technologischen Möglichkeiten nicht mehr nur analog, sondern immer mehr digital oder auch in neuartigen Kombinationen geschaffen werden. Besonders bei der Betrachtung physischer Produkte und Lösungen, welche mit digitalen Funktionen angereicht werden können, lassen sich Vorteile der kombinierten Nutzenpotenziale erkennen. Erfolgen Produkt- und Lösungsfunktionen über Softwarekomponenten lassen sich (unter anderem):

- durch die Schaffung digitaler Erweiterungen sowie auch die Kreierung vollständig neuer Produkt- und Dienstleistungsarten vermeintliche Entwicklungslimitationen auf Stufe Hardware aushebeln (Obermaier, 2019).

Tab. 2.6 Hilfestellung zum Handlungsfeld Patienten-/Kundenerlebnisse. (Quellen: Diverse mit eigener Darstellung des Autors)

Vorgehensschritt	Empfohlene Inhalte
Schritt 1 Erlebnisse	Bewertung und Konzipierung von Kunden-/Patientenerlebnissen nach Schlüsselaspekten wie Interaktionsstärke, Emotionalität, Einfachheit & Individualität
Schritt 2 Kommunikation	Objektive Analyse und Definition von Kommunikationsmerkmalen für den Erhalt von überzeugenden Interaktionen
Schritt 3 Patienten / Kunden	Systematische Kategorisierung analoger & digitaler Personengruppen inklusive deren Bedürfnissen und Entscheidungskriterien
Schritt 4 Inhalte	Selektion von analogen & digitalen Informationen im Zusammenhang mit unverwechselbaren Qualitätsfaktoren als Alleinstellungsmerkmale
Schritt 5 Knowhow & Daten	Kreierung von einzigartigen Wissensvorsprüngen durch Informationen mit dazugehörigem Praxis-Training von Schlüsselpersonen im Kunden-/Patientenkontakt

- Synergieeffektive nutzen und Entkopplungspunkte in Herstellungsprozessen physischer Komponenten verzögern, da analoge Standard-Komponenten durch Software-Funktionalität (virtuell) individualisiert werden können (Obermaier, 2019).
- erweiterte Entwicklungsmöglichkeiten ausschöpfen, da sich virtuelle Gestaltungsspielräume als gross und fallspezifisch auch unendlich herausstellen können (Entwicklungshorizonte für Wertangebote gemäss Kotler & Keller, 2012).

Für digitale Dienste wie auch digitalisierte Produkte gilt es, die Kreierung derer Wertinnovation durch fallspezifische (Open-) Innovation-Ansätze zu evaluieren. Intelligente Angebote stehen im Zusammenhang mit komplexen Patienten- und Kundenbedürfnissen, Entwicklungs- und Herstellungsfaktoren sowie einem breiten Knowhow- und Kompetenzbedarf beim Personal. Diese Herausforderungen müssen nicht selbstständig und mit ausschliesslich internen Ressourcen gemeistert werden, sondern sollen mit dem richtigen Ökosystem in Co-Creation und einer entsprechend resultierenden Win–Win-Win Situation für Patienten und Kunden, die eigene Organisation sowie involvierte Partner erschaffen werden (Peter, 2021; Fenton et al., 2020; Chesbrough, 2006; Fasnacht, 2023).

Mit der Evaluation digitaler Lösungen sollte man nicht zu lange warten und auf keinen Fall aufkommende Wettbewerbsbedrohungen ignorieren oder unterschätzen. Berücksichtigt werden sollten hierbei besonders auch Markterwartungen in Bezug auf exponentiellen Fortschritt, aufkommende technologische Möglichkeiten nach Moore's Law (Verdoppelung der mittleren Rechenleistung alle 18 Monate) sowie dem steten Streben des Mitbewerbs nach Disruption (Hoisl, 2019; Granig et al., 2018). Ebenso gilt es bei der Einführung neuer Funktionen jederzeit darauf zu achten, fundiert und zielgerichtet zu investieren um keine Lösungen zu elaborieren, welche keinen Mehrwert schaffen (Porter & Heppelmann, 2014). Besonders in diesem Handlungsfeld gilt es nach Einschätzung des Autors also auch strategisch und überlegt zu entscheiden. Weiter ermöglicht das Entwickeln entlang der Prinzipien Form-Follows-Function sowie Form-Follows-Emotion nutzenorientierte Ausrichtungen für die modernen Patienten- & Kundenbedürfnisse von Morgen (Cacioppo et al., 1999; Bartz et al., 2017; Hoisl, 2019) (Tab. 2.7).

Tab. 2.7 Hilfestellung zum Handlungsfeld Lösungen & Dienste. (Quellen: Diverse mit eigener Darstellung des Autors)

Vorgehensschritt	Empfohlene Inhalte
Schritt 1 Patienten / Kunden & Märkte	Evaluation zukünftiger Patienten- / Kunden- und Marktpotenziale für Geschäftsentwicklung zur Digital Economy/zu Smart Health
Schritt 2 Nutzen & Funktion	Kreierung von digitalen Nutzenfunktionen/ Eigenschaften für nachhaltig wirkungsvolle Kunden-& Marktpenetration
Schritt 3 Technologie & Knowhow	Orchestrierung des Tech-& Tool-Bedarfs inklusive Konzeption von (eigenen) Entwicklungs-& Supportfähigkeiten
Schritt 4 Operationalisierung	Planung & Realisierung einer digitalen Produkt- und Service-Organisation mitsamt funktionierendem Entwicklungs-& Betriebsmodell
Schritt 5 Monetarisierung	Innovation des Geschäftsmodells mit Absatz-& Preismodellgestaltung für wiederkehrende Umsätze und Skalierungseffekte

2.15 Kultur, Führung & Organisation

Digitale Transformationsbestreben sollten hierbei mitnichten nur auf technische oder sachliche Aspekte reduziert werden. Gesundheitsorganisationen, welche sich digital weiterentwickeln möchten oder sollen stehen vor grossen Änderungen und Herausforderungen, welche schlussendlich alle mit ihr involvierten Personen und Partner als Produktionsfaktoren meistern müssen (Hermeier et al., 2019; Wörwag & Cloots, 2018). So gilt es, als kompetente Geschäftsleitung psychologische Faktoren, den Faktor Mensch einer Transformation von Unternehmensbestandteilen, im richtigen Umfang zu berücksichtigen (Pfannstiel & Steinhoff, 2020; Wörwag & Cloots, 2018; Franco, 2020).

Österle (2019) schreibt von geltendem Sicherheitsgefühl und Vertrauen von Menschen in ihr bewährtes und bekanntes Umfeld, beziehungsweise von vielseitig möglichen Ängsten vor technischen Innovationen und Transformationen im Allgemeinen. Gerade auch an Werte, an welche man sich als Mensch gewöhnt und ausgerichtet hat, hält eine Gesellschaft gerne fest und fürchtet sich entsprechend vor einem möglichen Verlust durch Anpassung (Österle, 2019). Hindert menschliche Resilienz eine Unternehmung am Gang ihres digitalen Zukunftsweges, so kann eine Reduktion von Belastungen auf die Organisation, sowie eine Stärkung der persönlichen Kompetenzen einer jeden Ressource, das Leistungspotenzial wunschgemäss erhöhen (Franken, 2016). In Zusammenhang mit dem VUCA-Modell verstärken sich mit fortschreitender digitaler Entwicklung Lern-, Qualifikations- und Flexibilitätsanforderungen an Mitarbeitende. Und zusätzlich dazu wird in Kombination ein gekonnter Umgang mit Ambiguität, Komplexität und Unsicherheit benötigt (Hermeier et al., 2019).

Diesbezüglich richten sich New Work Konzepte einerseits explizit auf eine natürliche und gesunde Gestaltung des zukünftigen Arbeitsplatzes von Morgen aus. Mitarbeitende sollen sich beim Arbeiten für eine optimale Leistungsentwicklung und Veränderungsbereitschaft stehts wohl, sowie mit sinnstiftender Tätigkeit beschäftigt fühlen (Hermeier et al., 2019). Andererseits geht es bei New Work auch um die Ausstattung beziehungsweise Entwicklung von Personalbeständen mit zukünftig digital benötigten Kompetenzen (Kraft & Peter, 2019; Matos et al., 2020). Weinreich (2016) beschreibt eine Vorgehensmöglichkeit für Fähigkeitsentwicklungen entlang von geschäftlichen Kernkompetenzen, personellen Schlüsselressourcen und tätigkeitsbezogenen Schlüsselaktivitäten. Becker et al., (2019) definieren weiter sogar ein Konstrukt für den Erhalt von Entscheidungskompetenzen unter Berücksichtigung von Digitalisierungsimpulsen (umschrieben als etwas wollen) sowie Fähigkeiten und Fertigkeiten (umschrieben als etwas wissen und können).

Die Unternehmenskultur gibt bezüglich New Work sogleich einen allgegenwärtigen Rahmen und Orientierungsraster vor, welche in ihrer Gesamtheit einen effektiven Beitrag für zukünftig existenzsichernden Innovations- und Unternehmenserfolg leistet (Spiess & Fabisch, 2017; Kotter & Heskett, 1992). In der digitalen Transformation sollte die gelebte Kultur, bei klarer strategischer Zielsetzung, notwendige Veränderung unterstützen und explorative Innovationsvorstösse, sowie nach Ansicht des Autors auch Investitionen mit vorerst nur ungenau einschätzbarem Ausgang, ermöglichen (Spiess & Fabisch, 2017). Die vorgesehene Unternehmenskultur kann gemäss einem Ansatz von PWC gut verständlich durch ein Zielbild definiert und an die Führung und die Belegschaft kommuniziert werden (PWC Deutschland, 2013). In dieses Konstrukt gehören zentrale Werte und Normen, welche die Aspekte Demographie, Diversität, Demokratisierung und Dynamisierung der Arbeitswelt der Zukunft berücksichtigen (Franken, 2016). Die Schaffung des richtigen Umfelds für die Mitarbeitenden ist jedoch mindestens genauso wichtig wie die Unternehmenskultur, damit sie sich in Kombination mit innovativem Handeln entfalten kann, und beinhaltet die gezielte Förderung von anreizorientiertem Denken, das Üben in Kreativitäts- und Problemlösungsmethoden, das Etablieren eines verständnisvollen Miteinanders dank integrierten Teams sowie die Fähigkeit, selbstbewusst eine lernende Organisation zu sein (Hochmeier, 2012; Boutellier & Völker, 1997; Higgins & Wiese, 1998).

In Bezug zu New Work und Unternehmenskultur stehen weiter effektive Organisationsformen, welche benötigt werden, um vorstehende Veränderungen zur Entwicklung in eine digital optimal unterstützte Gesundheitsorganisation zu realisieren. In einer von VUCA geprägten Umwelt gilt es dazu passende Management-Ansätze anzuwenden, welche Appelo unter dem Begriff Management 3.0 zusammenfasst (Appelo, 2011). Darin beinhaltet sind hauptsächlich sechs Aspekte, welche ein zielführendes Steuern in Zeiten von dynamischen und immer komplexer werdenden Umweltfaktoren ermöglichen (Herget, 2021; Appelo, 2011).

- Menschen einer Organisation gilt es über sinngebende Motivationsfaktoren intrinsisch zu begeistern und als Schlüsselfaktoren einer Veränderung zu betrachten.
- Teams gilt es zu befähigen, um gemeinsam stärker und effektiver zu sein (als beim Einsatz einzelner, unabhängiger Personen bei beispielsweise der Entwicklung eines neuen Wertangebotes).
- Rahmengebende Bedingungen setzen (Zielsetzungen und Leitplanken für Mitarbeitende und Teams festlegen und prägend zu kommunizieren).

- Kompetenz des einzusetzenden Personals systematisch begründen und stärken, Selbstorganisation ermöglichen.
- Strukturen vorgeben, etablieren und zweckgerecht wachsen/skalieren lassen
- Ansatz der iterativen Verbesserung gesamtheitlich (für effektiv alles in der Unternehmung) und transparent etablieren.

Management 3.0 Bestandteile sind nach Überzeugung des Autors Schlüsselelemente für den Erhalt einer nachhaltig erfolgreichen digitalen Entwicklung von Unternehmen. Gemäss Appelo gelingt dies hauptsächlich dadurch, dass Veränderungen entlang der sechs aufgeführten Aspekte in ihrer Komplexität akzeptiert und entsprechend agil und in einem gesamtheitlichen Kontext betrachtet werden (Appelo, 2011). Verbleiben Geschäftsleitungen in klassischen Management-Theorien, senken sich die Realisierungschancen von Veränderungsvorhaben signifikant, da sie nicht für heute geltende Gesetzmässigkeiten ausgelegt sind (Laloux, 2020) (Tab. 2.8).

Tab. 2.8 Hilfestellung zum Handlungsfeld Kultur, Führung & Organisation. (Quellen: Diverse mit eigener Darstellung des Autors)

Vorgehensschritt	Empfohlene Inhalte
Schritt 1 Kultur & Mindset	Gezielte Ausarbeitung von zweckgerichteten Werten und Prinzipien mit zukunftsfähigem Digital-/Smart Health-Mindset
Schritt 2 Kompetenzen & Knowhow	Fundierte Anforderungsevaluation mitsamt Fähigkeitsplanung für neuartiges Wissen & Können in der Welt von Lernen 4.0
Schritt 3 Organisation & Governance	Annehmbare Konzeption eines organisatorischen Rahmens mit hoher Lernfähigkeit und starker individueller Selbstkompetenz
Schritt 4 Innovation & Fokus	Sicherstellung einer hohen Innovationskraft mit zugleich zielgerichtetem Fokus für unternehmerisches Handeln
Schritt 5 Change-Management	Nachhaltiges Messen und Steuern von r-/evolutionären Veränderungsprozessen in der Gesamtorganisation

2.16 Daten & Prozesse

Bezüglich Management gilt es auch die Landschaft an vorherrschenden Unternehmensabläufen mit zukunftsfähigen Konzepten und Methoden zu steuern. Besonders bei der Anwendung immer mehr verbreiteten offenen Ökosystemen werden prozessualen Fragestellungen grosser Bedeutung zugesprochen (Becker et al., 2019; Schallmo & Tidd, 2021). Wertschöpfungsnetzwerke mit hohem notwendigen Digital-Anteil grenzen sich hierbei besonders durch hohe Interaktionsquantitäten und komplexe Zusammenhänge von analogen Pendants sowie insbesondere klassisch linearen Wertschöpfungsketten ab (Becker et al., 2019; Chopra & Meindl, 2014; Kollmann, 2021). Dies stellt, gemäss der Definition des Geschäftsprozessmanagements durch Stöger (2011), neue Anforderungen an ein modernes Gestalten und Verwalten von Betriebsabläufen dar:

- Resultatorientierung: Digitaler Wert und Nutzen kann diverser und komplexer sein als bisherig/analog erbrachte Prozessleistung, was auch für die klare Definition des Outputs eine Herausforderung darstellt.
- Patienten-/Kundenorientierung: steht in direktem Zusammenhang zu immer mehr individualisiert zu erbringenden Leistungen beziehungsweise Wertversprechen (diese Individualisierung muss prozessual und ressourcenbezogen unterstützt beziehungsweise ermöglicht werden).
- Beitrag ans Ganze: Analog der Ganzheitlichkeit gemäss Appelo (2011) sind ausschliesslich vollständig ineinandergreifende Ablaufmechaniken mit einem hohen Wirkungsgrad verbunden, und müssen entsprechend zusammenhängend ausgerichtet werden.
- Kontrollierbarkeit, Messbarkeit und Beurteilbarkeit: Transparente Schlüsselindikatoren (Key Performance Indicator; KPI) müssen datengestützt neue Maturitätsstufen zu Prozessanalysen und Interventionsmöglichkeiten ermöglichen können (Steigerung der Effektivität, Effizienz und Wettbewerbsfähigkeit betrieblicher Abläufe).
- Wiederholbarkeit und Routine: Das richtige Mass an fixer sowie variabler Strukturierung ermöglicht eine betriebswirtschaftlich gesehen notwendige Prozesseffizienz bei einem gleichzeitig ebenso benötigten Dynamik- und Individualisierungsgrad.
- Verantwortlichkeit: Im Ganzen sowie in Teilen gilt es Prozesse ressourcenunabhängig in Verantwortungsbereiche zu unterteilen, in welchen wiederum Flexibilität und Freiheit gewährt werden können. Dabei wird Komplexität reduziert und in einzelnen Abteilen Spezialisierung ermöglicht, wobei

die die Resultatorientierung des Gesamtvorhabens (Patienten-/Kundennutzen, Auftrag) stets in übergeordnetem Blick behalten werden muss.
- Führbarkeit: Dem benötigten Verständnis zur Analyse und Beurteilung, Steuerung und Weiterentwicklung muss im Sinne eines umfassenden Kompetenz- und Methodensets immer mehr Rechnung getragen werden.

Sollten in einer Organisation Elemente der sieben Faktoren gemäss Stöger (2011, S. 1,4) fehlen, oder sollte ihnen ungenügende Beachtung geschenkt werden, so muss von einer ineffektiv gestalteten Prozessmanagementsystematik ausgegangen werden.

Entlang dem Fünfeck der Wettbewerbsfaktoren (Slack et al., 2010) können Betriebsorganisationen, unabhängig ob sie sich auf analoge oder digitale Leistungen fokussieren, prozessual nach drei Typen ausgerichtet werden: Low-Cost Archetypen werden kompromisslos auf Kosteneffizienz getrimmt und nehmen Einbussen bei der Flexibilität und Skalierbarkeit ihrer Abläufe in Kauf. Da individuelle Patienten-/Kundenansprüche weniger berücksichtigt werden können, gilt es eine mögliche Auswahl dieses Typs in der digitalen Welt eher bei hochstandardisierten Leistungsangeboten zu wählen. Hochgradig individuelle Anforderungen können besser durch Premium Archetypen berücksichtigt werden, da diese verlässlich und flexibel auf einzelne Patienten-/Kundengruppen einzugehen wissen. Hierfür anfallende Aufwände und Kosten sind wichtig, folgen jedoch eher in einer nachrangigen Betrachtung. Zu guter Letzt bestehen Responsive-Archetypen besonders in volatilen Wertschöpfungsnetzwerken, da sie durch hochgradig skalierbare Prozesse eine hohe Reaktionsgeschwindigkeit ermöglichen und somit volatile Geschäftsgänge berücksichtigen können (Slack et al., 2010).

Unter anderem durch die Neugestaltung, Vernetzung, sowie die Automatisierung und Integration von Prozessen ermöglicht die digitale Transformation eine signifikante Optimierung der vier Leistungsparameter Flexibilität, Effizienz, Qualität und Time to Market (Obermaier, 2017, 2019; Disselkamp & Heinemann, 2018). Digital eingebundene Abläufe sollten durch die Nutzung von Daten und intelligenten Softwarekomponenten einen hohen Selbststeuerungsgrad etablieren können. Besonders primär digital ausgelegte, und insbesondere gänzlich neu entwickelte, Prozesse sollten autonom integriert und selbstständig sein (Pfannstiel & Steinhoff, 2020; Schellinger et al., 2021).

Können Analysen und Entscheidungen gestützt auf einer, in vernetztem Kontext stehenden, Faktenlage getroffen werden, so wird der Effektivitätsgrad von Handlungen für Patienten & Kunden wahrnehmbar und gewinnbringend gestärkt (Seiter et al., 2017). In einer Gesundheitsorganisation vorhandene Daten und Informationen gilt es zu sammeln, zu konsolidieren und im Sinne besserer

Tab. 2.9 Hilfestellung zum Handlungsfeld Daten & Prozesse. (Quellen: Diverse mit eigener Darstellung des Autors)

Vorgehensschritt	Empfohlene Inhalte
Schritt 1 Mechanik	Digital-spezifische Erfassung der Ablauforganisation inklusive zentraler Merkmale von Schlüsselprozessen
Schritt 2 Management	Bewertung von Eignung und Maturität des bestehenden Prozessmanagements mit dazugehöriger Potenzialerhebung
Schritt 3 Vision	Erarbeitung zukünftiger Prozesslandkarte und Ökosystem-Mechanik zur Kreierung neuer/digitaler Wertangebote im Gesundheitskontext
Schritt 4 Wertinnovation	Digital-spezifische Kalkulation von Value-& Business-Cases für zielgerichtete Investitionen in die Daten-& Prozesslandschaft
Schritt 5 Change-Taktik	Definition von Veränderungsvorstössen mitsamt dazugehörigen Aspekten wie Erfolgskriterien, Stakeholder, Methodik und Ressourcen

Leistungen zu nutzen. Prädiktive und präskriptive Analytik ermöglicht mit dem Beizug von Big Data Technologien, wie einem zentralen Data-Warehouse, ein immer mehr vorausschauendes und somit taktisch geprägtes Interagieren mit Patienten/Kunden und potenziellen Bedarfsanfragen. Das unternehmerische Verhalten von verschiedenen Organen einer Organisation kann, durch mit künstlicher Intelligenz hergeleiteten Empfehlungen, mit vorausschauender Weitsicht und Prägnanz beeinflusst und gesteuert werden (Weinreich, 2016; Seiter et al., 2017).

Neben dem Erhalt gleichzeitig besserer sowie schnellerer Entscheidungen können Daten unter Berücksichtigung von datenschutzbezogenen Rahmenbedingungen sowie patienten-/kundenseitig gegebener Akzeptanz gleichzeitig für Entwicklungszwecke in der Forschung genutzt werden (Granig et al., 2018; Adam, 2020) (Tab. 2.9).

2.17 Digital-Funktionen

In einer somit auch im Gesundheitswesen immer mehr datenbasierten, automatisierten und vernetzten Welt lassen sich sämtliche Inhalte der bisher beschriebenen fünf Handlungsfelder ausschliesslich mit dem Beizug der richtigen (neuen) Technologien angehen und nutzen. Dazu gehören insbesondere passende Plattform-Möglichkeiten (klassische interne Server-Infrastrukturen oder immer weiter verbreitete neue Cloud-Plattformen) sowie eine breite Kombination geeigneter Werkzeuge (Funktionen, Dienste und Software-Lösungen wie Patienten-, Labor-

und Klinikinformationssysteme). Allein eine oberflächliche Betrachtung einer allgemeinen Kundenreise gemäss Peter (2021) zeigt zahlreiche Interaktionen und Schnittstellen auf, welche alle direkt oder indirekt digitale Komponenten zur Leistungserbringung beinhalten. Und die hierfür benötigten Digitalkomponenten gilt es nach Bedarf und Nutzen zielgerichtet zu evaluieren und innerhalb von gegebenen Ressourcen (Budget, Zeit) und Kompetenzen (Fähigkeit, Knowhow) für den Erhalt einer effektiven digitalen Wertschöpfung zu nutzen (Rusnjak & Schallmo, 2018).

Die Bereitstellung moderner IT-Mittel ist ein nicht zu unterschätzender (Produktions-) Faktor, um sich als Gesundheitsorganisation mitsamt seinen vielseitigen Leistungsangeboten kompetitiv digital transformieren zu können. Mit IT unterstützte Lösungen stehen mit einer steigenden Komplexität von Organisationen in enger Beziehung und sind mit nicht technologischen Elementen direkten Wechselwirkungen ausgesetzt (Becker et al., 2019; Kollmann, 2021).

Insbesondere vermehrt aufkommende Service-Clouds stellen in vielseitigen Ausprägungen und Varianten umfangreiche Infrastruktur-Shops dar, aus welchen digitale Funktionen universell zusammengestellt und kombiniert werden können. Durch etablierte technische Standard werden multiple Kombinationen mit verhältnismässig wenig Implementierungsaufwand ermöglicht, wovon als progressiv denkende Organisation profitiert werden kann (Oswald & Krcmar, 2020; Mell & Grance, 2011; Hirschheim et al., 2020). Die Zusammenstellung von IT-Ressourcen und Funktionen sollte hierbei jederzeit zweckorientiert und mit aktiver Involvierung von Entscheidungsträgern aus dem Business erfolgen, um eine effektive Unterstützung für Patienten und Personal zu erhalten. Digitale Produktionsfaktoren (Rechenkapazität, Softwarefunktionen etc.) stellen ausschliesslich einen Enabler dar und haben sich stets nach dem Patientenzweck (dem Driver) zu richten (Becker et al., 2019; Gläss & Leukert, 2017). Dazu gehören Technologien und Konzepte wie Infrastructure as Code (dank Programmierung automatisiert bereitgestellte Infrastruktur mitsamt technischer Governance), Cloud Native (mit modernen Funktionen frisch entwickelte Software-Lösungen ohne Altlasten), Container (modulare Softwarebasis für Ermöglichung signifikant höherer Entwicklungsgeschwindigkeit und funktionaler Agilität) sowie BizDevOps (Erhalt operativer Effektivität und Effizienz und nahtlose Verzahnung von Business/Organisation und IT mit gegenseitigem Verständnis) (Schrijvers et al., 2021; Weinreich, 2016; Matos et al., 2020; Accenture, 2019).

Gemäss Porter und Heppelmann (2014) sind bezüglich gut integrierter digitaler Zukunftslösungen erfolgskritische strategische Fragestellungen unter anderem folgende:

- Wo sind nützliche digitale Funktionen integriert (in Software, über Cloud- sowie Edge-Dienste oder direkt durch Chips in (Medizinal-) Produkten)?
- Führen offene oder geschlossene Software-Prinzipien zum Erfolg (proprietär entlang Lizenz, Open-Sourcen mitsamt Community-Effekten)?
- Erfolgen Entwicklungen selbstständig, in Kooperation oder primär mit externer Auftragsvergabe?
- Welche Daten können generiert und nutzenstiftend verwendet werden (inklusive starker Berücksichtigung datenschutzbezogener Vorgaben)?

Digitale Entwicklungen führen fortschreitend zu intelligenten Produkten und Diensten, welche als selbst bereits komplexe Systemen zu immer komplexeren Gesamtsystemen zusammengeschlossen werden (Porter & Heppelmann, 2014). Friedrichsen und Wersig (2020) sowie Kane et al., (2017) beschreiben in Zusammenhang stehend weiter, dass diesbezüglich auch Knowhowbezogene Fragestellungen zur Anwendung digitaler Funktionen durch Mitarbeitende als erfolgskritisch, und somit nach Ansicht des Autors als ebenso strategisch, angesehen werden müssen. Hier besteht eine enge Verbindung zu den Inhalten Handlungsfeldes Kultur, Führung & Organisation (der Faktor Mensch).

Entlang geltender nationaler sowie internationaler Gesetzgebungen, wie dem Schweizer Datenschutzgesetz (DSG) oder der Europäischen Datenschutzgrundverordnung (EU-DSGVO) gilt es personenbezogene Daten von Patienten und involvierten Partnern zu schützen (Pfannstiel & Steinhoff, 2020; Rump & Eilers, 2020). Entlang dem Prinzip Data-Protection-by-Design spielen gemäss Rump und Eilers (2020) sowie auch Herberger (2018) rechtsbezogene Fragestellungen eine nicht zu unterschätzende Rolle. Besonders gilt es zu berücksichtigen, dass privatwirtschaftliche Entwicklungen von Lösungsanbietern bezüglich bezüglich der Nutzung moderner Technologien gesetzbildenden Staatsinstanzen oftmals einen Schritt voraus sind und auch Resultate aus richtungsgebenden Präzedenzfällen eher selten beigezogen werden können, da im Schweizer Rechtstraum bisher nur wenige oder sogar überhaupt keine vorhanden sind (Hildebrandt, 2016; Seiter et al., 2017). Stösst man in juristische Graubereiche und somit geschäftsrelevante Risikobereiche vor, so können diese jedoch mit individuellen Vereinbarungen (wie zur Datenverarbeitung) mit leistungsinvolvierten Parteien (Patienten, Intermediäre und Partner) grösstenteils, wenn auch aufwendig, geklärt und rechtssicher mitigiert werden (Seiter et al., 2017; Peter, 2021) (Tab. 2.10).

Tab. 2.10 Hilfestellung zum Handlungsfeld Digital-Funktionen. (Quellen: Diverse mit eigener Darstellung des Autors)

Vorgehensschritt	Empfohlene Inhalte
Schritt 1 Analyse	Aufnahme und Einschätzung der Ausgangssituation inklusive historischer Altlasten und zukünftiger IT-Potenziale
Schritt 2 Konzeption	Auswahl & Abstimmung der benötigten Digitalfunktionen passender Plattform-/Cloud-Ressourcen und Dienste
Schritt 3 Evaluation	Nutzen- und Kosten-Kalkulation von Investitionen & wiederkehrenden Aufwänden für Erhalt einer individuellen Daten-& Kommunikations-Drehscheibe
Schritt 4 Tooling	Zusammensetzung und Nutzungsrahmen zur Kreierung intern & extern vernetzter Kommunikations- und Datenaustausch-Möglichkeiten
Schritt 5 Transformation	Erarbeitung des kritischen Implementierungspfades unter Berücksichtigung von Nutzenversprechen und technischer Abhängigkeiten

2.18 Beziehungen und Einflüsse der Handlungsfelder

Zielgerichtete digitale Entwicklungen im Gesundheitswesen stellen sich entlang den beschriebenen Handlungsfeldern als umfangreiche Gesamtvorhaben mit vielen komplexen, direkt und indirekt in Beziehung zueinanderstehenden Sachverhalten dar. Eine dabei umfassende, breite Form der Betrachtung ist eine wichtige Grundvoraussetzung, um einerseits die meist komplexen Themen aus dem Gesundheitswesen realitätsbezogen erfassen zu können (Angerer & Berger, 2023; Appelo, 2011), sowie andererseits um Transformationsvorhaben fundiert, zielgerichtet und mit nachhaltigem Effekt anzugehen (Schallmo & Lohse, 2020; Fenton et al., 2020). Auch gilt es, sich in Umsetzung befindende Projektinitiativen mit den richtigen Steuerungseingaben kompetent zu führen.

Zur Deklarierung der grundsätzlichen Beziehungen der strategischen Handlungsfelder zueinander sind nachfolgend in groben Zügen direkte und indirekte Einflüsse beschrieben. Tiefergehende Zusammenhänge gilt es pro Organisation fallbezogen einzuschätzen.

- Digital Strategie: Kann grundsätzlich als ein zentrales, oder auch übergeordnetes, Handlungsfeld angesehen werden, da es nach Ansicht des Autors sämtliche anderen Handlungsfelder direkt beeinflusst.

- Patienten- / Kundenerlebnisse: Beeinflusst die Handlungsfelder Lösungen & Dienste, Daten & Prozesse sowie Digital-Funktionen direkt. Zu Digital Strategie sowie Kultur, Führung & Organisation bestehen auch Beziehungen, jedoch in eher schwächerer Ausprägung (indirekte Einflüsse).
- Lösungen & Dienste: Starker und direkter Einfluss auf die Handlungsfelder Patienten- / Kundenerlebnisse, Daten & Prozesse sowie Digital-Funktionen. Die restlichen zwei Handlungsfelder Digital Strategie und Kultur, Führung & Organisation werden indirekt beeinflusst.
- Kultur, Führung & Organisation: In nahem Zusammenhang zu Patienten- / Kundenerlebnisse und Daten & Prozesse stehend. Einflüsse auf Digital Strategie, Lösungen & Dienste sowie Digital-Funktionen bestehen in unterschiedlicher Ausprägung.
- Daten & Prozesse: Starker Bezug zu den Handlungsfeldern Patienten- / Kundenerlebnisse, Lösungen & Dienste sowie Digital-Funktionen. Die Digital Strategie sowie Kultur, Führung & Organisation werden durch das Handlungsfeld Daten & Prozesse weniger intensiv, beziehungsweise nur indirekt, beeinflusst.
- Digital-Funktionen: Hier ist nach Wahrnehmung des Autors eine starke Beziehung zu Patienten- /Kundenerlebnisse, Lösungen & Dienste sowie Daten & Prozesse zu berücksichtigen. Auf Digital Strategie und Kultur, Führung & Organisation wird nur indirekt eingewirkt.

Betrachtet man die Anzahl der Handlungsfelder, auf welche eine direkte Einwirkung erzielt wird, so stechen Digital-Strategie sowie Kultur, Führung & Organisation heraus. Da Digital Strategie sämtliche anderweitigen Handlungsfelder direkt beeinflusst, kann es als stärkstes Handlungsfeld bezeichnet werden. Kultur, Führung & Organisation ist ein integrales Handlungsfeld des gesamten Digital Transformation Frameworks für Smart Health, es beeinflusst jedoch als einziges nur zwei andere direkt (Patienten- / Kundenerlebnisse und Daten & Prozesse). Die restlichen vier Handlungsfelder Patientenerlebnisse, Lösungen & Dienste, Daten & Prozesse sowie Digital-Funktionen beeinflussen durchgängig jeweils nur zwei andere Handlungsfelder in indirekter Weise.

Wie stark eine Organisation die unterschiedlichen Inhalte der einzelnen Handlungsfelder zur Umsetzung vorsieht, ist den individuellen Gegebenheiten und Budgetvorstellungen auszurichten. Es gilt dabei als beratende Instanz jederzeit die gegenseitigen Wechselwirkungen der vielseitigen Sachverhalte im (Gesamt-) Blick zu halten und die eigene Position regelmässig auf Objektivität zu überprüfen (Einnahme Vogelperspektive für Erhalt von Überblick).

2.19 Strategie-Umsetzung

Die Umsetzung einer (Digital-) Strategie erfolgt zwingend mit einer abgestimmten Involvierung der Belegschaft. Während die Top-Ebene des Managements Schlüsselentscheidungen trifft und dabei Umsetzungsvorgaben definiert, liegt es an der darunterliegenden Schicht an Mittelmanagement und Mitarbeiterbasis, die Umsetzung erfolgreich zu ermöglichen.

Verabschiedetes strategisches Gedankengut gilt es somit in sämtlichen Bereichen der Organisation (auf allen Hierarchiestufen, in sämtlichen betroffenen Abteilungen) zu etablieren – und dies adressatengerecht beziehungsweise nachvollziehbar und annehmbar. Hierbei können insbesondere Visualisierungen und kontextbezogene, zeitlich überlegt angesetzte Kommunikationen helfen, Veränderungsprozesse mit grösstmöglicher Akzeptanz und intrinsisch motivierter Mitwirkung anzustossen (Glasl et al., 2005).

Zur Steuerung der Strategie-Umsetzung eignet sich heutzutage der, im Handlungsfeld der Digital Strategie beschriebene, Ansatz von OKR, da er eine verlässliche Planung bei gleichzeitig möglichst hoher Flexibilität ermöglicht (Drucker, 1994; Doerr, 2018). Nach der strategisch-konzeptionellen Erarbeitung diverser Inhalte aus den sechs Handlungsfeldern des Digital Transformation Frameworks für Smart Health gilt es, die definierten Entwicklungsvorstösse durch regelmässige Zielüberprüfungen nachhaltig zu steuern. Gesundheitsorganisationen müssen sich dabei bewusst sein, ihre Konzeption und Planung regelmässig an sich verändernde Umweltfaktoren anzupassen, womit es gilt sich gesetzte digitalen Ziele und Transformationsvorhaben mit regelmässiger Proaktivität auf Erreichungsgrad und Justierungsbedarf zu überprüfen.

Um hierbei jederzeit möglichst nutzenorientierte Zielsetzungen kreieren zu können, orientieren sich die Objectives sowie die Key Results der Methoden von Doerr (2018) optimalerweise an Warum-, Was- und Wie-Fragestellungen nach dem goldenen Kreis von Sinek (2011). Diese sind gemäss Buhse (2020) bedeutsam, konkret und inspirierend zu stellen, um Momentum und Kraft zu etablieren, mit welcher involvierte Stakeholder zu tatkräftigen Handlungen angeregt werden können (Sinek, 2011). Disselkamp und Heinemann (2018) fügt weiter an, dass bei der quartalsweisen Analyse einer Zielerreichung von gesetzten Objectives und Key Results nicht ein administrativ geprägter Kontrollblick, sondern eine erkenntnisreiche Betrachtung und Diskussion von bestehenden Herausforderungen und dazu passenden Lösungsansätzen im Fokus steht. In Kombination mit Überlegungen zur stetigen Verbesserung begibt sich somit eine Organisation auf einen effektiven und nachhaltigen Lernpfad mit realistischer Chance für eine existenzsichernde Transformation ihrer selbst in die herausfordernde digitale Welt des Smart Health von Morgen.

Erfolgsentscheidend ist, bei der Durchführung von Entwicklungs- und Transformationsvorhaben ein fundiertes Gesamtverständnis für vielseitige Sachverhalte auf Makro-, Meso- und Mikro-Ebene zu besitzen. Zusammenhängend dazu gilt es die Auswahl der Framework Inhalte während der Anwendung iterativ zu überprüfen und sämtliche Bestandteile jederzeit an geltende Gegebenheiten zu adaptieren.

Die folgenden Aufführungen dienen dabei involvierten Schlüsselpersonen als abschliessende Auflistung von Erfolgsmethoden, welche sich bei einer Umsetzung von strategisch-digitalen Entwicklungsvorhaben als kritisch etabliert haben.

- Eine stetige Ausrichtung sämtlicher involvierter Einheiten nach externen Faktoren ist zentral. Umwelteinflüsse, Patienten- / Kundenbedürfnisse und Marktgegebenheiten sind mit hoher Gewichtung zu berücksichtigen (Rogers, 2017; Reinnhart et al., 2018)
- Die digitale Transformation benötigt ein jederzeit stark ausgeprägtes Verständnis der eigenen Unternehmensposition in der dynamischen Welt von heute sowie auch der voraussichtlich zeitnah eintreffenden Welt von morgen (Oswald & Krcmar, 2020). Dazu beschreiben Tushman und O'Reilly (1996), Christensen (1997), Birkinshaw (2004) sowie Disselkamp und Heinemann (2018) weiter, dass Organisationen fähig sein müssen, die alte und neue Welt in sinnvollen Anteilen gleichzeitig berücksichtigen zu können (Ambidextrie).
- Beim Treffen von Entscheidungen gilt es wo möglich beratende Unterstützung von fachspezifischen Personen einzuholen. Diese können aus unterschiedlichen Netzwerken stamen, welche es somit gezielt aufzubauen und zu nutzen gilt. Digitale Transformationsvorhaben müssen nicht selbstständig in geschlossenen Gremien gestemmt werden (Franken, 2016; Spiess & Fabisch, 2017).
- Bei der Zusammensetzung von Projektteams sollte bewusst auf ausgewogene Diversität geachtet werden. Neuartige Kollaborationen, bestehend aus Führungspersonen (Vertretung von Unternehmens- und Digital Strategie), Fachpersonal (Vertretung von Knowhow) und Influencern (Vertretung der Belegschaft mit Ansehen, können Bewegung ermöglichen) sind für den Erhalt effektiver Veränderung erfolgsentscheidend (Rump & Eilers, 2020).
- Wenn komplexe Sachverhalte behandelt werden, hilft es diese möglichst einfach zu halten. Um Sicherheit und Führung bittende Anspruchsgruppen gilt es mit klar gehaltenen Aussagen zu überzeugen beziehungsweise dies durch

die Etablierung von thematischem Verständnis zu erreichen (Malik, 2013b; Weinreich, 2016).

Nur mit einem offenen, gemeinsamem Vorgehen können bevorstehende (digitale) Herausforderungen des Gesundheitswesen effektiv angegangen und mit gewinnbringender Wirkung gelöst werden.

2.20 Fazit und Ausblick

Die digitale Entwicklung einer Gesundheitsorganisation ist eine individuelle und dabei auch komplexe Thematik, welche von vielen situativen Faktoren abhängig ist und ein hohes Selbstverständnis in Kombination mit Vertrauen und Mut zur Veränderung erfordert. Hierzu empfiehlt sich, ein hohes Bewusstsein und einen chancenorientierten Grad an Offenheit für Neues anzueignen. Viele aufkommende Entwicklungen im Gesundheitswesen und ihrer dazugehörigen Gesellschaft geschehen extern einer Organisation – und in durch sich selbst nur indirekt beeinflussbaren Zusammenhängen. Ein digitales Verständnis und ein möglichst hoher Bildungs- und Wissensgrad zu zentralen Bestandteilen der zukünftigen Welt von Morgen sind wichtig, um bevorstehenden Wandel erfassen, verstehen und aktiv mitgestalten zu können. Im Sinne der Sicherstellung der unternehmerischen Existenz und Daseinsberechtigung einer Gesundheitsorganisation jeglicher Art besteht die Notwendigkeit, mit (digitalen) Veränderungen mitzugehen. Visionäres und freies, kreatives Denken unterstützt dabei zusätzlich, vorerst nicht überwindbare Denk- und Vorstellungsbarrieren überwinden zu können. Entlang von VUCA wird ein Mindset benötigt, dass zukünftig erfolgreiches Wirtschaften von stetiger Veränderung und entsprechend benötigter Anpassung geprägt sein wird. Agile Arbeits- und Zielerreichungsmethoden unterstützen dabei, sich in dynamischen Zeiten zurechtzufinden und eigene Stärken situationsbezogen einsetzen zu können.

Gemäss repräsentativen Forschungsergebnissen der Fachhochschule Nordwestschweiz (2022) existieren bei Schweizer Unternehmen (gesamte Landschaft inklusive des Gesundheitswesens) in 44 % der Fälle eine nachweisbare Unzufriedenheit bezüglich des eigenen Digitalisierungsfortschrittes. In 56 % der Fälle Unternehmensstrategien, welche auf Grund der digitalen Transformation angepasst werden müssen und in nur 38 % der Fälle überhaupt dedizierte, oder an die Unternehmensentwicklung angehängte, Digital Strategien.

Somit besteht konkret Bedarf und Notwendigkeit für ein systematisches Begegnen für eine Vielzahl von Herausforderungen, welche die Transformation in die digitale Welt von Morgen mit sich bringt.

Literatur

Accenture. (2019). *Höhenkrank – Warum der Schweizer Wirtschaft langsam die Luft ausgehen wird.* Zürich: Accenture.

Adam, K. (2020). *Blockchain-Technologie für Unternehmensprozesse.* Springer.

Angerer, A., & Berger, S. (2023). *Der Digital Health Report 2023/2024.* Berlin: Medizinisch Wissenschaftliche Verlagsgesellschaft.

Appelo, J. (2011). *Management 3.0.* Mike Cohn Signature Book.

Bartz, M., Gnesda, A., & Schmutzer, T. (2017). *Unternehmen der nächsten Generation.* Wiesbaden: Springer.

Batra, R., & Keller, K. L. (2016). *Integrating marketing communications: New findings, new lessons, and new ideas.* American Marketing Association.

Becker, W., Eierle, B., Fliaster, A., Ivens, B., Leischnig, A., Pflaum, A., & Sucky, E. (2019). *Geschäftsmodelle in der digitalen Welt.* Springer.

Bennett, N., & Lemoine, G. (2014). *What VUCA really means for you.* Harvard Business Review.

Birkinshaw, J. (2004). *Building ambidexterity into an organization.* MIT Sloan Management Review.

Bleicher, K. (1991). *Organisation – Strategien, Strukturen, Kulturen.* Springer.

Boutellier, R., & Völker, R. (1997). *Erfolge durch innovative Produkte: Bausteine des Innovationsmanagements.* München/Wien.

Bühler, G., Hermann, M., & Krähenbühl, D. (2022). *Digitaler Staat in der Schweiz.* Swico/Sotomo.

Buhse, W. (2020). *Internes Strategie-Desaster: Die IT wartet auf Anforderungen durch den Vorstand, die dieser gar nicht liefern kann – Objectives und Key Results (OKR) können die Lösung sein.* Wiesbaden: Springer (Spektrum Magazin).

Cacioppo, J. T., Gardner, W. L., & Berntson, G. G. (1999). *The affect system has parallel and integrative processing components: Form follows function.* Journal of Personality and Social Psychology.

Chesbrough, H. W. (2006). *Open Innovation: The New Imperative for Creating and Profiting from Technology.* Harvard Business Review Press.

Chopra, S., & Meindl, P. (2014). *Supply chain management.* Pearson.

Christensen, C. (1997). *The innovator's dilemma: When new technologies cause great firms to fail.* Harvard Business School Press.

Disselkamp, M., & Heinemann, S. (2018). *Digital-transformation-management.* Schäffer-Poeschel.

Doerr, J. (2018). *Measure what matters.* Penguin.

Drucker, P. (1994). *Managing in turbulent Times.* Taylon & Francis.

Eidgenössisches Bundesamt für Statistik (2022). *Branchenstruktur der Schweizer Wirtschaft.* https://www.bfs.admin.ch/bfs/de/home/statistiken/querschnittsthemen/wohlfahrtsmessung/gueter/oekonomische-gueter/branchenstruktur.html. Zugegriffen: 16. Mai 2022.

Einhorn, H., & Hogarth, R. (1981). *Behavioral decision theory: Processes of judgment and choice.* Annual Review of Psychology.

Eppler, M., & Muntwiler, C. (2024). *Visual Literacy.* https://bias.visual-literacy.org/abgerufen.

Eppler, M., & Platts, K. (2009). *Visual strategizing: The systematic use of visualization in the strategic-planning process.* Long Range Planning (Elsevier).

Fachhochschule Nordwestschweiz. (2022). *Digitale Schweiz 2022.* https://www.monitor-digitale-schweiz.ch/. Zugegriffen: 18. Apr. 2024.

Fasnacht, D. (2023). *Gesundheits-Ökosysteme,* Kap. 6.7. In *Offene und digitale Ökosysteme* (S. 174–184). Springer Gabler. https://doi.org/10.1007/978-3-658-42494-7_6.

Fenton, A., Fletcher, G., & Griffiths, M. (2020). *Strategic digital transformation.* Routledge.

Foss, N. J., Klein, P. G., Kor, Y. Y., & Mahoney, J. T. (2008). *Enterpreneurship, Subjectivism, and the Resource-based View: Toward a New Synthesis.* Wiley.

Franco, M. (2020). *Digital Leadership.* IntechOpen.

Franken, S. (2016). *Führen in der Arbeitswelt der Zukunft.* Springer.

Frankenberger, K., Mayer, H., Reiter, A., & Schmidt, M. (2021). *The digital transformers dilemma.* Wiley.

Friedrichsen, M., & Wersig, W. (2020). *Digitale Kompetenz.* Springer.

Gassmann, O., & Ferrandina, F. (2021). *Connected business.* Springer.

Gassmann, O., & Sutter, P. (2019). *Digitale Transformation gestalten.* Hanser.

Glasl, F., Kalcher, T., & Piber, H. (2005). *Professionelle Prozessberatung – Das Trigon-Modell der sieben OE-Basisprozesse.* Haupt Verlag Freies Geistesleben.

Gläss, R., & Leukert, B. (2017). *Handel 4.0.* Springer.

Granig, P., Hartlieb, E., & Heiden, B. (2018). *Mit Innovationsmanagement zu Industrie 4.0.* Springer.

Hamel, G., & Prahalad, C. (1996). *Competing for the future.* Harvard Business Review Press.

Herberger, M. (2018). *Künstzliche Intelligenz und Recht – Ein Orientierungsversuch.* NJW.

Herget, J. (2021). *Culture Hacks strategisch einsetzen.* Springer.

Hermeier, B., Heupel, T., & Fichtner-Rosada, S. (2019). *Arbeitswelten der Zukunft.* Springer.

Higgins, J., & Wiese, G. (1998). *Innovationsstrategien: Potenziale ausschöpfen, Ideen umsetzen.* Marktchancen nutzen.

Hildebrandt, M. (2016). *Smart Technologies and the End(s) of Law.* Edward Elgar Publishing.

Hirschheim, R., Heinzl, A., & Dibbern, J. (2020). *Information systems sourcing.* Springer.

Hochmeier, A. (2012). *Kritische Erfolgsfaktoren im Innovationsmanagement.* Springer Gabler.

Hoisl, B. (2019). *Produkte digital-first denken.* Springer.

Iansiti, M., & Levien, R. (2004). *The keystone advantage: What the new dynamics of business ecosystems mean for strategy, innovation and sustainability.* Harvard Business School Press.

Johnson, G., Whittington, R., Scholes, K., Angwin, D., & Regner, P. (2017). *Exploring strategy.* Pearson.

Kane, G. C., Palmer, D., Phillips, A. N., Kiron, D., & Buckley, N. (2017). *Achieving digital maturity: Findings from the 2017 digital business global executive study and research project.* MIT Sloan Management Review.

Kollmann, T. (2021). *Handbuch digitale Wirtschaft.* Springer.

Kotler, P., & Keller, K. L. (2012). *Marketing Management.* Pearson Education.

Kotler, P., & Lutz, R. (1986). *The prosumer movement: A new challenge for marketers.* Prentice-Hall.

Kotter, J. P., & Heskett, J. L. (1992). *Corporate culture and performance.* Free Press.

Kraft, C., & Peter, M. K. (2019). *Arbeitswelt 4.0 Als KMU die Arbeitswelt der Zukunft erfolgreich gestalten (Forschungsresultate und Praxisleitfaden).* Fachhochschule Nordwestschweiz.

Kudernatsch, D. (2020). *Toolbox objectives and key results.* Schäffer Poeschel.

Laloux, F. (2020). *Reinventing organizations.* Vahlen.

Lewrick, M., Link, P., & Leifer, L. (2017). *Das design thinking playbook.* Vahlen.

Malik, F. (2013a). *Strategie: Navigieren in der Komplexität der neuen Welt.* Campus.

Malik, F. (2013b). *Management Das A und O des Handwerks.* Campus.

Matos, F., Vairinhos, V., Salavisa, I., Edvinsson, L., & Massaro, M. (2020). *Knowledge, people, and digital transformation.* Springer.

Mell, P., & Grance, T. (2011). *The NIST definition of cloud computing.* NIST Institute USA.

Mintzberg, H., Raisinghani, D., & Theoret, A. (1976). *The structure of unstructured decision processes.* Administrative Science Quarterly.

Obermaier, R. (2017). *Industrie 4.0 als unternehmerische Gestaltungsaufgabe.* Springer.

Obermaier, R. (2019). *Handbuch Industrie 4.0 und Digitale Transformation.* Springer.

Österle, H. (2019). *Life engineering.* Springer.

Oswald, G., & Krcmar, H. (2020). *Digitale transformation.* Springer.

Peter, M. K. (2021). *Strategieentwicklung im digitalen Zeitalter.* FHNW Hochschule für Wirtschaft.

Pfannstiel, M., & Steinhoff, P. (2020). *Transformationsvorhaben mit dem Enterprise Transformation Cycle meistern.* Springer.

Porter, M., & Heppelmann, J. (2014). *Wie smarte Produkte den Wettbewerb verändern.* Harvard Business Manager.

Proff, H., Ahrens, C., Neuroth, W., Proff, H., Knobbe, F., Szybisty, G., & Sommer, S. (2021). *Accelerating digitalization.* Springer Gabler.

PWC Deutschland. (2013). *Digitale Transformation – der grösste Wandel seit der industriellen Revolution.* PWC Deutschland.

Reinnhart, J., Schuster, C., Möllendorf, J., & Lutz, A. (2018). *Chefsache Digitalisierung 4.0.* Springer.

Ricken, B., Wüthrich, A., & Matt, C. (2021). *Framework zur systematischen Entwicklung und Anpassung von Digitalisierungsstrategien.* Springer (Spektrum).

Rogers, D. L. (2017). *Digitale Transformation Das Playbook.* Mitp.

Rump, J., & Eilers, S. (2020). *Die vierte Dimension der Digitalisierung.* Springer.

Rusnjak, A., & Schallmo, D. (2018). *Customer Experience im Zeitalter des Kunden.* Springer.

Ryf, S., Rieder, T., Dantlgraber, M., Fasnacht, D., & Fichter, C. (2021). *New Horizons – wie blicken Schweizer Unternehmen in die Zukunft?* Swiss Economic Forum.

Schallmo, D., & Lohse, J. (2020). *Digitalstrategien erfolgreich entwickeln.* Springer.

Schallmo, D., & Tidd, J. (2021). *Digitalization.* Springer.

Schellinger, J., Tokarski, K. O., & Kissling-Näf, I. (2021). *Digital business*. Springer.

Schweizer Bund/Eidgenossenschaft. *Medienmitteilung des Bundesrats*. https://www.admin.ch/gov/de/start/dokumentation/medienmitteilungen.msg-id-97889.html#:~:text=Im%20ersten%20Halbjahr%202023%20sind,von%203%2C4%20Prozent%20erwartet. Zugegriffen: 26. Sept. 2023.

Schweizer Bundesamt für Statistik. *Kosten des Gesundheitswesens seit 1960*. https://www.bfs.admin.ch/asset/de/je-d-14.05.01.01. Zugegriffen: 18. Apr. 2024.

Schweizer Bundesamt für Statistik. (2024b). *Kosten und Finanzierung des Gesundheitswesens*. https://www.bfs.admin.ch/bfs/de/home/statistiken/gesundheit/kosten-finanzierung.html. Zugegriffen: 18. Apr. 2024.

Schweizer Bundesamt für Statistik (2024). *Lebenserwartung in guter Gesundheit*. https://www.bfs.admin.ch/bfs/de/home/statistiken/querschnittsthemen/wohlfahrtsmessung/wohlfahrt/gesundheit/lebenserwartung.html#:~:text=Gegenw%C3%A4rtig%20ist%20die%20Lebenserwartung%20bei,die%20Frauen%20im%20Jahr%202019. Zugegriffen: 31. Jan. 2024.

Schwenk, C. (1984). *Cognitive simplification processes in strategic decision-making*. Wiley.

Seiter, M., Grünert, L., & Berlin, S. (2017). *Betriebswirtschaftliche Aspekte von Industrie 4.0.*.Springer.

Sinek, S. (2011). *Start with why: How great leaders inspire everyone to take action*. Penguin LCC.

Siroka, J. (2023). Fachkräftemangel im Gesundheitswesen als Chance für Veränderung. *Schweizerische Ärztezeitung des FMH*, S. 24–25.

Sivarajah, U., Kamal, M. M., Irani, Z., & Weerakkody, V. (2017). *Critical analysis of big data challenges and analytical methods*. Elsevier.

Slack, N., Chambers, S., & Johnston, R. (2010). *Operations management*. Pearson Education.

Spiess, B., & Fabisch, N. (2017). *CSR und neue Arbeitswelten*. Springer.

Stöger, R. (2011). *Prozessmanagement: Qualität, Produktivität, Konkurrenzfähigkeit*. Schäffer-Poeschel.

Tardieu, H., Daly, D., Esteban-Lauzan, J., Hall, J., & Miller, G. (2020). *Deliberately digital*. Springer.

Tratkowska, K. (2019). *Digital transformation: Theoretical backgrounds of digital change*. Sciendo.

Tushman, M. L., & O'Reilly, C. (1996). *Ambidextroux organizations: Managing evolutionary and revolutionary change*. California Management Review.

Verband economiesuisse. (2024). *Schweizer Wohlstand im Vergleich: Mythen, Fakten und der Basiseffekt*. https://www.economiesuisse.ch/de/artikel/schweizer-wohlstand-im-vergleich-mythen-fakten-und-der-basiseffekt. Zugegriffen: 31. Jan. 2024

Weinreich, U. (2016). *Lead digitization*. Springer.

Wörwag, S., & Cloots, A. (2018). *Zukunft der Arbeit – Perspektive Mensch*. Springer.

Zukunftsinstitut. (2024). *Megatrends*. https://www.zukunftsinstitut-workshop.de/megatrends/.

Zürcher Hochschule für Angewandte Wissenschaften. (2024). *Fachkräftemangel Gesundheitsberufe*. https://www.zhaw.ch/de/gesundheit/forschung/themendossiers/fachkraeftemangel-gesundheitsberufe/.

Smart Health-Ökosysteme – Konvergenz von kollektiver und künstlicher Intelligenz

3

Fabio Lucio Rosamina

Zusammenfassung

Inmitten der digitalen Transformation stehen nicht nur Unternehmen sondern ganze Branchen und Wirtschaftssektoren vor grundlegenden Veränderungen. In diesem Zusammenhang muss das schweizerische Gesundheitswesen befähigt werden Innovationen zu integrieren um Transparenz, Qualität und Effizienz zu verbessern. Dies ist insofern von Bedeutung, da zahlreiche Versuche die schweizerischen Gesundheitskosten zu senken gescheitert sind. Dabei rückt der Aufbau eines plattformbasierten Ökosystem in den Vordergrund, um Kollaboration, Zugänglichkeit und datenbasierte Geschäftsmodelle zu fördern. Durch die Integration unterschiedlicher Technologien wie Distributed Ledger und Künstliche Intelligenz, sollen Wechselwirkungen zwischen kollektiver und künstlicher Intelligenz ermöglicht und patientenzentrierte Angebote entwickelt werden. Der Übergang zu einem digitalen Gesundheitswesen eröffnet eine vielfältige Spannbreite an digitalen Angeboten, von der elektronischen Terminvereinbarung bis hin zum digitalen Selbstmanagement für Patientinnen und Patienten. In diesem Kontext stärkt die Transparenz und die mehrseitige Interaktion zwischen medizinischem Fachpersonal und den Betroffenen die Selbstbestimmung und Effizienz entlang des gesamten Patient-Journey. Die dezentrale Datenspeicherung durch Data Clusters, auf Basis von Distributed Ledger Technologien und Federated Learning beziehungsweise Federated Analytics, ermöglicht eine Datenverarbeitung und -analyse bei gleichzeitiger Wahrung der Datensouveränität. Dieser

F. L. Rosamina (✉)
Rosamina & Partner, Kalaidos Fachhochschule, Winterthur, Schweiz
E-Mail: fr@rosamina-partner.ch

D. Fasnacht (Hrsg.), *Smart Health*, https://doi.org/10.1007/978-3-658-46762-3_3

Ansatz soll die Sicherstellung von Datenschutz und Datensicherheit gewährleisten. Als einen weiteren Katalysator kann eine adäquate Vergütung für das Teilen von Daten für Leistungserbringer sowie Patientinnen und Patienten angesehen werden. Dieses Kapitel dient dazu potenzielle Einflüsse eines plattformbasierten Ökosystems auf den Daten- und Informationsaustausch im schweizerischen Gesundheitssystem aufzuzeigen. Mit Blick auf die Datensouveränität, personenbezogenen Gesundheitsdaten und digitalem Datenmarktplatz, werden entsprechende Handlungsempfehlungen abgeleitet, welche das Gesundheitssystem in der Schweiz durch die Etablierung eines plattformbasierten Ökosystems dahingehend stärken, dass ein sicherer Datenaustausch, eine bessere Patientenversorgung und eine effizientere Zusammenarbeit der Akteure gesichert werden kann.

Schlüsselwörter

Transformation • Offenes Ökosystem • Gesundheit • Künstliche Intelligenz • Digital Health

3.1 Digital Health – Ein Überblick

Weltweit wächst der Markt im Bereich Digital Health rasant an. Auf lange Sicht erhofft man sich von Digital Health eine Effizienzsteigerung und Qualitätsverbesserung in der Versorgung der schweizerischen Bevölkerung. Unterschiedliche Studien zeigen auf, dass durch Digital Health in medizinischen Prozessen schnellere und zielgerichtete Entscheidungen ermöglichen und somit Qualitäts- und Effizienzgewinne erzielt werden können (BAG, 2023). Digital Health stellt ein komplexes und stark vernetztes Gebiet dar. Die vier wichtigsten Themenfelder werden in der Folge genauer umschrieben.

Trend Health: Bei Trend Health handelt es sich um aktuelle Lifestyletrends, bei denen durch den Einsatz von Apps und Smart Wearables bereits eine Vielzahl von personenbezogenen Informationen wie Bewegungsdaten und Vitalparametern generiert und gespeichert werden. Die gemessenen und dokumentierten Daten beziehen sich in erster Linie auf sportliche Aktivitäten, Ernährung und Vitalparameter. Allerdings weisen diese Datenpunkte zum aktuellen Zeitpunkt meist nur eine sekundäre medizinische Relevanz auf (Angerer et al., 2021).

eHealth: Im Gegensatz zu Trend Health steht hier der medizinische Nutzen im Mittelpunkt. Durch die digitale Vernetzung des Patienten mit den zuständigen Gesundheitsfachpersonen können medizinisch relevante Daten und Informationen in digitaler Form ausgetauscht werden (Angerer et al., 2021).

Diese Form des Informationsaustausches fällt in der Schweiz unter das Datenverwaltungssystem des elektronischen Patientendossiers (EPD) (eHealth-Suisse, 2018) Die zweite Disziplin im Bereich eHealth bildet die Telemedizin. Hierbei soll die Gesundheitsversorgung durch Fachpersonen online oder via App sichergestellt werden. In diesem Kontext ist insbesondere auf das Potenzial von Onlineinteraktionen in Form von Fernkonsultationen und -überwachung, das Patienten-Selbstmanagement in Form von medizinischen Chatbots oder digitaler Diagnostik (Symptom-Checker) und Patienten-Self-Service in Form von digitaler Abwicklung administrativer Aktivitäten hinzuweisen. Ein weiteres Themenfeld bildet die eMedikation. Sie umfasst elektronische Systeme im Zusammenhang mit Arzneimitteln in Form eines digitalen Medikamentenplans sowie der elektronischen Erfassung und Übermittlung von ärztlichen Verschreibungen (Angerer et al., 2021).

Health Tech: Dieser Bereich umfasst digitale Gesundheitslösungen mittels Nutzung von Technologien wie Biotechnologie, Big Data Verfahren oder Künstlicher Intelligenz. Health Tech soll zur Vorbeugung und Lösung von Gesundheitsbeeinträchtigungen sowie einer Erhöhung der Lebensqualität beitragen. Im Fokus stehen gesamtheitliche digitale Gesundheitslösungen zur Verbesserung der Diagnose, Prävention, Therapie, Pflege und Rehabilitation von Menschen (Wolan, 2020).

Data Health: Der Fokus liegt in der Generierung und insbesondere in der Auswertung gesundheitsbezogener Daten. Im konkreten Zusammenhang spricht man von Gesundheitsdaten, welche über ein hohes Wissenspotenzial an Erkenntnissen über Patientinnen und Patienten, Krankheiten oder die Verbesserung der medizinischen Praxis verfügen. Damit eine solche Menge an Daten generiert werden kann, braucht es eine weitere Disziplin, welche die Generierung von Datenpunkten fördert. Diesbezüglich spricht man von Internet of Things (IoT) und bezeichnet damit die zunehmende Digitalisierung und Vernetzung von alltäglichen Gegenständen. Diese werden dazu befähigt, ohne Steuerung durch den Menschen selbstständig miteinander zu interagieren und Daten zu generieren (Angerer et al., 2021).

3.2 Wertschöpfung in einem plattformbasierten Ökosystem

Die Begriffe „digitales Ökosystem" und „digitale Plattform" werden in der Praxis oft als Synonym verwendet. Ein Ökosystem ist mehr als nur eine digitale Plattform (Fasnacht, 2024). Im Ökosystem wird die Wertschöpfung branchenübergreifend durch verschiedene Partner erbracht (Fasnacht, 2023; Hanssmann & Zurth, 2021). Der Plattformbetreiber stellt den Plattformkern und die dafür erforderliche digitale Infrastruktur zur Verfügung. Zusammen mit den komplementären Anbietern von digitalen Leistungen kommt das organisatorische Netzwerk zu Stande, welches die Leistungsangebote in einem digitalen Ökosystem bündelt (Tiwana et al., 2010).

In diesem Zusammenhang beschreiben sowohl Knörrer und Knörrer (2021) als auch Trapp et al. (2023) digitale Netzwerke als soziotechnische Systeme. Das bedeutet, dass das Ökosystem neben technischen Plattformen, welche die Vernetzung ermöglichen, auch Organisationen und Menschen sowie deren Beziehungen zueinander umfasst.

3.2.1 Eigenschaften eines plattformbasierten Ökosystem

Eines der wichtigsten Merkmale von plattformbasierten Ökosystemen sind Netzwerkeffekte. Die Theorie der Netzwerke beschreibt die regressive Beziehung zwischen dem Nutzen und der Anzahl von Konsumenten (Farhadi, 2019). Dabei unterscheidet man zwischen direkten und indirekten Netzwerkeffekte. Während sich direkte Netzwerkeffekte auf die Wertveränderungen durch Nutzer derselben Marktseite bezieht, handelt es sich bei indirekten Netzwerkeffekten um eine Wertveränderung des Netzwerkes durch Nutzer der anderen Marktseite, darunter können z. B. Anbieter und Abnehmer von Dienstleistungen verstanden werden (Parker et al., 2016). Auch Haucap (2020) postuliert, dass für den Erfolg einer Plattform die Ausschöpfung von indirekten Netzwerkeffekten entscheidend ist, da davon abhängt, in welchem Umfang die unterschiedlichen Marktseiten an der Plattformnutzung partizipieren.

In traditionellen Märkten findet die Wertschöpfung in einer linearen Reihenfolge in Form einer sequenziellen Abfolge statt. Eine solche Wertschöpfung wird auch als Pipeline-Business bezeichnet (Parker et al., 2016). Das Verbessern des Geschäftsergebnis geschieht durch Reduzierung von Ressourceneinsatz oder Verbesserung von Durchlaufs- und Bearbeitungszeiten. Bei datenzentrierten

Plattformen dominiert hingegen eine Aussenorientierung, bei der die Schaffung von Anreizen zur Nutzung der angebotenen Plattformleistung durch die Anbieter- und Nachfragerseite im Vordergrund stehen (Parker et al., 2016).

Die Wettbewerbsdifferenzierung wird über die Steuerung und Orchestrierung der angeschlossenen Leistungsanbieter und -abnehmer gelenkt (Kwasniok et al., 2021). Plattformunternehmen zielen darauf ab, stetig komplementäre und neuartige Angebote für die Plattform zu gewinnen, um mit der Deckung der Nachfrage auf dem Markt das Transaktionsvolumen zu erhöhen (Kwasniok et al., 2021). So entsteht durch die Anbieterseite ein datenbasiertes Gesamtsystem, das zu einer gesamtheitlichen Problemlösung für die Nachfrager beiträgt.

In diesem Zusammenhang rückt die Entwicklung eines plattformbasierten Ökosystems in den Vordergrund, welches die Zusammenarbeit verändert, die traditionelle Gesundheitsversorgung zugänglicher und effizienter gestaltet sowie datengetriebene Geschäftsmodelle bei gleichzeitiger Gewährleistung der Datensouveränität ermöglicht.

3.2.2 Eigenschaften eines datengetriebenen Geschäftsmodells

In datengetriebenen Geschäftsmodellen schaffen digitalisierte Daten in verschiedenen Verarbeitungsgraden einen zentralen Mehrwert für die Konsumenten (Stechow et al., 2022). Solche Geschäftsmodelle weisen drei grundlegende Muster auf, welche sich primär durch den Verarbeitungsgrad der Daten und das dadurch realisierbare Wertversprechen unterscheiden (Stechow et al., 2022) (Abb. 3.1).

Data-as-a-Service (DaaS) kann zurzeit als das bekannteste datengetriebene Geschäftsmodell angesehen werden. In diesem Modell werden Daten von Nutzerinnen und Nutzern von einer zentralen Organisation zumeist durch eine digitale Plattform (zum Beispiel Facebook oder LinkedIn) gesammelt. Die gesammelten Rohdaten werden in einem ersten Schritt anonymisiert, aggregiert und verarbeitet und in einem zweiten Schritt für kommerzielle Zwecke über einen Marktplatz angeboten (Stechow et al., 2022).

Information-as-a-Service (IaaS) hingegen basiert auf dem Verkauf von auf Rohdaten aufbauenden Analysen oder Reporten. Im Gegensatz zum DaaS-Modell sind die verkauften Produkte stärker auf bestimmte Bedürfnisse von Datennutzenden zugeschnitten. Dieses Vorgehen erfordert zwar, einen Mehraufwand bei der Verarbeitung der Daten, führt jedoch zu einer höheren Zahlungsbereitschaft der Nutzenden (Stechow et al., 2022).

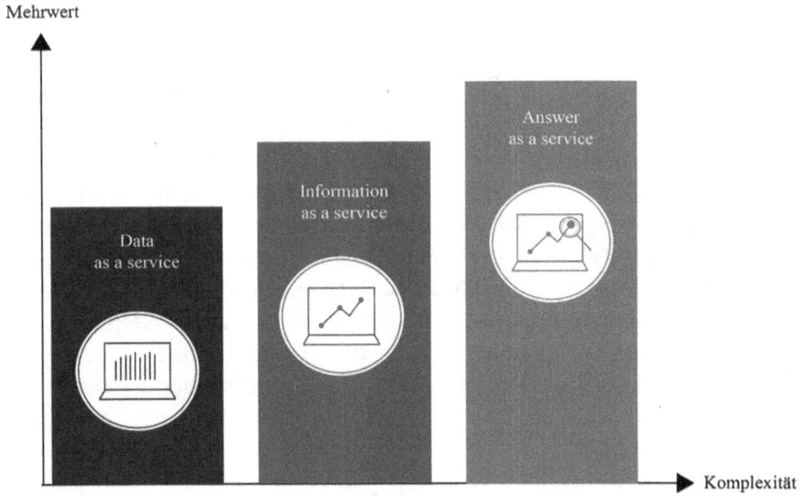

Abb. 3.1 Verarbeitungsgrade in datengetriebenen Geschäftsmodellen

Die Königsdisziplin bei datengetriebenen Geschäftsmodellen bildet *Answers-as-a-Service (AaaS).* Das Leistungsangebot umfasst die konkrete Beantwortung von Fragen, die von Nutzenden gestellt werden. Diese Antworten helfen dabei, bessere Entscheidungen in einem konkreten Anwendungsfall zu treffen (Stechow et al., 2022).

Datengetriebene Geschäftsmodelle im Gesundheitswesen schaffen sowohl einen direkten als auch indirekten monetären Wert. So können Gesundheitsdaten in der medizinischen Forschung und klinischen Studien dazu beitragen, neue Therapien, Medikamente und Technologien effizienter zu entwickeln (Hämmerli et al., 2021). Pharma- und Medtechunternehmen sowie medizinische Forschungseinrichtungen zeigen sich bereit den Zugang von aggregierten und qualitativ hochwertigen Gesundheitsinformationen zu erwerben und einen entsprechenden Preis dafür zu leisten (Dorninger et al., 2022). Qualitativ hochstehende Datenmodelle können Versicherungen und Krankenkassen unterstützen, um bessere Risikoprofile zu erstellen und die Versicherungstarife entsprechend anzupassen sowie massgeschneiderte Angebote zu erstellen (Dorninger et al., 2022). Gesundheitsdaten spielen eine entscheidende Rolle bei der Verbesserung der Gesundheitsversorgung, indem Ärzten und medizinischem Personal wertvolle Einblicke in die Patientengesundheit und -behandlung geboten werden (Marty &

Mauli, 2018). Durch die Analyse von Gesundheitsdaten können Risikofaktoren für bestimmte Krankheiten erkannt und präventive Massnahmen ergriffen werden, um Krankheiten frühzeitig zu erkennen oder zu verhindern (Dorninger et al., 2022). Verbesserte Informationen bezüglich Risikofaktoren, Präventionsmöglichkeiten sowie Qualität der angebotenen Leistungen erhöhen die Wirksamkeit von Therapien.

3.2.3 Anforderungen an Datenschutz, Datensicherheit und Datenintegrität

Es besteht eine Vielzahl an branchenspezifischen Hürden bei der Etablierung und Umsetzung eines datenzentrierten Plattform-Ökosystem im schweizerischen Gesundheitswesen. Das Datenschutzgesetz (DSG) der Schweiz definiert Gesundheitsdaten als besonders schützenswerte Personendaten und erlegt somit hohe Auflagen für die Bearbeitung und Auswertung solcher Daten. Gemäss der Legaldefinition sind Personendaten alle Angaben, die sich auf eine bestimmte oder bestimmbare Person beziehen.

Datensicherheit ist vom Begriff des Datenschutzes gesondert zu betrachten (Bischof, 2020). Die Datensicherheit umfasst alle technischen und organisatorischen Massnahmen zur Sicherstellung der Vertraulichkeit, Integrität und Verfügbarkeit der Daten. Dennoch können diese beiden Begriffe nicht klar getrennt werden. Nach Bischof (2020) kann der Persönlichkeitsschutz des Einzelnen nur erreicht werden, wenn die Personendaten vor unrechtmässiger, unverhältnismässiger oder unzweckmässiger Bearbeitung sowie dem Zugriff Unberechtigter geschützt wird.

Dahingehend lassen sich folgende relevante Aspekte im Aufbau eines plattformbasierten Datenmarktplatzes ableiten:

- *Einwilligung:* Für die Verarbeitung von personenbezogenen Gesundheitsdaten muss die eindeutige Einwilligung des Dateneigentümers eingeholt werden.
- *Zweckbindung:* Die Erhebung und Verarbeitung von personenbezogenen Gesundheitsdaten darf nur für den bestimmten und legitimen Zweck vorgenommen werden, für welche der Dateneigentümer die Einwilligung gegeben hat.
- *Datensparsamkeit:* Es dürfen nur die für den jeweiligen Zweck notwendigen Gesundheitsdaten erhoben und verarbeitet werden. Überschüssige oder nicht relevante Informationen sind zu vermeiden.

- *Sicherheit:* Angemessene technische und organisatorische Massnahmen müssen ergriffen werden, um Sicherheit der Gesundheitsdaten zu gewährleisten und unbefugten Zugriff, Verlust oder Missbrauch zu verhindern.
- *Datentransfer ins Ausland:* Die Übermittlung von Gesundheitsdaten ins Ausland ist nur zulässig, wenn das Empfängerland einen angemessenen Datenschutz bietet und somit die Persönlichkeit der Person nicht gefährdet wird.
- *Informationspflicht:* Dateneigentümer haben das Recht, über die Verarbeitung ihrer Gesundheitsdaten informiert zu werden. Sie haben auch das Recht auf Zugang zu ihren Daten und können gegebenenfalls Berichtigung oder Löschung der Daten verlangen.
- *Aufbewahrung:* Gesundheitsdaten dürfen nur so lange gespeichert werden, wie es für den jeweiligen Zweck erforderlich ist. Nach Ablauf der Aufbewahrungsfrist müssen Daten sicher gelöscht oder anonymisiert werden.
- Anonymisierung ist eine der am weitesten verbreiteten Massnahmen, um personenbezogene Daten in digitalen Ökosystemen und Umgebungen der Künstlichen Intelligenz zu schützen (Epting, 2021).

Abschliessend lässt sich festhalten, dass neben dem grundlegenden Sicherheitsaspekt, den der Datentransfer mit sich bringt, auch die Bereitschaft, Daten zu teilen eine grosse Rolle spielt. Dahingehend lässt sich feststellen, dass der Datenschutz sich über die regulatorische Pflichterfüllung hinaus entwickelt und zunehmend zu einem Wettbewerbsfaktor wird (Epting, 2021).

3.2.4 Monetarisierung von Daten

Das Festsetzen von Preisen für Daten ist von zentraler Bedeutung und stellt eine besondere Herausforderung dar. Der Wert von Daten ist meistens nicht bekannt und wird subjektiv bewertet. Eine zuverlässige Methode für die Bestimmung des Wertes von Datensätzen existiert bisher nicht, weder in der Praxis noch in der Literatur (Vossen & Löser, 2021).

Rix et al. (2022) bezeichnen datenbasierte Leistungen als Datenprodukte. Die Zielsetzung dieser datenbasierten Leistung besteht in der Monetarisierung wertvoller Daten. Es besteht aus Rohdaten, die über Analysedienste zu einem Datenprodukt aggregiert werden. Auf Rohdaten trainierte KI-Analysemodelle können ebenfalls als Datenprodukte angesehen werden. Der Wert des Angebotes bemisst sich am potenziellen Mehrwert, den die Erkenntnisse für eine datennutzende Organisation darstellt. Neben grundlegenden Kriterien wie der

Qualität und der Relevanz spielt insbesondere der Grad der analytischen Reife eine entscheidende Rolle für den geschaffenen Mehrwert. Der Informationswert der zur Verfügung gestellten Daten und Analysemodelle reicht von der reinen Beschreibung der Vergangenheit und Gegenwart, über Diagnosen bis hin zu Prognosen und entfaltet den höchsten Wert bei Entscheidungshilfen, die zielgerichtete Antworten zu konkreten Fragestellungen bereithalten (Amann et al., 2020).

Das Fraunhofer Institut (2023), sieht drei Eckpfeiler vor, welche zur Wertbeimessung von Daten herangezogen werden können. Insbesondere bei den Datenlieferanten entspricht der Wert der Daten den verursachten Kosten für die Erfassung, Speicherung und Verwaltung der Daten. Bei den Dateneigentümern hingegen dürften normale Marktdynamiken wie Angebot und Nachfrage von Interesse sein. Bei den datenkaufenden Organisationen bemisst sich die Wertbestimmung anhand des geschaffenen Nutzens. Auch Liozu und Ulaga (2018) postulieren, dass datenbasierte Preismodelle konsequent auf den Kundennutzen auszurichten sind.

Zur Bewertung des geschaffenen Nutzens, wird während der Nutzungsphase eine qualitative Conjoint-Analyse durchgeführt. Die Erfassung des Value-in-Use wird durch eine qualitative Bewertung des Datennutzenden erreicht. Durch das umfragebasierte Vorgehen weist der Ansatz jedoch eine Manipulationsanfälligkeit auf (Rix et al., 2022). Als ergänzende Massnahme könnte die datenbasierte Nutzenberechnung herangezogen werden. Hier wird der Value-in-Use anhand von im Vorfeld definierten Key-Performance-Indicators (KPIs) aus der datennutzenden Institution ermittelt. Da der Ansatz die geringsten strategischen und hypothetischen Verzerrungsrisiken aufweist und sich direkt auf den tatsächlich erzeugten Wert in der Nutzungsphase bezieht, wird dieser für lösungsorientierte Ansätze empfohlen (Rix et al., 2022).

Herkömmliche Preismodelle konzentrieren sich auf die Aktivität anstatt auf den geschaffenen Mehrwert und eignen sich daher für einen plattformbasierten Datenmarktplatz nur bedingt. Mit der voranschreitenden digitalen Transformation in den Geschäftsmodellen ist eine Verschiebung der Risikoübernahme von Käufer zu Verkäufer erkennbar (Patkar, 2023). Für einen digitalen Datenmarktplatz sollte daher eine wertbasierte bzw. ergebnisorientierte Preisgestaltungen verfolgt werden (Gill et al., 2023). Hier wird der Preisfaktor auf der Grundlage des geschaffenen Wertes der Daten oder KI-Modelle bestimmt und nicht allein auf der Grundlage der fest vereinbarten Kosten (Patkar, 2023).

Zuzüglich der Bewertung der Qualität und Relevanz des Datenproduktes sollten klare Erfolgsmetriken und das dazugehörende Bewertungsmodell im Voraus bestimmt werden. Im Optimalfall sind die Erfolgskriterien in einem Smart Contract hinterlegt, welcher die monetäre Vergütung automatisch auslöst, sobald die vereinbarten Bedingungen eingetroffen sind (Rix et al., 2022). Dennoch empfiehlt es sich insbesondere in der Anfangsphase eine Hybride-Preisgestaltung zu verfolgen. Hierfür soll ein fixer Grundpreis zur Deckung der angefallenen Kosten vereinbart werden. Dieser ist bei der Lieferung des Datenproduktes oder bei der Gewährung des Zugangs zu den Daten fällig. Der variable Anteil orientiert sich am geschaffenen Mehrwert für die datennutzende Organisation und wird zu einem späteren Zeitpunkt aber nach vordefinierten Kriterien vom datennutzenden an die Plattform vergütet. Dies könnte je nach Sachverhalt in Form einer prozentualen Umsatz-/Gewinnbeteiligung oder einer prozentualen Beteiligung an den eingesparten Kosten der datennutzenden Institution gestaltet werden.

3.3 Das Smart Health Ökosystem: Design

3.3.1 Rollen und Aufgaben im plattformbasierten Ökosystem

Die Teilnehmenden eines plattformbasierten Ökosystems, welche am Markt unabhängig voneinander agieren, arbeiten aufgrund von gegenseitigem Nutzen in einem digitalen Ökosystem zusammen (Fraunhofer IESE, 2023) (Abb. 3.2).

Damit ein Netzwerk von Akteuren aus verschiedenen Industrien und mit unterschiedlichen Zielvorstellungen funktionieren kann, braucht es klare Rollenverteilungen. Nachfolgend werden die in der Literatur als auch in der Praxis meist verbreitenden Rollendefinitionen aufgezeigt:

- *Plattformeigentümer:* Der Plattformeigentümer hält die IP-Rechte (Intellectual Property) und legt die Plattformgovernance fest, in der Struktur und Richtlinien definiert sind. Darunter zählen bspw. das Monetarisierungskonzept, der Grad an Offenheit der Plattform, die Formulierung von Qualitätsvorgaben sowie die Ermöglichung der Wiederverwendbarkeit bzw. der Transferierbarkeit zugrunde liegenden Technologien und Daten (Niebuer & Bender, 2023).
- *Plattformbetreiber/Orchestrator:* Die Rolle des Orchestrators kann entweder durch den Plattformeigentümer selbst oder einem zusätzlichen Akteur ausgeübt werden. Auf Basis der definierten Plattformgovernance orchestriert diese Rolle die Interaktionen einzelner Teilnehmenden im Sinne aller Beteiligten. Zu

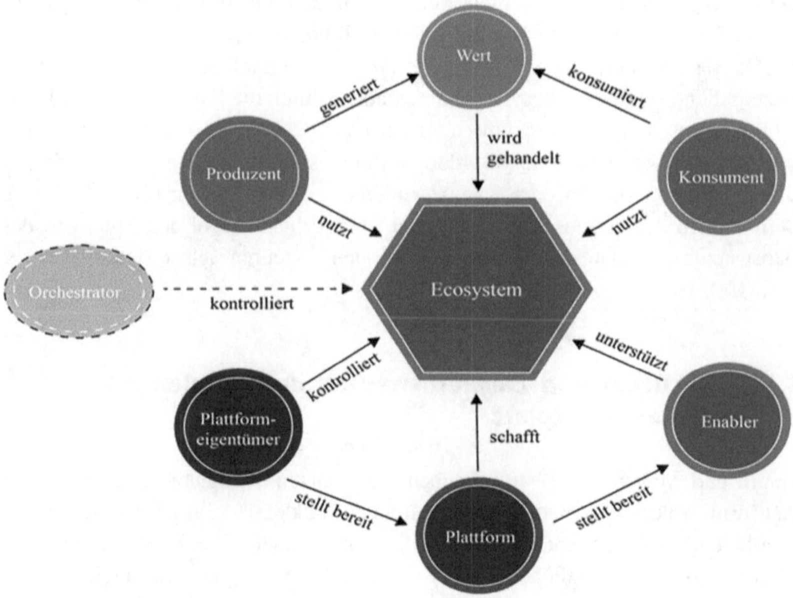

Abb. 3.2 Rollendefinitionen im plattformbasierten Ökosystem

den Aufgaben zählen die Auswahl von Partnern, das Durchsetzen des Werteversprechens sowie die Sicherstellung von Qualitätsvorgaben und Einhaltung der Plattformgovernance (Niebuer & Bender, 2023).

- *Produzent (Anbieter):* Produzenten bieten entsprechend dem Wertversprechen adäquate digitale Produkte oder Leistungen, Informationen oder Daten an. Dabei müssen diese Angebote die Richtlinien der Plattform erfüllen und einen entsprechenden Mehrwert für die Plattform als auch den Kunden schaffen (Schafer, 2023). Zusätzlich zu den primären Produzenten, gibt es auch die Komplementor/innen, diese Rolle umfasst Teilnehmer welche die Kernleistung der Plattform, durch zusätzliche Leistung ergänzen (Steur, 2022)
- *Enabler (Ermöglicher):* Enabler sind Organisationen, welche das Ökosystem als technische Dienstleister unterstützen (Schafer, 2023).
- *Konsumenten (Nutzer):* Konsumenten sind Käufer und Nutzer von Angeboten innerhalb des Ökosystems. Im Idealfall nehmen Konsumenten auch die Rolle eines Co-Creators ein, um Verbesserungen vorzunehmen oder neue Produktideen zu realisieren (Schafer, 2023).

Die Grenzen der Rollen sind nicht binär, somit kann ein Akteur des Ökosystems sowohl Produzent als auch Konsument sein (Talin, 2021).

„Da das Wissen diverser Akteure (kollektive Intelligenz) dem gesamten System dient, wachsen Ökosysteme automatisch durch die Summe positiver Interaktionen zwischen den Teilnehmern" (Fasnacht, 2020). In diesem Zusammenhang ist jeder Teilnehmer dazu aufgefordert, dem Ökosystem Ressourcen in Form von Daten, Wissen, Kunden oder Kapital zur Verfügung zu stellen (Farhadi, 2019). Dem Prinzip der Gegenseitigkeit folgend fördert dies sowohl den Mehrwert des Ökosystems als auch das Vertrauen unter den Akteuren selbst (Hanssmann & Zurth, 2021).

3.3.2 Struktur und Zusammenarbeit im digitalen Datenmarktplatz

Trauth und Mayer (2022) umschreiben einen Datenmarktplatz als eine digitale Plattform, welche den branchenübergreifenden Handel und Tausch von Rohdaten, verarbeitenden Daten, datenbasierten KI-Analysemodellen sowie datenzentrierter Dienstleistungen ermöglichen (S. 19). Für den Nutzer ergibt sich durch die Verknüpfung der branchenübergreifenden Angebote ein höherer Mehrwert als bei der Nutzung eines alleinigen Angebots (Hanssmann & Zurth, 2021).

Strukturell betrachtet können Datenmarktplätze einem zentralen oder einem dezentralen Ansatz folgen (Meisel & Spiekermann, 2019). Um eine maximale Datensicherheit, Unabhängigkeit und Datensouveränität zu erreichen, postulieren Trauth und Mayer (2022) einen möglichst dezentral aufgebauten Datenmarktplatz, mit welchem die semantische Integration und Vernetzung von Daten gefördert wird. Nur damit könne ein souveräner und selbstbestimmter Daten- und Servicehandel entstehen (Abb. 3.3).

Der Datenmarktplatz bildet durch den Zugang zu strukturierten Daten und Analyse Services und deren Monetarisierung ein innovatives digitales Ökosystem. Dieses System fördert die Digitalisierung im Gesundheitswesen, wobei verschiedene Smart Health-Technologien kombiniert angewendet werden (Fasnacht, 2023). Aus der Verwertung der verfügbaren Gesundheitsdaten entwickelt sich schlussendlich eine Datenökonomie, in der Gesundheitsdaten als digitale Ware fungieren (Trauth & Mayer, 2022).

Hierzu braucht es geeignete Partner mit den entsprechenden Kompetenzen und Zielvorstellungen, um das Werteversprechen erfüllen zu können. In diesem Zusammenhang fokussieren sich Datenlieferanten auf das Erheben und Speichern der Daten und bereiten diese minimal auf. Im Anschluss werden die Rohdaten mit

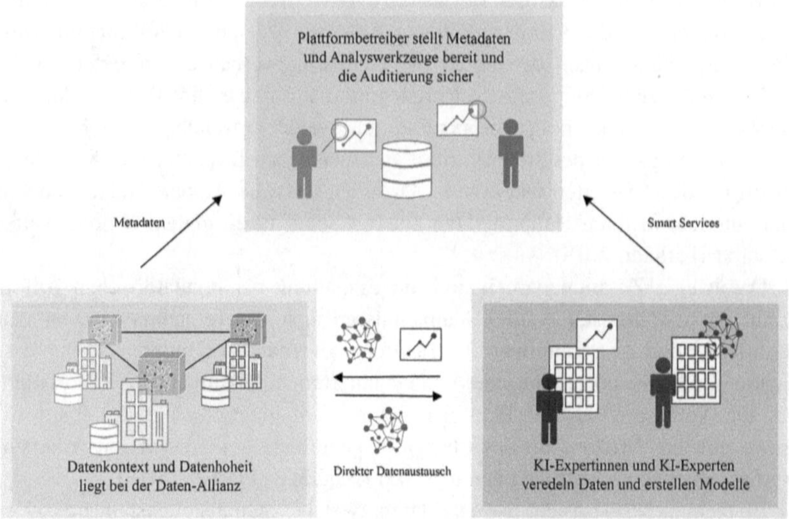

Abb 3.3 Die Grundprinzipien eines digitalen Datenmarktplatzes

dem vorgesehenen Kontext verbunden und allenfalls in syntaxbasierte Modelle eingebettet, welche in der Datenhoheit der Daten-Allianz liegt (Trauth & Mayer, 2022). Die Beurteilung der Datensätze durch Metadaten, synthetischen Modellierungen oder gar die teilweise Offenlegung anonymisierten Daten ist notwendig, damit die Zahlungsbereitschaft der Datennutzenden gefördert werden kann.

Der Datennutzende kann die vorhandenen Datenmodelle anhand der Metadaten auf der Plattform begutachten und validieren. Empfindet die datennutzende Institution die Datenmodelle als nützlich, findet eine direkte Interaktion zwischen den Datenlieferanten und der datennutzenden Organisation statt. Sollte allerdings bei der datennutzenden Organisation keine KI-Expertise vorhanden sein, wird auf die entsprechenden Expertisen und Dienstleistungen der komplementären Anbieter innerhalb des Ökosystems zurückgegriffen (Trauth & Mayer, 2022).

Diesbezüglich hat der Plattformeigentümer bzw. der Orchestrator zu entscheiden, welchen Akteuren der Zugang auf die Plattform gewährt wird. Nur durch einen geregelten Zugriff auf die Plattform kann sichergestellt werden, dass die angebotenen Daten und Leistungen den Qualitätsanforderungen entsprechen (Pflaum & Klötzer, 2019). Hierzu beschreiben Trauth und Mayer (2022) ein Rating-System gemäss den objektiven FAIR-Datenprinzipien als ein bewährtes Instrument für die Validierung neuer Akteure. Anhand der Validierung wird eine Klassifikation nach den durch die Plattformgovernance definierten Qualitätskriterien erstellt. Sie umfasst die Kategorien auffindbar (findable), zugänglich (accessible), interoperabel (interoperable) und wiederverwendbar (reusable).

Die Heterogenität der Akteure führt zu einer hohen Dynamik und Komplexität im plattformbasierten Ökosystem. Dadurch, dass die Akteure interdependent und autonom in ihren Hauptmärkten agieren, wird die Komplexität noch weiter verstärkt (Farhadi, 2019).

Damit eine Zusammenarbeit und die Einhaltung der regulatorischen Anforderungen gewährleistet werden kann, müssen sich die Teilnehmenden an den Richtlinien und Anforderungen der Plattformgovernance orientieren. Diese lässt sich in inhaltliche und technische Aspekte unterteilen. Inhaltlich geht es vor allem um die Voraussetzung der Plattformnutzung, um die Offenheit der Plattform sowie um die Partizipation des Plattformeigentümers am Transaktionsvolumen, welches über seine Plattform erzeugt wird (Pflaum & Fischer, 2018).

In technischer Hinsicht ist zu klären, welche Schnittstellenstandards oder Authentifizierungsverfahren in der Interaktion zwischen den Akteuren zur Anwendung kommen. Weiter ist der Technologiestack, welcher der Plattform zugrunde liegt zu definieren (Pflaum & Fischer, 2018). Zusätzlich soll ein Data-Governance-Modell die Anforderungen zur Sicherung der Interoperabilität sowie die Entscheidungsrechte, Verantwortlichkeiten, Zugangsrechte und Zugangsrollen zu den im Ökosystem verteilten Daten definieren (Pflaum & Fischer, 2018).

3.3.3 Die Sicherstellung der Datenhoheit durch Federated Learning

Zur Vermeidung von unbefugten Zugriffen und Verarbeitungen der Daten eignet sich eine dezentrale auf Cloud- und Edge Computing basierte Datenspeicherung. Distributed Ledger Technologien dienen dabei als dezentrale Datenverwaltung bzw. Steuerung der Zugriffsberechtigungen (Trauth & Mayer, 2022). Mit Edge-basierten Datenspeicherungs- und Verwaltungsansätzen können die erhobenen Daten lokal im Netzwerk der Stammgemeinschaften oder auf den mobilen Geräten von Patientinnen und Patienten vorgehalten werden. Edge Computing ist ein IT-Designansatz, welcher zur Realisierung des Internet of Things eingesetzt wird. Edge-Computing verarbeitet die Daten vorgelagert an der Quelle der Datenentstehung und kann performant die Daten auswerten oder entsprechend in Echtzeit weitersenden (Appius et al., 2021). Die dezentrale Speicherung ermöglicht den Stammgemeinschaften, eigenständig für die Sicherheit der Daten zu sorgen und verringert das Risiko von Datenschutzverletzungen, indem der Datenzugriff ausserhalb der Netzwerkgrenzen nur mit expliziter Freigabe durch die Stammgemeinschaft bzw. den Dateneigentümern erfolgen kann. Die sensiblen personenbezogenen Gesundheitsdaten verlassen somit nie das Netzwerk der Stammgemeinschaft oder das Mobilgerät von Patientinnen und Patienten (Trauth & Mayer, 2022) (Abb. 3.4).

Die dezentrale Datenspeicherung bedarf den Einsatz eines speziellen Analyseverfahren in Form von Federated Learning bzw. Federated Analytics. Unter dem Begriff Federated Learning wird eine kollaborative Verfahrensmethode des maschinellen Lernens verstanden. Der Unterschied zum gewöhnlichen maschinellen Lernen besteht darin, dass die Trainingsdaten nicht zentral gespeichert sind, sondern dezentral auf mehrere Speicherorte oder Mobilgeräte verteilt sind. Der Algorithmus wird von der zentralen Plattform zu den dezentralen Daten verschoben, optimiert und dann wieder zurück in die Plattform gesendet (McMahan & Ramage, 2023).

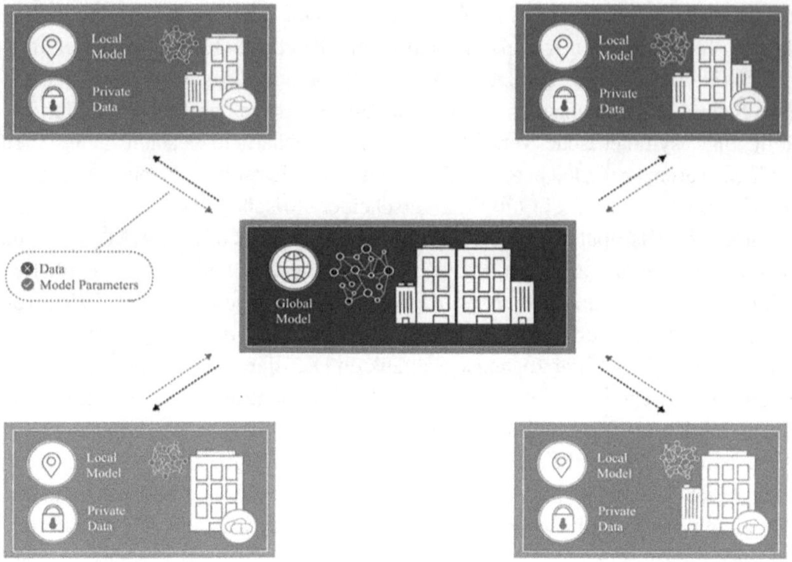

Abb. 3.4 Funktionsweise von Federated-Learning und Federated-Analytics

Für statistische Methoden hingegen eignet sich Federated Analytics. Auch diese Methode basiert auf einem dezentralen Ansatz. Ähnlich wie beim Federeated Learning finden die Berechnungen dezentral auf dem Gerät oder dem lokalen Netzwerk statt; verschoben werden lediglich die aggregierten Informationen, niemals aber einzelne Datenpunkte (McMahan & Ramage, 2023).

3.3.4 Sicherstellung der Integrität durch Distributed Ledger Technologien

Distributed Ledger Technologien sind durch Manipulationssicherheit und geografische Datendistribution charakterisiert (Trauth & Mayer, 2022). Durch Dezentralität und digitaler Identität wird die Integrität aller Datenpunkte im Datenmarktplatz sichergestellt. Zusätzlich ermöglichen Distributed Ledger Technologien die Automatisierung von Tausch-, Handels- und Service-Vorgängen mittels Smart Contracts in Echtzeit. Die selbstausführenden Verträge lösen beim Eintreten von im Vorfeld definierten Bedingungen die entsprechenden Massnahmen aus. Somit können Smart Contracts auch als automatisierte Prozessschritte beschrieben werden (Bieser & Fasnacht, 2023). Die Transaktionen des Datenmarktplatzes sind für alle Teilnehmenden transparent und nachvollziehbar. Zur Wahrung der Integrität und Authentizität der Daten nutzen Distributed Ledger Technologien die zwei Sicherheitsmechanismen Hashing, welche eine kryptografische Signatur darstellt, und asymmetrische Verschlüsselung. Die Sicherheitsmechanismen sorgen für Transparenz bei gleichzeitiger Wahrung der Privatsphäre (Trauth & Mayer, 2022). Bieser und Fasnacht (2023) unterscheiden zwischen offenen und zugangsbeschränkten Distributed Ledger Technologien. Bei einer offenen DLT kann jede Person oder Organisation am Netzwerk teilnehmen. In einem stark regulierten Sektor und einer grundsätzlich restriktiven Haltung gegenüber dem Teilen von Gesundheitsdaten, dürfte die zugangsbeschränkte DLT die vielversprechendere Anwendung sein. Bei der zugangsbeschränkten DLT durchlaufen potenzielle Teilnehmer nach Beantragung einer Mitgliedschaft am plattformbasierten Ökosystem einen Onboardingprozess (Bieser & Fasnacht, 2023).

Mahanti (2021) weist darauf hin, dass unter Data Governance der datenbasierte Nachweis bspw. in Form von manipulationssicheren Protokollen für die Einhaltung von Compliance Richtlinien verstanden werden kann. Die generierten, gespeicherten und nicht veränderbaren Datenpunkte auf der Distributed Ledger Technologie ermöglichen die Rückverfolgbarkeit und Transparenz in Bezug auf die Verwendung und Verarbeitung der Daten und werden in diesen Protokollen festgehalten, welche vom Dateneigentümer ebenfalls abgerufen werden können.

3.4 Use Case: Smart Health Ökosystem im schweizerischen Gesundheitssystem

In der Folge wird ein möglicher Use Case eines Smart Health Ökosystems im schweizerischen Gesundheitssystem aufgezeigt. Dabei werden bestehende Strukturen von Stammgemeinschaften berücksichtigt und integriert.

3.4.1 Kompetenzausbau von Stammgemeinschaften

Der Aufgabenbereich der Stammgemeinschaften umfasst bspw. die Sicherstellung von Interoperabilität, Festlegung von Standards, Definition von technischen Anforderungen als auch Sicherheitsaspekte, Qualitätssicherung, Einbindung von Dateneigentümern sowie Kommunikation und Koordination der Akteure. Der Ausbau der Kompetenzen führt dazu, dass die Stammgemeinschaften eine Datenaggregation vornehmen und entsprechend Daten verarbeiten bzw. auswerten können. In diesem Kontext stellen Stammgemeinschaften wichtige Partner im Smart Health Ökosystem dar. Angesichts der bereits bestehenden Zusammenarbeit zwischen Stammgemeinschaften und den Leistungserbringer aus der stationären und ambulanten Gesundheitsversorgung, fungieren sie als wesentliche Katalysatoren für das plattformbasierte Ökosystem, was im Kap. 5 vertieft wird (siehe Kap. 5).

Aufgrund der unterschiedlichen Standards in der stationären und ambulanten Gesundheitsversorgung wäre der Ansatz von Federated Learning bzw. Federated Analytics nicht umsetzbar, wenn diese von der Plattform direkt zu den Leistungserbringern verschoben werden. Nach jedem Trainingslauf müsste der Algorithmus an die Datenstruktur des nächsten Leistungserbringers angepasst werden. Ferner ist eine direkte Anbindung ans Laborinformationssystem (LIS) bzw. ans Krankenhausinformationssystem (KIS) aufgrund der starken Regulatorien nicht zu empfehlen. Der Aufbau dieser Schnittstellen ist aufgrund der Komplexität und den hohen regulatorischen Anforderungen zeit- und kostenintensiv (Abb. 3.5).

Mit der neuen Funktion sollen auch die Befugnisse zur Datenverarbeitung an die Data Clusters übertragen werden. Somit können die Daten mit dem entsprechenden Kontext verknüpft und in syntaxbasierte Datenmodellen integriert und anonymisiert werden. In diesem Zusammenhang werden anhand KI-Algorithmen die Qualität und Plausibilität der Datenpunkte überprüft. Zur Veranschaulichung und Validierung der Datenmodellen werden die Metadaten den datenkaufenden Institutionen auf dem Datenmarktplatz zur Verfügung gestellt. Dabei wird sichergestellt, dass keine Rückschlüsse auf einzelne Datenpunkte möglich sind.

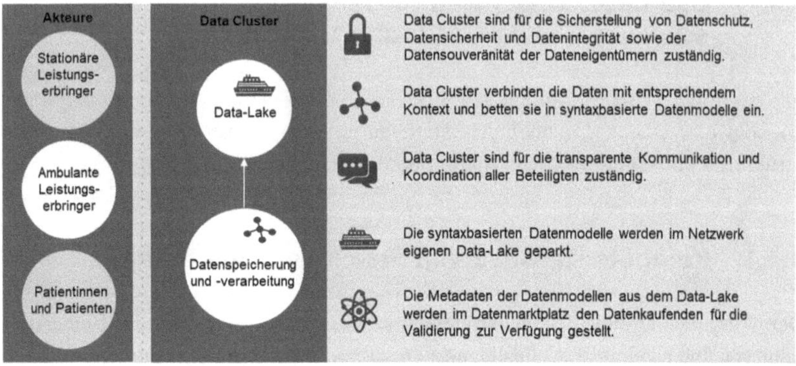

Abb. 3.5 Neue Funktion der Stammgemeinschaften als Data Clusters

Mittel- bis langfristig sollten sich Data Clusters zu dezentralen Back-up-Organisationen des schweizerischen Gesundheitswesens entwickeln und somit über das Verwalten und Verarbeiten von Daten hinausgehen. Mit dem Aufbau einer sicheren und fundierten technologischen Infrastruktur, in welcher ein automatisierter Datentransfer zur Sicherung der Daten stattfindet, bieten die Data Clusters einen optimalen Schutz vor Cyberangriffen. Anatomisch betrachtet können die dezentralen Data Clusters mit Nervenbahnen des menschlichen Körpers verglichen werden. Data Clusters sind dafür verantwortlich, dass die richtigen Informationen, zur richtigen Zeit, am richtigen Ort verfügbar sind.

3.4.2 Designaufbau des Smart Health Ökosystem

Das Vertrauen in die Sicherheit und Vertraulichkeit der Daten stellt einen grundlegenden Erfolgsfaktor dar. Dieser hat einen massgeblichen Einfluss auf die Bereitschaft zur Datenteilung. Die Sicherung der Datensouveränität von Dateneigentümer durch eine dezentrale Datenspeicherung und eine auf Distributed Ledger Technologie basierende dezentrale Datenverwaltung zur Steuerung von Zugriffsrechten und Verwendungszwecken erweisen sich dabei als entscheidende Erfolgsfaktoren. Aus organisatorischer Sichtweise kommt der Auswahl einer Non-Profit Plattformorganisation, mit einem klaren Geschäftssinn eine zentrale Bedeutung zu. Um das Vertrauen zu stärken, wird empfohlen, dass die Rolle des Plattforminhabers vom Bundesamt für Gesundheit übernommen wird, während die Orchestrationsfunktion einer unabhängigen gemeinnützigen Organisation zugewiesen werden sollte.

Drei essenzielle Bestandteile für den strukturellen Aufbau eines Smart Health Ökosystem müssen berücksichtigt werden. Die patientenzentrierte und zugangsbeschränkte Smart Health Platform verbindet sämtliche Akteure entlang des Patient-Journey. Die dezentralen Data Clusters bilden das Herzstück der kollektiven Intelligenz. Hier werden sämtliche Gesundheitsdaten der Schweizer Bevölkerung zusammengeführt. Der Data-Marketplace agiert als Handelsplatz für den Verkauf von anonymisierten bzw. aggregierten Ergebnissen (Abb. 3.6).

Damit eine Skalierung der Netzwerkeffekte ermöglicht werden kann, sollte der Data-Marketplace möglichst offen gestaltet werden. Somit soll der Zugang sämtlichen Akteuren, welche ein kommerzielles oder soziales Interesse verfolgen, ermöglicht werden. Da sich der Grad der Offenheit zwischen dem Data-Marketplace und demjenigen der Smart Health Platform signifikant unterscheiden, sollten die darunterliegenden Plattformen voneinander losgelöst sein,

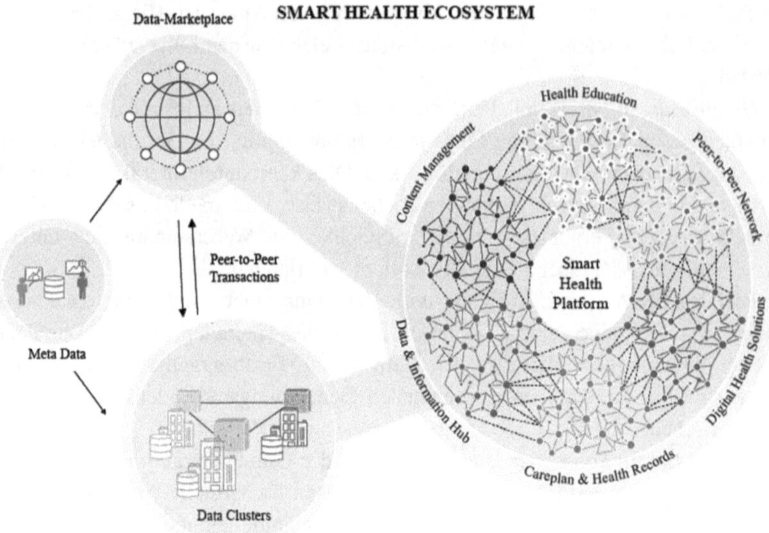

Abb. 3.6 Dezentrales Smarth Health Ökosystem

dennoch aber demselben übergeordneten Ökosystem angehören. Im Data-Marketplace können die datenkaufenden Institutionen nur die aggregierten Ergebnisse resultierend aus Federated Learning bzw. Federated Analytics, nicht aber die zugrunde liegenden Datenpunkte entschlüsseln. Die Metadaten der strukturierten Datenmodellen werden den datenkaufenden Institutionen im Vorgang zur Überprüfung bereitgestellt. Daraus resultierende Transaktionen erfolgen in direkter Interaktion mit den Data Clusters. Verfügt die datenkaufende Institution über keine eigenen KI-Expertise, besteht die Möglichkeit diese von den Anbietern der Smart Health Platform in Anspruch zu nehmen.

Während der Data-Marketplace so offen wie möglich gestaltet werden sollte, muss bei der Smart Health Platform einem zugangsbeschränkten Ansatz gefolgt werden. Zum einen beinhaltet die Plattform den Austausch von sensitiven Daten. Andererseits müssen abhängig von der Klassifikation der digitalen Gesundheitslösung medizinisch relevante Regulatorien eingehalten werden. Damit das Wertversprechen entlang des Patient-Journey umgesetzt werden kann, werden dennoch aus jedem Segment zahlreiche Partner benötigt. Damit die Selbstbestimmung von Patientinnen und Patienten gefördert und der Daten- und Informationsaustausch weiter ausgebaut werden kann, braucht es mit Blick auf die Patient-Journey eine umfassende Vernetzung von Akteuren. Hierzu haben sich sechs zentrale Bereiche herauskristallisiert, welche in der Folge näher erläutert werden.

Health Education: Damit Patientinnen und Patienten aktiv mit dem Gesundheitsfachpersonal interagieren können, ist es notwendig, die Gesundheitskompetenz der Schweizer Bevölkerung zu stärken. Dies kann durch interaktive Tutorials zur Krankheitsprävention, gesunden Lebensweise und medizinischem Wissen erreicht werden. Ferner besteht die Möglichkeit in Webseminare sich tieferes Verständnis für spezifische Krankheitsbilder zu erlangen.

Peer-to-Peer-Network: Umgang und Akzeptanz einer erhaltenen Krankheitsdiagnose spielen eine zentrale Rolle im Erfolg des Therapieprozesses. Das Peer-to-Peer-Network ermöglicht es den Betroffenen, Erfahrungen im Umgang mit der Diagnose sowie den vorgeschlagenen Behandlungsmethoden untereinander auszutauschen.

Digital Health Solutions: Die Möglichkeit der Onlineinteraktion in Form von Fernüberwachung und telemedizinischen Diensten für virtuelle Arztbesuche stärken die Selbstbestimmung und Flexibilität von Patientinnen und Patienten. Ferner bietet die Self-Service-Anwendung zur Verwaltung administrativer Aufgaben einen erheblichen Nutzen für Patientinnen und Patienten als auch für Leistungserbringern. Hierfür sind Partner wie App-Entwickler für die Entwicklung von benutzerfreundlichen Anwendungen sowie Hersteller medizinischer Geräte zur

Schaffung der technischen Infrastruktur von Bedeutung. Im Weiteren wird medizinischen Fachkräfte und Ärzte eine Schlüsselrolle zugetragen. Als beratende Funktion während der Entwicklung, haben sie massgeblichen Einfluss auf die Qualität solcher digitalen Lösungen.

Careplan & Health Records: Innerhalb dieses Bereiches können Patientinnen und Patienten auf das elektronische Patientendossier zugreifen, in welchem zusätzlich zu den Gesundheitsinformationen auch personalisierte Behandlungspläne und die eMedikation vorzufinden sind. Letzteres fungiert neben dem Ausstellen von elektronischen Rezepten auch als Erinnerungsfunktion zur Medikamenteneinnahme.

Data & Information Hub: In diesem Kontext können Patientinnen und Patienten eigene Daten von Smart Wearables oder anderen Geräten in die Plattform laden. Diese Daten werden über eine Schnittstelle mit den anderen Daten innerhalb des Data Clusters verknüpft. Hierzu dient die Swiss-ID zur eindeutigen Identifikation und Zuteilung der Datenpunkte. Ferner können Analysen der eigenen Daten und Vergleiche zu Benchmark-Daten durchgeführt werden.

Content Management: In der Datenverwaltung steuern Patientinnen und Patienten die Zugriffsberechtigungen als auch Verwendungszwecke ihrer Gesundheitsdaten. Ferner können hier auf den Distributed Ledger Technologien basierten Protokolle, die Zugriffe, Transformation als auch Verwendungszweck der Daten nachvollzogen werden. Des Weiteren werden den Dateneigentümer die Qualität und Relevanz ihrer für kommerzielle Zwecke geteilten Daten aufgezeigt. Anhand der erfüllten Kriterien wird die finanzielle Vergütung berechnet und dargestellt. Gleichzeitig werden zu ergänzende relevante Datenpunkte vorgeschlagen, um eine bessere Monetarisierung zu erzielen.

Die umfassenden technischen als auch organisatorischen Massnahmen zur Sicherstellung von Datenschutz, Datensicherheit und Datenintegrität tragen zur Stärkung des Vertrauens und der Glaubwürdigkeit des Ökosystem bei. Während Data Clusters in Form von Nervenbahnen den sicheren Transport von Informationen sicherstellen, kann die Smart Health Platform als das zentrale und lenkende Nervensystem im Smart Health Ökosystem betrachtet werden.

3.4.3 Anreizsysteme zur Förderung einer Datenökonomie

Um die Partizipation der schweizerischen Bevölkerung am Smart Health Ökosystem zu fördern, wird ein finanzielles Anreiz- und Vergütungsmodell für die Bereitstellung von Daten eingeführt. Dies soll dazu beitragen, wertvolle

Informationen für die Gesundheitsforschung und die Verbesserung der Gesundheitsversorgung zu gewinnen. Das monetäre Schema setzt sich aus einem Grundpreis als Anerkennung für die Bereitstellung von Gesundheitsdaten als auch einem variablen Multiplikator basierend auf festgelegten Kriterien zusammen (Abb. 3.7).

Je mehr relevante Schlüsselinformationen den festgelegten Bewertungskriterien in den Preismetriken entsprechen, desto höher fällt der erste Multiplikator für den Grundpreis aus. Zur Förderung der Genauigkeit und Zuverlässigkeit der Daten, ist der zweite Multiplikator an die Datenqualität geknüpft. Dies ist notwendig, da derzeit auch manuelle Eingaben von den Teilnehmenden erforderlich sind. Der dritte Multiplikator berücksichtigt das Volumen und die Häufigkeit der geteilten Daten.

Hinsichtlich der Entschädigung der Leistungserbringer gibt es zwei mögliche Ansätze. Einerseits könnte die rechtliche Verankerung von Fördermitteln mit spezifischem Verwendungszweck zur Förderung der Digitalisierung und Automatisierung der Datenerfassung in Betracht gezogen werden. Alternativ könnte, die Vergütung an die Aktualität und Pflege der Daten in den Data Clusters geknüpft werden. Eine andere Option besteht darin, die Leistungserbringer auf Basis einer Subventionierung aus dem finanziellen Überschuss des Smart Health Ökosystem zu entschädigen. Letzteres wäre eine geeignete Lösung für die Anfangsphase, um den Aufbau einer Datenökonomie im schweizerischen Gesundheitswesen zu realisieren, jedoch keine langfristige Lösung zur Förderung eines digitalen Gesundheitswesens.

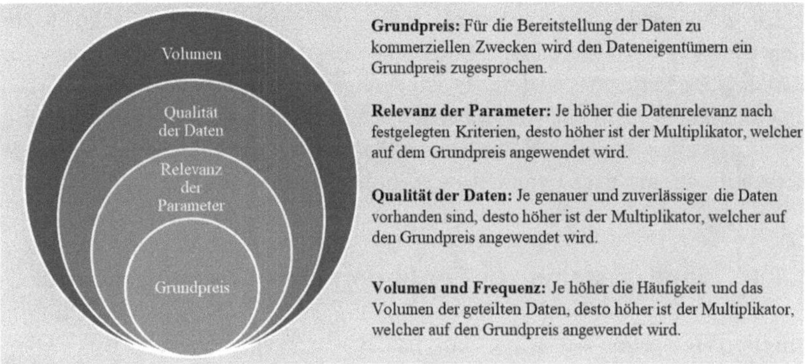

Abb. 3.7 Aufbau eines Vergütungsmodells

Die Data Clusters erhalten eine anteilige Vergütung für ihre direkte Teilnahme am Data-Marketplace, basierend auf den Erlösen aus der kommerziellen Nutzung der Daten. Die Verwaltung der finanziellen Ströme könnte mithilfe von Smart Contracts organisiert und automatisiert werden.

Im gleichen Kontext erfordert es eine kritische Überprüfung des Leistungskatalogs der Grundversicherung. Nicht relevante Leistungen sollten gestrichen und stattdessen durch die Kostenübernahme von digitalen Gesundheitslösungen ersetzt werden. Auf diese Weise könnten zahlreiche Anbieter des Smart Health Ökosystem von Krankenkassen für Ihre Leistungen vergütet werden. Akteure mit einer unterstützenden Funktion (Enabler) werden hingegen vom Ökosystem selbst finanziert.

3.5 Konklusion

Die unterschiedlichen Komponenten im Smart Health Ökosystem unterstützen Patientinnen und Patienten in ihrer informationellen und organisationalen Selbstbestimmung. Die basierend auf digitalen Produkten und Dienstleistungen erzielte Selbstbestimmung kann zu einer Entlastung des Gesundheitsfachpersonals beitragen. In Anbetracht des akuten Fachkräftemangel im Gesundheitswesen dient dies zur Wahrung des aktuellen Qualitätsniveaus.

Das Smart Health Ökosystem ermöglicht es der breiten Bevölkerung Ihre Gesundheitsdaten zu teilen. Diese kollektive Intelligenz führt zu einem Datenreichtum, welche mittels auf künstlicher Intelligenz gestützten Diagnosen und Behandlungen zu schnelleren und besseren Entscheidungen führen können. Ein stetiger Ausbau der Datenmodelle sowie die Weiterentwicklung der auf künstlicher Intelligenz basierten Gesundheitslösungen ermöglichen die Umsetzung personalisierter Behandlungen.

Damit Patientinnen und Patienten in der Entscheidungsfindung eine aktive Rolle einnehmen können, braucht es allerdings beim Gesundheitsfachpersonal ein verändertes Verständnis der Gesundheitsversorgung in Form einer geteilten Entscheidungsfindung. Durch die Stärkung des Informationszugangs, dem Ausbau der eigenen Gesundheitskompetenz, die Einbeziehung der Betroffenen in der Entscheidungsfindung, den Zugang zu Gesundheitsdaten und die Nutzung digitaler Gesundheitslösungen werden Patientinnen und Patienten befähigt eine aktivere Rolle in der eigenen Patient-Journey wahrzunehmen und zu besseren Gesundheitsergebnissen beizutragen. Die Förderung des Patient Empowerment im schweizerischen Gesundheitssystem erfordert eine umfassende Integration dieser Faktoren.

Literatur

Amann, K., Petzold, J., & Westerkamp, M. (2020). Prädiktive Analytik. In K. Amann, & J. W. Petold (Hrsg.), *Management und Controlling Instrumente – Organisation – Ziele – Digitalisierung* (S. 251–256). Springer Gabler.

Angerer, A., Hollenstein, E., & Russ, C. (2021). Die Zukunft des Schweizer Gesundheitssystem. *Der Digital Health Report, 21*(22), 11.

Appius, D., Probst, R. A., & Tokarski, K. O. (2021). Edge Computing und Industrie 4.0. In J. Schellinger, K. Tokarski, & I. Kissling-Näf (Hrsg.), *Digital Business – Analysen und Handlungsfelder in der Praxis* (S. 305–334). Springer Gabler.

BAG. (2023). https://www.bag.admin.ch: https://www.bag.admin.ch/bag/de/home/versicherungen/krankenversicherung/krankenversicherung-versicherer-aufsicht/risikoausgleich.html#:~:text=Die%20obligatorische%20Krankenpflegeversicherung%20(OKP)%20wird,das%20gleiche%20Versicherungsmodell%20dieselbe%20. Zugegriffen: 5. Mai 2023.

BFS. (2024). *Bundesamt für Statistik.* Von Finanzierung: https://www.bfs.admin.ch/bfs/de/home/statistiken/gesundheit/kostenfinanzierung/finanzierung.html. Zugegriffen: 15 Juni 2024.

Bieser, J., & Fasnacht, D. (2023). *Hype oder HIlfe? Was die Blockchain wirklich leistet.* GDI Gottlieb Duttweiler Institut.

Bischof, S. (2020). *Datenschutz und Berufsgeheimnis im ambulanten Leistungsbereich.* Schulthess.

Dorninger, H., Tischhauser, P., Schmutz, D., Becker, M., Busch, N., Sommer, N., & Kallenberg, J. (2022). *Die Zukunft des Schweizer Gesundheitssystems – Acht Ansätze zur Kosten- und Qualittsverbesserung.* Boston Consulting Group.

eHealth-Suisse. (2018). *Strategie eHealth Schweiz 2.0 2018–2024.* EHealth Suisse.

Epting, W. (2021). Verwendung personenbezogener Daten in digitalen Ökosystemen. In D. Knörrer, D. Schmidt, J. Moormann, & M. Mosen (Hrsg.), *Digitale Ökosysteme* (S. 279–302). Frankfurt School Verlag.

Farhadi, N. (2019). *Cross-Industry Ökosystems.* Springer Gabler.

Fasnacht, D. (2024). Definition „Offenes Ökosystem". Springer Gabler Wirtschaftslexikon. https://wirtschaftslexikon.gabler.de/definition/offenes-oekosystem-126058/version-389907. Zugegriffen: 19. Juni 2024.

Fasnacht, D. (2023). *Gesundheits-Ökosysteme,* Kap. 6.7, 174–184. In *Offene und digitale Ökosysteme. Mehrwert durch Branchen- und Technologiekonvergenz.* Springer Gabler. https://doi.org/10.1007/978-3-658-42494-7_6.

Fasnacht, D. (2020). Die Ökosystemstrategie. *ZFO Leadership, 3*(89), 168–173.

Fraunhofer IESE. (2023). Von https://www.iese.frauenhofer.de: https://www.iese.fraunhofer.de/de/leistungen/digitale-oekosysteme.html. Zugegriffen: 16. Juni 2023.

Gill, J., Kwan, A., & Schroeck, M. (12). Von https://www2.deloitte.com/in/en.html: https://www2.deloitte.com/us/en/insights/focus/industry-4-0/xaas-outcome-based-pricing.html. Zugegriffen: 12. Juni 2023.

Hämmerli, M., Müller, T., Biesdorf, S., Ramezani, S., Sartori, V., Van der Veken, L., . . . Von Wangenheim, F. (2021). *Digitalisierung im Gesundheitswesen: Die 8,2-Mrd.-CHF-Chance für die Schweiz.* McKinsey Digital.

Hanssmann, W., & Zurth, S. (2021). Einfluss von digitalen Ökosystemen und Plattformen auf die Zukunft der Versicherungsbranche. In D. Knörrer, D. Schmidt, J. Moormann, & M. Mosen (Hrsg.), *Digitale Ökosysteme* (S. 129–150). Frankfurt School Verlag.

Harvard Business Review. (2017). Closing the customer experience gap – How IT and Business Can Partner to Transform Customer Experiences. *Harvard Business Review – Analytic Services* Research Report. https://hbr.org/resources/pdfs/comm/salesforce/HBRAS.Salesforce8.23.17.pdf

Haucap, J. (2020). Plattformökonomie: Neue Wettbewerbsregeln – Renaissance der Missbrauchsaufsicht. *Wirtschaftsdienst 2020 – Konferenzheft*, S. 20–29.

Knörrer, D., & Knörrer, L. (2021). Mehr als Digitalisierung – Wie digitale Ökosysteme Wert für Firmen generieren. In D. Knörrer, M. W. Mosen, J. Moormann, & D. Schmidt (Hrsg.), *Digitale Ökosysteme* (S. 5–21). Frankfurt School Verlag.

Kwasniok, S., Kretz, J., & Kettnaker, F. (2021). Plattformentwicklungen im Versicherungsmarkt – Von Open Banking zu Open Finance. In D. Knörrer, D. Schmidt, J. Moormann, & M. Mosen (Hrsg.), *Digitale Ökosysteme* (S. 437–457). Frankfurt School Verlag.

Liozu, S., & Ulaga, W. (2018). *Monetizing data: A practical roadmap for framing, pricing & selling your B2B digital offers.* Value Innoruption Advisors Publishing.

Mahanti, R. (2021). *Data governance and data management*. Springer.

Marty, F. (2016). *Leitlinien der Wirtschaft – Für eine neue Schweizer Gesundheitspolitik.* Economiesuisse.

Marty, F., & Mauli, F. (2018). *Leitlinien der Wirtschaft – Für eine nachhaltige Schweizer Gesundheitspolitik.* Economiesuisse.

McMahan, B., & Ramage, D. (2023). https://www.ai.googleblog.com: https://ai.googleblog.com/2017/04/federated-learning-collaborative.html. Zugegriffen: 7 Aug. 2023.

Meisel, L., & Spiekermann, M. (2019). *Datenmarktplätze-Plattformen für Datenaustausch und Datenmonetarisierung.* Fraunhofer-Institut für Software- und Systemtechnik ISST.

Niebuer, A., & Bender, P. (2023). https://www.smp-ag.de: https://www.smp-ag.de/de/presse/akteure-rollen-wer-macht-was-plattformbasierten-oekosystemen. Zugegriffen: 30. Juli 2023.

Odermatt, S., & Postler, E. (2021). Selbstorganisation als Enabler der Digitalisierung. In J. Schellinger, K. O. Tokarski, & I. Kissling-Näf (Hrsg.), *Digital Business – Analysen und Handlungsfelder in der Praxis* (S. 275–304). Springer Gabler.

Parker, G., Van Alstyne, M., & Choudary, S. 56ff. (2016). *Platform revolution: How networked markets are transforming the economy – And how to make them work for you.* (S. 56 ff.). Norton & Company.

Patkar, A. (11. Juni 2023). Von https://www.techmahindra.com: https://www.techmahindra.com/en-in/blog/outcome-based-pricing-model/#:~:text=Outcome%2Dbased%20pricing%20is%20when,future%20is%20going%20to%20be. Zugegriffen: 11. Juni 2023.

Pflaum, A., & Fischer, C. (2018). Von der Pipeline zur Plattform. In P. Ulrich & B. Björn (Hrsg.), *Wertschöpfung in der Betriebswirtschaftslehre* (S. 409–429). Springer Gabler.

Pflaum, A., & Klötzer, C. (2019). Von der Pipeline zur Plattform – Strategische Implikationen für das Unternehmen. In W. Becker, B. Eierle, A. Fliaster, B. Ivens, A. Leischnig, & E. Sucky (Hrsg.), *Geschäftsmodelle in der digitalen Welt – Strategien, Prozesse und Praxiserfahrungen* (S. 57–74). Springer Gabler.

Rix, C., Leiting, T., & Holst, L. (2022). Herausforderungen der Preisbildung datenbasierter Geschäftsmodelle in der produzierenden Industrie. In M. Rohde, M. Bürger, K. Peneva, &

J. Mock (Hrsg.), *Datenwirtschaft und Datentechnologie – Wie aus Daten Wert entsteht* (S. 49–70). Springer Vieweg.
Schafer, M. (2023). Von https://www.msg.group: https://www.msg.group/services/architektur-methodik/plattformoekosysteme. Zugegriffen: 30. Juli 2023.
Stechow, R., Schäfer, L., & Brugger, P. (2022). Besonderheiten datenbasierter Geschäftsmodellentwicklung. In M. Rohde, M. Büger, K. Peneva, & J. Mock (Hrsg.), *Datenwirtschaft und Datentechnologie – Wie aus Daten Wert entsteht* (S. 31–48). Springer-Verlag.
Steur, A. (2022). *Digitale Plattformen erfolgreich aufbauen und steuern*. Springer Gabler.
Talin, B. (2021). *morethandigital*. Von morethandigital: https://morethandigital.info/was-ist-ein-digitales-oekosystem-das-profitabelste-geschaeftsmodell-verstehen/. Zugegriffen: 21. Okt. 2021.
Tiwana, A., Konsynski, B., & Bush, A. (2010). Platform evolution: Coevolution of platform architecture, governance and environmental dynamics. *Information Systems Research, 21,* 675–687.
Trapp, M., Naab, M., Rost, D., Nass, C., Koch, M., & Rauch, B. (2023). Von Informatik Aktuell: https://www.informatik-aktuell.de/management-und-recht/digitalisierung/digitale-oekosysteme-welche-herausforderungen-stellt-der-aufbau-und-wie-gelingt-er.html. Zugegriffen: 15. Aug. 2023.
Trauth, D., & Mayer, J. (2022). Grenzkostenfreie IoT-Services in den Datenmarktplätzen der Zukunft. In M. Rhode, M. Bürger, K. Peneva, & J. Moch (Hrsg.), *Datenwirtschaft und Datentechnologie – Wie aus Daten Wert entsteht* (S. 11–29). Berlin: Springer Vieweg.
Veit, K., Wessels, M., & Deiters, W. (2019). Gesundheitsdaten und Digitalisierung – Neue Anforderungen an den Umgang mit Daten im Gesundheitswesen. In M. Pfannstiel, P. Da-Cruz, & H. Mehlich (Hrsg.), *Digitale Transformation von Dienstleistungen im Gesundheitswesen VI* (S. 20–31). Springer Gabler.
Vossen, G., & Löser, A. (2021). Kommerzielle Datenmärkte. In M. Putnings, H. Neuroth, & J. Neumann (Hrsg.), *Praxishandbuch Forschungsdatenmanagement* (S. 147–164). De Gruyter Verlag.
Wolan, M. (2020). *Next generation digital transformation*. Springer Gabler.
Wolfsberger, J. (2010). *Frei geschrieben. Mut, Freiheit & Strategie für wissenschaftliche Abschlussarbeiten*. ((UTB Schlüsselkompetenzen, 3218) Ausg., 3. Aufl.). Böhlau.

Nutzenstiftung von künstlicher Intelligenz bei kardialen Notfällen

4

Lukas Gasser

Zusammenfassung

Kardiale Ereignisse gehören zu den wichtigsten Gründen präklinischer Interventionen und schweizweit zu den häufigsten Todesursachen bei Menschen. In diesem Kontext vermag künstliche Intelligenz bei zwei wesentlichen Prozessschritten zu unterstützen: beim Erkennen des ursächlichen Notfalls sowie bei der darauf basierenden Disposition präklinischer Ressourcen. KI ist in der Lage, Notrufgespräche nahezu in Echtzeit zu transkribieren, von einer Sprache in eine andere zu übersetzen und Schlüsselbegriffe zu detektieren, die von der anrufenden Person genannt werden. Auf Basis dieser Begriffe wird die Symptomatik des geschilderten Notfalls expliziert, die spezifische Hinweise für oder gegen das Vorliegen eines kardialen Ereignisses enthält. Ausserdem antizipiert KI zukünftige präklinische Interventionen örtlich, worauf Rettungsfahrzeuge prophylaktisch in der Nähe der prädizierten Einsatzorte positioniert werden können. Im Falle tatsächlich eintreffender Notfallereignisse verkürzt sich dadurch idealerweise die Hilfsfrist für das betroffene Individuum. Kürzere Interventionszeiten erhöhen gleichzeitig die generelle Verfügbarkeit präklinischer Ressourcen, wovon das Kollektiv implizit profitiert. Gegenwärtig ist die KI im präklinischen Umfeld als eine zur menschlichen Kognition komplementäre Technologie zu verstehen. Insbesondere bei der sozialen Interaktion während eines Notrufs bleiben Mitarbeitende von Notrufzentralen vorerst unersetzlich. Für autonomes Handeln der KI wären zudem sowohl technische

L. Gasser (✉)
Kalaidos Fachhochschule, Zürich, Schweiz
E-Mail: l.gasser@bluewin.ch

D. Fasnacht (Hrsg.), *Smart Health*, https://doi.org/10.1007/978-3-658-46762-3_4

Verfeinerungen notwendig als auch ethische, rechtliche und gesellschaftliche Fragen zu klären.

Schlüsselwörter

Präklinik • Rettungsdienst • Kardiales Ereignis • Künstliche Intelligenz • Neuronale Netze • Deep learning • Natural language processing

4.1 Präklinischer Kernprozess

Die vorliegende Betrachtung des durch künstliche Intelligenz (KI) gestifteten Nutzens im Kontext der Präklinik fokussiert auf das Phänomen kardialer Notfälle, da diese zu den wichtigsten Ursachen präklinischer Interventionen zählen (Trimmel et al., 2018) und für betroffene Personen potenziell letale Folgen haben können. In diesem Zusammenhang ist der Begriff des akuten Koronarsyndroms relevant, welches sich aufgrund einer akuten Obstruktion mindestens einer Koronararterie manifestiert, die zu einem Spektrum an Symptomen führt, zu welchen etwa das Engegefühl im Brustraum oder der Myokardinfarkt gezählt werden (Sweis & Jivan, 2020). In der Schweiz liegt die Inzidenz des akuten Myokardinfarktes bei 226.6 Fällen pro 100.000 Einwohnende, verbunden mit einer Letalität von rund 12 % (Obsan, 2022). Die verzugslose Erkennung des kardialen Notfalls respektive das Treffen geeigneter Massnahmen ist ausschlaggebend für die Begrenzung gesundheitlicher Beeinträchtigungen. Dies gilt insbesondere im akut lebensbedrohlichen Szenario des *out of hospital cardiac arrest* (OHCA), zumal eine kardiopulmonale Reanimation der betroffenen Person die Wahrscheinlichkeit zu überleben signifikant erhöhen (Sasson et al., 2010, S. 74).

Eine weitere essenzielle Massnahme besteht aus der Alarmierung sanitätsdienstlicher Rettungskräfte über die entsprechende Notrufnummer, hier definiert als initiale Komponente des präklinischen Kernprozesses (Gasser, 2023). Dieser Prozess bildet die Grundlage für die Ausarbeitung wertmehrender Ansätze der KI, die im gegebenen Kontext als Elemente von *Smart Health* verstanden werden. Letztere umfasst mitunter den Einsatz modernster digitaler Technologien, um einen entscheidenden Beitrag zur Verbesserung der Gesundheitsversorgung zu leisten (siehe Kap. 1). Die praxisbezogenen Erkenntnisse des vorliegenden Kapitels gründen auf qualitativen Interviews und entstanden im Rahmen einer Fallstudie in Zusammenarbeit mit der Rettung Basel-Stadt (Gasser, 2023). Teil dieser Organisation ist sowohl ein bodengebundener Rettungsdienst als auch eine Sanitätsnotrufzentrale, welche übergeordnet mehrere Rettungsdienste des Einzugsgebietes koordiniert. Ziel der Fallstudie war die Betrachtung möglicher nutzenstiftender Ansätze der KI aus einer ganzheitlichen Perspektive. Während die theoretische Analyse auf die konzeptionell-funktionale Ebene der KI fokussierte, wurden im empirischen Teil praxisbezogene Implikationen respektive damit verbundene Erfolgsfaktoren behandelt.

4.1.1 Erkennung des ursächlichen Notfalls

Ein Element des präklinischen Kernprozesses besteht aus der Verarbeitung der Notrufe in der zuständigen Sanitätsnotrufzentrale. Dort besteht die primäre Aufgabe darin, während des Gesprächs ein möglichst präzises Meldebild zu erheben, um die Akuität sowie den Gefährdungsgrad des ursächlichen Notfalls festzustellen (Luiz, 2021, S. 124). Die Lagebeurteilung soll aufgrund von nachvollziehbaren und auf Symptomen basierenden Kriterien stattfinden, ohne dabei zu diagnostizieren (Maurer et al., 2015, S. 560). Da ähnlichen Symptomen unterschiedlichste Ursachen zugrunde liegen können, bestünde bei der Bildung einer diagnoseorientierten Arbeitshypothese die Gefahr einer Fehlinterpretation. Wichtige Informationen aus dem Notrufgespräch betreffen die Atmung sowie den Bewusstheitszustand der betroffenen Person, wobei sich die nuancierte Beschreibung der Atemtätigkeit als besondere Schwierigkeit herausstellt (Riou et al., 2018). Von Bedeutung sind ausserdem Umweltfaktoren wie etwa Kälte und Nässe, welche bisweilen die Dringlichkeit eines Notfalls unabhängig vom medizinischen Kernproblem beeinflussen (Gasser, 2023). Als beste Informationsquellen werden die Patientinnen und Patienten bezeichnet, wobei sie aufgrund ihres Gesundheitszustandes nicht immer imstande sind, die Fragen selbst zu beantworten (Gasser, 2023). Auf Basis des erhobenen Lagebildes werden von der Notrufzentrale sodann adäquate Massnahmen zur Hilfeleistung getroffen, etwa durch das Entsenden von Rettungsmitteln oder in Form einer telefonischen Anweisung (Thöle, 2020, S. 1108). Um die Gesprächsführung während des Notrufs respektive die Organisation einer präklinischen Intervention zu unterstützen, wird durch Notrufzentralen mitunter das Konzept der standardisierten Abfrage eingesetzt (Thöle, 2020, S. 1284 ff.). Die zu stellenden Fragen werden von einer Software im Sinne einer dynamischen Checkliste kontextsensitiv dargestellt, die jeweiligen Antworten dokumentiert und die zu treffenden Massnahmen vom System vorgeschlagen. Im Kontext kardialer Ereignisse ist bei diesem Prozessschritt eine hohe Erfolgsquote bei den als richtig-positiv kategorisierten Fällen anzustreben, dass also tatsächlich vorliegende kardiale Notfälle von der Notrufzentrale auch als solche erkannt und danach adäquate Massnahmen getroffen werden (Kurz et al., 2020, S. 689 ff.).

Aufgrund der Relevanz, welche der Charakterisierung eines ursächlichen Notfalls inhärent ist, liegt der Gedanke an eine potenzielle Unterstützung dieses Prozessschrittes durch KI nahe. Eine solche erfordert die Auseinandersetzung mit der Qualität konventioneller präklinischer Konzepte, die es durch den Einsatz künstlicher Intelligenz idealerweise zu steigern gälte. Entsprechende Analysen über mehrere skandinavische Notrufzentralen wiesen für klassische Abfragesysteme bei der Erkennung des OHCA während des Notrufs Quoten im Bereich zwischen 71 und 96 % aus, bezogen auf das Szenario ohne bereits laufende Reanimation der betroffenen Person (Hardeland et al., 2021). In der Studie wurden weder die erhebliche Diskrepanz zwischen den einzelnen Notrufzentralen noch der Anteil der falsch-positiv deklarierten Fälle geklärt, der bei hohen Trefferquoten ebenfalls erhöht sein könnte (Hardeland et al., 2021). Eine solide Referenz bei konventionellen Verfahren wäre jedoch Voraussetzung für eine aussagekräftige vergleichende Darstellung mit der künstlichen Intelligenz bzw. ihrer Nutzenstiftung.

Aufgrund der Tatsache, dass beim Notruf trotz Softwareunterstützung letzten Endes Menschen die Informationen interpretieren und Entscheidungen treffen, könnten zudem kognitive Verzerrungen prozessimmanent sein (Morgenstern, 2021, S. 1). Wobei solche Phänomene potenziell beide Seiten, sowohl die Mitarbeitenden der Notrufzentrale als auch die Anrufenden, betreffen. Letzteres äussert sich etwa dadurch, dass die während des Notrufgesprächs gestellten Fragen zur Atemtätigkeit der betroffenen Person eher zu optimistisch beantwortet werden (Riou et al., 2018). Wohingegen aufseiten der Notrufzentrale eine mögliche Verzerrung bedingt durch Heuristiken auftreten könnte, zu deren Anwendung das medizinische Fachpersonal zumindest im klinischen Umfeld tendenziell neigt (Morgenstern, 2021, S. 2). Den Faustregeln ähnlich, können diese mentalen Strategien allgemein zur Komplexitätsreduktion der Urteilsaufgabe beitragen und damit eine Verkürzung der Meinungsbildung ermöglichen (Bierhoff, 2006, S. 260). In Studien konnte gezeigt werden, dass effizient eingesetzte Heuristiken im medizinischen Kontext situativ gar zu besseren Entscheidungen führen, als wenn strikte analytisch vorgegangen wird (Morgenstern, 2021, S. 2). Somit ist der menschlichen Art und Weise, medizinische Information kognitiv zu verarbeiten, eine gewisse Ambivalenz inhärent, die bei der Zusammenarbeit mit der KI berücksichtigt werden sollte. Ob ein auf Erfahrungswissen basiertes menschliches Denkmuster gegenüber der Funktionsweise der KI im präklinischen Kontext vor- oder nachteilig wirkt, muss im spezifischen Anwendungsfall nuanciert geklärt werden.

4.1.2 Disposition präklinischer Einsatzmittel

Gelangt die Sanitätsnotrufzentrale nach der Einschätzung eines Notfalls zum Schluss, präklinische Einsatzmittel zum Ereignisort zu entsenden, erfolgt mit der Disposition der Ersthelfenden, Rettungswagen und Notarzteinsatzfahrzeuge ein weiterer Schritt des Kernprozesses. Aufgrund des Meldebildes bzw. der damit einhergehenden Definition des ursächlichen Notfalls werden die Interventionen nach Dringlichkeit klassifiziert, wobei sich diese Triage retrospektiv entweder als adäquat oder als Unter- respektive Übertriage manifestieren kann (Christian, 2019, S. 576). Die Phänomene wirken im Ergebnis nicht nur auf den Einzelfall, sondern können bedingt durch numerisch limitiert vorhandene Einsatzmittel das präklinische Dispositiv in seiner Gesamtheit beeinflussen. Die Verhältnismässigkeit der Mittelzuteilung ist daher von systemischer Relevanz. Bei einer Untertriage wird der Gesundheitszustand einer Person initial unterschätzt, ihre Verletzung oder Erkrankung somit als weniger gravierend eingestuft als tatsächlich vorliegend (Christian, 2019, S. 576). Entsprechend wird eine zu kleine Anzahl bzw. werden fachlich zu gering qualifizierte präklinische Einsatzmittel eingesetzt, mit potenziell negativen Folgen für das betroffene Individuum (Christian, 2019, S. 576; Ohshige et al., 2009, S. 7). Im Gegensatz dazu wird als Übertriage bezeichnet, wenn der Gesundheitszustand einer Person pessimistischer eingestuft wird als er sich in der Realität präsentiert und daher numerisch zu viele bzw. zu hoch qualifizierte Rettungsmittel zum Einsatz gelangen (Christian, 2019, S. 576). In der Praxis resultiert die Übertriage deutlich häufiger als die Untertriage (Dami et al., 2015). Für die betroffene Person hat die überqualifizierte Versorgung zwar keinen negativen Effekt, wohingegen sie zu einer Schmälerung der gesamtheitlichen präklinischen Versorgungskapazität führt (Christian, 2019, S. 576; Ohshige et al., 2009, S. 7).

Eine wichtige Bemessungsgrundlage bei der Selektion der zu entsendenden Einsatzmittel ist die *Hilfsfrist,* die Dauer zwischen Notruf und Eintreffen am Einsatzort (Interverband für Rettungswesen, 2022). Eine Frist, die es prinzipiell zu minimieren gilt. In der Schweiz soll sie im Sinne eines Richtwertes bei präklinischen Interventionen mit hoher Dringlichkeit maximal 15 min betragen und bezogen auf diese Fälle mindestens zu 90 % erreicht werden (Interverband für Rettungswesen, 2022). Ein mögliches Handlungsprinzip für die Zielerreichung ist die Disposition des geographisch nächstgelegenen geeigneten Einsatzmittels, wie es unter anderem von Ummenhofer et al., (2014, S. 187) oder Dax et al., (2016, S. 635) vorgeschlagen wird. Bélanger et al. (2019) beschreiben das weit verbreitete Konzept zwar als naheliegend, bei ganzheitlicher Betrachtung des präklinischen Dispositivs hingegen als nicht vorbehaltlos optimal, da dünn besiedelte Gebiete tendenziell benachteiligt werden. Dieser Effekt kann mittels einer *dynamischen Relokation* der verbleibenden einsatzbereiten Rettungsmittel insofern kompensiert werden, als dass ein bestimmtes Gebiet stets innert nützlicher Frist präklinisch versorgt werden kann (Bélanger et al., 2019). Des Weiteren bleibt das Konzept der Hilfsfrist als Referenz für die Disposition und damit als die zu optimierende Grösse nicht ohne Alternative. Beispielhaft seien die maximale Überlebensrate der Patientinnen und Patienten (Bélanger et al., 2019) oder die Prähospitalzeit (Fischer et al., 2016) als mögliche weitere Kriterien für die Optimierung genannt. Letztere bezeichnet das Intervall zwischen dem Notruf und der Ankunft der betroffenen Person in einer geeigneten Klinik und soll bei lebensbedrohlichen Fällen 60 min nicht überschreiten (Fischer et al., 2016).

Ein besonderes Augenmerk gilt ferner den Dilemmata, wenn also in einem Gebiet mehrere Notfälle gleicher Dringlichkeit im gleichen Zeitraum präklinisch versorgt werden sollen. In einem solchen Szenario könnte mitunter die Summe der jeweiligen Hilfsfristen als Grundlage für die Optimierung herangezogen und entsprechend minimiert werden (Fuchs, 2010, S. 238 f.). Ethische Aspekte ausser Acht gelassen, kann es der gesamtheitlichen Optimierung somit zuträglich sein, ein bestimmtes Einsatzmittel während seiner Anfahrt zu einem Notfallereignis an einen anderen Notfallort zu beordern, obwohl sich dadurch die Hilfsfrist des ursprünglich zugewiesenen Notfallereignisses verlängert (Fuchs, 2010, S. 240). Dieses Konzept berücksichtigten Ibri et al. (2012) in ihren Modellen zur Optimierung der Disposition, die mit einem *multi-agent system* sowie einem *auction mechanism* konventionelle Ansätze untersuchten. Solche bedingen teilweise Vereinfachungen auf konzeptioneller Ebene, wenn im Sinne der Komplexitätsreduktion etwa mit einer homogenen Fahrzeugflotte oder mit jeweils nur einem disponierten Fahrzeug pro Einsatz gearbeitet wird (Ibri et al., 2012, S. 557). Einen weiteren Ansatz für die Disposition präklinischer Einsatzmittel präsentieren Jagtenberg et al. (2017), welche mittels einer Heuristik die Reduktion der *late arrivals* anstrebten, gemäss ihrer Definition die Gruppe von Interventionen mit einer länger als 720 s dauernden Hilfsfrist. Die tatsächlich erzielte Reduktion dieser late arrivals um 18 % resultierte jedoch in einer gleichzeitigen Zunahme der durchschnittlichen Hilfsfrist um 145 s bzw. 37 % (Jagtenberg et al., 2017). Die Betrachtung der unterschiedlichen Ansätze zeigt, dass die Definition der optimalen Disposition präklinischer Einsatzmittel mit potenziellen Widersprüchen und Zielkonflikten einhergeht. Diesen zum Trotz, ist die Diskussion über die zu optimierenden Variablen unausweichlich, ethische Aspekte inklusive. Denn unabhängig davon, ob künstliche Intelligenz integraler Bestandteil der Optimierung sein soll oder nicht, müssen jene Kriterien festgelegt werden, anhand derer sich der tatsächliche Nutzen einer optimierenden Massnahme bestimmen lässt.

4.2 Wertmehrende Ansätze der KI

Wie unter Abschn. 4.1 dargelegt, sind für die Effektivität des präklinischen Kernprozesses die zuverlässige Erkennung des ursächlichen Notfalls sowie die optimale Disposition der adäquaten Einsatzmittel ausschlaggebend. In Bezug auf den Einsatz künstlicher Intelligenz liegt daher die Prämisse nahe, die nutzenmehrende Wirkung der Technologie a priori bei ebendiesen beiden Komponenten anzusetzen. Auf konzeptioneller Ebene ist ferner eine komplementäre Wirkung der KI erstrebenswert, indem die Technologie vorzugsweise bei jenen Aspekten eingesetzt wird, wo sie ihre Stärken im Vergleich zur menschlichen Intelligenz am wirkungsvollsten entfalten kann.

4.2.1 Wirkungsweise der Technologie

Auf eine umfassende Erörterung der künstlichen Intelligenz sei an dieser Stelle verzichtet und hierfür auf entsprechende Fachliteratur verwiesen. Nichtsdestotrotz scheint für das Verständnis nachfolgend beschriebener Anwendungen der KI im präklinischen Kontext hilfreich, die wichtigsten Elemente der Technologie zu skizzieren, deren Anfänge zurück in die 1930er Jahre reichen (Ertel, 2017, S. 6). Zu Beginn ihrer Entwicklung basierte sie auf mathematischer Logik, mit entsprechend eingeschränkten Fähigkeiten, während heutige Anwendungen freier arbeiten und komplexe Probleme eigenständig lösen (Kirste & Schürholz, 2019). Eine Schlüsseltechnologie ist das *machine learning,* das im Wesentlichen aus der syntaktischen Analyse von Datensätzen mittels Algorithmen besteht, aus welcher bestimmte Schlüsse gezogen werden (Copeland, 2016). Die aufgrund dieses Trainings gewonnenen Erkenntnisse in Form von Mustern und Zusammenhängen werden in der Folge auf weitere Datensätze angewandt (Copeland, 2016). Für diese neuen Daten erfolgt auf Basis der gelernten Algorithmen eine Interpretation etwa in Form einer Bestimmung oder Vorhersage (Copeland, 2016). Einen Schritt weiter als das machine learning geht das *deep learning,* bei welchem mittels einer vielschichtigen algorithmischen Rekonstruktion, einem *neuronalen Netz,* die Strukturen der Nervenzellen des menschlichen Gehirns funktional imitiert werden (Kirste & Schürholz, 2019). Ein neuronales Netz ist zu Beginn leer und muss durch einen rechenintensiven Prozess unter Verwendung entsprechender Daten zuerst trainiert werden. Danach ist die Technologie im Gegensatz zum klassischen machine learning in der Lage, aus der eigenen Datenverarbeitung zu lernen und Schlussfolgerungen zu ziehen, die über die ursprünglichen Trainingsdaten hinausreichen (Simon, 2020, S. 41). Typische Anwendungen des deep learning sind beispielsweise die Gesichtserkennung oder die Verarbeitung menschlicher Sprache, das *natural language processing* (Rao & McMahan, 2019). Dazu gehören Sprachassistenzsysteme, Chatbots, Anwendungen für die unmittelbare Transkription von gesprochener Sprache oder für die Übersetzung von einer Sprache in eine andere (Rao & McMahan, 2019).

Angesichts dieser funktionalen Breite scheint die Strukturierung der kontextbezogenen Nutzenpotenziale entlang des präklinischen Kernprozesses sachlogisch. Um die technologiegetriebenen Chancen umfassend zu nutzen und dabei Potenziale nicht zu verkennen, dürfte ein offenes Vorgehen in dem Sinne dienlich sein, als dass die Prozesslogik konzeptionell nicht zu eng gefasst wird. Ein derartiges Potenzial zeigt sich exemplarisch in der nachfolgend beschriebenen Fähigkeit der prädiktiven Analyse. Die Prädiktion betrifft ein zukünftiges Notfallereignis, welches zum Zeitpunkt seiner Vorhersage noch nicht tatsächlich eintrat, womit bis dahin also auch der präklinische Kernprozess noch nicht in Gang gesetzt wurde. Aufgrund der inhärenten Wahrscheinlichkeit ist zudem nicht mit Sicherheit davon auszugehen, dass das Ereignis überhaupt eintreten wird. Um die immanente Nutzenstiftung der KI nach diesem Muster in die Praxis zu transferieren, muss der Kernprozess daher eine Erweiterung um ein antizipatives Element erfahren.

4.2.2 Prädiktion des ursächlichen Notfalls

Die theoretische Feststellung von Jagtenberg et al. (2017) aufgreifend, dass präklinische Ressourcen dann optimal alloziert werden könnten, wenn deren Interventionen im Voraus bekannt wären, führt zur Überlegung, letztere zu antizipieren. Grundlage für die Prädiktion der präklinischen Interventionen ist das Verständnis ihrer räumlich-zeitlichen Muster, gewonnen aus den Daten vergangener Notfallereignisse (Cho & Kim, 2020). Aufbauend auf den erkannten Mustern, liegt der durch die KI generierte Mehrwert im Vorschlag dynamisch bester Standorte für die jeweiligen Einsatzmittel, wo sie auf ihre prädizierten, aber nicht mit Sicherheit tatsächlich eintreffenden Notfalleinsätze warten (Cho & Kim, 2020). Mittels einer dynamischen Ressourcenallokation kann zumindest auf theoretischer Ebene eine Reduktion der Hilfsfristen im Bereich zwischen 10 und 20 %

erzielt werden (Cho & Kim, 2020). Bei einem Versuch mit einem ähnlich funktionierenden Modell von Grekousis und Liu (2019) lagen 23 % der tatsächlichen Einsatzorte nicht weiter als 50 Meter entfernt vom prädizierten Ort, während sich 70 % innerhalb von 150 m Distanz befanden. Die Performanz des Modells ergab sich aus dem Vergleich mit dem Optimum, welches retrospektiv aufgrund der bekannten Einsatzorte mit einer realistischen Anzahl verfügbarer Einsatzmittel definiert wurde (Grekousis & Liu, 2019, S. 119). Nicht berücksichtigt wurden jedoch die tatsächliche Verfügbarkeit der Einsatzmittel, die Strassenverkehrslage, Saisonalitäten sowie tageszeitliche Schwankungen (Grekousis & Liu, 2019, S. 120). In der Praxis wirken sich mitunter solche operationellen Einflussfaktoren entscheidend auf die Disposition präklinischer Einsatzmittel aus (Gasser, 2023). So können etwa Staus in Teilen des städtischen Strassennetzes zu einer Fahrt mit Sondersignal führen, auch wenn dies die medizinische Ausgangslage nicht zwingend erfordert. Der Verzicht auf das Sondersignal hätte zur Folge, dass das Rettungsmittel deutlich länger im Einsatz gebunden wäre, was wiederum die gesamtheitliche präklinische Versorgungslage negativ beeinflussen würde.

Abgesehen von der Prädiktion medizinischer Notfälle im allgemeinen Sinne, werden Versuche unternommen, die Ereignisse ursachenspezifischer zu definieren. So war eine entsprechend trainierte KI beispielsweise in der Lage, aufgrund verschiedenster Prädiktoren aus der Vorgeschichte von Patientinnen und Patienten einen potenziellen Herzinfarkt mit einer um 7.6 % höheren Trefferquote vorauszusagen, als wenn Menschen dieselbe Situation gemäss den Kriterien der American Heart Association beurteilten (Buchkremer et al., 2020). Weiterführend versuchen komplexere Modelle der künstlichen Intelligenz die Entwicklung des Gesundheitszustandes einer Person über einen bestimmten Zeitraum bzw. die im Verlauf notwendigen Massnahmen zu antizipieren (Chang et al., 2022; Lee et al., 2021; Spangler et al., 2019). Auch in diesem Anwendungsfall zeigt sich das Potenzial der KI, welche grundsätzlich imstande ist, eine im Vergleich zu Menschen realitätsnähere Lagebeurteilung vorzunehmen (Spangler et al., 2019, S. 8). Eine vergleichende Untersuchung auf Basis des concordance index wies diesbezüglich für die künstliche Intelligenz Werte zwischen 0,70 und 0,79 und für Mitarbeitende der Notrufzentrale solche zwischen 0,51 und 0,66 aus (Spangler et al., 2019, S. 8).

Im Zusammenhang mit solchen Anwendungen bedarf es in der Praxis einer Reduktion der inhärenten Komplexität, sodass die Ergebnisse in einer für Menschen verständlichen und kontextuell sinnvollen Form präsentiert werden (Gasser, 2023). Denn der technologieimmanente Nutzen wird für die Patientinnen und Patienten erst durch den Praxistransfer in Form konkreter präklinischer Massnahmen spürbar. Spangler et al. (2019) verwenden für die Abstraktion des

Ergebnisses einen *risk score,* der aufgrund von 15 prädiktiven Variablen in Form von Zeitpunkten, Zeitspannen, demographischen Daten und vitalen Parametern erzeugt wird und beispielsweise die Mortalität prognostiziert. Ähnliche Modelle beschreiben Lee et al. (2021) und Chang et al. (2022), die wenige und vergleichsweise einfach zu erhebende Vitaldaten einer betroffenen Person in eine spezifische Voraussage wandeln, ob eine kritische medizinische Intervention respektive eine Hospitalisation der Person notwendig sein wird oder nicht. Lee et al. (2021) weisen diesbezüglich darauf hin, dass der Einbezug zahlreicher Variablen in ein Modell die Erklärung von Korrelation und Kausalität erschwert. Ferner ist die erwähnte Einfachheit, mit der Vitalparameter, wie etwa Herzfrequenz, Blutdruck oder Sauerstoffsättigung zu erheben seien, aus praxisorientierter Perspektive insofern zu relativieren, als dass dazu entsprechende Messgeräte erforderlich sind (Gasser, 2023). Inwiefern solche Daten zum Zeitpunkt des Notrufs bereits zur Verfügung stehen, muss daher infrage gestellt werden. Es ist nicht auszuschliessen, dass in diesem Kontext zukünftig persönliche Wearables als Datenquellen einen wertmehrenden Beitrag leisten können, was der KI eine weitere Perspektive eröffnen würde (Gasser, 2023).

4.2.3 Detektion von Schlüsselbegriffen beim Notruf

In einem nächsten Schritt fokussiert die Erörterung auf den Einsatz der KI während des Notrufs, wenn ein kardiales Notfallereignis also tatsächlich eingetroffen ist. Eine solche Anwendung wurde spezifisch für das Symptom des *out of hospital cardiac arrest* entwickelt, die im zuvor mittels *natural language processing* transkribierten Notrufgespräch bestimmte Ausdrücke detektiert, diese miteinander kombiniert und anschliessend als aggregierte Beurteilung zum möglichen Vorliegen eines OHCA ausgibt (Blomberg et al., 2019, S. 323). Dies jedoch erst nach Abschluss des Gesprächs und nicht bereits während seines Verlaufs, was den Nutzen limitiert (Blomberg et al., 2019, S. 328). Vorgängig erfolgte ein umfassendes Training der KI mit einer grossen Datenmenge, gewonnen aus Notrufgesprächen der Vergangenheit, wobei in rund 1 % dieser vergangenen Fälle tatsächlich ein OHCA vorlag (Blomberg et al., 2019, S. 324 ff.). Die Software erreichte bei der Einschätzung des kardialen Ereignisses eine erhöhte Sensitivität im Vergleich zum Menschen, bei einer leicht tieferen Spezifität und einem positiv prädiktiven Wert von 20,9 % (Blomberg et al., 2019, S. 324 ff.). Im Ergebnis führte dies somit zu einer deutlich zu pessimistischen Lagebeurteilung durch die KI betreffend das Vorliegen eines OHCA, während die positiv prädiktiven Werte konventioneller

Notrufabfragen je nach Ausgangslage zwischen 58 und 98 % betragen (Blomberg et al., 2019, S. 327). Weitere Versuche mit derselben Software in anderen Notrufzentralen bestätigten die Nutzenstiftung in Form einer reduzierten Quote der jeweils konventionell nicht erkannten OHCA um 5,5 % respektive 3,9 % (Cleve et al., 2020, S. 13).

Mittels einer Verlaufsstudie wurde in der Folge die Zuverlässigkeit der Erkennung eines OHCA in unterschiedlichen Szenarien analysiert (Blomberg et al., 2023). Das hierfür verwendete Modell erreichte bei den richtig-positiven Fällen eine Sensitivität von 84,5 %, erkannte also den überaus grossen Teil der tatsächlich vorliegenden OHCA. Der positiv prädiktive Wert lag bei 17,1 %, sprich bei nur knapp einem Fünftel der als positiv deklarierten Fälle lag auch tatsächlich ein OHCA vor. Angenommen, die Disposition präklinischer Einsatzmittel würde sich vollumfänglich auf das Modell abstützen, wäre somit eine markante Übertriage die Folge, da bei rund 83 % der von der KI als positiv eingestuften Fälle in der Realität kein OHCA vorliegt. Bei den negativen Fällen resultierten hingegen höhere Trefferquoten mit einer Spezifität von 97,1 % sowie einem prädiktiven Wert von 99,9 %. Ferner konnte gezeigt werden, dass Mitarbeitende einer Notrufzentrale bei rund einem Fünftel aller Fälle einen OHCA korrekt erkannten, in denen dies der KI nicht gelang (Blomberg et al., 2023). Die vom Modell als falsch-negativ definierten und damit nicht erkannten Fälle eines tatsächlich vorliegenden OHCA waren insbesondere darauf zurückzuführen, dass die Anrufenden entweder in der Rolle einer Drittperson agierten, sie also keinen direkten Zugang zu den Patientinnen und Patienten hatten, sie deren Zustand generell als zu optimistisch einschätzten, oder die Qualität des Gesprächs bedingt durch Sprachprobleme oder Umgebungslärm mangelhaft war (Blomberg et al., 2023). Im Gegensatz dazu wurden die Patientinnen und Patienten durch die KI oft in jenen Fällen als falsch-positiv eingestuft, in denen sie von den Anrufenden als bewusstlos oder als bereits verstorben beschrieben wurden (Blomberg et al., 2023). Dieser Umstand verdeutlicht die Problematik der präklinischen Anwendung der KI mit Bezug auf einzelne spezifische Ursachen. Eine aufgrund der geschilderten Bewusstlosigkeit der betroffenen Person durch die KI falsch-positiv oder nach dem technologietypischen Selbstlernen allenfalls richtig-negativ vorgenommene Klassifikation des OHCA ändert per se nichts am zugrunde liegenden Bewusstseinszustand. Letzterer erfordert möglicherweise ein präklinisches Handeln selbst bei fehlender kardialer Ursache. Die Detektion von Schlüsselbegriffen durch die KI sollte sich daher auf eine umfassende Konzeption unter Berücksichtigung relevanter präklinischen Symptome, Ursachen und Interpretationen stützen (Gasser, 2023).

4.2.4 Optimierung der präklinischen Ressourcenallokation

Mit Blick auf die Disposition präklinischer Einsatzmittel stellt sich betreffend die Nutzenoptimierung die grundlegende Frage, nach welchen Handlungsprinzipien die Mittelallokation erfolgen soll (s. Abschn. 4.1.2). Ein auf die Gesamtoptimierung des präklinischen Dispositivs ausgerichtetes Modell der künstlichen Intelligenz würde im Falle eines Dilemmas von zwei gleichzeitig anstehenden und bezüglich der Dringlichkeit äquivalent eingestuften Notfallereignissen möglicherweise zugunsten des Kollektivs und zulasten des Individuums entscheiden – oder vice versa. Bei Vorliegen eines kardialen Ereignisses würden sich verzögerte präklinische Aktionen potenziell fatal auswirken, was den Begriff der nutzenoptimierten Disposition durch KI allgemein relativiert (Gasser, 2023). Welcher zusätzliche Nutzen bei einem profitierenden Fall A würde einem zusätzlichen kardialen Schaden aufgrund einer verlängerten Hilfsfrist bei Fall B gegenübergestellt? Elementar ist in diesem Zusammenhang die Entscheidung, ob der KI die Kontrolle respektive die Freiheit der Disposition überlassen wird oder nicht. Im affirmativen Fall stellt sich die Frage nach der Verantwortung (s. Abschn. 4.3.4), im negativen Fall jene nach dem Grund, wieso KI überhaupt eingesetzt wird. Wohl eine der grössten Hürden für die KI auf ihrem Weg in die präklinische Praxis. Bei ähnlich gelagerten Überlegungen hat laut Fallstudie das Phänomen der Übertriage bei kardialen Notfällen seine Wurzeln (Gasser, 2023). Frei nach dem Grundsatz *in dubio pro vita* haben diese tendenziell eine höher priorisierte respektive höher qualifizierte präklinische Intervention zur Folge, als es retrospektiv vielleicht notwendig gewesen wäre. Bei der Disposition sind ausserdem Umweltfaktoren wie beispielsweise Wetterphänomene oder die Strassenverkehrslage zu berücksichtigen, welche die optimierenden Modelle erheblich komplexer werden lassen. Zumindest die im Rahmen der Fallstudie theoretisch untersuchten Anwendungen der KI berücksichtigen solche Einflussfaktoren nicht (Gasser, 2023). Obwohl die Technologie aus komplexen räumlich-zeitlichen Mustern vergangener Interventionen lernen und dynamisch auf Veränderungen im präklinischen Dispositiv reagieren kann, muss der Beweis noch erbracht werden, dass die Umweltfaktoren nutzenstiftend in die Modelle integriert werden können. Gleiches gilt für kontextuell relevante soziale Aspekte. Die Voraussetzung für beide Anwendungsfälle wäre das Vorhandensein quantitativ und qualitativ ausreichender Daten für das Training der Algorithmen. Hinter die Verfügbarkeit solcher Daten respektive hinter die gesellschaftliche Legitimität ihrer Verwendung für die KI ist aus heutiger Optik ein Fragezeichen zu setzen (Gasser, 2023).

4.3 Erfolgsfaktoren beim präklinischen Einsatz der KI

4.3.1 Künstliche versus menschliche Intelligenz

Die Prämisse, dass die KI in der präklinischen Praxis zusammen mit den Mitarbeitenden ein Team bildet (Gasser, 2023), erfordert eine Antwort auf die Frage, wie die künstliche und die menschliche Intelligenz gewinnbringend miteinander kombiniert werden sollen. Typische Aspekte betrachtend, ist die KI in der Lage, aus tausenden von Datensätzen vergangener präklinischer Interventionen Muster zu detektieren und daraus entsprechende Schlussfolgerungen abzuleiten (s. Abschn. 4.2). Dieselbe Aufgabe wäre für die Menschen mit einem ungleich grösseren Aufwand verbunden. Offen bleibt die Frage, ob die Menschen dieselben Muster überhaupt hätten entdecken können. Darüber hinaus transkribiert die KI ein Notrufgespräch unabhängig der Tageszeit buchstäblich unermüdlich und auch nach stundenlangem Einsatz in unveränderter Qualität. Wie gut diese Qualität grundsätzlich ist, hängt unter anderem von der Güte der Trainingsdaten ab und dürfte im Optimalfall sowohl bei der Geschwindigkeit der Transkription als auch betreffend die damit einhergehende Fehlerrate ungefähr menschliches Niveau erreichen (Nguyen et al., 2020).

Ein besonderes Augenmerk bei der Zusammenarbeit zwischen den Menschen und der KI gilt der Interpretation von Leistungskennzahlen, etwa in Form von Sensitivitäten, Spezifitäten oder prädiktiven Werten (Gasser, 2023). Laut der theoriebasierten Analyse unterschiedlicher Modelle, in jeweils ähnlichen präklinischen Anwendungsfällen, differieren diese Kennzahlen teilweise erheblich. Abgesehen von der Art des Modells, sind die resultierenden Werte mitunter abhängig von den gewählten Prädiktoren, Variablen und Parametern. Der Ein- oder Ausschluss bestimmter Daten in die Berechnung kann bei demselben Modell zu unterschiedlichen Ergebnissen führen. Bezogen auf den praktischen Anwendungsfall bleibt beispielsweise abzuwägen, wie eine auf Basis eines realitätsnahen präklinischen Datensatzes erzielte Sensitivität von 80 % einzuordnen ist, gegenüber einer solchen von 95 %, die aus einem zuvor bereinigten Datensatz resultiert. Für Forschungsarbeiten ist die Anwendung bereinigter Daten nachvollziehbar, um das grundsätzliche Funktionieren des untersuchten Modells zu demonstrieren. Wohingegen die Algorithmen in der praktischen Anwendung mit vielseitigen präklinischen Szenarien konfrontiert sein werden. Die Fallstudie zeigt, dass solche Szenarien aufgrund äusserer Umstände selbst mit einem thematisch engen Fokus auf das kardiale Ereignis breit gefächert sind (Gasser, 2023).

Im Hinblick auf das kontextsensitiv adaptierte Management solcher Szenarien weisen Menschen wesentliche Vorteile gegenüber den spezifisch trainierten

Modellen der KI auf (Gasser, 2023). Mehrere, über das logische Denkvermögen hinausreichende, autonome und flexible Intelligenzen (Bosley & Kasten, 2016; Davis et al., 2011) erlauben den Mitarbeitenden einer Notrufzentrale die vielschichtigen Informationen entsprechend zu interpretieren. Erwähnt seien etwa soziale bzw. psychische Aspekte, welche eine bestimmte Notsituation prägen und die damit verbundene Interaktion erheblich beeinflussen können (Gasser, 2023). Allgemein sind Menschen im Unterschied zur KI imstande, Gefühlslagen ihrer Mitmenschen wahrzunehmen bzw. zu interpretieren und umgekehrt ihren eigenen Emotionen verschiedenartig Ausdruck zu verleihen (Davis et al., 2011). Fähigkeiten, die sich bei der Erfassung bzw. Einordnung kontextueller Bedingungen eines Notfallereignisses als vorteilhaft erweisen. Wenn etwa die physische oder psychische Verfassung der anrufenden Person eine einwandfreie verbale Darstellung der Situation nicht zulässt, ist seitens der Notrufzentrale eine flexible Gesprächsführung erforderlich, um die Gewinnung der relevanten Information zu ermöglichen (Gasser, 2023). Unter diesem Gesichtspunkt ist ein leistungsorientierter Vergleich der menschlichen mit der künstlichen Intelligenz bei der Erkennung kardialer Notfälle zu relativieren. Aus der ergebnisorientierten Perspektive betrachtet, dürfte im Gegensatz dazu vielmehr eine Kombination der beiden Intelligenzen erfolgsversprechend respektive nutzenoptimierend sein.

4.3.2 Praxisorientierte Akzeptanzkriterien

Beim Einsatz künstlicher Intelligenz im präklinischen Kontext erweisen sich insbesondere zwei Erfolgsfaktoren als relevant, damit die Technologie im Sinne eines Teammitgliedes bei den Mitarbeitenden einer Notrufzentrale akzeptiert wird: Die betriebliche Zuverlässigkeit der Anwendung sowie die Nachvollziehbarkeit eines generierten Ergebnisses (Gasser, 2023). Letzteres scheint auf den ersten Blick widersprüchlich, da die KI bedingt durch ihre immanente Funktionsweise bisweilen Resultate liefert, die sich den Menschen nicht zwingend erschliessen. Just dieser Tatsache ist die unterstützende Funktion der Technologie inhärent, welche die Kernkomponente des Mehrwertes bildet (Gasser, 2023). Auf dieser Basis stellen sich praxisbezogene Fragen zum Modus Operandi, wie sich menschliche Entscheidungen gewinnbringend auf Ergebnisse der KI abstützen sollen. Einige rechtliche Aspekte bezüglich der damit einhergehenden Verantwortung werden im Abschn. 4.3.4 erläutert. Abgesehen davon, sind in der Praxis insbesondere vertrauensbildende Faktoren zentral, die sich trotz eingeschränkter Nachvollziehbarkeit der Resultate zumindest in einer gewissen Berechenbarkeit der Anwendung manifestieren (Gasser, 2023). Wesentlich ist in diesem Zusammenhang das Wissen der Anwenderinnen und Anwender über die grundlegende Wahrscheinlichkeit, mit welcher die KI bei der Einschätzung einer Situation richtig liegt. Am Beispiel des OHCA zeigt sich, dass die Sensitivität und die Spezifität gegenwärtiger Modelle differieren, die KI somit die positiven und negativen Fälle nicht mit gleicher Trefferquote voraussagt. Aus praxisorientierter Sicht sollte die KI deshalb in der Lage sein, relevante Kriterien darzulegen, die zu einem bestimmten Ergebnis führen (Gasser, 2023). Solche Hinweise vereinfachen die Plausibilisierung der Resultate, fördern das umfassende Verständnis der Funktionsweise und wirken damit vertrauensbildend. Eine überschaubare Anzahl kausaler Prädiktoren sowie konkrete Verweise auf relevante Datenmuster aus der Vergangenheit erleichtern die Interpretation der Ergebnisse. Zusätzlich ist das Wissen über die qualitativen Aspekte erforderlich, jene präklinischen Szenarien zu kennen also, in denen die KI tendenziell zu richtigen oder aber zu falschen Ergebnissen neigt. Beispielhaft seien die Alarmierung durch Drittpersonen oder starker Umgebungslärm während des Notrufs genannt (s. Abschn. 4.2.3). Faktoren, deren Relevanz von der KI möglicherweise nicht erkannt werden, welche die algorithmische Schlussfolgerung jedoch erheblich beeinflussen. Im Zusammenhang mit solchen ergebnisbezogenen Hinweisen kritisch zu betrachten ist die Bindung kognitiver Kapazität der Mitarbeitenden. Die von der KI präsentierten qualitativen Indikatoren könnten dann kontraproduktiv wirken, wenn das Monitoring der Applikation von den Anwenderinnen und Anwendern zu viel Aufmerksamkeit verlangt, die womöglich anderen relevanten Aufgaben entzogen wird (Gasser, 2023).

4.3.3 Verfügbarkeit von Referenzdaten

Allgemein betrachtet sind qualitativ und quantitativ ausreichende Referenzdaten sowohl als Grundlage für das Aufbautraining als auch für das anschliessende kontinuierliche Lernen der KI von grosser Bedeutung (Gasser, 2023). Im spezifischen Kontext kardialer Notfälle mit Fokus auf das Phänomen des out of hospital cardiac arrest ist daher eine wesentliche Voraussetzung, der KI die relevanten Informationen zugänglich zu machen. Sie also im Nachhinein wissen zu lassen, ob sie mit ihrer Einschätzung betreffend das Vorliegen eines kardialen Ereignisses richtig lag oder nicht. Dies erfordert eine interorganisationale Permeabilität, die den Austausch relevanter Informationen grundsätzlich zulässt (Gasser, 2023). Auf konzeptioneller Ebene betrachtet arbeitet die von einer präklinischen Institution eingesetzte KI allenfalls mit Daten, welche im weiteren Verlauf einer rettungsdienstlichen Intervention erst in der Zielklink aufgrund der dortigen Diagnosestellung bekannt werden. Gleichermassen kann die von der Notrufzentrale bzw. vom Rettungsdienst gebildete präklinische Arbeitshypothese womöglich erst durch klinisch verfügbare Daten verifiziert oder falsifiziert werden. Prinzipiell also unabhängig davon, ob die KI oder Menschen das entsprechende Erfahrungswissen aufbauen sollen, müssen ihnen die dafür notwendigen Informationen zugänglich gemacht werden. Gestützt auf die Ergebnisse der Fallstudie ist dieser Punkt aus heutiger Sicht kritisch zu beurteilen (Gasser, 2023). Klinische Daten finden im untersuchten Kontext gegenwärtig keinen systematischen Weg von der Klinik zurück in die Präklinik. Mit Blick auf den Datenschutz ist diese Impermeabilität nachvollziehbar. Im Zusammenhang mit der Implementierung künstlicher Intelligenz in der Präklinik wird diesbezüglich jedoch eine Abwägung der Interessen vorzunehmen sein, bei welcher die Nutzenstiftung der KI dem angestrebten Schutz der betroffenen Daten gegenübergestellt wird. Es ist nicht auszuschliessen, dass die technologische Entwicklung dereinst Konzepte bereitstellen wird, die beide Aspekte angemessen berücksichtigen. Indem etwa klinische Daten den Algorithmen in einer Weise zur Verfügung gestellt werden, die nur für die KI verwendbar ist und das Kriterium des Datenschutzes somit möglicherweise erfüllt. In Anbetracht der grossen Datenmengen, welche für die KI benötigt werden, sind zudem allenfalls Kooperationen zwischen überregionalen klinischen Institutionen erforderlich. Denkbar ist ein solches Vorgehen insbesondere in Bezug auf Krankheits- oder Unfallbilder, die in der Praxis nicht oft vorkommen und bei denen entsprechende Daten deshalb nur limitiert vorhanden sind.

4.3.4 Verantwortung der KI

Die Prämisse einer nutzenstiftenden Beteiligung künstlicher Intelligenz am präklinischen Kernprozess führt unter anderem zur Frage nach der damit einhergehenden Verantwortung. Wenn sich medizinisch relevante Entscheidungen auf die Ergebnisse der KI stützen oder sie gar von ihr gefällt werden, muss eine Klärung darüber erfolgen, inwiefern die Technologie für ihre Ergebnisse verantwortlich gemacht werden kann (Gasser, 2023). In diesem Zusammenhang stellen Konertz und Schönhof (2020, S. 137 ff.) fest, dass bedingt durch die immanente systemische Komplexität nicht alle möglichen Zustände der KI vorab überprüft werden können. Bezogen auf die von ihr gelieferten Ergebnisse bedeutet dies, dass die Algorithmen sowohl korrekte und gleichzeitig nachvollziehbare als auch zwar funktional richtige, jedoch unvorhergesehene Verhaltensmuster oder aber tatsächliche Fehler ausgeben können (Konertz & Schönhof, 2020). In beiden letztgenannten Fällen ist ein freier Wille der KI nicht begründet, womit sie auch kein Verschulden treffen kann bzw. ihre Rechtsfähigkeit nicht gegeben ist (Konertz & Schönhof, 2020). Eine mögliche Zuschreibung der Verantwortung wird zurzeit unterschiedlich beurteilt und ist für mehrere Handlungsebenen denkbar. Heesen (2020, S. 299 f.) schlägt vor, das Verantwortungsbewusstsein auf Stufe der *Entwicklung* lernender Systeme grundlegend zu stärken und in diesem Zusammenhang die Selbsterklärung der KI als Qualitätsmerkmal zu etablieren. Dieser aus der rechtlichen Perspektive formulierte Vorschlag deckt sich mit der gleichlautenden betrieblichen Anforderung der präklinischen Anwenderinnen und Anwender (s. Abschn. 4.3.2). Mit einer solchen Erklärung wird die Rekonstruktion sowie die Nachvollziehbarkeit der Ergebnisse ermöglicht, was aus rechtlicher Sicht eine Notwendigkeit darstellt (Heesen, 2020, S. 299 f.). Dem gegenüber verweisen Chang et al., (2022, S. 6) auf die Verantwortung der *Anwenderinnen und Anwender*, welche die spezifischen Eigenschaften einer bestimmten Applikation insbesondere in einem sensiblen Wirkungsbereich zwingend verstehen müssen, damit Ergebnisse fachlich plausibilisiert werden können. Noch einen Schritt weiter gehen Goering et al., (2020, S. 4), welche die Verantwortung nicht bei einzelnen Personen, sondern auf Ebene der *Unternehmen* sehen, inhärente ethische Risiken bei der Implementierung künstlicher Intelligenz systematisch zu managen.

4.4 Fazit

Die künstliche Intelligenz ist auf dem gegenwärtigen Entwicklungsstand eine grundsätzlich funktionierende Technologie mit bemerkenswerten Potenzialen. Während sie sich in bestimmten Anwendungsfällen des Alltags bereits etabliert hat, dürfte ihre nutzenstiftende Wirkungsweise zukünftig auch im Kontext der Präklinik vermehrt Aufmerksamkeit auf sich ziehen. Aus heutiger Sicht scheint ein Modus Operandi wahrscheinlich, bei dem die KI als Teammitglied mit den Menschen zusammenarbeitet und gewisse Aufgaben selbstständig, zuverlässig und im wahrsten Sinne des Wortes unermüdlich erledigt. Ihre totale Autonomie bis hin zur unabhängigen Entscheidung dürfte in der präklinischen Anwendung hingegen noch nicht unmittelbar Realität werden. Abgesehen von den rechtlichen Fragen, die sich in diesem Zusammenhang stellen, sind die heutigen Formen der KI zum einen noch zu spezifisch auf einzelne präklinische Szenarien ausgelegt und zum andern bleiben relevante Umweltfaktoren ohne Berücksichtigung.

Beim konzeptionellen Design der Zusammenarbeit zwischen der Technologie und den Menschen ist eine nutzenoptimierte Kombination anzustreben, indem die Stärken der präklinischen Mitarbeitenden mit jenen der KI zu einem gemeinsam noch Stärkeren vereint werden. Eine solche gemeinsame Wirkungsweise erfordert das Kennenlernen des technikbasierten Teammitgliedes, indem ein umfassendes Verständnis für die Funktionsweise der künstlichen Intelligenz im spezifischen Anwendungsfall aufgebaut wird. Dadurch wird die Grundlage geschaffen, potenzielle Fehler der spezifischen Anwendung als solche zu erkennen und somit die negativen Auswirkungen im präklinischen Kernprozess zu minimieren oder gar zu verhindern. Wohingegen zu beachten ist, dass die KI in der Summe nur dann tatsächlich unterstützend wirkt, wenn ihre immanente Funktionsweise nicht zur menschlichen Überforderung führt, etwa weil ihr Monitoring zu viel Aufmerksamkeit von den Mitarbeitenden verlangt, die dann wiederum dem präklinischen Kernprozess fehlt.

Eine der möglichen durch KI erzielte Optimierungen resultiert in tendenziell verkürzten Hilfsfristen. Diese führen nicht nur zu kürzeren Wartezeiten für die Patientinnen und Patienten, sondern reduzieren potenziell auch jene Zeitdauer, in der die Einsatzmittel bei ihren jeweiligen Interventionen gebunden sind. Eine Reduktion dieser Dauer erhöht im Gegenzug die grundsätzliche Einsatzbereitschaft der Rettungsmittel, was gleichermassen als nutzenstiftend zu bezeichnen ist. Eine weitere Optimierung setzt bei der Erkennung des ursächlichen Notfalls an, aufgrund derer in der Folge die Einsatzmittel triagiert werden. Aktuelle Modelle der KI verzeichnen bei kardialen Notfällen bzw. beim Verdacht auf Vorliegen eines OHCA jedoch eine deutliche Übertriage, was in der Folge präklinische Mittel unnötig bindet. Paradoxerweise ist somit eine Kompensation des vom einen KI-Modell gestifteten Nutzens durch Anwendung eines weiteren Modells festzustellen. In Konsequenz bedarf es auf konzeptioneller Ebene eines Managements der einzelnen Nutzenstiftungen implementierter Modelle, damit diese sowohl in Kombination miteinander als auch im Gespann mit den präklinischen Mitarbeitenden optimal wirken und nutzenkompensatorische Effekte minimiert werden.

Zusammenfassend scheint aus heutiger Sicht nicht nur realistisch, sondern wahrscheinlich, dass die KI im präklinischen Kontext zukünftig ein wesentliches Element von Smart Health-Technologien sein wird, hingegen wohl ohne den Menschen als zentrale Ressource zu ersetzen. Es gibt gute Gründe anzunehmen, dass Menschen in einer medizinischen Notlage den sozialen Kontakt zu Mitmenschen aus unterschiedlichen Gesichtspunkten schätzen, die über organisatorische Aspekte hinausreichen. Die technikautonome Abhandlung von medizinischen Notrufen und die darauffolgende Disposition von Rettungsmitteln werden aller

Voraussicht nach nicht so schnell Realität werden. Nichtsdestotrotz ist davon auszugehen, dass Smart Health weitere Entwicklungsschritte vor sich hat, welche die Präklinik entscheidend beeinflussen werden. Gleichermassen entwickeln müssen sich jedoch gesellschaftliche, ethische und insbesondere rechtliche Rahmenbedingungen, bevor die Algorithmen über Leben und Tod entscheiden dürfen. Ob diese notwendigen gesellschaftlichen Adaptionen mit dem Tempo der technologischen Entwicklung mithalten können, muss an dieser Stelle offenbleiben.

Literatur

Bélanger, V., Ruiz, A., & Soriano, P. (2019). Recent optimization models and trends in location, relocation, and dispatching of emergency medical vehicles. *European Journal of Operational Research, 272*(1), 1–23. Elsevier B.V. https://doi.org/10.1016/j.ejor.2018.02.055.

Bierhoff, H.-W. (2006). *Sozialpsychologie. Ein Lehrbuch.* (6. Aufl.). W. Kohlhammer GmbH.

Blomberg, S. N., Folke, F., Ersbøll, A. K., Christensen, H. C., Torp-Pedersen, C., Sayre, M. R., Counts, C. R., & Lippert, F. K. (2019). Machine learning as a supportive tool to recognize cardiac arrest in emergency calls. *Resuscitation, 138,* 322–329. https://doi.org/10.1016/j.resuscitation.2019.01.015

Blomberg, S. N., Jensen, T. W., Andersen, M. P., Folke, F., Ersbøll, A. K., Torp-Petersen, C., Lippert, F., & Christensen, H. C. (2023). When the machine is wrong. Characteristics of true and false predictions of Out-of-Hospital Cardiac arrests in emergency calls using a machine-learning model. *Resuscitation, 183.* https://doi.org/10.1016/j.resuscitation.2023.109689.

Bosley, I., & Kasten, E. (2016). Intelligenz testen und fördern. In *Intelligenz testen und fördern,* Springer-Verlag. https://doi.org/10.1007/978-3-662-48954-3.

Buchkremer, R., de Witte, B., & Matusiewicz, D. (2020). *KI in Gesundheit und Medizin* (S. 385–395). https://doi.org/10.1007/978-3-658-29550-9_21.

Chang, H., Yu, J. Y., Yoon, S., Kim, T., & Cha, W. C. (2022). Machine learning-based suggestion for critical interventions in the management of potentially severe conditioned patients in emergency department triage. *Scientific Reports, 12*(1). https://doi.org/10.1038/s41598-022-14422-4.

Cho, S., & Kim, D. (2020). *Dynamic emergency medical service dispatch: Role of spatiotemporal machine learning* (S. 113–129). https://doi.org/10.1007/978-3-030-19573-1_7.

Christian, M. D. (2019). Triage. *Critical Care Clinics, 35*(4), 575–589. W.B. Saunders. https://doi.org/10.1016/j.ccc.2019.06.009.

Cleve, A., Devillers, D., Palladini, M., Paris, J., Michael, R., Faure, E., & Bonora, R. (2020). *Detecting Out-of-Hospital cardiac arrest using artificial intelligence.* Brussels: Euro-pean Emergency Number Association.

Copeland, M. (2016). *What's the difference between artificial intelligence, machine learning and deep learning?* NVIDIA Blog. https://blogs.nvidia.com/blog/2016/07/29/whats-difference-artificial-intelligence-machine-learning-deep-learning-ai/.

Dami, F., Golay, C., Pasquier, M., Fuchs, V., Carron, P. N., & Hugli, O. (2015). Prehospital triage accuracy in a criteria based dispatch centre. *BMC Emergency Medicine, 15*(1). https://doi.org/10.1186/s12873-015-0058-x.

Davis, K., Christodoulou, J., Seider, S., & Gardner, H. (2011). The theory of multiple intelligences. In R. J. Sternberg & S. B. Kaufman (Hrsg.), *Cambridge handbook of intelligence* (S. 485–503). Cambridge University Press. https://ssrn.com/abstract=2982593.

Dax, F., Fabrizio, M., & Hackstein, A. (2016). Kennzahlen in der Leitstelle. *Notfall und Rettungsmedizin, 19*(8), 632–637. https://doi.org/10.1007/s10049-016-0239-5

Ertel, W. (2017). *Introduction to Artificial Intelligence* (2. Aufl.). Springer International Publishing AG. http://www.springer.com/series/7592.

Fischer, M., Kehrberger, E., Marung, H., Moecke, H., Prückner, S., Trentzsch, H., Urban, B., & Fachexperten der Eckpunktepapier-Konsensus-Gruppe. (2016). Eckpunktepapier 2016 zur notfallmedizinischen Versorgung der Bevölkerung in der Prähospitalphase und in der Klinik. *Notfall und Rettungsmedizin, 19*(5), 387–395. https://doi.org/10.1007/s10049-016-0187-0

Fuchs, F. (2010). Optimale Disposition in Rettungsleitstellen. *Notfall und Rettungsmedizin, 13*(3), 238–245. Springer-Verlag. https://doi.org/10.1007/s10049-010-1294-y.

Gasser, L. (2023). *KI bei der Rettung Basel-Stadt: Nutzenstiftung im Kontext kardialer Ereignisse.* Masterthesis. Kalaidos Fachhochschule.

Goering, B., Rossi, F., & Zaharchuk, D. (2020). *Advancing AI ethics beyond compliance.*

Grekousis, G., & Liu, Y. (2019). Where will the next emergency event occur? Predicting ambulance demand in emergency medical services using artificial intelligence. *Computers, Environment and Urban Systems, 76,* 110–122. https://doi.org/10.1016/j.compenvurbsys.2019.04.006

Hardeland, C., Claesson, A., Blom, M. T., Blomberg, S. N. F., Folke, F., Hollenberg, J., Kramer-Johansen, J., Lippert, F., Nord, A., Nygaard, A. M., Olasveengen, T. M., Ringh, M., Svensson, L., & Møller, T. P. (2021). Description of call handling in emergency medical dispatch centres in Scandinavia: Recognition of out-of-hospital cardiac arrests and dispatcher-assisted CPR. *Scandinavian Journal of Trauma, Resuscitation and Emergency Medicine, 29*(1). https://doi.org/10.1186/s13049-021-00903-4.

Heesen, J. (2020). Verantwortlich Forschen mit und zu Big Data-Analysen und Künstlicher Intelligenz. In *Entgrenzte Verantwortung* (S. 285–303). Springer Berlin Heidelberg. https://doi.org/10.1007/978-3-662-60564-6_14.

Ibri, S., Nourelfath, M., & Drias, H. (2012). A multi-agent approach for integrated emergency vehicle dispatching and covering problem. *Engineering Applications of Artificial Intelligence, 25*(3), 554–565. https://doi.org/10.1016/j.engappai.2011.10.003

Interverband für Rettungswesen. (2022). *Richtlinien zur Anerkennung von Rettungsdiensten* (1.2).

Jagtenberg, C. J., Bhulai, S., & van der Mei, R. D. (2017). Dynamic ambulance dispatching: Is the closest-idle policy always optimal? *Health Care Management Science, 20*(4), 517–531. https://doi.org/10.1007/s10729-016-9368-0

Kirste, M., & Schürholz, M. (2019). Einleitung: Entwicklungswege zur KI. In *Künstliche Intelligenz* (S. 21–35). Springer Berlin Heidelberg. https://doi.org/10.1007/978-3-662-58042-4_1.

Konertz, R., & Schönhof, R. (2020). *Das technische Phänomen «Künstliche Intelligenz» im allgemeinen Zivilrecht* (J. Fritzsche, J. Kühling, G. Manssen, & R. Uerpmann-Wittzack, Hrsg.; 1. Aufl.). Nomos Verlagsgesellschaft mbH & Co. KG.

Kurz, M. C., Bobrow, B. J., Buckingham, J., Cabanas, J. G., Eisenberg, M., Fromm, P., Panczyk, M. J., Rea, T., Seaman, K., & Vaillancourt, C. (2020). Telecommunicator cardiopulmonary resuscitation: A policy statement from the american heart association. In *Circulation* (S. E686–E700). Lippincott Williams and Wilkins. https://doi.org/10.1161/CIR.0000000000000744.

Lee, J. T., Hsieh, C. C., Lin, C. H., Lin, Y. J., & Kao, C. Y. (2021). Prediction of hospitalization using artificial intelligence for urgent patients in the emergency department. *Scientific Reports, 11*(1). https://doi.org/10.1038/s41598-021-98961-2.

Luiz, T. (2021). Digitalisierung im Rettungsdienst. In F. Dormann, J. Klauber, & R. Kuhlen (Hrsg.), *Qualitätsmonitor 2020* (S. 119–139). Medizinisch Wissenschaftliche Verlagsgesellschaft.

Maurer, A., Mayr, B., Kaiser, H., Schinnerl, A., & Baubin, M. (2015). Leitstelle Tirol: Möglichkeiten der standardisierten Notrufabfrage mit dem Medical Priority Dispatch System©. *Notfall und Rettungsmedizin, 18*(7), 560–566. https://doi.org/10.1007/s10049-015-0088-7

Morgenstern, J. (2021). We can't escape bias. In *Decision Making in Emergency Medicine* (S. 1–7). Springer Singapore. https://doi.org/10.1007/978-981-16-0143-9_1.

Nguyen, T. S., Stüker, S., & Waibel, A. (2020). Super-human performance in online low-latency recognition of conversational speech. In *Proceedings of the annual conference of the international speech communication association, Interspeech, 6,* 4131–4135. https://doi.org/10.21437/Interspeech.2021-1114.

Obsan. (2022, August 22). *Myokardinfarkt.* Schweizerisches Gesundheitsobservatorium. https://ind.obsan.admin.ch/indicator/obsan/myokardinfarkt.

Ohshige, K., Kawakami, C., Mizushima, S., Moriwaki, Y., & Suzuki, N. (2009). Evaluation of an algorithm for estimating a patient's life threat risk from an ambulance call. *BMC Emergency Medicine, 9,* 21. https://doi.org/10.1186/1471-227X-9-21

Rao, D., & McMahan, B. (2019). *Natural language processing mit PyTorch: Intelligente Sprachanwendungen mit deep learning erstellen.* (1. Aufl.). O'Reilly.

Riou, M., Ball, S., Williams, T. A., Whiteside, A., Cameron, P., Fatovich, D. M., Perkins, G. D., Smith, K., Bray, J., Inoue, M., O'Halloran, K. L., Bailey, P., Brink, D., & Finn, J. (2018). 'She's sort of breathing': What linguistic factors determine call-taker recognition of agonal breathing in emergency calls for cardiac arrest? *Resuscitation, 122,* 92–98. https://doi.org/10.1016/j.resuscitation.2017.11.058

Sasson, C., Rogers, M. A. M., Dahl, J., & Kellermann, A. L. (2010). Predictors of survival from out-of-hospital cardiac arrest a systematic review and meta-analysis. *Circulation: Cardiovascular Quality and Outcomes, 3*(1), 63–81. https://doi.org/10.1161/CIRCOUTCOMES.109.889576.

Simon, W. (2020). *Künstliche Intelligenz. Blick in die digitale Zukunft.* (3. Aufl.). Books on demand.

Spangler, D., Hermansson, T., Smekal, D., & Blomberg, H. (2019). A validation of machine learning-based risk scores in the prehospital setting. *PLoS ONE, 14*(12). https://doi.org/10.1371/journal.pone.0226518.

Sweis, R. N., & Jivan, A. (Juli 2020). *Übersicht zum akuten Koronarsyndrom (ACS).* MSD Manual. Ausgabe für medizinische Fachkreise. https://www.msdmanuals.com/de/profi/herz-kreislauf-krankheiten/koronare-herzkrankheit/%C3%BCbersicht-zum-akuten-koronarsyndrom-acs?query=Akute%20Koronarsyndrome%20(Herzinfarkt,%20Myokardinfarkt,%20instabile%20Angina%20pectoris)#.

Thöle, M. (2020). Standardeinsatzregeln. In J. Luxem, K. Runggaldier, H. Karutz, & F. Flake (Hrsg.), *Notfallsanitäter Heute* (7. Aufl., S. 1107–1113). Elsevier GmbH.

Trimmel, H., Bayer, T., Schreiber, W., Voelckel, W. G., & Fiedler, L. (2018). Emergency management of patients with ST-segment elevation myocardial infarction in Eastern Austria: A descriptive quality control study. *Scandinavian Journal of Trauma, Resuscitation and Emergency Medicine, 26*(1). https://doi.org/10.1186/s13049-018-0504-3.

Ummenhofer, W., Müller, S., & Bildstein, G. (2014). Die Sanitätsnotrufzentralen – wichtige Schaltstationen im schweizerischen Rettungswesen. *Schweizerische Ärztezeitung,* S. 187–188.

Sensible Gesundheitsdaten in der Blockchain

5

Daniel Fasnacht

Zusammenfassung

Die digitale Transformation im Gesundheitswesen eröffnet zahlreiche Chancen, bringt jedoch auch Herausforderungen in den Bereichen Datenschutz und Datensicherheit. Die Bereitschaft persönliche Gesundheitsdaten solidarisch zu teilen ist eng mit dem Vertrauen in datenverwaltende Institutionen verknüpft. Während einige Länder bereits Blockchain-Technologie zur dezentralen Verwaltung von Gesundheitsdaten erfolgreich einsetzen, steht die Schweiz in Fragen der Digitalisierung und Datensouveränität noch vor strukturellen Herausforderungen. Blockchain ermöglicht eine sichere, unveränderliche und dezentrale Verwaltung von Gesundheitsdaten und Smart Contracts steuern Zugriffsrechte automatisiert und transparent und erhöhen so Effizienz und Datensicherheit. Die Technologie stärkt die Datenhoheit der Patienten, indem sie ihnen mehr Kontrolle über ihre persönlichen Gesundheitsinformationen verleiht. Diese Souveränität wirkt sich nicht nur auf individueller Ebene positiv aus: Eine verbesserte Datenverfügbarkeit unterstützt die Forschung, erhöht die Reaktionsfähigkeit im Notfall und ermöglicht präzisere präventive Maßnahmen. So kann ein datengestütztes Gesundheitssystem nicht nur heilen, sondern auch zunehmend verhindern. Die in diesem Kapitel dargestellten Erkenntnisse beruhen auf Expertenwissen und aktuellen Entwicklungen im internationalen Vergleich. Sie reflektieren das wachsende Interesse von Entscheidungsträgern und Gesundheitspolitikern, Blockchain als zukunftsweisende Infrastruktur für

D. Fasnacht (✉)
Universität Zürich, EcosystemPartners AG, Zürich, Schweiz
E-Mail: fasnacht@ecosystempartners.ch

D. Fasnacht (Hrsg.), *Smart Health*, https://doi.org/10.1007/978-3-658-46762-3_5

ein sicheres, vernetztes und patientenzentriertes Gesundheitsökosystem zu prüfen.

Schlüsselwörter

Digitale Transformation • Blockchain • Ökosystem • Gesundheitssystem • Smart Health • Elektronisches Patientendossier

5.1 Die Transformation im Gesundheitswesen

Das Gesundheitswesen steht an der Schwelle einer digitalen Revolution, die das Potenzial hat, die Art und Weise, wie medizinische Dienste bereitgestellt und verwaltet werden, grundlegend zu verändern. Im Kontext der Branchenkonvergenz entstehen Ökosysteme, welche Konzepte der *Customer Journey* für Gesundheitsdienstleistungen übernehmen. Ein digitales Gesundheitsökosystem erleichtert es diversen Leistungserbringern sich zu vernetzen und gemeinsam eine Wertschöpfung zum Wohle des Patienten zu erbringen wie Fasnacht (2023) anhand von Migros iMpuls erklärt. Wie in einer Case Study dargestellt, nutzt Migros, das größte Einzelhandelsunternehmen der Schweiz, in seiner Gesundheitsinitiative iMpuls Patientendaten. Die 2017 gestartete digitale Plattform unterstützt Einzelpersonen dabei, ihre Gesundheit ganzheitlich zu erhalten und zu verbessern. iMpuls analysiert den Lebensstil der Nutzer und bietet personalisierte Empfehlungen. Gesundheitsexperten der Migros-Gruppe, darunter Ärzte und Ernährungsberater, geben praktische Tipps zu verschiedenen Gesundheitsthemen. Die Anwendung iMpuls Coach stellt Programme bereit, die auf individuelle Gesundheitsziele abgestimmt sind, einschließlich Fitness, Ernährung und mentaler Gesundheit. Für intensivere Unterstützung bietet iMpuls personalisierte Gesundheitsberatung an, um tiefgreifende Verhaltensänderungen zu fördern.

Damit so eine Gesundheitsplattform funktioniert, muss sie als offenes und digitales Ökosystem (Fasnacht, 2023) konzipiert sein. Nur so können digitale und physische Gesundheitsdienste in einer Gesamtleistungserbringung kombiniert werden. Im Beispiel von iMpuls fördert dieser Ansatz den Datenaustausch zwischen verschiedenen Akteuren wie Gesundheitsdienstleistern und Fitnesscentern, und verbessert so das gesamte Gesundheitsökosystem. Der Erfolg von iMpuls liegt in der Verbindung von Nutzern mit relevanten Gesundheitsressourcen und Unterstützungssystemen, wodurch Patientendaten optimal genutzt werden.

Zentral in der digitalen Transformation steht der Umgang mit sensiblen Patientendaten, deren Bedeutung in einer zunehmend vernetzten Welt stetig wächst. Doch während die digitale Erfassung und Verarbeitung von Gesundheitsdaten viele Vorteile bietet, wie die Verbesserung der Patientenversorgung und die Beschleunigung medizinischer Forschung, bringt sie auch eine Vielzahl von Anforderungen mit sich. Diese reichen von Datenschutz und Datensicherheit über Datenintegrität bis hin zu ethischen Bedenken. Das Beispiel Estland zeigt allerdings, dass Gesundheitsdaten sicher und effizient geteilt werden können (Tomczak-Plewka, 2023). Nach massiven Hackerangriffen aus Russland führte Estland im Jahr 2012 die Blockchain-Technologie ein. Seitdem besitzen die Bürger ihre Daten selbst und haben volle Kontrolle darüber. Ausweisdokumente sind mittlerweile mit dem elektronischen Patientendossier verknüpft, und die Bürger profitieren von nahtlos integrierten Lösungen.

Das Ziel dieses Kapitels ist Blockchain vorzustellen und aufzuzeigen, wie damit Gesundheitsdaten dezentral gespeichert und allgemein zugänglich gemacht werden können. Durch die inhärente Sicherheit und Transparenz der Blockchain könnte damit eine nachhaltige Infrastruktur geschaffen werden, die den Zugriff auf Gesundheitsdaten regelt und gleichzeitig deren Unveränderlichkeit und Nachverfolgbarkeit gewährleistet. Die Vorschläge basierend auf einer industrieübergreifenden Studie und werden durch die aktuellen Forschungsliteratur unterstützt. Die Basisdaten wurden in den Jahren 2022 und 2023 durch Interviews und intensive Workshops mit Führungskräften und Experten von Versicherungen, Spitälern, Technologie- und Kryptographieunternehmen erhoben (Bieser & Fasnacht, 2023).

5.2 Technische und ethische Herausforderungen bei sensiblen Gesundheitsdaten

Gesundheitsdaten umfassen physische und psychische Informationen über den Gesundheitszustand. Dazu gehören Messungen wie Größe und Gewicht, Lebensstildaten wie Bewegung, Rauchgewohnheiten und Alkoholkonsum, sowie Krankheits- und Behandlungshistorien einschließlich Operationen, Laborergebnisse und Impfungen. Weitere wichtige Daten sind Ergebnisse bildgebender Verfahren, Medikamentendaten, Familienanamnese, genetische Informationen, Vitaldaten und psychische Gesundheitsinformationen. Auch Daten von Gesundheits-Apps und Trackern, die Aktivitäts- und Gesundheitsindikatoren erfassen, sind relevant. Diese vielfältigen Datenarten ergeben ein umfassendes Bild des Gesundheitszustands einer Person.

Eine der größten Herausforderungen im Umgang mit Gesundheitsdaten ist der Datenschutz, weil eben Patientendaten auch sensible Informationen, die nicht nur den Gesundheitszustand, sondern auch persönliche und genetische Informationen umfassen. In vielen Ländern sind Gesundheitsdaten durch strenge Datenschutzgesetze geschützt, was die Verarbeitung und Speicherung dieser Daten reguliert. Die Einhaltung dieser Gesetze ist jedoch komplex und erfordert von den Gesundheitseinrichtungen erhebliche Investitionen in Sicherheitstechnologien und -praktiken.

Trotz umfassender Vorschriften gibt es immer wieder Berichte über Datenschutzverletzungen im Gesundheitssektor, die das Vertrauen der Öffentlichkeit in das Gesundheitswesen erschüttern. Im Jahr 2022 wurden über 60.000 medizinische Dateien von zwei Neuenburger Arztpraxen, Gruppenpraxen in La-Chaux-de-Fonds und einem Alterszentrum in Rotkreuz gestohlen (Anz, 2022). Der Schweizer Spitalverband H+ wurde auch Opfer von Cyberattacken und musste aus Sicherheitsgründen sämtliche Systeme anhalten (Wingeier, 2022). Während bei den Pallas Kliniken bei einem der bisher größten Angriffe keine Patientendaten betroffen waren (Meier, 2021), wurde die Hirslanden-Gruppe mit Lösegeldforderungen für die Entschlüsselung ihrer Daten bedroht (Mäder, 2020). Die Liste von gestohlene Gesundheitsdaten, welche im Darknet angeboten werden, umfasst 500.000 Gesundheitsdaten bei französischen Spitälern oder 515.000 vertrauliche Daten beim IKRK und ist beinahe endlos (IKRK, 2022). Nutzer im Internet und von Apps können kaum kontrollieren, was mit ihren Daten passiert. So hat ein App-Anbieter für das Überwachen des Menstruationszyklus personenbezogene Daten an Facebook verkauft (Schechner & Secada, 2019) und GPS-Daten von Frauen, die Abtreibungskliniken besuchten wurden online gehandelt (Cox, 2022). Aufgrund solcher Vorfälle, erstaunt es nicht, dass beinahe die Hälfte der Schweizer Bevölkerung gegen eine Digitalisierung und Weitergabe von Gesundheitsdaten ist (Deloitte, 2022). Wenn allerdings bestimmte Bedingungen wie die Gewährleistung von Datenschutz und Datensicherheit, eine klare Erklärung des Verwendungszwecks der Daten sowie deren Nutzung für öffentliche Gesundheitszwecke oder medizinische Forschung erfüllt sind, sind gemäß einer Umfrage die Mehrheit der Schweizer bereit, ihre anonymisierten, routinemäßig gesammelten klinischen Gesundheitsdaten zu teilen (Pletscher et al., 2022). Das kontinuierliche Sammeln persönlicher Daten, beispielsweise durch Wearables und Apps, bietet erheblichen Nutzen für Prävention und Gesundheitsüberwachung. Im Ernstfall ermöglicht ein umfassender Datenbestand eine schnellere und zielgerichtetere Reaktion. Zudem verbessert das Teilen und die Verfügbarkeit dieser Daten die Qualität der Versorgung insgesamt. Ein solidarischer Umgang mit Gesundheitsdaten setzt jedoch voraus, dass das Vertrauen in die datenverwaltenden Institutionen gestärkt wird..

Cyberkriminalität hat schwerwiegende Folgen – von Identitätsdiebstahl bis hin zu Erpressung. Entsprechend braucht es Systeme, die robust genug sind, um solche Angriffe abzuwehren und gleichzeitig die Vertraulichkeit der Patienteninformationen zu gewährleisten. Die Sicherheit dieser Daten zu gewährleisten, wird durch die Komplexität und Verteilung der IT-Systeme im Gesundheitswesen erschwert. Viele Gesundheitssysteme verwenden veraltete Software und Infrastrukturen, die nicht gegen moderne Cyberbedrohungen gerüstet sind. Hinzu kommt die Herausforderung, dass das Gesundheitspersonal regelmäßig geschult werden muss, um die neuesten Sicherheitspraktiken zu verstehen und umzusetzen.

Die ethischen Implikationen der Verwendung sensibler Gesundheitsdaten sind weitreichend. Fragen der Zustimmung zur Datennutzung, der Datenspeicherung und -löschung sowie der Zugriffsrechte sind zentral für die ethische Diskussion. Obwohl generell die Solidarität beim Teilen von persönlichen Gesundheitsdaten zunimmt (Sotomo, 2023), müssen Patienten die Kontrolle über ihre eigenen Daten haben, einschließlich der Entscheidung, wer Zugriff darauf hat und zu welchem Zweck. Die Gewährleistung, dass Patienten eine informierte Zustimmung geben können, erfordert transparente Informationen über die Datennutzung und mögliche Risiken.

Zusätzlich sorgt die Fragmentierung im Gesundheitsökosystem für Probleme (siehe Kap. 1). Viele Gesundheitsanbieter verwenden inkompatible IT-Systeme und Applikationen, was den Datenaustausch zwischen verschiedenen Anbietern erschwert. Diese Fragmentierung führt zu ineffizienten Gesundheitsdiensten und erhöht das Risiko von Fehlern. Es besteht ein dringender Bedarf an standardisierten Datenformaten und Interoperabilität, um sicherzustellen, dass Gesundheitsdaten nahtlos zwischen verschiedenen Gesundheitsdienstleistern und -institutionen ausgetauscht werden können.

Die Qualität und Vollständigkeit der Daten sind entscheidend für die Effektivität der Patientenversorgung. Ungenaue oder unvollständige Daten können zu fehlerhaften Diagnosen und Behandlungen führen. Es braucht also Systeme, die nicht nur sicher und privat sind, sondern auch die Genauigkeit und Vollständigkeit der Patientendaten gewährleisten.

Für die sekundäre Nutzung von Gesundheitsdaten, die aus Quellen wie Fitness-Apps, elektronischen Patientendossiers (EPD), Forschungsergebnissen oder Versicherungsansprüchen aggregiert werden, sind innovative Ansätze erforderlich. Die Bedeutung von Big Data, künstliche Intelligenz, Cyber-Security und Blockchain ist in diesem Kontext bereits bekannt und in etlichen Fachzeitschriften, Blogs und Newslettern publiziert worden. Obwohl das Bewusstsein für diese Thematik vorhanden ist, sind bemerkenswerte Fortschritte ausgeblieben. Stattdessen ist die Anzahl der Cyberangriffe in jüngster Zeit sogar gestiegen.

5.3 Das elektronische Patientendossier (EPD)

Zurzeit werden Gesundheitsdaten hauptsächlich in isolierten Systemen gespeichert, die von den Institutionen kontrolliert werden, die sie sammeln – seien es Krankenhäuser, Arztpraxen oder andere Gesundheitseinrichtungen. Diese Daten werden oft elektronisch nur in den Systemen der Institutionen geführt. Obwohl eine digitale Sammlung von Patienteninformationen wie medizinische Berichte, Röntgenbilder, Laborresultate oder Medikationspläne vorhanden wäre, ist die Zugänglichkeit durch Dritte stark begrenzt. Der Datenaustausch zwischen verschiedenen Gesundheitsanbietern erfolgt meist manuell, wenn überhaupt. Beim Spital- oder Arztbesuchen müssen wir immer wieder die gleichen Daten in Formulare einfüllen. Hat man Blutwerte oder Impfungen nicht zur Hand, muss eine neue Aufnahme oder Probe entnommen werden. Solche Abläufe fördern verstreute, inkonsistente und fehleranfällige Datensilos. Die ineffiziente Wiederverwendung von Informationen, beeinträchtigt dabei nicht nur die Behandlungsqualität, sondern erhöht auch die Kosten.

Die Probleme der Kompatibilität verschiedener Systeme im Gesundheitswesen (Interoperabilität) erhöhen auch das Risiko vor unbefugtem Zugriff und Datenmissbrauch. Weitere Widerstände sind die Akzeptanz bei Gesundheitsdienstleistern und Patienten. Denn für einen organisationsübergreifenden Austausch von Daten braucht es einfach zu bedienende Apps, sowie Schulungen und Informationskampagnen, um das Vertrauen und die Bereitschaft zur Nutzung in der Bevölkerung zu erhöhen. Letztendlich kostet dies alles Geld. In der Schweiz gibt es keine einheitliche Lösung, da das Gesundheitswesen in der Verantwortung der Kantoren liegt. In der Einleitung des Buches wird betont, dass die fragmentierte Spitallandschaft in der Schweiz mitverantwortlich für einen möglichen finanziellen Kollaps des Gesundheitswesens wäre (siehe Kap. 1). Politische Vorschläge Spitäler zu fusionieren oder Standorte zusammenzulegen haben auch einen Einfluss auf die Gesundheitsdaten. Allerdings scheint unklar, wer für die Implementierung und den laufenden Betrieb vernetzter Gesundheitsdaten aufkommen soll.

Wir sehen einen zentralen Bestandteil von Smart Health im elektronischen Patientendossier (EPD). Das Bundesamt für Gesundheit der Schweiz sieht im EPD eine wesentliche Funktion, um die Qualität der Gesundheitsversorgung zu stärken, die Behandlungsprozesse zu verbessern, die Patientensicherheit zu erhöhen, die Effizienz im Gesundheitswesen zu steigern und die Gesundheitskompetenz der Patienten zu fördern (BAG, 2017). Das EPD ist eine digitale Sammlung von Gesundheitsdaten, die individuell für jeden Patienten angelegt wird. Allerdings wurden die Ziele vom Bundesamt für Gesundheit bereits 2007

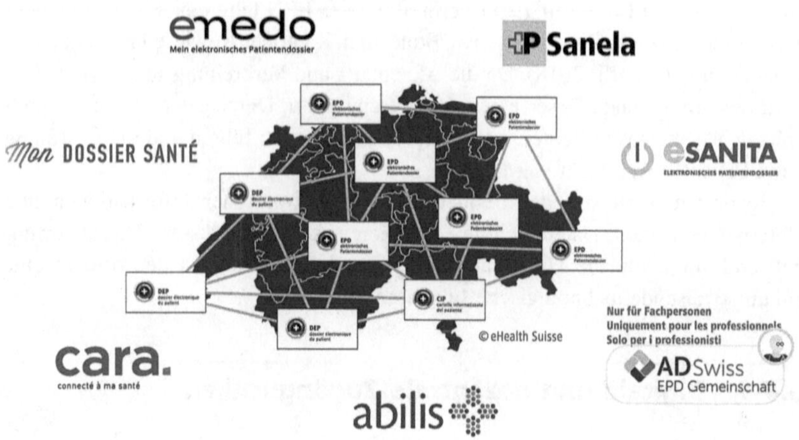

Abb. 5.1 Zertifizierte Stammesgemeinschaften in der Schweiz (ehealth Suisse, 2024)

formuliert. Konkret geht es darum, den Informationsaustausch zwischen verschiedenen Gesundheitsdienstleistern zu erleichtern und somit die Kontinuität und Qualität der Behandlung zu verbessern. Die gesetzliche Grundlage für das EPD in der Schweiz wurde durch das Bundesgesetz über das elektronische Patientendossier (EPDG) geschaffen, das 2015 vom Schweizer Parlament verabschiedet wurde. Das EPDG legt fest, dass alle Gesundheitseinrichtungen verpflichtet sind, ihren Patienten die Möglichkeit zu bieten, ein EPD zu eröffnen. Die Umsetzung des EPDs erfolgt durch Gemeinschaften, die von den kantonalen oder regionalen Gesundheitsbehörden betrieben werden. In einigen Gemeinschaften haben Patientinnen und Patienten die Möglichkeit, ihr persönliches EPD zu eröffnen. Diese Gemeinschaften werden als *Stammgemeinschaften* bezeichnet. Sie sind dezentral in den Versorgungsregionen organisiert, entweder innerhalb eines Kantons oder kantonsübergreifend (BAG, 2024). Alle Gesundheitsfachpersonen und ihre Einrichtungen, wie Spitäler, Pflegeheime, Arztpraxen, Apotheken oder Spitex-Dienste, können sich diesen anschließen (Abb. 5.1).

Das Interesse am elektronischen Patientendossier (EPD) in der Schweiz ist begrenzt. Obwohl unter www.patientendossier.ch alle notwendigen Informationen ersichtlich sind, verläuft die Adoption bisher schleppend. Probleme umfassen mangelnde Übersicht und komplizierte Eröffnungsprozeduren. Zudem werden die Daten derzeit von acht Betreibergesellschaften mit unterschiedlichen technisch-organisatorischen Eigenheiten verwaltet, was nicht unbedingt förderlich ist. Für eine erfolgreiche Einführung und Verbreitung des EPD fehlt eine klare Aufgaben- und Kompetenzaufteilung zwischen Bund und Kantonen sowie eine nachhaltige Finanzierung (Wehrli, 2018). Da die Akzeptanz und Verbreitung sehr gering sind, wird eine umfassende Gesetzesrevision durchgeführt. Demnach sind alle Gesundheitsdienstleister verpflichtet, elektronische Dossiers zu führen und die Eröffnung des EPD soll vereinfacht werden.

Bevor Patienten von der Bequemlichkeit elektronischer Informationen und Unternehmen vom Datenreichtum profitieren können, müssen Verantwortungen und vor allem die Datenfrage gelöst werden. Wichtig ist demzufolge eine zukunftsweisende technologische Lösung zu finden.

5.4 Digitale und dezentrale Zugänglichkeit

5.4.1 Grundlagen der Blockchain-Technologie

Das ursprüngliche Konzept der Blockchain basiert auf dem Konzept des Erfinders von Bitcoin mit dem Pseudonym Satoshi Nakamoto (Nakamoto, 2008). Die Blockchain-Technologie ist zu einem Schlagwort geworden, insbesondere wenn es um die Sicherheit und Transparenz im Datenmanagement geht. Ursprünglich bekannt als die Technologie hinter Kryptowährungen, findet die Blockchain mittlerweile Anwendung in vielen anderen Bereichen wie auch dem Gesundheitswesen oder in der Logistik, beispielsweise für die Rück- und Nachverfolgung von Arzneimitteln. Die einzigartigen Eigenschaften der Blockchain bieten eine innovative Lösung für viele der herkömmlichen Probleme im Datenmanagement, wie Sicherheitsverletzungen, Transparenzmangel und ineffiziente Prozesse. Beginnen wir damit, wie die Blockchain im Kontext des Datenmanagements funktioniert.

Die Blockchain ist eine dezentrale Datenbank in der in einem sogenannten *Ledger* (Buchhaltungssystem), alle Transaktionen die innerhalb eines Netzwerkes Stattfinden gespeichert und protokolliert werden. Da diese Buchhaltung nicht auf einem zentralen System betrieben wird, sondern auf mehreren verteilten Computern *(distributed)*, sprechen wir in diesem Zusammenhang von *Distributed-Ledger-System* (DLT). Sämtliche Informationen werden in einer Kette *(Chain)* von Blöcken *(Blocks)* gespeichert, der sogenannten *Blockchain.* Jeder Block enthält eine Liste von Transaktionen oder Datensätzen, einen Zeitstempel und einen kryptographischen Verweis auf den vorherigen Block in der Kette. Dieser Verweis, bekannt als *Hash,* hilft dabei, die Integrität der gesamten Kette zu gewährleisten, da jede Änderung in einem Block den Hash und damit die

Verbindung zu den folgenden Blöcken beeinträchtigen würde (Narayanan et al., 2016).

5.4.2 Transparenz, Unveränderlichkeit, Dezentralisierung

Eine der Hauptstärken der Blockchain ist ihre *Transparenz*. Da die Blockchain dezentralisiert ist, wird sie nicht von einer einzelnen Entität kontrolliert, sondern ist auf vielen Computern, den sogenannten *Nodes*, gespeichert, die zusammen das Blockchain-Netzwerk bilden. Jeder Node hat eine Kopie der gesamten Blockchain, die ständig aktualisiert wird. Dies bedeutet, dass alle Transaktionen öffentlich und transparent sind und von jedem überprüft werden können (Swan, 2015).

Die *Unveränderlichkeit* der Blockchain ergibt sich aus ihrer kryptographischen Struktur. Sobald ein Block zu der Kette hinzugefügt wurde, kann er nicht mehr verändert werden, ohne dass dies sofort bemerkt wird. Dies bietet einen hohen Grad an Sicherheit, da es schwierig ist, einmal aufgezeichnete Daten nachträglich zu ändern oder zu löschen.

Letztendlich ist die *Dezentralisierung* der Blockchain bedeutend, weil so keine zentrale Stelle die Kontrolle über das gesamte Netzwerk hat. Da jede Transaktion in einem Block aufgezeichnet und dieser Block auf eine Vielzahl von Computern verteilt wird, müsste ein Angreifer die Mehrheit des Netzwerks kontrollieren, um Änderungen an einem Block vorzunehmen. Diese sogenannte *51 %-Attacke* ist in der Praxis kaum realisierbar. Der Aufwand und die Kosten wären gigantisch und bei großen und gut gesicherten Netzwerken wie Bitcoin, würde dazu noch ein erheblicher Energieaufwand dazu kommen. Der Energieverbrauch des globalen Bitcoin-Netzwerkes beläuft sich gemäß *Cambridge Bitcoin Electricity Consumption Index* derzeit auf etwa 130 Terawattstunden, was gut doppelt so viel ist wie die ganze Schweiz in einem Jahr konsumiert (Cambridge University, 2024).

Die Logik der Blockchain reduziert das Risiko von Manipulationen, Datenverlusten und Ausfällen, die oft bei zentralisierten Systemen auftreten, wo alle Daten an einem Ort gespeichert werden. Die Sicherheit wird auch durch den Einsatz von Konsensalgorithmen gewährleistet, die bestimmen, wie Transaktionen überprüft und zu Blöcken hinzugefügt werden. Ein verbreitetes Beispiel ist der *Proof-of-Work* (PoW) Mechanismus, der von Kryptowährungen wie Bitcoin verwendet wird. Bei PoW lösen Miner komplexe mathematische Rätsel, um neue Blöcke zur Blockchain hinzuzufügen. Dieser Prozess erfordert erhebliche Rechenleistung und Energie. Die ersten Miner, die das Rätsel lösen, erhalten eine Belohnung in Form von Kryptowährung. PoW ist bekannt für seine Sicherheit und Dezentralisierung, aber es ist auch energieintensiv und kann zu langsamen Transaktionszeiten führen. Ein alternativer Konsensmechanismus, der weniger energieintensiv ist, heißt *Proof-of-Stake* (PoS). Bei PoS werden neue Blöcke durch Validatoren erstellt, die Kryptowährung *(Stake)* als Sicherheit hinterlegen. Die Wahrscheinlichkeit, ausgewählt zu werden, um einen neuen Block zu validieren, hängt von der Menge der hinterlegten Kryptowährung ab. Je mehr man davon besitzt, desto grösser die Macht. Validatoren, die betrügerische Transaktionen validieren, riskieren den Verlust ihrer Stakes. PoS ist energieeffizienter und ermöglicht schnellere Transaktionszeiten im Vergleich zu PoW. Die zweitgrößte Blockchain Ethereum konnte mit dem Wechsel im Jahr 2022, dem sogenannten *Merge* von PoW auf PoS über 99 % Energie einsparen.

Proof-of-Stake wäre aufgrund seiner Energieeffizienz, Sicherheit, Skalierbarkeit, Kosteneffizienz und Zugänglichkeit ein geeignetes Verfahren zur Verwaltung von Gesundheitsdaten in der Blockchain. Es bietet eine nachhaltige und sichere Lösung, die den speziellen Anforderungen der Gesundheitsdatenverwaltung gerecht wird und gleichzeitig die Vorteile der Blockchain-Technologie nutzt.

5.5 Gesundheitsdaten in der Blockchain

5.5.1 Robuste und unabhängige Infrastruktur

Im Gesundheitswesen kann die Blockchain dazu beitragen, die Sicherheit und den Austausch von Patientendaten zu verbessern. Durch die Erstellung eines dezentralisierten Registers können Gesundheitsinformationen sicher gespeichert und für berechtigte Personen zugänglich gemacht werden, ohne dass die Gefahr besteht, dass diese Daten manipuliert werden. Dies könnte dazu beitragen, die Effizienz im Gesundheitswesen zu erhöhen, indem Doppeluntersuchungen vermieden und eine bessere Koordination zwischen den verschiedenen Dienstleistern gewährleistet, wird (Mettler, 2016). Daraus ergeben sich zwei wesentliche Vorteile von Blockchain-Technologie: i) Robustere und effizientere digitale Infrastrukturen und ii) die Reduktion von Abhängigkeiten (Bieser & Fasnacht, 2023). Blockchain kann dazu beitragen, Datenintegrität, Effizienz von Geschäftsprozessen und Vertrauen zwischen den Beteiligten zu fördern. Blockchain bietet eine dezentrale und unveränderliche Datenbank, die sicherstellt, dass einmal gespeicherte Informationen nicht manipuliert oder gelöscht werden können. Dies sorgt für Transparenz und Vertrauen in die gespeicherten Daten. Durch die Verwendung von *Smart Contracts* kann Blockchain Geschäftsprozesse automatisieren und effizienter gestalten. Diese selbstausführenden Verträge reduzieren den Bedarf an Zwischenhändlern und minimieren das Risiko von Fehlern oder Betrug. Da Blockchain-Technologie auf kryptografischen Prinzipien basiert, können Transaktionen und Datenintegrität ohne die Notwendigkeit einer zentralen vertrauenswürdigen Instanz sichergestellt werden. Dies schafft ein System, in dem alle Teilnehmer Vertrauen in die Genauigkeit und Sicherheit der Informationen haben können.

> *„Die Blockchain besitzt das Potenzial, zur technischen Infrastruktur unserer digitalen Welt zu avancieren – als universelles Betriebssystem, das Daten, Geschäftsprozesse und Vertrauen nahtlos vereint."*

Die Implementierung der Blockchain-Technologie für das Elektronische Patientendossier (EPD) in der Schweiz bringt signifikante Vorteile in Bezug auf die Sicherheit, Verfügbarkeit und das Vertrauensmanagement im Gesundheitswesen. Die dezentrale Struktur der Blockchain ermöglicht eine hohe Manipulationssicherheit und Zuverlässigkeit digitaler Anwendungen, was besonders für die Handhabung sensibler Gesundheitsdaten von Bedeutung ist. In einem Blockchain-basierten EPD-System wird die Anwendung auf die Systeme mehrerer Teilnehmer innerhalb des Gesundheits-Ökosystems verteilt betrieben. Diese Verteilung erschwert nicht nur unautorisierte Änderungen an den Daten durch die inhärente Manipulationssicherheit der Blockchain, sondern verbessert auch die Verfügbarkeit der Anwendungen, da die Daten nicht zentral gespeichert werden. Dies reduziert das Risiko von Datenverlusten oder -ausfällen, die durch zentrale Serverprobleme verursacht werden könnten.

Die Anwendung von Blockchain auf das EPD und andere gesundheitsbezogene Dokumente wie digitale Impfzertifikate oder Medikamentenrezepte kann als ein revolutionärer Schritt zur Verbesserung der Patientensouveränität und Datenintegrität gesehen werden.

5.5.2 Patientensouveränität und Datenzugriff

Die Blockchain demokratisiert das Gesundheitswesen, indem sie es jedem Patienten, ermöglicht aktiv und selbstbestimmt am Informationsaustausch teilzunehmen (Fasnacht & Fasnacht, 2023). Denn Patienten können genau festlegen, wer Zugang zu ihren Daten hat, und diese Zugriffsrechte jederzeit anpassen oder entziehen. Dies stärkt das Recht auf Privatsphäre und ermöglicht eine individuelle Kontrolle über die eigenen Gesundheitsinformationen. Wichtige Gesundheitsdaten wie Laborergebnisse, Röntgenbilder oder Vitalparameter verbleiben dabei sicher in den lokalen Datenbanken der Leistungserbringer. Auf der Blockchain werden lediglich Metadaten gespeichert, die Auskunft über den Speicherort, Zugriffsbedingungen und den Hashwert der Daten geben. Der Hashwert dient dabei als einzigartiger Fingerabdruck, der die Integrität der Daten sichert, ohne sensible Informationen preiszugeben.

Zudem kann Blockchain durch den Einsatz von Smart Contracts eine automatisierte Überprüfung der Zugriffsberechtigungen gewährleisten. Wenn beispielsweise ein Versicherer oder ein anderer medizinischer Dienstleister Zugriff auf bestimmte Patientendaten anfordert, überprüft der Smart Contract automatisch, ob die erforderlichen Berechtigungen vorliegen. Nur wenn diese Bedingungen erfüllt sind, werden die relevanten Daten aus der lokalen Datenbank bereitgestellt. Das EPD auf Blockchain-Basis bietet nicht nur eine verbesserte Sicherheit und Kontrolle, sondern auch eine transparente und konsistente Verfolgung von klinischen Studien und Behandlungsdaten. Dies verhindert nachträgliche Protokollverletzungen und erhöht die Genauigkeit klinischer Forschung. Durch die umfassende Sicht auf die Gesundheitsdaten einer Person, einschließlich aller Impfungen und Medikationen, kann das Vertrauen in das Gesundheitssystem gestärkt werden. Dies fördert die Entwicklung neuer Therapien und Präventionsmaßnahmen und ermöglicht maßgeschneiderte Behandlungen, die nicht nur die Patientenversorgung verbessern, sondern auch zu erheblichen Kosteneinsparungen führen können.

5.6 Zukunftsmodell des Gesundheitsökosystems

Nachdem wir nun die Vorteile der Blockchain Technologie kennen gelernt haben, erklären wir anhand eines Zielbildes einen Lösungsvorschlag, wie damit sensible Gesundheitsdaten verwaltet werden können. Die Grafik (Abb. 5.2) veranschaulicht diesen Prozess, unterteilt in Akteure des Gesundheitsökosystems, Frontend-Anwendung und Blockchain.

Drei Akteure übernehmen verschiedene Rollen. Die *Patientinnen und Patienten* verwalten ihre eigenen Gesundheitsdaten und bestimmen, wer Zugriff auf diese Daten erhält. Sie können Zugriffsrechte erteilen und auch wieder entziehen, wodurch sie die Kontrolle über ihre persönlichen Informationen behalten. *Datenerzeuger* wie Arztpraxen und Spitäler sind verantwortlich für das Erfassen und Bearbeiten von Gesundheitsdaten. Die Gesundheitsdienstleister speichern die eigentlichen medizinischen Daten *off-chain* in ihren eigenen Datenbanken und hinterlegen Metadaten sowie Zugriffsbedingungen auf der Blockchain.

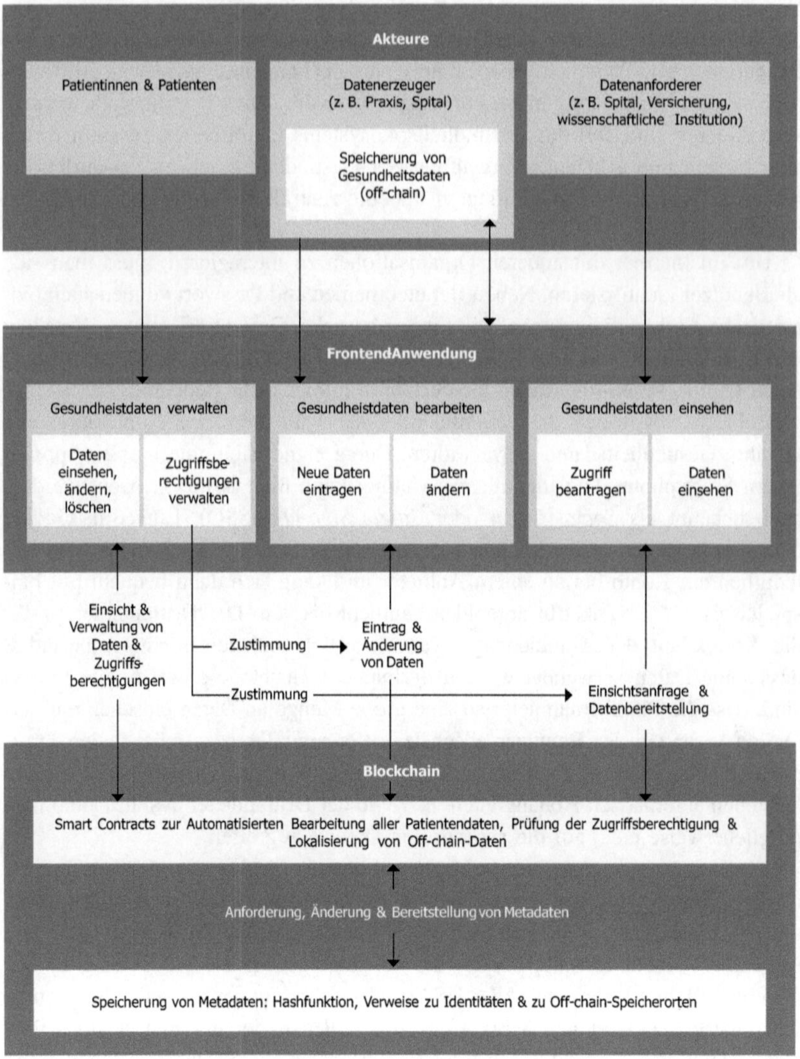

Abb. 5.2 Blockchain-Architektur für sensible Gesundheitsdaten (Bieser & Fasnacht, 2023)

Datenanforderer, zu denen andere Spitäler, Versicherungen und wissenschaftliche Institutionen gehören, beantragen den Zugriff auf die Gesundheitsdaten der Patientinnen und Patienten. Über Smart Contracts kann automatisiert geprüft werden, ob Zugriffsberechtigungen vorliegen, bevor die Daten bereitgestellt werden. Alle Akteure sind Teil des Gesundheitsökosystems und arbeiten zusammen, um eine sichere und effiziente Verwaltung der Gesundheitsdaten zu gewährleisten, wobei die Patientinnen und Patienten stets die zentrale Kontrolle über ihre Daten behalten.

Um im Internet mit anderen Organisationen zu interagieren, muss man sich als Benutzer identifizieren. Neben Benutzernamen und Passwort können auch biometrische Authentifizierungen, wie Fingerabdrücke, Gesichtserkennung, Netzhaut und Iriserkennung oder eine Kombination aus allen Techniken verwendet werden. Auch Online-Video-Identifikationen erfahren immer mehr Bedeutung.

Zunächst loggt sich die Patientin oder der Patient in eine Applikation ein, um ihre Gesundheitsdaten zu verwalten. Dabei eignet sich eine mobile App auf einem Smartphone. Die Identitätsverwaltung kann über Dritte gemacht werden, auch bekannt als *Social Login* oder *Single Sign-On* (SSO). LinkedIn, Google oder Apple stellen entsprechende Services zur Verfügung. Der Benutzer braucht lediglich ein Konto bei so einem Anbieter und kann sich dann bequem mit beispielsweise „Mit LinkedIn anmelden" authentifizieren. Der Drittanbieter ist für die Korrektheit der Anmeldedaten verantwortlich und der Benutzter bestätigt, dass seine Daten verwendet werden dürfen. Die Nachteile dieser Social Logins sind, dass die Plattformanbieter so eine große Menge an Daten einsehen und das Online-Verhalten der Benutzer abschätzen können. Benutzer müssen den Drittanbietern vertrauen können, dass die Daten nicht missbraucht werden. Zudem entstehen automatisch Abhängigkeiten. Wenn der Drittanbieter ausfällt, kann man möglicherweise nicht auf die verknüpften Dienste zugreifen.

Über eine sogenannte selbstverwaltete Identität (*Self-Sovereign Identity*, SSI) in der Blockchain können Individuen und Organisationen, ihre digitalen Identitäten eigenständig verwalten und kontrollieren. Gemäß Untersuchungen von McKinsey Global Institute könnte die vollständige digitale Abdeckung mit E-ID und SSI in Ländern wie den USA und Großbritannien im Jahr 2030 einen wirtschaftlichen Wert von 3 bis 13 % des BIP generieren(White et al., 2019). Trotz vieler Vorteile und Wachstumsprognosen hat die Schweizer Bevölkerung das E-ID-Gesetz im März 2021 abgelehnt. Mit dem neuen Vorschlag für eine elektronische Identität (E-ID) des Bundes sollen sich Nutzerinnen und Nutzer künftig sicher, schnell und unkompliziert digital ausweisen können. Der Bundesrat hat am 22. November 2023 die Botschaft zum neuen Bundesgesetz über den elektronischen Identitätsnachweis (BGEID) und andere elektronische Nachweise verabschiedet (Bundesamt für Justiz, 2023). Die E-ID soll vom Bund herausgegeben werden, den größtmöglichen Schutz der persönlichen Daten gewährleisten und kostenlos sowie freiwillig sein. Die Infrastruktur für die E-ID kann auch von kantonalen, kommunalen Behörden und privaten Institutionen genutzt werden und soll 2026 eingeführt werden.

Im Kontext des Gesundheitsökosystems mit Blockchain-Technologie bietet SSI eine sichere und dezentrale Methode zur Identitätsvalidierung. In unserem Beispiel müsste also der Patient zuerst eine digitale Identität durch ein kryptographisches Schlüsselpaar erstellen. Vertrauenswürdige Institutionen, wie beispielsweise der Bund, stellen dann nachprüfbare Berechtigungsnachweise, sogenannte „Credentials" aus. Die Identitätsdaten und Credentials werden in dezentralen digitalen Wallets gespeichert und nicht zentral in einer Datenbank des Gesundheitsdienstleisters. Der Nutzer entscheidet selbst, welche Daten er mit wem teilen möchte. Credentials und Zugriffsberechtigungen werden über die Blockchain verifiziert, wobei Smart Contracts die Einhaltung der Zugriffsrechte sicherstellen. Die Patientin kann ihre Gesundheitsdaten einsehen, ändern und die Zugriffsberechtigungen für verschiedene Akteure festlegen. Bei jeder Änderung oder jeder neuen Dateneingabe durch die Patientin oder den Patienten wird ein Smart Contract auf der Blockchain aktualisiert, der die Metadaten und die Zugriffsrechte speichert.

Wenn eine Arztpraxis oder ein Krankenhaus, neue Daten über eine Person erfasst, enthalten diese oft grundlegende Vitalparameter wie Herzfrequenz, Atemfrequenz, Blutdruck und Körpertemperatur. Diese Daten werden zunächst in der eigenen Datenbank des Dienstleisters gespeichert (off-chain). Anschließend wird ein Eintrag in der Blockchain vorgenommen, der die Metadaten dieser neuen Daten enthält, einschließlich eines Hashwertes, der die Integrität der Daten sicherstellt, sowie Verweise auf die Speicherorte der Daten und die Zugriffsbedingungen. Sollte ein anderer Akteur, etwa ein weiteres Spital oder eine Versicherung, Zugriff auf die Gesundheitsdaten benötigen, stellt dieser eine Anfrage über die App. Diese Anfrage wird durch den Smart Contract auf der Blockchain geprüft, um sicherzustellen, dass die angefragten Datenzugriffsrechte vorhanden sind. Wenn die Berechtigung gegeben ist, werden die Daten aus dem Off-chain-Speicher des ursprünglichen Gesundheitsdienstleisters bereitgestellt und an den anfragenden Akteur übermittelt. Dabei wird erneut der Hashwert geprüft, um die Unveränderlichkeit der Daten zu bestätigen. Die Patientin oder der Patient erhält bei jeder Anfrage, die über die vordefinierten Zugriffsrechte hinausgeht, eine Benachrichtigung auf der App und muss explizit zustimmen, bevor die Daten freigegeben werden. Dies kann als dynamische Einwilligung bezeichnet werden und gewährleistet, dass die Patientin oder der Patient stets die Kontrolle über den Zugriff auf ihre Gesundheitsinformationen behält. Durch diesen Ablauf wird eine sichere, transparente und kontrollierte Verwaltung der Gesundheitsdaten ermöglicht, wobei alle Beteiligten – Patienten, Gesundheitsdienstleister und Datenanforderer – effizient zusammenarbeiten können (Abb. 5.2).

5.7 Smart Health im Kontext von Blockchain

Smart Health bezeichnet den Einsatz digitaler Technologien zur Optimierung der Gesundheitsversorgung und -verwaltung (siehe Kap. 1). Neben den zentralen Treibern Telemedizin und Fernüberwachung trägt die Blockchain maßgeblich zu Sicherheit, Vertrauen und Effizienz im Gesundheitssektor bei. Sie ermöglicht eine dezentrale, transparente und manipulationssichere Verwaltung von Gesundheitsdaten, optimiert Lieferketten und automatisiert Prozesse durch beispielsweise Smart Contracts. Dieser Einsatz führt zu einer robusteren und effizienteren digitalen Infrastruktur für die Verwaltung sensibler Gesundheitsdaten. Zusammenfassend werden acht wesentlichen Eigenschaften erläutert, die Blockchain zu einer wertvollen Technologie für vielfältige Anwendungen machen.

1. **Sichere Datenverwaltung:** Blockchain-Technologie ermöglicht eine sichere, unveränderliche Speicherung von Gesundheitsdaten. Jede Änderung oder Hinzufügung von Daten wird in einem neuen Block gespeichert, der mit dem vorherigen Block verknüpft ist, was Manipulationen nahezu unmöglich macht.
2. **Dezentrale Datenhaltung:** Anstatt Gesundheitsdaten zentral in einem Krankenhaus oder einer Arztpraxis zu speichern, ermöglicht die Blockchain eine dezentrale Datenhaltung. Dies bedeutet, dass Daten auf mehreren Knotenpunkten gespeichert werden, wodurch das Risiko eines einzelnen Ausfallpunkts reduziert wird.
3. **Patientenautonomie und Datenkontrolle:** Mit Blockchain-Lösungen können Patienten die Kontrolle über ihre Gesundheitsdaten behalten. Sie können festlegen, wer Zugriff auf ihre Daten hat und diesen Zugriff bei Bedarf entziehen. Dies stärkt die Patientensouveränität und den Datenschutz.
4. **Interoperabilität und Datenaustausch:** Blockchain kann den sicheren und nahtlosen Austausch von Gesundheitsdaten zwischen verschiedenen Gesundheitseinrichtungen erleichtern. Dies verbessert die Zusammenarbeit zwischen Ärzten, Krankenhäusern und anderen Gesundheitsdienstleistern und führt zu einer effizienteren und kohärenteren Patientenversorgung.

5. **Transparenz und Nachvollziehbarkeit:** Jede Transaktion in der Blockchain ist transparent und nachvollziehbar. Dies bedeutet, dass jede Änderung oder jeder Zugriff auf Gesundheitsdaten dokumentiert wird und jederzeit überprüfbar ist. Dies schafft Vertrauen und Verantwortlichkeit im Umgang mit sensiblen Daten.
6. **Smart Contracts:** Diese selbstausführenden Verträge auf der Blockchain können automatisierte Prozesse im Gesundheitswesen ermöglichen. Beispielsweise könnten Smart Contracts den Zugriff auf Patientendaten regeln oder Versicherungsansprüche automatisch abwickeln, sobald bestimmte Bedingungen erfüllt sind.
7. **Reduzierung von Betrug und Missbrauch:** Die Transparenz und Unveränderlichkeit der Blockchain erschweren betrügerische Aktivitäten und den Missbrauch von Gesundheitsdaten (siehe Beispiel Estland). Dies schützt sowohl Patienten als auch Gesundheitsdienstleister vor unbefugtem Zugriff und Manipulation.
8. **Effizienzsteigerung:** Durch die Automatisierung und sichere Verwaltung von Daten können administrative Prozesse im Gesundheitswesen effizienter gestaltet werden. Dies führt zu Kosteneinsparungen und einer verbesserten Qualität der Gesundheitsversorgung.

5.8 Fazit

Um digitale Zielbilder im Gesundheitswesen umzusetzen, braucht es ein technologisches Verständnis und einen gesellschaftlichen Wandel, bei dem Mythen beseitigt und Interessenskonflikte überwunden werden müssen. Neben einer effektiven Gesundheitspolitik müssen wir uns am erwarteten Nutzen für das Gesundheitssystem und des *Continuum of Care* orientieren. Letzteres bezieht sich auf ein integriertes und umfassendes Modell der Gesundheitsversorgung, das die vollständige Betreuung eines Patienten über verschiedene Stadien und Aspekte der medizinischen Behandlung hinweg sicherstellt. Ein Gesundheits-Ökosystem benötigt Daten als Rohstoff und eine gewisse Vielfalt, um resilient und nachhaltig nutzenstiftend zu funktionieren (Fasnacht, 2023). Nur wenn Patientendaten, effektiv verwaltet und genutzt werden, dienen sie als Grundstein für Innovation und Effizienz in Gesundheitsökosystem. Durch die erwähnten acht Eigenschaften, kann Blockchain eine nahtlose Datenintegration, lückenlose (elektronische) Patientenakte, Datensicherheit und Patientenautonomie gewährleisten.

Dies unterstützt eine kontinuierliche, qualitativ hochwertige Patientenversorgung und verbessert die Zusammenarbeit zwischen verschiedenen Akteuren im Gesundheitsökosystem.

Datengetriebene Gesundheitsinitiativen führen zu verbesserten Gesundheitsresultaten, personalisierter Versorgung und insgesamt besserer Lebensqualität. Mit der zunehmenden Vernetzung und Erfassung von Gesundheitsdaten wie Herzfrequenz, Blutdruck, Sauerstoffsättigung und Elektrokardiogrammen durch Smartwatches gewinnen diese Daten und deren Verarbeitung zunehmend an Bedeutung . Während IoT-Geräte kontinuierlich immer mehr wertvolle Daten liefern, kann Blockchain die Verfügbarkeit, Vertraulichkeit, Integrität und Nachverfolgbarkeit dieser Daten gewährleistet. Diese Synergie schafft eine robuste Infrastruktur für das Datenmanagement in verschiedensten Anwendungen, von der Gesundheitsversorgung über das Supply-Chain-Management bis hin zur Demokratisierung des Schweizer Gesundheitssystems.

> *„Blockchain kann die Verfügbarkeit, Vertraulichkeit und Integrität von Daten sicherstellen, verschiedene Akteure im Gesundheitsökosystem vernetzen und somit eine nahtlose, kontinuierliche Patientenversorgung ermöglichen."*

Im Vorwort betonte Nationalrätin Dr. med. Bettina Balmer die Notwendigkeit, das Schweizer Gesundheitssystem zu revolutionieren. Wir haben die vielseitigen Möglichkeiten der Blockchain als Infrastruktur in diesem Artikel kennengelernt. Die Blockchain kann sich als zentrale Infrastruktur unserer digitalen Welt etablieren – ein universelles Betriebssystem, das Technologie und Geschäftsnutzen vereint und zugleich das Vertrauen der Nutzer nachhaltig stärkt.

Neben technischer Aufklärung sind auch rechtliche Sicherheit, klare Richtlinien und einheitliche Standards für den Einsatz von Blockchain im Gesundheitswesen essenziell. Um Adoptionsraten wie in Estland zu erreichen und im Digital Health Index zu den führenden Ländern zu gehören, muss das Vertrauen der Bevölkerung gestärkt werden. Pilotprojekte können dabei eine Schlüsselrolle spielen – denn Abwarten ist keine Option.

Literatur

Anz, P. (6 April 2022). Gehackte Arztpraxen: Jetzt wird das Ausmass klar. *Inside IT.*

Bieser, J., & Fasnacht, D. (2023). *Hype oder Hilfe: Was die Blockchain wirklich leistet.* Gottlieb Duttweiler Institute.

BAG. (2017). *Gesetzgebung Elektronisches Patientendossier (EPDG)*. Bundesamt für Gesundheit (BAG). https://www.bag.admin.ch/bag/de/home/gesetze-und-bewilligungen/gesetzgebung/gesetzgebung-mensch-gesundheit/gesetzgebung-elektronisches-patientendossier.html. Zugegriffen: 1. Okt. 2024.

BAG. (2024). *Zertifizierte (Stamm-)Gemeinschaftne*. Bundesamt für Gesundheit (BAG). https://www.bag.admin.ch/bag/de/home/strategie-und-politik/nationale-gesundheitsstrategien/strategie-ehealth-schweiz/umsetzung-vollzug/zertifizierte_stammgemeinschaften.html. Zugegriffen: 1. Okt. 2024.

Bundesamt für Justiz (2023). *Bundesgesetz über den elektronischen Identitätsnachweis und andere elektronische Nachweise (E-ID-Gesetz, BGEID)*. Bundesamt für Justiz (BJ).

Cambridge University. (2024). *Cambridge Bitcoin electricity consumption Index*. https://ccaf.io/cbnsi/cbeci.

Cox, J. (3 March 2022). Data broker is selling location data of people who visit abortion clinics. *Vice*.

Deloitte. (2022). *Digitalisierung der Gesundheitsdaten: Grosse Chancen, grosse Skepsis*.

EHealth Suisse. (2024). EPD-Gemeinschaften. https://www.e-health-suisse.ch/koordination/elektronisches-patientendossier/epd-gemeinschaften. Zugegriffen: 1. Okt. 2024.

Fasnacht, D. (2023). *Offene und digitale Ökosysteme: Mehrwert durch Branchen-und Technologiekonvergenz*. Springer Gabler. https://doi.org/10.1007/978-3-658-42494-7.

Fasnacht, D., & Fasnacht, K. (2023). Demokratisierung im Gesundheitswesen. *Schweizerische Ärztezeitung, 48*(104).

IKRK. (2022). Cyberangriff auf Rotkreuz- und Rothalbmonddaten von 500'000 Menschen. In *IKRK*.

Mäder, L. (25 November 2020). Cyberangriff auf die Hirslanden-Gruppe: Die Spitäler sind wegen der Pandemie besonders anfällig für Erpressungen. *Neue Zürcher Zeitung*.

McKinsey, & ETH Zürich. (2021). *Digitalisierung im Gesundheitswesen*.

Meier, C. (14 August 2021). Grosser Cyber-Angriff auf Schweizer Privatklinikgruppe. *Medinside*.

Mettler, M. (2016). Blockchain technology in healthcare: The revolution starts here. In *2016 IEEE 18th international conference on e-health networking, applications and Services (Healthcom)*, S. 1–3.

Nakamoto, S. (2008). *Bitcoin: A peer-to-peer electronic cash system*.

Narayanan, A., Bonneau, J., Felten, E., Miller, A., & Goldfeder, S. (2016). *Bitcoin and cryptocurrency technologies: A comprehensive introduction*. Princeton University Press.

Pletscher, F., Lerch, K. M., & Glinz, D. (2022). Willingness to share anonymised routinely collected clinical health data in Switzerland: A cross-sectional survey. *Swiss Medical Weekly, 152*(2324). https://doi.org/10.4414/SMW.2022.w30182

Schechner, S., & Secada, M. (22 February 2019). You give apps sensitive personal information. Then they tell Facebook. *Wall Street Journal*.

Sotomo (2023). Datengesellschaft und Solidarität: Einstellung und Verhalten der Schweizer Bevölkerung 2023. Stiftung Sanitas Krankenversicherung, Mai.

Swan, M. (2015). *Blockchain: Blueprint for a new economy*. O'Reilly Media, Inc.

Tomczak-Plewka, A. (8 März 2023). Im Land der digitalen Möglichkeiten. *Schweizerische Ärztezeitung*(S. 10–24).

Wehrli, L. (2018). *Elektronisches Patientendossier. Was gibt es noch zu tun bis zu seiner flächendeckenden Verwendung?* https://www.parlament.ch/de/ratsbetrieb/suche-curia-vista/geschaeft?AffairId=20184328.
White, O., Madgavkar, A., Manyika, J., Mahajan, D., Bughin, J., McCarthy, M., & Sperling, O. (2019). *Digital identification: A key to inclusive growth.[online] McKinsey Global Institute.*
Wingeier, C. (2022). Hackerangriff auf Schweizer Spitalverband. *Inside IT.*

Teil II
Mensch & Arbeit

6 Technostress: die digitale Transformation als Mehrbelastung beim Gesundheitspersonal

Christoph Golz und Jannic Stefan Bieri

Zusammenfassung

Dieses Kapitel beleuchtet die Auswirkungen der digitalen Transformation im Gesundheitswesen und den damit verbundenen Technostress, dem das Gesundheitspersonal zunehmend ausgesetzt ist. Während Technologien die Effizienz und die Qualität der Patientenversorgung verbessern können, zeigen Studien, dass sie auch negative Folgen haben, darunter Burnout, sinkende Arbeitszufriedenheit und eine erhöhte Fluktuationsabsicht. Technostress manifestiert sich häufig in Form von Überforderung, Unsicherheit und Frustration aufgrund technischer Unzuverlässigkeit, was den Arbeitsalltag erheblich erschweren kann. Gleichzeitig wird aber auch die positive Seite des Technostresses immer stärker hervorgehoben. Wenn digitale Technologien unter den richtigen Bedingungen eingesetzt werden, kann dies nicht nur die Innovationskraft steigern, sondern auch die Arbeitszufriedenheit und das Kompetenzgefühl der Mitarbeitenden fördern. Dazu braucht es einen verlässlichen IT-Support und die frühzeitige Einbindung vom Personal in die Entwicklung, Implementierung und Evaluation. Wenn Gesundheitspersonal durch gezielte Schulungen und Unterstützung von technikaffinen Kolleg*innen lernt, technologische Neuerungen zu nutzen, können sie diese als Bereicherung wahrnehmen. Für den erfolgreichen Umgang mit Technostress sind eine innovationsfördernde Organisationskultur, klare Strategien zur digitalen Transformation und die Schaffung technischer

C. Golz (✉) · J. S. Bieri
Departement Gesundheit, Berner Fachhochschule, Bern, Schweiz
E-Mail: christoph.golz@bfh.ch

J. S. Bieri
E-Mail: jannic.bieri@bfh.ch

D. Fasnacht (Hrsg.), *Smart Health*, https://doi.org/10.1007/978-3-658-46762-3_6

Unterstützungsrollen von zentraler Bedeutung. Führungspersonen spielen eine Schlüsselrolle, indem sie eine fördernde Umgebung schaffen. In einer solchen Kultur kann das Gesundheitspersonal den digitalen Wandel nicht als Belastung, sondern als Chance für persönliches und berufliches Wachstum erleben.

Schlüsselwörter

Technostress • Digitalisierung • Innovationsbereitschaft • Gesundheitspersonal • Digitale Kompetenz

6.1 Digitale Technologien auf dem Markt und in der Anwendung

Im Gesundheitswesen können zwei Gruppen von digitalen Technologien grob voneinander unterschieden werden: Erstens, Informations- und Kommunikationstechnologien zum Erfassen, Speichern, Übertragen und Weiterverarbeiten von Daten und Informationen. Dazu gehören beispielsweise Computer, Smartphones und Netzwerke sowie Software wie E-Mail-Programme oder Programme zur Textverarbeitung. Zweitens gibt es auch spezifische Technologien im Gesundheitswesen zur Speicherung, Weitergabe und Analyse von Gesundheitsinformationen, die unter dem Begriff Gesundheitstechnologie zusammengefasst werden, wie Klinikinformationssysteme (Thompson & Brailer, 2004).

Im Durchschnitt verbringen Pflegende ein Drittel ihrer täglichen Arbeit mit digitalen Technologien, wobei über 80 % davon für die direkte Patientenversorgung verwendet werden (Higgins et al., 2017). Beim ärztlichen Dienst scheint der Anteil der Technologie-Nutzung an einem Arbeitstag sogar noch höher zu sein, da sie bereits über 50 % ausschließlich mit dem Klinikinformationssystem und der Dokumentation verbringen (Arndt et al., 2017), was etwa 16 min pro Patientenkontakt entspricht (Overhage & McCallie, 2020). Diese intensive Nutzung unterstreicht die zentrale Rolle digitaler Systeme in der medizinischen Praxis.

Bislang gibt es keine ausreichende Datengrundlage, welche digitalen Technologien in welchem Umfang vom Gesundheitspersonal genutzt werden. Es gibt jedoch Hinweise darauf, dass in Bezug auf die Hardware der Computer, gefolgt vom Telefon und auf die Software E-Mail Programme sowie Klinikinformationssysteme vom Gesundheitspersonal am präsentesten wahrgenommen werden (Golz et al., 2022a). In einer Studie aus Deutschland berichteten 95 % von insgesamt 1335 Teilnehmenden bereits digitale Technologien spezifisch für die Pflege angewandt zu haben, dabei waren es mehrheitlich die Pflegedokumentation oder die

Dienstplanung und seltener Wearables (12 %) oder Robotik (9 %) (Seibert et al., 2020).

Der hohe Anteil an Technologie-Nutzung bedeutet somit nicht, dass die digitale Transformation im Gesundheitswesen weit fortgeschritten ist. Im Gegenteil, die digitale Transformation der Gesundheitssysteme ist nicht so weit fortgeschritten, wie sie sein könnte und sollte, angesichts der prognostizierten Möglichkeiten und der laufenden strategischen Entwicklungen (Gopal et al., 2019). Digitale Technologien zur Unterstützung von Gesundheitspersonal und Patient*innen, wie generative künstliche Intelligenz (KI), Wearables oder Applikationen auf den Smartphones zur Erfassung gesundheitsbezogener Daten, sind bereits auf dem Markt verfügbar, aber nicht im Gesundheitswesen systematisch implementiert. Entsprechend ist Smart Health als übergeordnetes Konzept noch nicht im Schweizer Gesundheitswesen verankert (siehe Kap. 1).

> „Es scheint eine große Diskrepanz zwischen den erwarteten und empirisch nachgewiesenen Vorteilen der implementierten Gesundheitstechnologie zu geben."

6.2 Die Herausforderungen der digitalen Transformation

Ein Hauptgrund für diese Diskrepanz zwischen den erwarteten und nachgewiesenen Vorteilen für das Gesundheitspersonal liegt in der fehlenden Verbindung zwischen Produktinnovation und dem Gesundheitspersonal (Cripps & Scarbrough, 2022; Shaw et al., 2018). Die Implementierung von digitalen Technologien bringt sowohl technische als auch menschliche Herausforderungen mit sich. Zum Beispiel wird erwartet, dass die Nutzung von Klinikinformationssystemen mit Zugriff für Patient*innen eine Grundlage bietet, „Informationsparität" mit dem Gesundheitspersonal zu erreichen als Grundlage für gemeinsame Entscheidungsfindung (Gopal et al., 2019; Schiavone & Ferretti, 2021). Das Gesundheitspersonal ist jedoch überwiegend zurückhaltend und bevorzugt paternalistische Entscheidungsfindung. Patient*innen werden als unfähig eingeschätzt, am Entscheidungsprozess teilzunehmen (Driever et al., 2020). Diese Haltung erschwert die vollständige Ausschöpfung der potenziellen Vorteile digitaler Systeme.

Darüber hinaus scheinen schlechte Benutzerfreundlichkeit und Zuverlässigkeit der Klinikinformationssysteme ihre erweiterte Nutzung als Plattform für gemeinsame Entscheidungsfindung zu begrenzen (Kruse et al., 2018; Vehko et al., 2019). Insbesondere wurde festgestellt, dass die Nutzung von Klinikinformationssystemen den Zeitaufwand beim Gesundheitspersonal erhöht, anstatt die administrative

Arbeitsbelastung zu verringern (Baumann et al., 2018; Heponiemi et al., 2017; Kariotis et al., 2022). Zum Beispiel verbrachte der ärztliche Dienst (16 vs. 28 %) und das Pflegepersonal (9 vs. 23 %) mehr ihrer Arbeitszeit mit Dokumentation nach der Einführung eines Klinikinformationssystems zur Dokumentation (Baumann et al., 2018).

Der zusätzliche Zeitaufwand liegt jedoch nicht nur an der Software, sondern auch an der Hardware. Veraltete Computer führen beispielsweise zu langsamen Systemstartzeiten oder Fehlermeldungen führen zu Unterbrechungen (Yui et al., 2012). Auch kann es Laptops an ausreichend Akku mangeln, sodass diese ständig eingesteckt werden müssen oder das Wi-Fi ist instabil, wodurch keine sichere Datenübertragung gewährleistet ist (Golz et al., 2022a). Eine weitere täglich genutzte Technologie sind Telefone bei der Arbeit. Das Gesundheitspersonal erlebt Unterbrechungen durch Telefonanrufe in ihrem täglichen Arbeitsablauf. Obwohl andere Unterbrechungen wie direkte mündliche Kommunikation häufiger auftreten, haben Unterbrechungen durch Telefonanrufe beim Pflegepersonal einen signifikanten Einfluss auf Medikationsfehler, wie die falsche Dosierung oder die Verabreichung des Medikaments zur falschen Zeit an die Patient*innen (Raja et al., 2019). Eine weitere Problematik stellt die fehlende Interoperabilität zwischen digitalen Technologien dar (Wosny et al., 2023), was in diesem Buch an mehreren Stellen erläutert wurde (siehe Kap. 1, 2, 5, 12). Unterschiedliche Standards und mangelnde Kompatibilität zwischen Systemen erschweren den effektiven Datenaustausch.

Anhand dieser Beispiele wird deutlich, dass selbst Grundvoraussetzungen für eine zukunftsweisende digitale Transformation in den Gesundheitsorganisationen nicht gewährleistet sind.

6.3 Die Chancen der digitalen Transformation

Es gibt jedoch auch einige Hinweise darauf, dass digitale Technologien zu Verbesserungen in der Versorgung für das Gesundheitspersonal, die Patient*innen und die Gesundheitsorganisation geführt haben.

Obschon die Einführung von Klinikinformationssystem mit einer Zunahme im Aufwand seitens des Fachpersonals führte, zeigen sich zahlreiche Vorteile, wie verbesserte Effizienz durch bessere Zusammenarbeit unter den Gesundheitsdienstleistern und erhöhte Patientensicherheit (Enahoro et al., 2024). Neue Klinikinformationssysteme ermöglichen dem Personal zudem den Zugriff auf Echtzeit-Daten und unterstützen damit fundierte Entscheidungen. Wearables und drahtlose Technologien erlauben es, die Vitaldaten der Patient*innen in Echtzeit zu überwachen. Dies erleichtert die Früherkennung von Anomalien und unterstützt schnelle Entscheidungen bei der Versorgung (Marques & Ferreira, 2020). Des Weiteren reduzierte eine Gesundheitstechnologie in Form eines im Klinikinformationssystem implementierten Algorithmus beispielsweise die Betreuung bei Herz-Kreislauf-Erkrankungen durch die Verwendung von Daten aus dem Klinikinformationssystem. Der Algorithmus interpretierte die Daten und gab Empfehlungen zur Behandlung ab (Decision Support System) (Kruse & Beane, 2018).

Ein weiterer Schritt in der Digitalisierung des Gesundheitswesens ist die Telemedizin und Fernüberwachung. Diese Innovationen sind Kernbestandteile von Smart Health (siehe Kap. 1) und haben die Gesundheitsversorgung verbessert und bieten Vorteile sowohl für Patient*innen als auch für das Gesundheitspersonal. Diese Technologien haben zu besseren Patientenergebnissen, reduzierten Gesundheitskosten und erhöhter Patientenzufriedenheit geführt (Vudathaneni et al., 2024). Die Technologien haben auch eine kontinuierliche Versorgung, Diagnosen und Behandlungspläne erleichtert sowie die medizinische Forschung und Ausbildung beschleunigt (Shinbane & Saxon, 2016). Die COVID-19-Pandemie hat die Bedeutung der Telemedizin bei der Versorgung, insbesondere in Hospizen und Pflegeheimen, weiter verdeutlicht (Jin et al., 2020). Allerdings war die Auswirkung auf das Gesundheitspersonal gemischt, mit Bedenken hinsichtlich der Veränderung von Arbeitsrollen und der Entwicklung von neuen Fähigkeiten (Marshall & Bidmead, 2018).

Zusammenfassend lässt sich sagen, dass die Implementierung von digitalen Technologien für das Gesundheitspersonal zusätzliche Arbeitsbelastung erzeugen kann, aber auch positiv zu besserer Versorgungsqualität beiträgt.

Neben der beschriebenen Diskrepanz zwischen den erwarteten und nachgewiesenen Vorteilen der Technologie erfordert die fortlaufende digitale Transformation, dass sich das Gesundheitspersonal häufig und schnell an neue Gegebenheiten anpasst, wie die Implementierung der elektronischen Patientendokumentation oder Telemedizin. Diese Anpassung beinhaltet die obligatorische Nutzung von Technologien am Arbeitsplatz und die fortlaufende Verbesserung des Wissens und der Fähigkeiten, um die Technologien korrekt nutzen zu können. Die Schwäche, mit neuen Technologien umzugehen und fehlende Agilität innerhalb der Organisation (siehe Kap. 8), kann zu Technostress beim Gesundheitspersonal führen.

6.4 Technostress

Technostress wurde 1984 erstmals definiert als das menschliche Unvermögen, mit Hard- und Softwaretechnologien gesund umgehen zu können (Brod, 1984). Damals lag der Fokus einzig auf dem Unvermögen in Bezug auf den Umgang mit Technologien. Diese Reaktion scheint verständlich in Anbetracht dessen, dass Computer erstmals Einzug in das Privatleben und die Arbeitswelt in größerem Umfang nahmen. Mit den Jahren kristallisierten sich jedoch weitere Aspekte von Technostress heraus, sodass ein breiteres Verständnis von Nöten war: Technostress, als Ausdruck von Unruhe, Angst, Anspannung und Besorgnis, wenn digitale Technologien erlernt und angewandt werden (Wang et al., 2008). Technostress beschreibt somit eine Reaktion einer Person auf die Interaktion mit digitalen Technologien.

Auf dieser Basis wurden diverse Rahmenmodelle entwickelt und über die Jahre hinweg weiterentwickelt. Von ursprünglich fünf Sub-Kategorien von Technostress (Ragu-Nathan et al., 2008), liegen uns bereits 12 Sub-Kategorien vor (Gimpel et al., 2019, 2024):

- **Überflutung**
  Überflutung beschreibt das Gefühl von Zunahme der Arbeit und fehlender Zeit aufgrund der Nutzung von digitalen Technologien.
- **Verunsicherung**
  Ständiger Wechsel und Neuerungen erfordern von Arbeitnehmenden, dass sie sich kontinuierlich weiterentwickeln müssen.
- **Omnipräsenz**
  Omnipräsenz umschreibt das Gefühl, dass sich die Grenze zwischen Arbeits- und Privatleben zunehmend aufgrund der Möglichkeiten durch digitale Technologien auflöst. Arbeitnehmende denken, dass sie ständig erreichbar sein müssen.
- **Jobunsicherheit**
  Jobunsicherheit beschreibt die Angst durch digitale Technologien bei der Arbeit ersetzt zu werden, bspw. Durch Automatisierung.
- **Komplexität**
  Die Anwendung von digitalen Technologien erfordert Kompetenzen und Arbeitnehmende können das Gefühl haben unzureichend über diese zu verfügen. Sie empfinden viel Zeit in das Erlernen investieren zu müssen.
- **Leistungsüberwachung**

Arbeitnehmende können das Gefühl haben, dass ihre Leistung überwacht und bewertet werden auf Basis von Daten, die sie selbst eingeben oder durch ihre Nutzung erfasst werden.

- **Gläserne Person**
  Wenn die Nutzung digitaler Technologien als Einschnitt in die eigene Privatsphäre erlebt wird, kann dies zum Gefühl führen für Außenstehende eine gläserne Person zu sein, über die man alles weiß.
- **Unzuverlässigkeit**
  Unzuverlässigkeit beschreibt das Gefühl von Ärger bzw. Frust, wenn digitale Technologien nicht so funktionieren, wie sie sollten, bspw. Fehlfunktionen oder instabile Systeme.
- **Unterbrechung**
  Unterbrechungen der Tätigkeiten durch digitale Technologien können die Konzentration stören.
- **Nicht-Verfügbarkeit**
  Wissen Arbeitnehmende, dass digitale Technologien existieren, die förderlich für ihren Arbeitsprozess wären, aber im eigenen Unternehmen nicht verfügbar oder untersagt sind, kann das Stress verursachen.
- **Unklarheit der Rolle**
  Die Unklarheit der Rolle beschreibt das Gefühl, dass mehr Zeit in die Lösung von Problemen mit digitalen Technologien und Medien investiert werden muss als in die eigentliche Arbeitstätigkeit.
- **Mangelndes Erfolgserlebnis**
  Beschreibt das Gefühl, kaum Arbeitsfortschritte bzw. -erfolge zu erzielen, da diese bei der Nutzung digitaler Technologien und Medien wenig wahrnehmbar sind.

Technostress hat demzufolge viele Faktoren, die sich je nach Sektor nachweislich in ihrem Ausmaß auch unterscheiden (Gimpel et al., 2019). In Deutschland wurde eine umfassende Befragung im Rahmen der Studie „Gesund digital arbeiten?!" mit 5000 Personen aus unterschiedlichen Sektoren durchgeführt. Dabei zeigte sich, dass mehr als jede dritte Person bei mindestens einem der oben gelisteten Sub-Kategorien eine sehr starke Belastung angab (Gimpel et al., 2019). Die am stärksten ausgeprägte Sub-Kategorie war dabei die Leistungsüberwachung, gefolgt von Gläserner Person und Unzuverlässigkeit. Mit Blick auf die Sektoren, war Technostress auf einer Skala von 0 (sehr gering) bis 4 (sehr stark) in der Informatik und Kommunikation am stärksten ausgeprägt (1.68) und beim Gesundheitspersonal am tiefsten (1.29) (Gimpel et al., 2019).

Es gibt jedoch auch eine positive Sicht auf Technostress, die beschreibt, dass der positive Technostress bereichernd und motivierend wahrgenommen werden kann (Califf et al., 2020; Tarafdar et al., 2019). Die Faktoren, welche zu einem positiven Technostress führen sind als hemmende Faktoren bekannt und werden im Abschn. 6.7 beschrieben.

6.5 Technostress im Gesundheitswesen

Die Forschung zu Technostress im Gesundheitswesen hat in den letzten Jahren zugenommen. In einer kürzlich erschienen Übersichtsarbeit wurden Resultate aus neun Studien zu Technostress aus Deutschland und der Schweiz zusammengefasst (Bail et al., 2024). Insgesamt ist Technostress im Gesundheitswesen in Deutschland und der Schweiz mäßig ausgeprägt. Insbesondere die Sub-Kategorien Überflutung und Verunsicherung waren am stärksten ausgeprägt (Bail et al., 2024). Das sind Hinweise darauf, dass aktuell viele Implementierungen von digitalen Technologien erfolgen und beim Gesundheitspersonal einerseits das Gefühl zunimmt durch diese Technologien mehr arbeiten zu müssen und unzureichend Zeit für die eigentliche Arbeit zu haben. Andererseits ist die Verunsicherung ein Hinweis auf ständigen Wechsel von digitalen Technologien, sodass das Gesundheitspersonal nicht mehr hinterher kommt mit dem Aneignen der nötigen Kompetenzen.

In den inkludierten Studien in der Übersichtsarbeit wurden jedoch noch nicht alle möglichen Sub-Kategorien evaluiert. In einer Querschnittstudie zu Pflegepersonal in Schweizer Akutkliniken wurden alle 12 Sub-Kategorien evaluiert (Abb. 6.1), wobei die Verunsicherung weiterhin am stärksten ausgeprägt war, gefolgt von Unterbrechungen, Unzuverlässigkeit und Überflutung (Golz et al., 2024). Die bisherigen Erkenntnisse werden dadurch um das Risiko von Unterbrechungen bei der Arbeit, wie beispielsweise durch Anrufe oder E-Mails und die Unzuverlässigkeit bestehender digitaler Technologien, wie schwacher Akkuleistung für Laptops oder fehlendes WiFi erweitert. Im Vergleich zu anderen Sektoren (siehe Abschn. 6.4) zeigt sich somit im Gesundheitswesen eine andere Ausprägung der Sub-Kategorien und demzufolge andere Handlungsfelder.

Technostress wird durch individuelle und organisatorische Merkmale sowie Arbeitsbedingungen beeinflusst. In Bezug auf individuelle Merkmale stand ein höheres Alter im Zusammenhang mit höherem Technostress. Weiterhin wurde festgestellt, dass Geschlecht, Beruf und Bildung mit Technostress im Zusammenhang stehen. In Bezug auf die Bereiche zeigte das Gesundheitspersonal in Akutkliniken den höchsten Technostress, gefolgt von Psychiatrischen Kliniken.

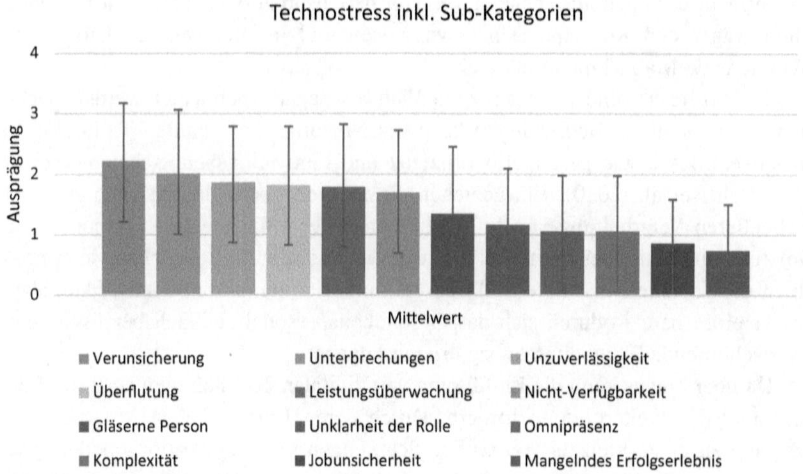

Abb. 6.1 Technostress inkl. Sub-Kategorien beim Pflegepersonal in Schweizer Akutkliniken (Golz et al., 2024)

Mit Blick auf die Berufe, berichtete der ärztliche Dienst den höchsten Technostress, gefolgt vom Pflegepersonal (Golz et al., 2021a, b). Diese Resultate sind nachvollziehbar, da gerade im klinischen Bereich mit der Intensivmedizin und der Behandlung hochkomplexer Fälle ein hoher Bedarf an technischer Unterstützung besteht. Auch scheint es einen Zusammenhang mit der Häufigkeit von Technologienutzung und Technostress zu bestehen, da insbesondere der ärztliche Dienst, mit hoher Nutzung digitaler Technologien, von der stärksten Belastung durch Technologien berichtet.

6.6 Die Konsequenzen von Technostress

Obschon Technostress bislang mäßig ausgeprägt ist, sind die damit einhergehenden Konsequenzen nicht zu unterschätzen. Ein erhöhter Technostress steht im Zusammenhang mit erhöhten Burnout-Symptomen, geringerer allgemeiner Gesundheit, geringerer Schlafqualität, vermehrten Kopfschmerzen, geringerer Arbeitsfähigkeit, einer geringeren Arbeitszufriedenheit und der Absicht den Beruf bzw. den Arbeitgeber zu verlassen (Golz et al., 2021a; Wirth et al., 2024). In

Anbetracht der noch anstehenden Transformationsprozesse sollten sich Entscheidungsträger den Konsequenzen bewusst sein und im Rahmen der Umsetzung flankierende Maßnahmen umsetzen.

Technostress sollte nicht ausschließlich als negativ betrachtet werden. Denn unter den richtigen Bedingungen kann die Nutzung von digitalen Technologien positive Effekte wie gesteigerte Effizienz und Innovationsbereitschaft hervorrufen (Califf et al., 2020). Ein gezielter Einsatz von Technologien kann zu einer schnelleren Verarbeitung von Informationen, einer effizienteren Kommunikation im Team und einer besseren Entscheidungsfindung führen. Beispielsweise ermöglicht der gezielte Einsatz von KI und Automatisierung, administrative Aufgaben zu vereinfachen, wodurch sich das Gesundheitspersonal auf fachspezifische und wertschöpfende Tätigkeiten konzentrieren können.

Darüber hinaus kann die Einführung von digitalen Technologien auch das Lernen und die Weiterbildung fördern. Durch deren Einsatz haben Mitarbeitende Zugang zu einer Vielzahl von Online-Schulungen und Informationsquellen, was langfristig ihre Fähigkeiten und ihr Vertrauen in den Umgang mit Technologien stärkt. Diese positiven Reaktionen auf die Interaktion mit Technologien am Arbeitsplatz finden in der Forschung jedoch bislang zu wenig Beachtung. Es wäre sinnvoll, zukünftig nicht nur die negativen Folgen von Technostress zu untersuchen, sondern auch die Potenziale für Arbeitsentlastung und Effizienzsteigerung stärker zu beleuchten. Eine ganzheitliche Betrachtung, die sowohl Risiken als auch Chancen umfasst, wird entscheidend sein, um die digitale Transformation erfolgreich und gesundheitsfördernd zu gestalten.

6.7 Technostress-hemmende Faktoren beim Gesundheitspersonal

Als hemmende Faktoren für Technostress gibt es verschiedene Ansatzpunkte seitens der Entscheidungsträger (Abb. 6.2). Das Gesundheitspersonal braucht eine verlässliche Anlaufstelle bei technischen Problemen. Eine gut funktionierende IT-Support-Struktur ist entscheidend, da sie dem Gesundheitspersonal das Vertrauen gibt, dass technische Schwierigkeiten schnell und effizient gelöst werden können. Dadurch wird das Gefühl der Unsicherheit und Überforderung minimiert, was einen positiven Effekt auf Technostress haben kann (Califf et al., 2020). Die IT-Support-Struktur wird im Durchschnitt international im Gesundheitswesen als gut eingeschätzt (Califf et al., 2020; Golz et al., 2024). Es ist jedoch nicht nur der IT-Support, sondern auch die gegenseitige Unterstützung im

Team bei der Anwendung von digitalen Technologien (Golz et al., 2021b). Innerhalb eines Teams gibt es Personen mit einer hohen Affinität für Technologie und einer entsprechend höheren digitalen Kompetenz. Diese gegenseitige Unterstützung führt zu neuen Rollen, die im Abschn. 6.10 erläutert werden. Um sich die nötigen Kompetenzen anzueignen, braucht das Gesundheitspersonal Ressourcen (Zeit, Geld und Infrastruktur). Bereits jetzt schätzt sich das Gesundheitspersonal als digital kompetent ein (Golz et al., 2024; Golz et al., 2021a). Diese Selbsteinschätzung hat jedoch diverse Nachteile. Einerseits ist die Selbsteinschätzung auf Basis der vorhandenen digitalen Technologien bei der Arbeit erfolgt und, wie in Abschn. 6.2 beschrieben, ist die Fülle an genutzten digitalen Technologien noch beschränkt. Andererseits ist die Selbsteinschätzung auch anfällig für eine Überschätzung der eigenen Kompetenzen im Unwissen der eigenen Inkompetenz, was als Dunning-Kruger Effekt bekannt ist. Wir sollten uns somit nicht mit den hohen Selbsteinschätzungen begnügen und sie als ausreichend abtun ohne kontinuierliche Evaluation dieser im Prozess der digitalen Transformation.

Darüber hinaus fehlt es den Bildungseinrichtungen an einer angemessenen Vorbereitung auf die Anwendung von Technologien in der täglichen Arbeit der Student*innen nach ihrem Abschluss (Golz et al., 2021b). Daher können sich

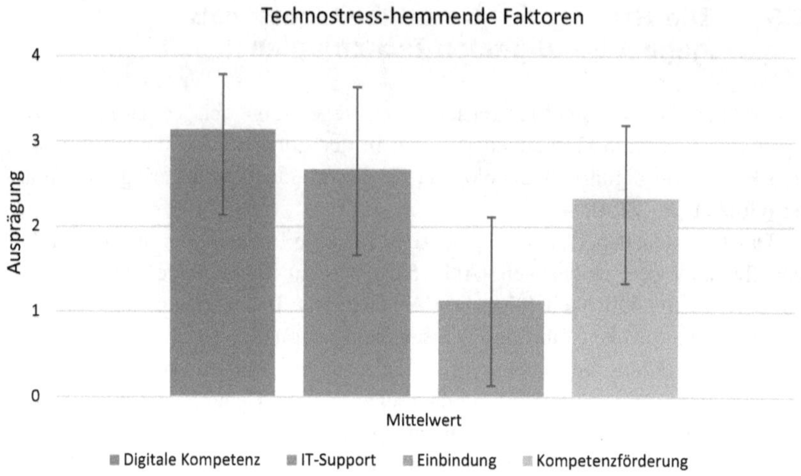

Abb. 6.2 Technostress-hemmende Faktoren beim Pflegepersonal in Schweizer Akutkliniken (Golz et al., 2024)

Gesundheitsorganisationen nicht darauf verlassen, dass sie qualifiziertes Gesundheitspersonal mit angemessenen Kenntnissen, Fähigkeiten und Haltung erhalten, die für die laufende digitale Transformation erforderlich sind, und müssen deshalb Maßnahmen ergreifen, um die Anforderungen für die nachhaltige Nutzung von Technologien am Arbeitsplatz zu erfüllen. Eine kontinuierliche Schulung und Evaluation der digitalen Kompetenzen ist somit unerlässlich, um sicherzustellen, dass das Personal nicht nur aktuelle Technologien beherrscht, sondern auch für zukünftige Entwicklungen gut vorbereitet ist (Califf et al., 2020).

Zusammenfassend kann man sagen, dass Smart Health Technologien (siehe Kap. 1) Stress verursachen können, da sie eine ständige Verfügbarkeit und schnelle Anpassung an neue Systeme erfordern. Dies kann zu Überlastung, Frustration und Burnout beim Gesundheitspersonal führen, was wiederum die Qualität der Patientenversorgung beeinflussen kann. Der Stress im Zusammenhang mit Technologienutzung ist jedoch nicht ausschließlich negativ. Studien zu hemmenden Faktoren negativer Folgen von Technostress zeigen klare Handlungsfelder auf, durch die sogar ein positiver Effekt erreicht werden kann, dass das Gesundheitspersonal gerne und zielführend digitale Technologien im Arbeitsalltag anwendet.

6.8 Die Haltung des Gesundheitspersonals gegenüber digitalen Technologien

Das größte Handlungsfeld für Entscheidungsträger zeigt sich jedoch im frühzeitigen Einbezug vom Gesundheitspersonal in der Entwicklung, Implementierung und Evaluation digitaler Technologien, da dieser aktuell sehr gering ausgeprägt ist (Golz et al., 2024).

Das Gesundheitspersonal wird oft zu spät in die Entwicklung und Bewertung von Technologien einbezogen (Abb. 6.2), was zu Technologien mit schlechter Benutzerfreundlichkeit führt. Das Arbeiten mit Technologien mit schlechter Benutzerfreundlichkeit führt beim Gesundheitspersonal zu Erfahrungen, die eine ablehnende Haltung gegenüber Technologie zur Folge haben können, aufgrund von Angst vor Kontrollverlust durch fehlende Einbeziehung und Wissen. Die gemachten negativen Erfahrungen durch den fehlenden Einbezug stehen somit in direktem Zusammenhang mit der persönlichen Haltung gegenüber digitalen Technologien. Obwohl das Gesundheitspersonal die Vorteile der Technologie sehen, können sie diese aufgrund der geringen Nutzbarkeit oder Unzuverlässigkeit der Technologie nicht nutzen. Sie sind unzufrieden mit der mangelnden Einbindung in die Entscheidungsprozesse bei der Entwicklung und Implementierung von Technologien.

Die Einbindung des Gesundheitspersonals in die Entwicklung, Auswahl und Implementierung von IT-Systemen ist somit ein weiterer wichtiger positiver Faktor für Technostress. Denn wenn das Personal frühzeitig in die Entscheidungsprozesse integriert wird, können die Systeme besser an die tatsächlichen Arbeitsanforderungen angepasst werden. Dies fördert nicht nur die Akzeptanz, sondern auch die Identifikation mit den neuen Technologien, was wiederum die negativen Folgen von Technostress hemmt und motiviert neue Technologien bei der Arbeit einzusetzen (Califf et al., 2020). Für diese Einbindung wird ein Framework bestehend aus drei Phasen empfohlen (digitalswitzerland, 2024). In der ersten Phase erfolgt eine Analyse der Prioritäten der verschiedenen Interessengruppen, eine Evaluation der Vorteile, welche die Technologie mit sich bringen soll, sowie eine Untersuchung potenzieller Hindernisse. Zudem werden Strategien zur Überwindung dieser Hindernisse erörtert. Die Prioritäten der verschiedenen Interessengruppen unterscheiden sich dabei möglicherweise voneinander. Für die Gesundheitsorganisationen steht beispielsweise die Effizienz der Prozesse im Vordergrund, während das Gesundheitspersonal den Fokus auf die Arbeitsentlastung legen. Die Vorabklärungen erfordern zwar einen Mehraufwand, diese vorausschauende Investition in Zeit und Ressourcen zahlt sich jedoch aus, da dadurch spätere Frustrationen, große Anpassungen und eine suboptimale Umsetzung vermieden werden können (digitalswitzerland, 2024). Die zweite Stufe umfasst eine kontinuierliche Evaluation des Entwicklungsprozesses, um sicherzustellen, dass die Technologie die intendierten Ziele erreicht und eine intuitive Bedienbarkeit aufweist. Dies gewährleistet, dass die Technologie weiterhin die ihm zugedachten Aufgaben erfüllen wird. In dieser Phase kann die Benutzerfreundlichkeit exakt überwacht werden, beispielsweise mithilfe des System Usability Scale (Gao et al., 2020). Dies ist nach wie vor von entscheidender Bedeutung für die Akzeptanz und wird dazu führen, dass der Bedarf an langwieriger Unterstützung, die das Gesundheitspersonal nach der Einführung bei der Nutzung der neuen Technologie benötigt, sinkt (digitalswitzerland, 2024). In der dritten Phase, der Abschlussphase der Entwicklung, erfolgt eine Transformation beim Gesundheitspersonal zu Befürwortenden mit einer positiven Haltung gegenüber der Technologie. Dies kann durch die tatsächliche Nutzung der Technologie und das Erleben der evidenten Vorteile der Technologie erfolgen (Wosny et al., 2023). In der Umsetzungsphase kommt dem Gesundheitspersonal, das aktiv an der Entwicklungsphase beteiligt war, eine entscheidende Rolle zu. Durch ihre aktive Beteiligung und das Aufzeigen der Vorteile der neuen Technologie können sie zu Champions werden, die eine wichtige Rolle als Multiplikatoren und zur Unterstützung der anderen Kolleg*innen übernehmen (digitalswitzerland, 2024).

6.9 Technostress im Kontext bekannter arbeitsbezogener Stressoren

Wenn man sich mit Technostress bei der Arbeit befasst, dann ist es im Kontext weiterer bekannter arbeitsbezogener Stressoren wichtig zu relativieren, insbesondere im Gesundheitswesen. Grundsätzlich werden die Arbeitsbedingungen beim Gesundheitspersonal als herausfordernd und belastend betrachtet, was im Zusammenhang mit höheren Gedanken an Berufsaustritten steht (Peter et al., 2024). Besonders in stressintensiven Berufen wie in der Pflege und im ärztlichen Dienst, wo Schichtarbeit und hohe physische wie psychische Anforderungen an der Tagesordnung sind, ist das Risiko für Erschöpfung und Burnout stark erhöht. Viele der Betroffenen beklagen die zunehmende Verdichtung der Arbeit, die durch administrative Aufgaben verstärkt wird. Dies führt nicht nur zu einem Gefühl der Überforderung, sondern auch zu einer Verschlechterung der Arbeitszufriedenheit und frühzeitigen Berufsaustritten.

In einer großangelegten Studie aus der Schweiz, die ca. 19.000 Gesundheitsfachpersonen aus insgesamt 165 Organisationen untersuchte, wurde deutlich, dass gerade die fehlende Vereinbarkeit von Arbeits- und Privatleben sowie geringe Führungsqualitäten im starken Zusammenhang mit einer geringeren Arbeitszufriedenheit, höheren Gedanken an die Berufsaufgabe und weiteren gesundheitsbezogenen Konsequenzen stehen (Peter et al., 2024). Die Ergebnisse zeigen, dass der Mangel an unterstützender Führung und flexiblen Arbeitsmodellen zu einer Verschärfung der ohnehin schon belastenden Arbeitssituation beiträgt. Zudem wird in der Studie betont, dass das Ausmaß an emotionalem Stress, das durch unzureichende Pausenregelungen und unflexible Arbeitszeiten verursacht wird, oft unterschätzt wird.

Es scheint somit mit Blick auf die Verbesserung der Arbeitsbedingungen, insbesondere im Gesundheitssektor, in erster Linie andere Handlungsfelder mit größerer Hebelwirkung zu geben. Dazu gehören Maßnahmen, die das Arbeitsklima verbessern, wie etwa Programme zur Stressbewältigung, die Förderung von Führungsqualitäten und bessere Kommunikationsstrukturen innerhalb der Organisationen. Zur Verbesserung der Arbeitsbedingungen werden jedoch zunehmend auch digitale Lösungen in Betracht gezogen, die nicht nur die Effizienz steigern, sondern auch die Arbeitsbelastung reduzieren könnten. Gerade zur Förderung der Vereinbarkeit von Beruf und Privatleben bietet sich eine flexiblere Dienstplanung an. Diese flexiblere Dienstplanung soll mehr Partizipation ermöglichen und gerechter werden, indem objektivere Prozesse eingeführt werden. Hierbei kann der Einsatz von künstlicher Intelligenz einen vielversprechenden Ansatz bieten, da durch smarte Algorithmen eine bedarfsgerechte und individuellere und dadurch fairere Planung ermöglicht wird (Hofer et al., 2024).

Der zunehmende Einsatz digitaler Lösungen, wie zum Beispiel Apps für die Dienstplanung, hat jedoch auch das Potenzial, eine neue Quelle für Technostress zu werden, wenn keine präventiven Maßnahmen geplant und umgesetzt werden. Um diesem entgegenzuwirken, sind Schulungen, eine klare Kommunikation über die Vorteile der Technologie sowie eine nutzerfreundliche Gestaltung gemeinsam mit dem Gesundheitspersonal von entscheidender Bedeutung. Nur wenn diese Faktoren berücksichtigt werden, können digitale Lösungen wirklich zur Verbesserung der Arbeitsbedingungen beitragen, anstatt sie zu verschlechtern.

6.10 Schaffung einer neuen Rolle für die Teamunterstützung

Teammitglieder mit höheren digitalen Kompetenzen werden häufig von Kolleg*innen mit geringeren digitalen Kompetenzen um Hilfe gebeten. Besonders älteres Gesundheitspersonal sollte ihre jüngeren Kolleg*innen als Lernquelle nutzen. Junges Gesundheitsfachpersonal übernimmt oft eine implizite Unterstützungsrolle im Team, zusätzlich zu ihren regulären Aufgaben. Führungspersonal sollte diese zusätzliche Aufgabe wertschätzen, indem sie diesen Mitarbeitenden offiziell eine unterstützende Rolle zuweisen und ihnen dafür entsprechende Zeitressourcen zur Verfügung stellen. Dies erfordert die Entwicklung einer klaren Rollenbeschreibung, die entweder als unabhängige Funktion oder als zusätzliche Aufgabe definiert wird, und eine angemessene Vergütung, um diese Position in Zeiten knapper Personalressourcen attraktiv zu gestalten. Durch die Etablierung einer solchen Rolle fördern Führungspersonen nicht nur die technische Unterstützung im Team, sondern schaffen auch neue Entwicklungsmöglichkeiten für ihre Mitarbeitenden.

Das Royal College of Nursing beschreibt verschiedene Rollen, die im Zuge der digitalen Transformation spezifisch für die Pflege entstehen. Neben der Support-Rolle wird eine Rolle als Expert*in beschrieben, die als verantwortliche Person im Change-Management aus Sicht des Fachpersonals agiert. Dies umfasst die aktive Beteiligung in der Entwicklung, Implementierung und Testung digitaler Technologien. Eine weitere Rolle sind Strategen, deren Position häufig als Chief

Nursing Informatics Officer beschrieben wird. Personen in dieser Rolle werden als Strategie-Dolmetscher beschrieben, die Diskussionen über strategische Initiativen im Rahmen der digitalen Transformation in die Pflege und die Informatik tragen. Eine weitere, uns aus Social Media, bekannte Rolle sind die Influencer. Diese Personen sind sehr technik-affin und überzeugt von dem Mehrwert für den Arbeitsalltag. Sie leben im Arbeitsalltag die Anwendung von Technologien vor und zeigen somit die Vorteile auf (Royal College of Nursing, 2024). Diese Influencer übernehmen eine Vorreiterrolle und können durch Schaffung von Veränderungen auch Wissen verbreiten und sich selbst sowie andere zur Anwendung befähigen (Gentry & Prince-Paul, 2021). Obschon diese Rollen pflegespezifisch beschrieben sind, scheinen sich doch geltend für alle Gesundheitsberufe.

6.11 Organisationale Bereitschaft zur technologischen Innovation

Die Konsequenzen von Technostress verdeutlichen, wie wichtig es ist für Entscheidungsträger bei der digitalen Transformation ist auch an das Gesundheitspersonal zu denken. Forschung zu den Auswirkungen verschiedener Führungsstile auf Technostress zeigt auf, dass insbesondere der transformationale und der gesundheitsorientierte Führungsstil diesen reduzieren können. Der transformationale Führungsstil zielt darauf ab, persönliche und berufliche Entwicklung sowie die intrinsische Motivation von Mitarbeitenden zu fördern (Thelen & Garrel, 2024). Primärer Ansatzpunkt des gesundheitsorientierten Führungsstils ist das zwischenmenschliche Wohlbefinden, welches sich leistungsfördernd auf die Mitarbeitenden auswirkt (Kräft et al., 2024). Zur Unterstützung bei der Einführung von Technologien für Gesundheitsorganisationen gibt es Rahmenmodelle, die in der Überprüfung anleiten, ob verschiedene Voraussetzungen erfüllt sind. Dadurch können negative Folgen verringert werden, um vom vorgeschlagenen Mehrwert der Technologie für die Organisation, das Gesundheitspersonal und die Patient*innen zu profitieren. In diesem Zusammenhang wird von der organisationalen Bereitschaft für technologische Innovationen gesprochen. Sie wird definiert als „die Einschätzung einer Organisation, inwieweit sie auf die effektive Produktion oder Übernahme, Assimilation und Nutzung digitaler Technologien für Innovationen vorbereitet ist" (Lokuge et al., 2019). Organisationaler Bereitschaft kommt eine zentrale Rolle zu, da sie bestimmt, wie gut eine Organisation in der Lage ist, technologische Veränderungen nicht nur zu akzeptieren, sondern aktiv in ihre Strukturen und Prozesse zu integrieren. Diese Bereitschaft spiegelt nicht nur das Vorhandensein technischer Ressourcen wider, sondern auch die

Flexibilität und Offenheit der Organisation gegenüber Veränderungen. Eine hohe Bereitschaft schafft die Grundlage dafür, dass Innovationen effizient umgesetzt werden können und ihre Vorteile langfristig wirksam sind. Sie betrifft sowohl die strategische Ausrichtung der Organisation als auch die Unterstützung und Weiterbildung der Mitarbeitenden, um sicherzustellen, dass technologische Innovationen nicht nur implementiert, sondern auch nachhaltig genutzt werden. Die organisatorische Bereitschaft für digitale Innovation ist multidimensional und umfasst die folgenden Dimensionen:

- **Ressourcen**
  Flexibilität der Ressourcen, insbesondere im Hinblick auf Finanzen, technologische Infrastruktur und Personal, ist entscheidend. In einer Klinik könnte dies bedeuten, dass das Management nicht nur Budget für den Kauf neuer Geräte, sondern auch für die Umschulung von Mitarbeitern bereitstellt. Flexibilität in der Mittelverwendung, ist wichtiger als reine Verfügbarkeit von Ressourcen, da unflexible finanzielle Zuweisungen Innovationsmöglichkeiten blockieren können.
- **IT-Infrastruktur**
  Eine stabile IT-Infrastruktur ist bedeutend als Grundlage für Innovationen. Ein Beispiel könnte sein, dass eine Klinik in Cloud-Dienste investiert, um Zugriff auf Patientendaten in Echtzeit zu ermöglichen. Dies erleichtert die Zusammenarbeit zwischen dem ärztlichen Dienst und Pflegepersonal. Die Stabilität der bestehenden Systeme ist ebenso von Bedeutung, um Ausfälle zu vermeiden und Innovationen zu unterstützen.
- **Kultur**
  Eine innovationsfreundliche Kultur ist grundlegend, die durch dezentralisierte Entscheidungsprozesse und eine Risikobereitschaft gefördert wird. In einer Gesundheitsorganisation könnte dies bedeuten, dass die Mitarbeitenden auf allen Ebenen in Entscheidungsprozesse einbezogen werden, um die Einführung neuer Technologien zu unterstützen.
- **Strategie**
  Eine Digitalisierungsstrategie mit klaren und kommunizierten Zielen ist wichtig.
- **Innovation**
  Motivation und Einstellung der Mitarbeitenden sind entscheidend für den Erfolg digitaler Innovationen. In einer Klinik könnte dies bedeuten, dass das Pflegepersonal und der ärztliche Dienst bereit sind, neue Technologien wie tragbare Überwachungsgeräte zu nutzen und sich schnell auf deren Nutzung einzustellen.

- **Kognition**
  Hier geht es um die Fähigkeiten und das Wissen der Mitarbeitenden. Ein umfassendes Verständnis der Technologie sowie der damit zusammenhängenden Prozesse ist wichtig. Beispielsweise braucht es Kenntnisse zur Anwendung aber auch in Bezug auf den Datenschutz.
- **Partnerschaft**
  Eine gute Zusammenarbeit mit Technologieanbietern wird als entscheidender Faktor für den Erfolg digitaler Innovationen beschrieben.

Durch die Berücksichtigung dieser Dimensionen kann eine Organisation ihre technologische Innovationsbereitschaft stärken und sicherstellen, dass technologische Fortschritte tatsächlich zu positiven Veränderungen führen, ohne das Risiko von Technostress für die Mitarbeitenden zu erhöhen.

6.12 Ausblick

Die fortschreitende Digitalisierung im Gesundheitssystem ist ein kontinuierlicher Prozess, der stetige Anpassungen und Optimierungen erfordert. Durch gezielte Digitalstrategien und entsprechende Investitionen können die Potenziale digitaler Technologien vollumfänglich genutzt werden, um die Qualität und Effizienz der Gesundheitsversorgung weltweit nachhaltig zu steigern (siehe Kap. 2). Die fortschreitende Digitalisierung im Gesundheitswesen kann, ohne Förderung der beschriebenen hemmenden Faktoren, den Technostress weiter verstärken. Der frühzeitige Einbezug wird dabei in den kommenden Jahren eine Schlüsselrolle spielen müssen, um sicherzustellen, dass digitale Technologien nicht nur technologisch ausgereift, sondern auch benutzerfreundlich und praxisnah sind. So kann das Gesundheitspersonal als aktiver Gestalter der digitalen Transformation auftreten, was letztlich zu einer verbesserten Patientenversorgung und einem effizienteren Gesundheitswesen führt (Swan et al., 2023).

Ein weiterer Aspekt, der im Zusammenhang mit Technostress zunehmend an Bedeutung gewinnt, ist die Integration von KI in das Gesundheitswesen. KI hat das Potenzial, die Diagnostik, Behandlung und Verwaltung von Gesundheitsprozessen erheblich zu verbessern. Gleichzeitig stellt sie neue Herausforderungen dar, insbesondere in Bezug auf die Kompetenz des Gesundheitspersonals, KI zu verstehen und korrekt anzuwenden. Die Fähigkeit, zu erkennen, auf welcher Datengrundlage KI-Systeme Entscheidungen treffen, ist essenziell, um das Vertrauen in die Technologie zu stärken und deren Einsatz adäquat zu bewerten. Darüber hinaus ist es wichtig, klar zu kommunizieren, dass KI als adjuvante

Technologie eingesetzt wird – das heißt, sie unterstützt das medizinische Personal, ersetzt es jedoch nicht. Ohne dieses Verständnis kann die Angst vor Arbeitsplatzverlust oder der Fehlanwendung von Technologien den Technostress verstärken. Daher sollten Schulungsprogramme nicht nur technologische Fähigkeiten vermitteln, sondern auch die ethischen und praktischen Grundlagen der KI-Nutzung verdeutlichen, um sicherzustellen, dass sie als hilfreiches Werkzeug und nicht als Bedrohung wahrgenommen wird. Dies wird entscheidend sein, um das Gesundheitspersonal zu entlasten und die Effizienz von KI-Lösungen im Gesundheitswesen zu maximieren.

Angesichts des großen Entwicklungspotenzials der DACH-Länder in der digitalen Transformation ihrer Gesundheitssysteme besteht die wertvolle Möglichkeit, aus den Erfahrungen anderer Länder zu lernen und ähnliche Fehler zu vermeiden. Die globale Vernetzung und der internationale Wissenstransfer sind hierbei von entscheidender Bedeutung, um Technostress weltweit im Gesundheitswesen zu reduzieren. Länder mit fortgeschrittener Digitalisierung können durch den Austausch bewährter Praktiken, Schulungsprogramme und technische Unterstützung dazu beitragen, dass andere Länder ihre digitalen Prozesse effizienter und stressfreier gestalten. Dabei können diese Länder von den bereits gemachten Erfahrungen profitieren und Fehler vermeiden, die in digital fortgeschritteneren Regionen bereits überwunden wurden. Eine verstärkte Erforschung der internationalen Kooperation und des Austauschs bewährter Praktiken könnte die Entwicklung gemeinsamer Standards, interoperabler Systeme und globaler Richtlinien für die digitale Transformation im Gesundheitswesen fördern (World Health Organization, 2021).

Literatur

Arndt, B. G., Beasley, J. W., Watkinson, M. D., Temte, J. L., Tuan, W.-J., Sinsky, C. A., & Gilchrist, V. J. (2017). Tethered to the EHR: Primary care physician workload assessment using EHR event log data and time-motion observations. *The Annals of Family Medicine, 15*(5), 419–426. https://doi.org/10.1370/afm.2121

Bail, C., Marquardt, B., Harth, V., & Mache, S. (2024). Technostresserleben in der stationären medizinischen Versorgung in deutschen und schweizerischen Kliniken: Aktueller Forschungsstand. *Zentralblatt für Arbeitsmedizin, Arbeitsschutz und Ergonomie,* https://doi.org/10.1007/s40664-024-00542-3.

Baumann, L. A., Baker, J., & Elshaug, A. G. (2018). The impact of electronic health record systems on clinical documentation times: A systematic review. *Health Policy, 122*(8), 827–836. https://doi.org/10.1016/j.healthpol.2018.05.014

Brod, C. (1984). Technostress: The human cost of the computer revolution. *(No Title).*

Califf, C., Sarker, S., & Sarker, S. (2020). The bright and dark sides of technostress: A mixed-methods study involving healthcare IT. *MIS Quarterly, 44,* 809–856. https://doi.org/10.25300/MISQ/2020/14818.

Cripps, M., & Scarbrough, H. (2022). Making digital health "solutions" sustainable in healthcare systems: A practitioner perspective. *Frontiers in Digital Health, 4,* 727421. https://doi.org/10.3389/fdgth.2022.727421

digitalswitzerland. (2024). *The adoption of digitalisation by healthcare professionals: Insights and Opportunities.* digitalswitzerland. https://digitalswitzerland.com/wp-content/uploads/2024/07/The-adoption-of-digitalisation-by-healthcare-professionals_-Insights-and-Opportunities.pdf.

Driever, E. M., Stiggelbout, A. M., & Brand, P. L. P. (2020). Shared decision making: Physicians' preferred role, usual role and their perception of its key components. *Patient Education and Counseling, 103*(1), 77–82. https://doi.org/10.1016/j.pec.2019.08.004

Enahoro, Q. E., Ogugua, J. O., Anyanwu, E. C., Akomolafe, O., Odilibe, I. P., & Daraojimba, A. I. (2024). *The impact of electronic health records on healthcare delivery and patient outcomes: A review.* https://doi.org/10.30574/wjarr.2024.21.2.0478.

Gao, M., Kortum, P., & Oswald, F. L. (2020). Multi-language toolkit for the system usability scale. *International Journal of Human-Computer Interaction, 36*(20), 1883–1901. https://doi.org/10.1080/10447318.2020.1801173

Gentry, H., & Prince-Paul, M. (2021). The nurse influencer: A concept synthesis and analysis. *Nursing Forum, 56*(1), 181–187. https://doi.org/10.1111/nuf.12516

Gimpel, H., Lanzl, J., Regal, C., Urbach, N., Becker, J., & Tegtmeier, P. (2024). Stress from digital work: Toward a unified view of digital hindrance stressors. *Information Systems Research,* isre.2022.0691. https://doi.org/10.1287/isre.2022.0691.

Gimpel, H., Lanzl, J., Regal, C., Urbach, N., Wischniewski, S., Tegtmeier, P., Kreilos, M., Kühlmann, T. M., Becker, J., Eimecke, J., & Derra, N. D. (2019). Gesund digital arbeiten?! Eine Studie zu digitalem Stress in Deutschland. *Fraunhofer-Institut für Angewandte Informationstechnik FIT, Bundesanstalt für Arbeitsschutz und Arbeitsmedizin, MF/M-Bayreuth,* 1–52. https://doi.org/10.24406/fit-n-562039.

Golz, C., Aarts, S., Hacking, C., Hahn, S., & Zwakhalen, S. M. G. (2022a). Health professionals' sentiments towards implemented information technologies in psychiatric hospitals: A text-mining analysis. *BMC Health Services Research, 22*(1), 1426. https://doi.org/10.1186/s12913-022-08823-4

Golz, C., Eichenberger, N. L., Souissi, S. B., & Bieri, J. S. (2024). Examining the technostress dimensions and job satisfaction in nursing – A cross-sectional study. In G. Strudwick, N. R. Hardiker, G. Rees, R. Cook, & Y. J. Lee (Hrsg.), *Studies in health technology and informatics,* IOS Press. https://doi.org/10.3233/SHTI240159.

Golz, C., Oulevey Bachmann, A., Defilippis, T. S., Kobleder, A., Peter, K. A., Schaffert, R., Schwarzenbach, X., Kampel, T., & Hahn, S. (2022b). Preparing students to deal with the consequences of the workforce shortage among health professionals: A qualitative approach. *BMC Medical Education, 22*(1), 756. https://doi.org/10.1186/s12909-022-03819-4

Golz, C., Peter, K. A., Müller, T. J., Mutschler, J., Zwakhalen, S. M. G., & Hahn, S. (2021a). Technostress and digital competence among health professionals in Swiss psychiatric hospitals: Cross-sectional study. *JMIR Mental Health, 8*(11), e31408. https://doi.org/10.2196/31408

Golz, C., Peter, K. A., Zwakhalen, S. M. G., & Hahn, S. (2021b). Technostress among health professionals – A multilevel model and group comparisons between settings and professions. *Informatics for Health and Social Care, 46*(2), 137–149. https://doi.org/10.1080/17538157.2021.1872579

Gopal, G., Suter-Crazzolara, C., Toldo, L., & Eberhardt, W. (2019). Digital transformation in healthcare – architectures of present and future information technologies. *Clinical Chemistry and Laboratory Medicine (CCLM), 57*(3), 328–335. https://doi.org/10.1515/cclm-2018-0658

Heponiemi, T., Hyppönen, H., Vehko, T., Kujala, S., Aalto, A.-M., Vänskä, J., & Elovainio, M. (2017). Finnish physicians' stress related to information systems keeps increasing: A longitudinal three-wave survey study. *BMC Medical Informatics and Decision Making, 17*(1), 147. https://doi.org/10.1186/s12911-017-0545-y

Higgins, L. W., Shovel, J. A., Bilderback, A. L., Lorenz, H. L., Martin, S. C., Rogers, D. J., & Minnier, T. E. (2017). Hospital nurses' work activity in a technology-rich environment: A triangulated quality improvement assessment. *Journal of Nursing Care Quality, 32*(3), 208. https://doi.org/10.1097/NCQ.0000000000000237

Hofer, C., Schmid, E., Renggli, F. J., & Golz, C. (2024). Gerechtigkeit in der Dienstplanung: Die Auswirkung auf die Arbeitszufriedenheit in der Pflege und die Sicht der Planungsverantwortlichen. *HeilberufeSCIENCE, 15*(1), 18–27. https://doi.org/10.1007/s16024-024-00403-2

Jin, M. X., Kim, S. Y., Miller, L. J., Behari, G., & Correa, R. (2020). Telemedicine: Current impact on the future. *Cureus, 12*(8). https://doi.org/10.7759/cureus.9891.

Kariotis, T. C., Prictor, M., Chang, S., & Gray, K. (2022). Impact of electronic health records on information practices in mental health contexts: Scoping review. *Journal of Medical Internet Research, 24*(5), e30405. https://doi.org/10.2196/30405

Kräft, J., Wirth, T., Harth, V., & Mache, S. (2024). Digital stress perception among German hospital nurses and associations with health-oriented leadership, emotional exhaustion and work-privacy conflict: A cross-sectional study. *BMC Nursing, 23*(1), 213. https://doi.org/10.1186/s12912-024-01825-z

Kruse, C. S., & Beane, A. (2018). Health information technology continues to show positive effect on medical outcomes: Systematic review. *Journal of Medical Internet Research, 20*(2), e41. https://doi.org/10.2196/jmir.8793

Kruse, C. S., Stein, A., Thomas, H., & Kaur, H. (2018). The use of electronic health records to support population health: A systematic review of the literature. *Journal of Medical Systems, 42*(11), 214. https://doi.org/10.1007/s10916-018-1075-6

Lokuge, S., Sedera, D., Grover, V., & Dongming, X. (2019). Organizational readiness for digital innovation: Development and empirical calibration of a construct. *Information & Management, 56*(3), 445–461. https://doi.org/10.1016/j.im.2018.09.001

Marques, I. C. P., & Ferreira, J. J. M. (2020). Digital transformation in the area of health: Systematic review of 45 years of evolution. *Health and Technology, 10*(3), 575–586. https://doi.org/10.1007/s12553-019-00402-8

Marshall, A., & Bidmead, E. (2018). Using telemedicine in practice: Implications for workforce development. *International Journal of Practice-Based Learning in Health and Social Care, 6*(2), Article 2. https://doi.org/10.18552/ijpblhsc.v6i2.433.

Overhage, J. M., & McCallie, D. (2020). Physician time spent using the electronic health record during outpatient encounters. *Annals of Internal Medicine, 172*(3), 169–174. https://doi.org/10.7326/M18-3684

Peter, K. A., Voirol, C., Kunz, S., Gurtner, A., Renggli, F., Juvet, T., & Golz, C. (2024). Factors associated with health professionals' stress reactions, job satisfaction, intention to leave and health-related outcomes in acute care, rehabilitation and psychiatric hospitals, nursing homes and home care organisations. *BMC Health Services Research, 24*(1). https://doi.org/10.1186/s12913-024-10718-5.

Ragu-Nathan, T. S., Tarafdar, M., Ragu-Nathan, B. S., & Tu, Q. (2008). The consequences of technostress for end users in organizations: Conceptual development and empirical validation. *Information Systems Research, 19*(4), 417–433. https://doi.org/10.1287/isre.1070.0165

Raja, Badil, Ali, S., & Shaheen, S. (2019). Association of medication administration errors with interruption among nurses in public sector tertiary care hospitals: Association of Medication Administration Errors with Interruption. *Pakistan Journal of Medical Sciences, 35*(5). https://doi.org/10.12669/pjms.35.5.287.

Royal College of Nursing. (2024). *Royal College of Nursing.* Digital roles. https://www.rcn.org.uk/clinical-topics/eHealth/Digital-roles-and-innovations/Digital-roles.

Schiavone, F., & Ferretti, M. (2021). The FutureS of healthcare. *Futures, 134,* 102849. https://doi.org/10.1016/j.futures.2021.102849

Seibert, K., Domhoff, D., Huter, K., Krick, T., Rothgang, H., & Wolf-Ostermann, K. (2020). Application of digital technologies in nursing practice: Results of a mixed methods study on nurses' experiences, needs and perspectives. *Zeitschrift Für Evidenz, Fortbildung Und Qualität Im Gesundheitswesen, 158–159,* 94–106. https://doi.org/10.1016/j.zefq.2020.10.010

Shaw, J., Agarwal, P., Desveaux, L., Palma, D. C., Stamenova, V., Jamieson, T., Yang, R., Bhatia, R. S., & Bhattacharyya, O. (2018). Beyond "implementation": Digital health innovation and service design. *Npj Digital Medicine, 1*(1), 48. https://doi.org/10.1038/s41746-018-0059-8

Shinbane, J. S., & Saxon, L. A. (2016). Digital monitoring and care: Virtual medicine. *Trends in Cardiovascular Medicine, 26*(8), 722–730. https://doi.org/10.1016/j.tcm.2016.05.007

Swan, E. L., Peltier, J. W., & Dahl, A. J. (2023). Artificial intelligence in healthcare: The value co-creation process and influence of other digital health transformations. *Journal of Research in Interactive Marketing, ahead-of-print.* https://www.emerald.com/insight/content/doi/. https://doi.org/10.1108/JRIM-09-2022-0293/full/www.emeraldgrouppublishing.com/journal/jrim/artificial-intelligence-application-interactive-marketing.

Tarafdar, M., Cooper, C. L., & Stich, J. (2019). The technostress trifecta-techno eustress, techno distress and design: Theoretical directions and an agenda for research. *Information Systems Journal, 29*(1), 6–42.

Thelen, I., & Garrel, J. V. (2024). Digital gestresst durch Vorgesetzte?: Eine empirische Untersuchung zum Zusammenhang zwischen dem erlebten Führungsstil und dem Entstehen von Technostress bei Mitarbeiter_innen von Unternehmen in Deutschland. *Zeitschrift Für Arbeits- Und Organisationspsychologie A&O, 68*(2), 51–66. https://doi.org/10.1026/0932-4089/a000416

Thompson, T. G., & Brailer, D. J. (2004). The decade of health information technology: Delivering consumer-centric and information-rich health care. *Washington, DC: US Department of Health and Human Services.* https://citeseerx.ist.psu.edu/document?repid=rep1&type=pdf&doi=73aa52b89803f616d3d44cd9376b6303fbf750d6.

Vehko, T., Hyppönen, H., Puttonen, S., Kujala, S., Ketola, E., Tuukkanen, J., Aalto, A.-M., & Heponiemi, T. (2019). Experienced time pressure and stress: Electronic health records usability and information technology competence play a role. *BMC Medical Informatics and Decision Making, 19*(1), 160. https://doi.org/10.1186/s12911-019-0891-z

Vudathaneni, V. K. P., Lanke, R. B., Mudaliyar, M. C., Movva, K. V., Mounika Kalluri, L., & Boyapati, R. (2024). The impact of telemedicine and remote patient monitoring on healthcare delivery: A comprehensive evaluation. *Cureus, 16*(3), e55534. https://doi.org/10.7759/cureus.55534

Wang, K., Shu, Q., & Tu, Q. (2008). Technostress under different organizational environments: An empirical investigation. *Computers in Human Behavior, 24*(6), 3002–3013. https://doi.org/10.1016/j.chb.2008.05.007

Wirth, T., Kräft, J., Marquardt, B., Harth, V., & Mache, S. (2024). Indicators of technostress, their association with burnout and the moderating role of support offers among nurses in German hospitals: A cross-sectional study. *British Medical Journal Open, 14*(7), e085705. https://doi.org/10.1136/bmjopen-2024-085705

World Health Organization. (2021). *Global strategy on digital health 2020–2025.* https://www.who.int/publications/i/item/9789240020924.

Wosny, M., Strasser, L. M., & Hastings, J. (2023). Experience of health care professionals using digital tools in the hospital: Qualitative systematic review. *JMIR Human Factors, 10*(1), e50357. https://doi.org/10.2196/50357

Yui, B.-H., Jim, W.-T., Chen, M., Hsu, J.-M., Liu, C.-Y., & Lee, T.-T. (2012). Evaluation of computerized physician order entry system—A satisfaction survey in Taiwan. *Journal of Medical Systems, 36*(6), 3817–3824. https://doi.org/10.1007/s10916-012-9854-y

7 Mit Smart Health gegen den Fachkräftemangel in der Intensivpflege

Kathi Correia Nogueira

Zusammenfassung

In den letzten Jahren kam es zu einem regelrechten Exodus von Personal auf den Schweizer Intensivstationen. Der Spitalbetrieb kann nur durch Migration von hochspezialisiertem Intensivpflegefachpersonal und temporären Angestellten aufrechterhalten werden. Welche Ursachen den frühzeitigen Berufsausstieg von Intensivpflegepersonal begünstigen und welche Gegenmassnahmen ergriffen werden sollten, wurden als empirische Forschungsarbeit untersucht. Durch die Digitalisierung kann der Fachkräftemangel zwar nicht direkt aufgehalten werden, aber es können fehlende Ressourcen erschaffen werden, welche für eine Verbesserung der Arbeitskonditionen und Erleichterung der Arbeit auf der Intensivstation sorgen und damit indirekt die Zufriedenheit der Intensivpflegenden im Berufsalltag steigern.

Schlüsselwörter

Fachkräftemangel • Intensivpflege • Spitzenmedizin • Transformation • Gesundheit • Künstliche Intelligenz • Digitalisierung • Covid-19

K. C. Nogueira (✉)
Kalaidos Fachhochschule, BBraun Medical AG, Zürich, Schweiz
E-Mail: correianogueira.kathi@gmail.com

D. Fasnacht (Hrsg.), *Smart Health*, https://doi.org/10.1007/978-3-658-46762-3_7

7.1 Fachkräftemangel in der Intensivpflege

Die Intensivmedizin bildet die Königsdisziplin des Gesundheitswesens. Nirgendwo sonst im Spital können die komplexesten Patientenfälle, mithilfe modernster Technologie, interdisziplinären Zusammenarbeit, gemischt mit einem enormen Fachwissen und beruflichen Erfahrung in akut lebensbedrohlichen Situationen, medizinisch versorgt werden. Prozeduren, die vor ein paar Jahren noch unmöglich waren, sind durch die Forschung und wissenschaftlichen Fortschritte plötzlich möglich. Limitationen werden ausgebaut, die Sterblichkeitsrate sinkt und Altersgrenzen in der Therapie werden durch moderne Apparaturen nichtig (Silverman et al., 2022). Ein Intensivpflegeplatz gleicht heutzutage mit all den Maschinen und Knöpfen eher einem Cockpit als einem Spitalbett. Die Patientinnen und Patienten, welche eigentlich im Zentrum der medizinischen Versorgung stehen, wirken dabei klein, fast unscheinbar. Die Arbeit in der Spitzenmedizin wird durch technische Fortschritte immer anspruchsvoller (Karangiannidis et al., 2019). Dabei nicht wegzudenken sind die Pflegenden, welche auf der Intensivstation eine Riesenbandbreite an Aufgaben erfüllen.

Trotz des interessanten Arbeitsbereiches in der Medizin besteht ein massiver Fachkräftemangel, sowohl bei den Intensivpflegenden als auch bei der Ärzteschaft (Sommer et al., 2022).

Die Ursachen für und Massnahmen gegen den frühzeitigen Berufsausstieg von Intensivpflegepersonal in der Schweiz wurden mit einer empirischen Studie im Rahmen der Masterarbeit untersucht. Die primäre Datenerhebung erfolgte durch eine Literaturrecherche und als zweiter Schritt wurden Experteninterviews auf verschiedenen Hierarchieebenen und mit Mitarbeitenden mit bis zu 26 Jahren Arbeitserfahrung im Zeitraum zwischen Januar und April 2023 durchgeführt.

Die Ergebnisse aus der primären Literaturrecherche und den Experteninterviews wurden anschließend qualitativ analysiert und ausgewertet. Daraus wurden Handlungsempfehlungen abgeleitet und Ansatzpunkte eruiert, wie das Intensivpflegepersonal durch Smart Health im Berufsalltag entlastet werden kann, um den Fachkräftemangel in der Intensivpflege mit Digitalisierung aktiv zu bekämpfen.

7.2 Ursachen aufgrund der demografischen Veränderungen

Im Zusammenhang mit den demografischen Veränderungen sind die steigende Lebenserwartung (Kroczek, 2021), die Zunahme an komplexen Patientenfällen (Begerow et al., 2020) und der daraus resultierende erhöhte Bedarf an Pflegepersonal (Hinterbuchner et al., 2021) für den frühzeitigen Berufsausstieg von Intensivpflegenden von Bedeutung. Die Befragung der Expertinnen und Experten zeigt auf, dass die Lebenserwartung und die Komplexität der Patientenfälle sehr wohl zunehmen, dies aber teilweise der medizintechnischen Fortschritte und den fehlenden Therapielimitationen geschuldet ist. Die Belastung durch die Fallkomplexität bewege die Intensivpflegenden zu einem frühzeitigen Berufsausstieg. Eine erhöhte Nachfrage an Pflegepersonal ist die logische Konsequenz der aktuellen demografischen Veränderungen in der Schweiz.

Der Bedarf an Pflegepersonal werde durch den bereits bestehenden Fachkräftemangel und den Mangel an StellenbewerberInnen nicht gedeckt werden können (Karagiannidis et al., 2019). Die Befragung der Expertinnen und Experten bestätigt die Aussage dieser Studie. Betont werden zusätzlich die Verschärfung des Fachkräftemangels durch die Covid-19-Pandemie und die Wichtigkeit einer Intervention auf unternehmerischer und politischer Ebene. In den Schweizer Spitälern wurde in den letzten Jahren auf den Fachkräftemangel mit dem Einsatz von diplomierten Pflegefachpersonen und FAGEs auf den Intensivstationen reagiert. Dies führt zu einer unübersichtlichen Situation in der Patientenbetreuung. Die Patientenversorgung ist aber je nach effektiver Berufserfahrung der einzelnen Mitarbeitenden auch ohne IPS-Zusatzausbildung, wie in den Nachbarländern, möglich. Der Skill-Grade-Mix sei eine mögliche Chance, die Intensivpflegenden zu entlasten, damit diese sich vermehrt auf ihre Kernkompetenzen konzentrieren können.

7.3 Massnahmen gegen die demografischen Veränderungen

Die Gegenmassnahmen aus der Literaturrecherche zielen mit der Steigerung der Attraktivität des Pflegeberufes (Sinsky et al., 2021) und der zusätzlichen Personalrekrutierung (Kroczek, 2021) direkt auf die veränderten Ansprüche an die Intensivpflege ab. Diese Erkenntnisse decken sich mit den Vorschlägen der Expertinnen und Experten, ergänzend erwähnt wird die Möglichkeit der Gesundheitsförderung der Bevölkerung und die bessere Aufklärung der Patientinnen und Patienten. Die Gesundheitsförderung der Schweizer Bevölkerung kann nur im Rahmen der Hospitalisation beeinflusst werden und ist auf einer Intensivstation aufgrund des Schweregrades der Erkrankungen nicht im Vordergrund einer Therapie. Eine bessere Aufklärung der Patientinnen und Patienten und deren Angehörigen könnte zu einer limitierten Therapie führen, was sich in gewissen hoffnungslosen Fällen positiv auf das Empfinden der Intensivpflegenden auswirken würde und deren moralischen Stress reduziert.

Die Rekrutierung von Personal aus dem Ausland wird als zunehmend schwierig empfunden, da sich die Anstellungsbedingungen in den umliegenden Ländern verbessert haben. Kurzfristig gesehen hilft der Einsatz von temporären Mitarbeitenden bei personellen Engpässen (Krebs et al., 2020). Diese Massnahme kann zwar Bettensperrungen verhindern, es entstehen dadurch aber höhere Personalkosten. Stattdessen könnte dieses Geld in den Erhalt des Stammpersonals gesteckt werden, was den frühzeitigen Berufsausstieg entgegenwirken würde und den daraus resultierenden Personalmangel vermindern könnte. Dafür braucht es aber vom Unternehmen eine Strategie, die darauf ausgerichtet ist, längerfristig mit Investitionen ins Stammpersonal dem frühzeitigen Berufsausstieg entgegenzuwirken.

Damit mehr Pflegende in der Schweiz ein Nachdiplomstudium in der Intensivpflege absolvieren sollte eine Anpassung der Ausbildung angestrebt werden. Die Meinungen gehen auseinander in welchem Rahmen die Ausbildung angepasst werden soll. Die Rede ist von verkürzten Ausbildungen, vereinfachtem Zugang und einer Kombination von Intensiv- und Anästhesiepflege, wie sie in Deutschland angeboten wird.

7.4 Ursachen bezüglich Arbeitskonditionen

Die Theorie setzt einen klaren Fokus auf die schlechten Arbeitskonditionen als Ursache für den frühzeitigen Berufsausstieg von Intensivpflegenden, wobei Karagiannidis et al. (2019) den Spardruck als Ursprung nennen. Aus der empirischen Untersuchung geht hervor, dass die kantonal angeordneten Sparmassnahmen das Spitalpersonal direkt betreffen und die Pflegenden darunter leiden. Dies zeigt sich durch den massiven Druck Intensivbetten zu belegen, obwohl das vorhandene Personal für eine optimale Betreuung der Patientinnen und Patienten nicht ausreicht. Der geringe Personalschlüssel wird als Ursache für einen frühzeitigen Berufsausstieg von Intensivpflegenden thematisiert (Silverman et al., 2022). Denn die personelle Besetzung geht 1:1 mit der Arbeitsbelastung einher, die auf der Intensivstation aufgrund der komplexen Patientenfälle bereits erhöht ist (Khan et al., 2018). In der Praxis führt der niedrige Personalschlüssel zu Problemen, da oft keine Betten gesperrt werden können. Dieser Zeitmangel wird dann durch die Vernachlässigung der Grundbedürfnisse der Angestellten, wie die reguläre Durchführung einer Pause, kompensiert. Für die Einarbeitung von neuen Mitarbeitenden und Auszubildenden haben die Intensivpflegenden bei dem Szenario auch wenig Zeit zur Verfügung (Begerow et al., 2020).

Ein zusätzlicher Faktor, der Zeit am Patientenbett raubt, ist die zunehmende Dokumentation. Die Nachvollziehbarkeit durch die Dokumentation der Therapie wird in Relation mit der Digitalisierung immer essenzieller gewichtet, fraglich ist die anschließende Verwendung der erhobenen Daten. Werden diese im Anschluss effektiv sinnvoll verwendet oder nur erhoben und irgendwo abgespeichert, damit man alles lückenlos dokumentiert hat?

Eine Intensivstation ist ein 24-Stundenbetrieb und der Personalschlüssel in allen Schichten ist höher im Vergleich zu den Normalstationen (Khan et al., 2018). Diese Tatsache kombiniert mit der mangelnden Flexibilität in der Dienstplanung verleiht dem Beruf ein familienfeindliches Image. Auch Aeschbacher und Addor (2018) thematisieren das Fehlen von flexiblen Arbeitsmodellen trotz hoher Frauenquote im Beruf. In der empirischen Untersuchung scheint dies eine der Hauptursachen zu sein, weshalb Intensivpflegende aus dem Beruf aussteigen oder temporär arbeiten gehen. Als negativ empfunden wird auch das erwartete Einspringen an dienstfreien Tagen (Begerow et al., 2020) und dass die Intensivpflegefachpersonen bei unvorhergesehenen Absenzen im Team ständig im frei angefragt werden.

Die Auswirkungen der Pandemie auf den Fachkräftemangel im Gesundheitswesen wurden bereits mit mehreren Studien untersucht (Begerow et al., 2020; Silverman et al., 2022). Auch aus der Praxis gehen erste Stimmen hervor, dass die Covid-19 Pandemie einige Intensivpflegende zum Berufsausstieg bewegt hat, unter anderem wegen Stress, fehlender Schutzausrüstung und unzureichender Kommunikation. Die Expertinnen und Experten, welche nicht mehr auf der Intensivstation tätig sind, haben diese Entscheidung aber unabhängig von der Pandemie getroffen.

Der Mangel an Aus- und Weiterbildungsmöglichkeiten wird als relevante Ursache für eine berufliche Umorientierung genannt (Ghani et al., 2022). Es fehlt den Pflegenden an Sinnhaftigkeit eine höhere Ausbildung anzustreben, da die vollen Kosten und der damit verbundene Zeitaufwand meist selbst übernommen werden müssen. Denn mit dem NDS in Intensivpflege haben die Pflegenden bereits in dem Berufsfeld das höchste Level erreicht. Darauf aufbauen können sie nur, sofern sie sich für die Berufsbildung oder Führungsaufgaben interessieren.

7.5 Massnahmen zur Verbesserung der Arbeitskonditionen

Die Empirie und die Theorie legen beide den Fokus der Massnahmen gegen den frühzeitigen Berufsausstieg auf die Verbesserung der Arbeitskonditionen. Die Lösungsansätze dazu sind aber unterschiedlich ausgelegt.

Der Personalschlüssel muss angehoben werden und die Personaluntergrenze soll gesetzlich verankert werden (Hug, 2019; zitiert nach Krebs et al., 2020), um eine Nurse-Patient-Ratio von maximal 1:2 zu garantieren (Hermes et al., 2022). In den Experteninterviews wurde die optimale Nurse-Patient-Ratio ebenfalls bei maximal 1:2 festgelegt. Wegen den unterschiedlichen Schweregraden von Patientinnen und Patienten auf den verschiedenen Intensivstationen, sollte der Personalschlüssel zusätzlich an die Fallkomplexität gekoppelt werden. In der Praxis wird bei der Einteilung auch auf einen Skill-Grade-Mix gesetzt mit dem Einsatz von HF und FAGE als Entlastung der Intensivpflegefachkräfte. Die empirische Untersuchung enthüllt, dass diese Maßnahme in der Schweiz teilweise zum Sparen missbraucht werde, indem die „teure" Pflegefachperson mit dem NDS-Titel die Verantwortung von mehreren Patientinnen und Patienten übernimmt und von den anderen „billigeren" Fachdisziplinen unterstützt wird. Das mag im Alltagsgeschäft gutgehen, bei unvorhergesehenen Ereignissen, wie einer Notfallintubation, reichen die Kompetenzen einer Hilfskraft dann aber nicht mehr aus. Vor allem dann, wenn gleich mehrere dieser Ereignisse gleichzeitig passieren würden, was auf der Intensivstation durchaus vorkommen kann. Aus der Theorie geht hervor, dass eine Konzentration auf die Kernkompetenzen der Intensivpflegenden deren Arbeitsbelastung senken würde (Karagiannidis et al., 2019), dies wird aber mit dem Zeitmangel in Verbindung gebracht, nicht mit den Sparmaßnahmen.

Eine Übereinstimmung findet sich zur Thematik der Digitalisierung, es wird mit einer Entlastung des Personals gerechnet (Krebs et al., 2020). Gleichzeitig wird von einem Mehraufwand für die Intensivpflegenden gewarnt, wenn diese Investitionen nicht die versprochene Entlastung bringen und die verschiedenen Programme und Maschinen nicht effektiv miteinander kommunizieren, wie es zum aktuellen Stand wegen fehlendem Schnittstellenmanagement der Fall ist. In Anbetracht der hohen Fluktuationsrate kann durch die Digitalisierung ein vereinfachter Wissensaustausch unter dem bestehenden Personal, temporären und neuen Mitarbeitenden gewährleistet werden (Krebs et al., 2020).

Im Notfall sollen konsequente Bettensperrungen gegen den Personalmangel durchgeführt werden (Hermes et al., 2022). Diese Maßnahme ist in der Praxis meist unrealistisch, da die schwerkranken Patientinnen und Patienten in der Regel nicht plötzlich verlegt werden können. Ein Spital sollte in so einer Situation lieber auf temporäre Mitarbeitende zurückgreifen oder optimalerweise den Dienstplan so auslegen, dass ein Überschuss an Intensivpflegefachpersonal besteht, um diese Engpässe gleich präventiv zu meistern.

Wie aus der Diskussion zu den Ursachen für den frühzeitigen Berufsausstieg von Intensivpflegenden hervorgeht, braucht es alternative Arbeitsmodelle, um die Work-Life-Balance zu verbessern. Mit mehr Flexibilität sollen die individuellen Bedürfnisse der ArbeitnehmerInnen bei der Personalplanung berücksichtigt werden (Wehrli, 2017; zitiert nach Krebs et al., 2020). Verlässliche Dienstpläne ermöglichen den Intensivpflegenden eine Verbesserung der Work-Life-Balance (Khan et al., 2018). Der Ansatz aus der Theorie ist gut gemeint, muss aber konkreter in der Ausführung werden. Die Empirie liefert einige interessante Vorschläge, wie der Dienstplan nach diesen Anforderungen aussehen könnte. Die Pflege ist ein Beruf mit einer hohen Frauenquote, deshalb soll bei der Einteilung das Familienleben berücksichtigt werden. Wenn eine Intensivpflegefachkraft nur an bestimmten Tagen oder in einer gewissen Schicht arbeiten kann, sollte dies zum Erhalt dieser Fachkraft möglich gemacht werden. Ein weiterer Ansatz wäre der lebensphasengerechte Arbeitsplan, um auf die verschiedenen Generationen und deren Ansprüche einzugehen, denn der Schichtdienst gestaltet sich schwierig mit dem zunehmenden Alter. Die Mitarbeitenden, welche sich flexibel einteilen lassen, sollten dafür auch zusätzlich entlöhnt werden. Der finanzielle Anreiz soll ein zusätzliches Interesse bei den jüngeren Teammitgliedern entfachen, die weniger beliebten Schichten durchzuführen. Das innovative Angebot von sowohl 8.5- als auch 12-Stundenschichten oder zwischen zwei Angestellten geteilte Schichten, würde auf die Ansprüche aller Generationen eingehen.

Um dem Wunsch nach mehr Erholungszeit nachzukommen, soll die Arbeitszeit reduziert werden zu den gleichen Lohnkonditionen und mehr Ferientage zur Verfügung gestellt werden. Auch die Möglichkeit für unbezahlten Urlaub kann durch die Aufstockung des Personalschlüssels gewährleistet werden.

Für eine differenzierte Personalentwicklung werden Aus- und Weiterbildungsmöglichkeiten vorgeschlagen (Adams et al., 2019; Aeschbacher & Addor, 2018; Jarden et al., 2020). Beim Bildungsangebot soll die dafür verwendete Zeit auch vom Arbeitsgeber bezahlt werden und das Investment in die Mitarbeitenden mittels Verpflichtungen gesichert werden, wie es in anderen Branchen üblich ist.

Ein Spital könne gegenüber den MitbewerberInnen durch zusätzliche Dienstleistungen, wie zum Beispiel Essensgutscheine oder gratis Sportangebote, positiv auffallen.

7.6 Ursachen aus den ethischen Dilemmas

Eine Korrelation der ethischen Dilemmas mit dem frühzeitigen Berufsausstieg von Intensivpflegefachkräften wird auf den Intensivstationen beobachtet (Silverman et al., 2022). Als mögliche Ursache wird der mangelnde Miteinbezug in die Therapieentscheide genannt (Silverman et al., 2022). In der Praxis werden die ethischen Dilemmas im Berufsalltag fraglos als belastend beschrieben und können den Entscheid, aus dem Beruf auszusteigen, bekräftigen. Die Covid-19 Pandemie hat die Situation verschärft und viele Intensivpflegende haben aus Erschöpfung den Beruf verlassen. Dennoch fühlen sich die Expertinnen und Experten im Umgang mit ethischen Dilemmas in der Schweiz gut aufgehoben. Die belastenden Situationen gehören zum Berufsbild dazu. Die Intensivpflegenden werden auf die mental herausfordernden Patientensituationen im Rahmen der Ausbildung geschult und vorbereitet.

Die Patientensicherheit und die Pflegequalität wird durch die hohe Arbeitsbelastung gefährdet (Hinterbuchner et al., 2021). Hier legt die Theorie den Fokus auf die Auswirkungen auf die Patienten und Patientinnen, während in der Empirie der Schwerpunkt auf das Empfinden der Pflegenden gesetzt wird. Sie leiden unter dem Stress und der Exposition zu aggressiven deliranten Patientinnen und Patienten. Die Arbeit auf der Intensivstation kann auch zu Krankheitsausfällen führen, welche die Intensivpflegefachkraft dazu zwingt sich beruflich umzuorientieren. Durch die hohe psychische und physische Belastung im Beruf kann ein Burnout entstehen.

7.7 Massnahmen gegen die Auswirkungen ethischer Dilemmas

Der Austausch unter den verschiedenen Fachdisziplinen fördert die interdisziplinäre Zusammenarbeit (Silverman et al., 2022). Die Rahmenbedingungen dazu müssen aber erst geschaffen werden, damit eine aktive Teilnahme der Intensivpflegenden an ethischen Entscheidungen überhaupt möglich ist (Begerow et al., 2020). Wie bereits unter den Ursachen erklärt wurde, scheinen die Schweizer Intensivstationen mit den wöchentlichen interdisziplinären Besprechungen diese Maßnahme bereits implementiert zu haben. In der Schweiz hat die Pflege eine eigene Hierarchiestufe im Unternehmen, was den interprofessionellen Austausch begünstigt und den Mitarbeitenden ein Mitspracherecht bei Therapieentscheiden und Nachbesprechungen von belastenden Situationen ermöglicht.

Anders sieht es beim Angebot für professionelle Unterstützung aus, die wurde nur sporadisch in der Covid-19 Pandemie angeboten und ist ansonsten persönliche Sache jeder Intensivpflegefachkraft. Nach Karagiannidis et al. (2019) ist die psychologische Betreuung der Intensivpflegenden ein wichtiger Lösungsansatz gegen den frühzeitigen Berufsausstieg. Es fehlt keinesfalls an Vorschlägen, wie das Wohlbefinden der Mitarbeitenden gefördert werden könnte, die Umsetzung im Unternehmen lässt hingegen auf sich warten. Der Spardruck wird dafür verantwortlich gemacht, dass bisher der Fokus nicht präventiv auf die Förderung des Wohlbefindens gelegt wurde, um die Intensivpflegenden im Beruf zu halten. Es wirkt so, dass die Unternehmen eher reaktiv dem Verlust von Intensivpflegenden begegnen mit der Rekrutierung von Personal aus dem Ausland und dem Einsatz von temporären Angestellten.

7.8 Ursachen aufgrund der Organisationskultur

Die Ursachen für einen frühzeitigen Berufsausstieg im Zusammenhang mit der Organisationskultur sind breit gestreut. Ghani et al. (2022) beschreibt eine negative Arbeitsatmosphäre, die durch die mangelhafte Kommunikation und fehlende Unterstützung vonseiten des Managements herrührt. Die Wertschätzung und Anerkennung der Vorgesetzten gegenüber den Pflegenden bleibt aus (Hinterbuchner et al., 2021). In der Schweiz fehlt den Pflegenden nicht nur die Wertschätzung der Vorgesetzten, sondern auch der Politik. Dies zeigte sich jüngst in der Covid-19 Pandemie, als die Pflegenden für ihren außerordentlichen Einsatz beklatscht und gelobt wurden und man ein paar Monate später den ganzen Berufsstand zur Covid-19 Impfung zwingen wollte. Genau solche Aktionen steigern die Attraktivität des Pflegeberufes nicht. Immerhin wurde vom Stimmvolk die Notlage der Pflege anerkannt, indem die Pflegeinitiative im November 2021 angenommen wurde.

Adams et al. (2019) sehen das Problem in der Organisation, dass die Vorgesetzten keine Unterstützung erhalten, um die Interessen ihrer Mitarbeitenden zu vertreten. In den Schweizer Spitälern scheinen die Vorgesetzten die Nähe und den Zugang zu den Arbeitnehmenden verloren zu haben. Somit könnten sie, auch wenn die Unterstützung des Unternehmens vorhanden wäre, die Interessen ihrer Mitarbeitenden gar nicht vertreten.

Kritisiert wird zudem der Mangel an Innovationskraft seitens des Managements der Gesundheitseinrichtungen. Wie bereits bei der Dienstplangestaltung eingewendet wurde, sind die Strukturen in den Spitälern sehr starr. Dabei könnte genau an dieser Stelle individuell auf die Mitarbeitenden eingegangen werden, indem man auf deren Bedürfnisse in den verschiedenen Lebensphasen reagiert. Denn eine Ursache für den frühzeitigen Berufsausstieg von Intensivpflegenden rührt vom Generationskonflikt der Intensivpflegenden her. Aufgrund der anspruchsvollen Schichtarbeit sehen sich viele Pflegende nicht in der Lage bis zur Pension auf einer Intensivstation zu arbeiten und von der jungen Generation wählen viele deshalb gar nicht erst eine Spezialisierung auf Intensivpflege.

7.9 Massnahmen zur Verbesserung der Organisationskultur

Die Fluktuation des Personals nimmt ab, wenn das Organisationsklima positiv geprägt ist (Jarden et al., 2020). Regelmäßige Teamevents können die Arbeitsatmosphäre auflockern, diese sollten aber freiwillig sein und nicht auf Kosten der Mitarbeitenden ausfallen.

Stand 2022 sind die Arbeitskonditionen in der Schweiz attraktiver für temporär Angestellte als für das Stammpersonal. Dies wiederum erschwert die Rekrutierung von Intensivpflegepersonal, wie unter den demografischen Veränderungen schon angemerkt wurde. Hier empfiehlt sich eine Steigerung der Attraktivität des Pflegeberufes. Die Arbeitskonditionen sollen durch eine nationale Kampagne und einer Kollaboration zwischen politischen Akteuren und den Spitälern verbessert werden (Karagiannidis et al., 2019). Diese Maßnahme mag sich in der Theorie gut anhören, aber in der Praxis zeichnet sich aktuell ein anderes Bild ab in der Schweiz. Die Pflegeinitiative wurde während der Covid-19 Pandemie lanciert und vom Stimmvolk im November 2021 angenommen. Die Umsetzung lässt auf sich warten und es bestehen noch keine konkreten Pläne, wie die Arbeitskonditionen verbessert werden sollten. Jedes Spital scheint für sich gewisse Massnahmen umzusetzen, ohne eine einheitliche gesetzliche Vorlage.

Die Spitäler können ihre Wettbewerbsfähigkeit steigern und die Ausstiegsrate senken, indem den Mitarbeitenden mit Wertschätzung und Anerkennung begegnet wird (Sinsky et al., 2021). Dabei soll der Fokus auf die faire und gleichberechtigte Behandlung der einzelnen ArbeitnehmerInnen gelegt werden. Es soll auf eine flache Hierarchie gesetzt werden, damit die Spitalleitung die Nähe zum Personal leben kann und auf dessen Ansprüche eingehen kann. Dazu braucht es eine autonome Pflegedienstleitung, welche hierarchisch nicht den MedizinerInnen untersteht.

Das Mitarbeiterbeurteilungssystem wird bemängelt, weil die Vorgesetzten eigentlich gar keine Ahnung mehr haben, was auf den Intensivstationen vor sich geht. Es braucht Praxistage am Patientenbett zusammen mit den Mitarbeitenden, um sie aussagekräftig beurteilen zu können. Ebenso werden realistische Ziele gewünscht, welche beim Erreichen derer auch wirklich Auswirkungen auf die Löhne haben. Mit dieser Maßnahme können die Saläre der Langzeitangestellten attraktiv gestaltet werden, damit sie langfristig motiviert werden können und somit dem Betrieb erhalten bleiben.

7.10 Reaktion auf die demografischen Veränderungen

In Anbetracht der demografischen Veränderungen in der Schweiz mit der Zunahme an komplexen Patientenfällen durch die gesteigerte Lebenserwartung braucht es dringend mehr Intensivpflegepersonal. Die Forschungsergebnisse zeigen auf, dass Aufgrund der mangelnden Attraktivität des Berufes Intensivpflegende frühzeitig aussteigen und viele Pflegende gar nicht erst ein Nachdiplomstudium in Intensivpflege in Erwägung ziehen. Die Arbeitsbedingungen spielen dabei eine wichtige Rolle, es müssen mehr personelle und finanzielle Ressourcen geschaffen werden, um die Arbeit auf der Intensivstation für die Pflegenden zu erleichtern. Zusätzlich sollte der Zugang zur Ausbildung vereinfacht werden und qualifiziertes Personal aus dem Ausland muss schneller im Schweizer Arbeitsmarkt integriert werden.

7.11 Verbesserung der Arbeitskonditionen

Um vertiefte Handelsempfehlungen in Bezug auf die Arbeitskonditionen aussprechen zu können, werden in diesem Abschnitt zwei Unterkapitel angelegt, da sich der Hauptanteil der Massnahmen gegen den frühzeitigen Berufsausstieg von Intensivpflegepersonal aus den Forschungsergebnissen direkt darauf bezieht.

7.11.1 Personalbesetzung

Eine fixe Personaluntergrenze sorgt dafür, dass die komplexen Patientenfälle auf der Intensivstation nach den Pflegerichtlinien konform versorgt werden können. Eine Nurse-Patient-Ration von maximal 1:2 auf der Intensivstation gewährleistet eine zufriedenstellende Patientenversorgung. Eine vom Betrieb oder gesetzlich festgelegte Personaluntergrenze sorgt dafür, dass diese auch in der Praxis umgesetzt wird. Wird diese Grenze unterschritten, hilft die konsequente Bettensperrung oder der Einsatz von temporären Arbeitskräften, um den Betrieb aufrecht zu halten.

Ein gesunder Skill-Grade-Mix mit HF und FAGE ersetzt zwar die Intensivpflegenden nicht, er entlastet diese aber im Alltagsgeschäft und erlaubt den Fokus auf die Kernkompetenzen der einzelnen Berufsgruppen.

7.11.2 Work-Life-Balance

Vorgesetzte können die Zufriedenheit ihrer Mitarbeitenden durch eine individuelle Dienstplanung positiv beeinflussen. Die Auseinandersetzung mit der Thematik zeigt auf, dass das Privatleben der Intensivpflegenden durch die Schichtarbeit leidet und dies viele Pflegende dazu bewegt, aus dem Beruf auszusteigen. Die Mitarbeitenden sollen wählen können, welche Schichtzeiten sie arbeiten möchten. Diese Änderung in der Dienstplanung ermöglicht eine ausgeglichene Einteilung ihrer Freizeit und Familienzeit. Diejenigen Angestellten, welche trotzdem alle Schichten arbeiten, erhalten einen höheren Lohn, um deren Flexibilität angemessen zu honorieren.

Der hohen Arbeitsbelastung auf der Intensivstation wirken Pensums Reduktionen zu gleichbleibendem Salär entgegen. Mehr Erholungszeit wird den Intensivpflegefachkräften durch das Gewähren von unbezahltem Urlaub ermöglicht.

7.12 Umgang mit den ethischen Dilemmas

Intensivpflegende wünschen sich eine aktive Teilnahme an ethischen Entscheidungen. Im Abschn. 7.7 wird beschrieben, dass regelmäßige interdisziplinäre Besprechungen der involvierten Fachdisziplinen einen positiven Einfluss auf den Umgang mit belastenden Patientensituationen haben. Die Intensivpflegenden sollen ihre Beobachtungen am Patientenbett miteinbringen können. Bei einem besonders belastenden Patientenfall oder einer Reanimation helfen die gemeinsamen Nachbesprechungen des Vorfalles mit der psychischen Belastung umzugehen. Je nach Gravität muss auch professionelle psychologische Unterstützung den Betroffenen kostenfrei zur Verfügung gestellt werden. Der individuelle Therapieansatz bewirkt mehr Sinnhaftigkeit für das Behandlungsteam und erfordert eine verbesserte Aufklärung der Patientinnen und Patienten oder im Falle eines komatösen Zustandes deren Angehörigen.

7.13 Verbesserung der Organisationskultur

Eine Vielzahl der Massnahmen zielen auf die Verbesserung der Organisationskultur ab, deshalb werden unter diesem Abschnitt zwei Handlungsempfehlungen ausgesprochen.

7.13.1 Flache Hierarchie

Die Vorgesetzten von Intensivpflegefachkräften erleben durch eine flache Hierarchie mehr Nähe zum Personal. Es besteht eine Korrelation zwischen der Wertschätzung von Führungskräften und einer niedrigen Fluktuationsrate beim Personal. Die Anliegen und Beschwerden der Intensivpflegenden treffen bei den Vorgesetzten auf offene Ohren und den Arbeitnehmenden wird im Unternehmen ein Mitspracherecht eingeräumt. Zudem nimmt die Pflegedienstleitung eine autonome Rolle in der Organisation ein und steht für die Bedürfnisse ihrer Mitarbeitenden ein.

7.13.2 Überarbeitung des Mitarbeiterbeurteilungssystems

Das Mitarbeiterbeurteilungssystem ist nicht aussagekräftig durch die fehlende Nähe der Vorgesetzten zum Personal. Die empirische Untersuchung zeigt auf, dass die Intensivpflegenden nach einem veralteten Mitarbeiterbeurteilungssystem bewertet werden und ihre Ziele danach festgelegt werden, ohne Lohnerhöhung bei guten Bewertungen. Wenn, wie unter Abschn. 7.9 empfohlen wurde, im Betrieb eine flache Hierarchie gelebt wird, sind die Vorgesetzten präsent im Alltag und verfügen über akkurate Informationen zu den Arbeitsleistungen ihrer Mitarbeitenden. Die jährlichen Zielsetzungen motivieren das Personal in der Ausführung ihrer Arbeit und haben je nach erbrachtem Beitrag Auswirkungen auf die Löhne der Intensivpflegenden.

7.14 Wie Smart Health hilft

Smart Health wird als ganzheitliches Konzept verstanden (siehe Kap. 1) und in den Schweizer Spitälern schrittweise implementiert (siehe Kap. 9). In Anbetracht des drohenden Fachkräftemangels und dessen Auswirkung auf die nationale Gesundheitsversorgung, sollen durch die Digitalisierung die internen Prozesse möglichst optimiert werden, dass mit weniger vorhandenem Personal dennoch eine ausreichende Pflege möglich ist (Bräutigam et al., 2017). Die Digitalisierung ermöglicht eine Workflow Automatisierung, welche neben einem Milliardensparpotenzial (McKinsey, 2021) auch den Fachkräften mehr Zeit für ihre Kernaufgaben im Berufsalltag verspricht. Die Schweiz liegt Stand heute im Digitalisierungsgrad im Gesundheitswesen noch weit hinten auf Platz 14 von 18 gemessenen Ländern (Kostera & Thranberend, 2018). Einige vielversprechende Projekte wurden bereits umgesetzt oder andere sind angedacht, aber die flächendeckende Implementierung in der hiesigen Spitallandschaft lässt auf sich warten. Generell braucht es mehr digitale Lösungen, welche die Arbeit auf der Intensivstation erleichtern könnten, zusätzliche Sicherheit in der Versorgung der PatientInnen schaffen und die Mitarbeiterzufriedenheit zu steigern versprechen.

7.15 SmartPEP – Dienstplanung per Knopfdruck

Eine KI basierte automatisierte Dienstplanung wurde als Pilotprojekt im Luzerner Kantonsspital erfolgreich ausgetestet mit einem geplanten Rollout für 2026 (Frick et al., 2024). Durch die Implementierung von smartPEP kann der Planungsaufwand reduziert werden für die Stationsleitungen. Da die Wünsche und Präferenzen der Arbeitnehmenden hinterlegt werden und im Planungsalgorithmus miteinbezogen werden, wurde in der Testphase eine gesteigerte Mitarbeiterzufriedenheit verzeichnet mit weniger nachträglichen Änderungswünschen des Arbeitsplanes. Die dadurch verbesserte Vereinbarkeit von Beruf und Privatleben bekämpft direkt einen der Hauptausstiegsgründe aus der Intensivpflege.

Schwierigkeiten für eine schweizweite Implementierung bereiten die unterschiedlichen Ansprüche der verschiedenen Stationen, die Grösse der Spitäler in Kombination mit den gesetzlichen Rahmenbedingungen für eine Dienstplanung, die vom Betrieb eingehalten werden müssen.

Zu beachten ist bei der Umsetzungsphase, dass der Algorithmus des smartPEP nur so gut planen kann, wie die Daten eingepflegt wurden und die Stationsleitungen im Vorfeld geschult worden waren. Das Diagramm zeigt auf, wie sich beim SmartPEP die regulatorischen Voraussetzungen mit den Ansprüchen des Unternehmens und der medizinischen Fachkräften vereinen lassen (Abb. 7.1).

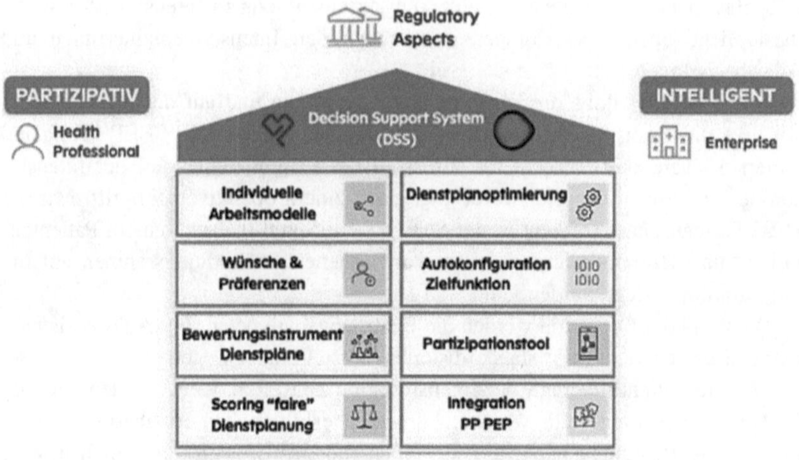

Abb. 7.1 Intelligente und partizipative Dienstplanung DSS (Frick et al., 2024)

7.16 INTELLiVENT®-ASV® – Automatisierte Beatmung

Es gibt mittlerweile diverse Anbieter von Beatmungsmaschinen, welche auf automatisierte Ventilationsprogramme für IntensivpatientInnen setzen. In der Schweiz wird der Markt von Hamilton Medical AG mit Firmensitz in Bonaduz GR von deren eigens entwickelten INTELLiVENT®-ASV® Programm dominiert. Die Maschine kann fast alle Beatmungsparameter mittels voreingestellter Grenzwerte anhand des individuellen Zustandes der PatientInnen setzen und sich an die ständig ändernden Umstände während der Behandlung adaptieren (Botta et al., 2021).

Eine wichtige Funktion ist dabei das „Weaning" vom Beatmungsgerät, welches als Vorbereitung für die Extubation angestrebt wird. Wenn das Weaning automatisiert vonstattengeht, kann die Arbeitslast bedeutend gesenkt werden, da die engmaschige Kontrolle und das Adaptieren der Beatmungsparameter durch das Intensivpflegepersonal wegfallen, sofern sich die Atmungsunterstützung regulär verringern lässt (Buiteman-Kruizinga et al., 2021). Bei komplexeren Beatmungssituationen kann die Intensivpflegefachperson dennoch manuell eingreifen. Dies setzt aber voraus, dass die Pflegefachperson in der Beatmung geschult ist und auf schwierige Situationen reagieren kann. In der Schweiz verfügen vom

Pflegefachpersonal nur jene mit einer Zusatzsausbildung in Intensiv- oder Anästhesiepflege über diese Kompetenzen, neben den IntensivmedizinerInnen und AnästhesistInnen.

Abb. 7.2 zeigt links die konventionelle Beatmung und auf der rechten Seite, wie live die automatische Steuerung der Parameter %MinVol, PEEP/CPAP und Sauerstoff verändert werden. Ein Grossteil des Patientengutes auf der Intensivstation bleibt nur für ein bis zwei Tage nach einem operativen Eingriff. Mit der DRG-Fallpauschale verdient in der Schweiz ein Spital mehr an einem Patientenfall, wenn dieser möglichst bald im vorgesehenen Behandlungsrahmen auf die Folgestation verlegt werden kann.

Während der Operation werden die Beatmungsparameter vom Anästhesieteam manuell gesteuert, oft mit standardisierten Einstellungen wegen der Vollnarkose. Sobald die PatientInnen auf der Intensivstation eintreffen, kann auf den automatischen Modus umgestellt werden. Für einen erfolgreichen Extubationsversuch müssen die Beatmungsparameter auf einen mit der Umwelt verträglichen Wert gesenkt werden. Als Beispiel beim Sauerstoff werden Werte von 30 % angestrebt, weil der Sauerstoffgehalt in der Raumluft bei 21 % liegt. Für eine Vollnarkose

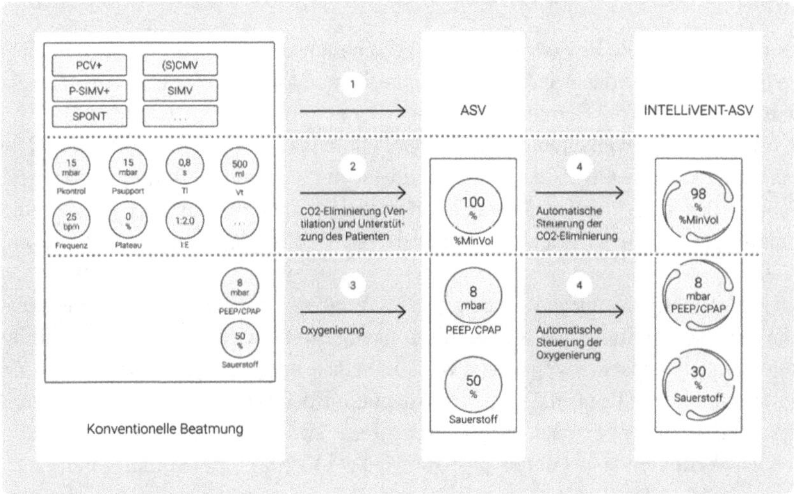

Abb. 7.2 Konventionelle Beatmung versus INTELLiVENT®-ASV® (Hamilton Medical AG, n.d)

werden oft standardmäßig 100 % Sauerstoff eingestellt, da die Atemmuskulatur wegen der Relaxantien und Narkotika temporär ausgeschaltet werden für die Operation. Bei einem ansonsten gesunden Patienten, welcher vor der Operation keine gröberen Atemprobleme hatte, kann die Sauerstoff Zufuhr an der Maschine postoperativ meist schnell heruntergeschraubt werden.

Buiteman-Kruizinga et al. (2021) spricht bei der Verwendung von INTELLiVENT®-ASV® von einem besseren Outcome bei schwerkranken Covid-19 PatientInnen mit ARDS, da die Beatmungsmaschine, die möglichst lungenprotektivsten Einstellungsparameter auswählt, um die Lunge zu schonen und nicht unnötig zu überblähen. Gerade beim ARDS, einer der herausforderndsten Patientensituationen, ist für eine erfolgreiche Beatmungstherapie eine Mischung aus Expertise von Mensch und Maschine gefragt.

Es braucht aber auch ein gesundes Vertrauen des behandelnden Personals, sich auf die Automatisierung ihrer Arbeit und jahrelanger Expertise einzulassen (Botta et al., 2021).

7.17 Digitalisierung der Infrastruktur

Vor weniger als einer Dekade war in der Schweiz die Verwendung von handgeschriebenen Patienten-Kardexen, Verordnungsblättern und Überwachungsblättern noch die Norm und wird auch weiterhin in einzelnen Kliniken so gehandhabt.

Abgesehen von der Zeitersparnis bei der Dokumentation, ist die manuelle Übertragung von Werten auch fehleranfällig. Das Labor- (LIS) und Radiologie-Informationssystem (RIS) sind in den Spitäler bereits weit fortgeschritten mit der Digitalisierung, wobei das Krankenhaus-Informationssystem (KIS), Patiendatenmanagement (PDMS) und die Elektronische Patientenakte (EPA) in ihren aktuellen Ausführungen auf den Intensivstationen noch ausbaufähig sind (Bräutigam et al., 2017).

7.17.1 KIS – Krankenhausinformationssystem

Als Kernstück ihrer Digitalisierungsstrategie setzen die Spitäler auf Krankenhausinformationssysteme (KIS). Diese Programme vereinen gesundheitsbezogene Daten mit der Steuerung der Arbeitsprozesse und den administrativen Vorgängen (Bräutigam et al., 2017). Jedes Spital scheint den Aufbau ihres KIS für sich individuell zu interpretieren und lässt sich die Konfiguration und Wartung einiges kosten. Wie auch beim smartPEP scheint es keine All-In-One-Lösung für die verschiedenen AnwenderInnen zu geben aufgrund der individuellen Bedürfnisse der einzelnen Stationen. Gerade eine Intensivstation braucht neben dem Krankenhausinformationssystem eine Lösung, welche im Minutentakt die Vitalparameter darstellen kann und die verschiedenen Gerätschaften anschließen lässt. Für diesen Zweck wurde das PDMS erschaffen, welches parallel zum KIS auf den Intensivstationen verwendet wird.

7.17.2 PDMS – Patientendatenmanagementsystem

Für die Verwaltung der Patienten- und Falldaten in der Anästhesie und Intensivmedizin eignet sich das PDMS. Das PDMS dokumentiert live die Überwachungsparameter mit den Werten der technischen Gerätschaften, wie dem Beatmungsgerät. Die Möglichkeiten sind unbegrenzt, sofern die verschiedenen Technologien über die entsprechenden Schnittstellen verfügen und dem PDMS angeschlossen werden können (Bräutigam et al., 2017).

Ein Beispiel für eine gelungene Vernetzung sind die neuen Perfusoren® Space Plus und Infusomaten® Space Plus von B. Braun. Sie können dem EDV-System angeschlossen werden und direkt ins PDMS eingelesen werden, damit der Verlauf der Medikamentengabe live nachvollziehbar dokumentiert wird.

Bei den neusten Perfusor Geräten kann der ärztliche Dienst vom Büro aus einem Katalog von bis zu 740 Medikamentenkonfigurationen die individuelle Therapie auswählen und dann unter anderem die Limiten der Medikamentengabe setzen und einschränken (Spaceplus-OnlineSuitePlus, n.d.). Jede Umstellung der Werte wird im PDMS dokumentiert und kann auch zu einem späteren Zeitpunkt aufgerufen werden. Dies verringert Fehlmedikationen, erhöht die Qualität auf der Intensivstation und spart schlussendlich auch viel Zeit, weil das Dokumentieren und Kalkulieren zu den vorgegebenen Bilanzzeiten wegfallen.

7.17.3 EPD – Elektronisches Patientendossier

Die Implementierung des elektronischen Patientendossiers (EDP) als allgemeine Verwaltung von Patientendaten wird seit Jahren in der Schweiz diskutiert. Dabei steht im Vorderraum, welche Daten geteilt werden dürfen und wie diese sensiblen Daten vor unberechtigten Zugriffen geschützt werden können.

Möglichkeiten, dies mit Blockchain Technologie zu gewährleisten wurden von Bieser und Fasnacht (2023) untersucht (siehe Kap. 5). Mit dem ERP lassen sich neben dem erleichterten Austausch von Patientendaten auch unnötige Untersuchungen und mehrfache Abklärungen verhindern (McKinsey, 2021) und somit einiges an Geld und Zeit sparen. Das ERP fungiert als Bindeglied zwischen den verschiedenen Gesundheitseinrichtungen, nicht nur spitalintern wie ein KIS oder PDMS.

7.18 Schwierigkeiten bei der Implementierung

Die Vorteile der Digitalisierung liegen auf der Hand:: Erhöhung der Versorgungsqualität, Erleichterung der Dokumentation, Zeitersparnis, mehr Zeit für den direkten Patientenkontakt oder die Verbesserung der Organisation und Kommunikation sind nur einige Beispiele, die von Bräutigam et al. (2017) genannt werden. Eines der Haupthindernisse für eine breite Akzeptanz vom digitalen Wandel im Gesundheitswesen bei den PatientInnen und Mitarbeitenden sind Bedenken bezüglich Datenschutzes und Datensicherheit (McKinsey, 2021). Spitäler sind beliebte und lukrative Ziele für Hackerangriffe (Kück-Bohms, 2021), wobei auch ein kurzzeitiger Ausfall der digitalen Infrastruktur verheerende Folgen hätte im Tagesgeschäft, da Menschenleben auf dem Spiel stehen.

Im Zusammenhang mit dem Fachkräftemangel äußern sich kritische Stimmen, ob die gewonnenen zeitlichen und personellen Ressourcen denn wirklich zurück in die Pflege investiert werden oder ob dem Personal andere Aufgaben aufgebrummt werden, gar hochqualifiziertes Personal weggespart würde als Folge (Bräutigam et al., 2017).

Die Intensivpflegenden müssen trotz der technischen Fortschritte das Einmaleins der Beatmung oder anderen Kernkompetenzen beherrschen für den Fall der Fälle. In der Literatur wird die Angst vor einer De-Professionalisierung durch die Automatisierung von Kernaufgaben beschrieben (Bräutigam et al., 2017), welche in der Digitalisierungsstrategie berücksichtigt werden sollte.

7.19 Fazit

Sowohl die Bekämpfung des Fachkräftemangels in der Intensivpflege als auch die Digitalisierung erfordern eine langfristige Strategie und erhebliche Investitionen. Die Digitalisierung wird zwar den frühzeitigen Berufsausstieg von Intensivpflegenden nicht verhindern, kann aber die finanziellen und zeitlichen Ressourcen schaffen, um die Auswirkungen des Fachkräftemangeles auf das Gesundheitswesen zu mindern.

Die Möglichkeiten von Smart Health lassen sich für einige Bereiche im Berufsalltag nutzen. Beispielsweise können durch den Einsatz digitaler Technologien die Arbeitskonditionen durch eine automatisierte Dienstplanung verbessert werden. Dies wiederum hat einen direkten Einfluss auf die fehlende Work-Life-Balance der Mitarbeitenden. Ferner kann die Zeitersparnis bei der Dienstplanung eine erhöhte Präsenz der Führungspersonen auf den Intensivstationen ermöglichen und damit das Organisationsklima verbessern.

Der Zeitspareffekt ist ebenso ein Thema beim Einsatz von Geräten, welche mittels künstlicher Intelligenz in die Therapie miteingreifen. Automatisierte Beatmungsprogramme wie das INTELLiVENT®-ASV® setzen dies bereits erfolgreich in der Praxis um.

Die verschiedenen Informationssysteme und Gerätschaften müssen via Schnittstellen miteinander verbunden werden können, um miteinander zu kommunizieren. Wenn der Datenaustausch durch die Implementation des PDMS funktioniert und die Dokumentation der Vitalparameter und Einstellungsparameter der Geräte automatisiert werden, hat dies positive Auswirkungen auf den Personalschlüssel von Intensivpflegepersonal. Dies wird in Zukunft von besonderer Bedeutung sein für die Spitäler, wenn aufgrund der demografischen Wandlung und des Fachkräftemangels die personellen Ressourcen knapp werden.

Auch ethische Konflikte würden durch den offenen und digitalen Datenaustausch entschärft werden können, wenn die Wünsche und Anliegen von PatientInnen für alle im Behandlungspfad ersichtlich werden würden. In Notsituationen könnten durch den vereinfachten Zugriff auf die Patientendaten schwere Entscheidungen im Sinne des Patientenwohls statt durch Gutdünken der Angehörigen und dem Behandlungsteam getroffen werden.

Die Digitalisierung kann keine Intensivpflegenden am Patientenbett ersetzten, deren Arbeit aber um einiges erleichtern.

Literatur

Adams, A., Chamberlain, D., & Giles, T. (2019). Understanding how nurse managers see their role in supporting ICU nurse well-being – A case study. *Journal of Nursing Management, 27*(7), 1512–1521. https://doi.org/10.1111/jonm.12837.

Aeschbacher, R., & Addor, V. (2018). Institutional effects on nurses' working conditions: A multi-group comparison of public and private non-profit and for-profit healthcare employers in Switzerland. *Human Resources for Health, 16*(1), 58. https://doi.org/10.1186/s12960-018-0324-6

Begerow, A., Michaelis, U., & Gaidys, U. (2020). Wahrnehmungen von Pflegenden im Bereich der Intensiv-pflege während der COVID-19-Pandemie. *Pflege, 33*(4), 229–236. https://doi.org/10.1024/1012-5302/a000744

Bieser, J., & Fasnacht, D. (2023). *Hype oder Hilfe: Was die Blockchain wirklich leistet.* Gottlieb Duttweiler Institute.

Botta, M., Wenstedt, E., Tsonas, A., Buiteman-Kruizinga, L., van Meenen, D., Korsten, H., Horn, J., Paulus, J., Bindels, A., Schulz, M., & De Bie, A. (2021). Effectiveness, safety and efficacy of INTELLiVENT–adaptive support ventilation, a closed–loop ventilation mode for use in ICU patients – A systematic re-view. *Expert Review of Respiratory Medicine, 15*(11), 1403–1413. https://doi.org/10.1080/17476348.2021.1933450

Bräutigam, C., Enste, P., Evans, M., Hilbert, J., Merkel, S., & Öz, F. (2017). *Digitalisierung im Krankenhaus: Mehr Technik – bessere Arbeit? Hans-Böckler-Stiftung* (S. 364). Düsseldorf: Study der Hans-Böckler-Stiftung No.

Buiteman-Kruizinga, L., Mkadmi, H., Serpa Neto, A., Kruizinga, M., Botta, M., Schultz, M., Paulus, F., & van der Heiden, P. (2021). Effect of INTELLiVENT-ASV versus conventional ventilation on ventilation intensity in patients with COVID-19 ARDS—An observational study. *Journal of Clinical Medicine., 10*(22), 5409. https://doi.org/10.3390/jcm10225409

Frick, Y., Wehrli, U., & Thilo, F. (2024). Dienstplanung per Knopfdruck? *Krankenpflege|Soins Infirmiers|Cure Infermieristiche* (3), S. 36–37. Schweizer Berufsverband der Pflegefachfrauen und Pflegefachmänner. https://doi.org/10.24451/arbor.21742.

Ghani, B., Zada, M., Memon, K., Ullah, R., Khattak, A., Han, H., Ariza-Montes, A., & Araya-Castillo, L. (2022). Challenges and strategies for employee retention in the hospitality industry: A review. *Sustainability, 14*(5), 2885. https://doi.org/10.3390/su14052885.

Hamilton Medical. (n. d.). *INTELLiVENT®-ASV®. Ihr Helfer am Patientenbett.* https://www.hamilton-medical.com/de_DE/Products/Technologies/INTELLiVENT-ASV.html.

Hermes, C., Blanck-Köster, K., Gaidys, U., Rost, E., & Petersen-Ewert, C. (2022). Einfluss der Arbeitsbedingungen und des Gehalts auf die Leiharbeit für Intermediate-Care- und Intensivstationen. *Medizinische Klinik – Intensivmedizin Und Notfallmedizin, 118,* 202–213. https://doi.org/10.1007/s00063-022-00929-1.

Hinterbuchner, K., Zuschnegg, J., Lirussi, R., Windhaber, T., Archan, T., & Kadric, I. (2021). Geringe Attraktivität des Pflegeberufs bei Auszubildenden. *ProCare, 26*(8), 50–55. https://doi.org/10.1007/s00735-021-1396-4

Hug, J. (2019). Zeitenwende für die Pflege. *CNE Pflegemanagement, 6*(4), 4–6. https://doi.org/10.1055/a-0960-3259.

Jarden, R., Sandham, M., Siegert, R., & Koziol-McLain, J. (2020). Intensive care nurses' well-being: A systematic review. *Australian Critical Care, 33*(1), 106–111. https://doi.org/10.1016/j.aucc.2018.11.068

Karagiannidis, C., Kluge, S., Riessen, R., Krakau, M., Bein, T., & Janssens, U. (2019). Auswirkungen des Pflegepersonalmangels auf die intensivmedizinische Versorgungskapazität in Deutschland. *Medizinische Klinik – Intensivmedizin Und Notfallmedizin, 114*(4), 327–333. https://doi.org/10.1007/s00063-018-0457-3.

Khan, N., Jackson, D., Stayt, L., & Walthall, H. (2018). Factors influencing nurses' intentions to leave adult critical care settings. *Nursing in Critical Care, 24*(1), 24–32. https://doi.org/10.1111/nicc.12348

Kostera, T., & Thranberend, T. (2018). SmartHealthSystems. *Spotlight Gesundheit,* (5) 1–8. Bertelsmann Stiftung. https://rsm-bst-update.bertelsmann-stiftung.de/fileadmin/files/BSt/Publikationen/GrauePublikationen/VV_SG_SHS_dt.pdf.

Krebs, S., Hasseler, M., & Lietz, A. (2020). Der Einsatz von Leih- und Zeitarbeit in der Pflege – steigende Kosten, fehlende soziale und fachliche Akzeptanz, ausbleibende Einarbeitung und Kurzeinweisung. *Das Gesundheitswesen, 82*(12), e138–e146. https://doi.org/10.1055/a-1186-0482

Kroczek, M. (2021). Analyzing nurses' decisions to leave their profession: A duration analysis. *Institut für Angewandte Wirtschaftsforschung,* (136). http://hdl.handle.net/10419/249059.

Kück-Bohms, U. (2021). *Krankenhäuser im Fokus von Cyberkriminellen.* https://www.datenschutz-notizen.de/krankenhaeuser-im-fokus-von-cyberkriminellen-b3s-kh-als-basis-fuer-massnahmen-1030357/.

McKinsey Digital. (2021). *Digitalisierung im Gesundheitswesen.* McKinsey & Company. https://www.mckinsey.com/ch/~/media/mckinsey/locations/europe%20and%20middle%20east/switzerland/our%20insights/digitization%20in%20healthcare/digitalisierung%20im%20gesundheitswesen%20%20die%2082mrdchance%20fr%20die%20schweiz%20de.pdf.

Silverman, H., Wilson, T., Tisherman, S., Kheirbek, R., Mukherjee, T., Tabatabai, A., McQuillan, K., Hausladen, R., Davis-Gilbert, M., Cho, E., Bouchard, K., Dove, S., Landon, J., & Zimmer, M. (2022). Ethical decision-making climate, moral distress, and intention to leave among ICU professionals in a tertiary academic hospital center. *BMC Medical Ethics, 23*(1), 45–45. https://doi.org/10.1186/s12910-022-00775-y

Sinsky, C., Brown, R., Stillman, M., & Linzer, M. (2021). COVID-related stress and work intentions in a sample of US health care workers. *Mayo Clinic Proceedings: Innovations, Quality & Outcomes, 5*(6), 1165–1173. https://doi.org/10.1016/j.mayocpiqo.2021.08.007

Sommer, P., Schwendener, P., Roman, D., Siegrist, G., & Sailer, P. (2022). Schweizer Spitäler: So gesund waren die Finanzen 2021. *PwC Healthcare, 11,* 1–72. https://www.pwc.ch/de/insights/gesundheitswesen/spitalstudie-2022.html.

Spaceplus-OnlineSuitePlus. (n.d.). B. Braun Melsungen AG. https://www.bbraun.ch/de/produkte-und-therapien/infusionstherapie/spaceplus-onlinesuiteplus.html.

Wehrli, A. (2017). Rolle der Zeitarbeit im Arbeitsmarkt 2030. In Schwaab, M. O. & Durian, A. (hrsg.), *Zeitarbeit* (S. 351–358). Springer Gabler. https://doi.org/10.1007/978-3-658-15686-2_28.

Steigerung der Wettbewerbsfähigkeit von Gesundheitsunternehmen durch agile Arbeits- und Organisationsformen

8

Tijana Gruban

Zusammenfassung

In der sich wandelnden Gesundheitsbranche reichen traditionelle Organisationsformen nicht mehr aus, um den Anforderungen der Digitalisierung, des demografischen Wandels und der steigenden Patientenansprüche gerecht zu werden. Laut einer Erhebung des Bundesamts für Statistik (BFS, 2024) erleben 25 % der erwerbstätigen Frauen und 21 % der Männer häufig oder immer Stress am Arbeitsplatz, was auf Zeitdruck und begrenzten Gestaltungsspielraum zurückzuführen ist. Agilität bietet hier eine Lösung, um schnell auf Veränderungen zu reagieren, die Innovationsfähigkeit zu fördern und patientenzentrierte Dienstleistungen zu verbessern. Das nächste Kapitel zeigt, wie agile Arbeits- und Organisationsformen den Wandel im Gesundheitswesen erfolgreich unterstützen und langfristige Wettbewerbsvorteile sichern können.

Schlüsselwörter

Agilität • Gesundheitswesen • Smart Health • Digitale Transformation • Innovation • Organisatorische Effizienz

T. Gruban (✉)
Tertianum, Kalaidos Fachhochschule, Zürich, Schweiz
E-Mail: tijana.gruban@bluewin.ch

D. Fasnacht (Hrsg.), *Smart Health*, https://doi.org/10.1007/978-3-658-46762-3_8

8.1 Die Notwendigkeit von Agilität im Gesundheitswesen

In einer sich dynamisch wandelnden Gesundheitsbranche sind traditionelle Organisationsformen zunehmend unzureichend, um den wachsenden Anforderungen der Digitalisierung, des demografischen Wandels und der steigenden Patientenansprüche gerecht zu werden. Um weiterhin wettbewerbsfähig zu bleiben und den Bedürfnissen der Patienten gerecht zu werden, benötigen Unternehmen im Gesundheitswesen flexible und adaptive Strukturen. Das Bundesamt für Statistik (BFS, 2024) veröffentlichte eine Erhebung zu psychosozialen Risiken im Gesundheitswesen, wonach 25 % der erwerbstätigen Frauen und 21 % der Männer angaben, an ihrem Arbeitsplatz häufig oder immer Stress zu erleben. Diese Werte zeigen im Vergleich zur Statistik von 2012 eine deutliche Zunahme und sind auf Faktoren wie Zeitdruck und einen begrenzten Gestaltungsspielraum in der Arbeitsorganisation zurückzuführen. Agilität bietet hier die Möglichkeit, rasch auf Veränderungen zu reagieren, die Innovationsfähigkeit zu fördern und patientenzentrierte Dienstleistungen effizienter zu gestalten (Majkovic et al., 2019). Im folgenden Kapitel wird dargelegt, wie agile Arbeits- und Organisationsformen den Wandel im Gesundheitswesen erfolgreich unterstützen und langfristige Wettbewerbsvorteile sichern können.

8.1.1 Aktuelle Herausforderungen und Trends

Im Gesundheitswesen stehen Unternehmen vor einer Vielzahl von Herausforderungen, die ihre Wettbewerbsfähigkeit beeinträchtigen können. Zu den wichtigsten Faktoren zählen der fortschreitende digitale Fortschritt, der demografische Wandel und steigende Patientenanforderungen. Diese Entwicklungen erfordern von den Organisationen eine höhere Flexibilität und Anpassungsfähigkeit (Baumgartner et al., 2020).

Die Wettbewerbsfähigkeit der heutigen Unternehmen im Gesundheitswesen hat sich in den vergangenen Jahrzehnten verändert (clinicum, 2021). Durch die fortschreitende Digitalisierung, den demografischen Wandel und steigende Patientenanforderungen gewinnen Transformationen in Organisationen an Bedeutung. Unternehmen müssen flexibler, anpassungsfähiger und innovativer werden, um auf dem Markt wettbewerbsfähig zu bleiben.

Die Digitalisierung verändert die Arbeitsprozesse grundlegend und ermöglicht effizientere und patientenorientierte Dienstleistungen. Gleichzeitig bringt sie aber auch die Notwendigkeit mit sich, in neue Technologien zu investieren und das Personal entsprechend zu schulen. Grössere und traditionell geführte Organisationen im schweizerischen Gesundheitswesen sind in der Regel geprägt von hierarchischen Strukturen, die zu langwierigen Entscheidungsprozessen und starren Arbeitsabläufen tendieren. Aufgrund der heutigen VUCA-Welt müssen derartige Unternehmen rasch auf die Veränderungen des Marktes reagieren, Innovationen umsetzen und vorantreiben um den Patienten weiterhin gerecht zu werden.

Der demografische Wandel führt zu einer alternden Bevölkerung, was den Bedarf an Gesundheitsdiensten erhöht und gleichzeitig den Druck auf die Systeme verstärkt, qualifizierte Fachkräfte zu finden. Hinzu kommt, dass der demografische Wandel die Nachfrage nach Gesundheitsdienstleistungen stark ansteigen lässt, was die heutigen Pflegequalitäten in Zukunft infrage stellt. Zudem wirken externe Faktoren wie regulatorische Anforderungen und wirtschaftliche Zwänge auf das Gesundheitswesen ein. Regulierungen, die von verschiedenen staatlichen und lokalen Behörden vorgegeben werden, können die Flexibilität und Innovationsfähigkeit von Organisationen einschränken (Gruban, 2024). Wirtschaftliche Zwänge, wie steigende Kosten und begrenzte Budgets, erfordern eine effiziente Ressourcennutzung und kreative Lösungen, um die finanziellen Herausforderungen zu bewältigen.

„Unternehmen müssen flexibler, anpassungsfähiger und innovativer werden, um auf dem Markt wettbewerbsfähig zu bleiben" (clinicum, 2021). In diesem Kontext wird die Notwendigkeit einer flexiblen und anpassungsfähigen Organisation im Gesundheitswesen zunehmend relevanter. Um zügiger auf Veränderungen zu reagieren, die Patientenbedürfnisse zu erfüllen und die Effizienz für das Unternehmen zu steigern, wächst die Anzahl jener Organisationen, die agile Ansätze einführen (Baumgartner et al., 2020). So können mittels Agilität in den Arbeits- und Organisationsformen starre Hierarchien aufgebrochen werden. Der Fokus richtet sich dabei auf zentrale Grundsätze, wie selbstorganisierte Teams, hohe Patientenzentrierung und netzwerkartige interne Strukturen (Baumgartner et al., 2020). In dieser dynamischen und komplexen Umgebung wird die Einführung agiler Arbeits- und Organisationsformen zunehmend als Lösung angesehen. Agilität ermöglicht es den Unternehmen, schneller auf Marktveränderungen zu reagieren, ihre Effizienz zu steigern und die Zufriedenheit der Mitarbeitenden zu erhöhen. Agile Ansätze fördern eine Kultur der kontinuierlichen Verbesserung und Innovation, die notwendig ist, um den aktuellen und zukünftigen Herausforderungen im Gesundheitswesen erfolgreich zu begegnen.

8.1.2 Relevanz agiler Ansätze im Gesundheitssektor

Agile Ansätze haben in den letzten Jahren zunehmend an Bedeutung gewonnen, besonders im Gesundheitswesen. Die Fähigkeit, sich schnell an verändernde Bedingungen anzupassen und effizientere Arbeitsmethoden zu implementieren, ist in diesem Sektor von unschätzbarem Wert. Die Relevanz agiler Ansätze im Gesundheitssektor lässt sich durch mehrere Faktoren untermauern.

Erstens ermöglicht Agilität eine verbesserte Reaktionsfähigkeit auf Marktveränderungen. Im Gesundheitswesen sind Veränderungen oft rapide und unvorhersehbar, sei es durch neue gesetzliche Vorschriften, technologische Fortschritte oder plötzliche Gesundheitskrisen wie Pandemien. Agile Methoden unterstützen Unternehmen dabei, flexibel und schnell auf solche Veränderungen zu reagieren, was ihre Wettbewerbsfähigkeit stärkt (clinicum, 2021).

Zweitens tragen agile Arbeitsformen zur Effizienzsteigerung bei. Durch die Förderung von Selbstorganisation und dezentralisierten Entscheidungsprozessen können Mitarbeitende schneller und zielgerichteter arbeiten. Dies reduziert Bürokratie und beschleunigt Entscheidungsprozesse, was besonders in kritischen Situationen wie der Patientenversorgung von Vorteil ist. In diesem Kontext wird die Notwendigkeit einer flexiblen und anpassungsfähigen Organisation im Gesundheitswesen zunehmend relevanter. Um zügiger auf Veränderungen zu reagieren, die Patientenbedürfnisse zu erfüllen und die Effizienz für das Unternehmen zu steigern (Baumgartner et al., 2020).

Drittens verbessern agile Ansätze die Zufriedenheit und Motivation der Mitarbeitenden. In einem agilen Umfeld haben Mitarbeitende mehr Autonomie und Verantwortung, was zu höherer Arbeitszufriedenheit und einer stärkeren Bindung an das Unternehmen führen kann. Dies ist im Gesundheitssektor besonders wichtig, da qualifiziertes Personal knapp ist und die Fluktuation hoch sein kann. Zufriedene Mitarbeitende leisten nicht nur bessere Arbeit, sondern tragen auch zu einem positiven Arbeitsklima und einer besseren Patientenversorgung bei. Empirische Studien belegen diesen Zusammenhang deutlich. Eine Untersuchung des Beratungsunternehmens Ernst und Young aus dem Jahr 2009 zeigt, dass Unternehmen, die das Buurtzorg-Modell[1] anwenden, signifikant niedrigere Fluktuationsraten und Krankheitsabwesenheiten aufweisen im Vergleich zu anderen Organisationen im Gesundheitswesen (Cavedon et al., 2017). Diese Ergebnisse verdeutlichen, dass die Einführung agiler Strukturen nicht nur zu Effizienzgewinnen führt, sondern auch das Wohlbefinden und die Gesundheit der Mitarbeitenden positiv beeinflussen kann. Dies führt letztlich zu einer höheren Mitarbeiterbindung und senkt krankheitsbedingte Ausfallzeiten – zwei wesentliche Faktoren, die zur langfristigen Wettbewerbsfähigkeit von Organisationen im Gesundheitswesen beitragen.

Schliesslich fördern agile Methoden Innovationen und kontinuierliche Verbesserungen auf verschiedenen Ebenen der Organisationsstruktur (Fasnacht und Proba, 2024). Indem sie eine Kultur der offenen Kommunikation und des kontinuierlichen Feedbacks etablieren, ermöglichen sie es den Mitarbeitenden, ihre Ideen und Verbesserungsvorschläge aktiv einzubringen. Dies führt zu einer ständigen Weiterentwicklung der Prozesse und Dienstleistungen, was langfristig die Qualität und Effizienz im Gesundheitswesen erhöht. Hartner-Tiefenthaler et al. (2016) untersuchten in einer dreimonatigen Fragebogenstudie mit 10.000 niederösterreichischen Arbeitnehmenden den Einfluss neuer Arbeitsformen, die durch Informations- und Kommunikationstechnologien geprägt sind. In ihrer Analyse konnten sie vier verschiedene Typologien von Arbeitsformen identifizieren, wobei das Buurtzorg-Modell der Typologie der „Avantgarde" zugeordnet wurde. Die Ergebnisse der Studie zeigten, dass in dieser Typologie die Lebenszufriedenheit, Arbeitszufriedenheit und die Identifikation mit dem Unternehmen aufgrund der hohen Handlungsautonomie besonders ausgeprägt sind (Hartner-Tiefenthaler et al., 2016). Diese Erkenntnisse verdeutlichen, dass agile Modelle, die auf Selbstorganisation und Autonomie setzen, nicht nur die Bindung der Mitarbeitenden an das Unternehmen stärken, sondern auch die Innovationskraft fördern. Insgesamt zeigt sich, dass agile Ansätze im Gesundheitssektor nicht nur die Wettbewerbsfähigkeit der Unternehmen steigern, sondern auch die Qualität der Gesundheitsversorgung und die Zufriedenheit der Mitarbeitenden verbessern können (Gruban, 2024). Die Implementierung solcher Ansätze erfordert jedoch eine sorgfältige Planung und Anpassung an die spezifischen Bedingungen und Herausforderungen des Sektors.

Im Hinblick auf die Praxis hinterfragen agile Ansätze hierarchische und schwerfällige Organisationsstrukturen und stellen innovative Formen durch flache Hierarchien vor. Die Zusammenarbeit und Kommunikation können sich intern unternehmensweit positiv auswirken, was Mitarbeitende bindet und das obere Management effizienter und effektiver gestaltet (Gruban, 2024). Aufgaben, Kompetenzen und Verantwortlichkeiten der Mitarbeitenden werden überdacht und ausgeweitet, sodass sich die Führungskräfte zukünftig für das Empowerment einsetzen, anstatt Kontrollen und Checklisten zu führen. Das Buurtzorg-Modell ist ein niederländisches Pflegesystem, das auf selbstorganisierten, dezentralen Teams basiert, welche eigenverantwortlich Entscheidungen treffen und eine ganzheitliche, patientenzentrierte Pflege anbieten, wodurch sowohl die Effizienz der Pflege als auch die Zufriedenheit der Mitarbeitenden gesteigert wird (Gray et al., 2015).

8.2 Die Grundlagen agiler Arbeits- und Organisationsformen

Agile Arbeits- und Organisationsformen haben sich in verschiedenen Branchen als unverzichtbar erwiesen, um flexibel auf Veränderungen zu reagieren und kontinuierliche Verbesserungen zu fördern. Um den Nutzen agiler Prinzipien vollständig zu verstehen, ist es zunächst notwendig, den Begriff „Agilität“ in seinen verschiedenen Facetten und Bedeutungen zu beleuchten.

8.2.1 Was bedeutet Agilität?

Agilität bezieht sich auf die Fähigkeit von Organisationen und Teams, flexibel und schnell auf Veränderungen und unvorhersehbare Ereignisse zu reagieren. Diese Fähigkeit hat historische Wurzeln: Schon unsere Vorfahren in der Steinzeit mussten agil handeln, um auf Umweltveränderungen zu reagieren (Fuhrmann, 2019). Im Kontext der modernen Arbeitswelt bedeutet Agilität jedoch weit mehr. Es geht darum, Prozesse und Strukturen so zu gestalten, dass sie anpassungsfähig bleiben und kontinuierlich verbessert werden können (Hofert, 2021).

Schon in der frühen Entwicklung von IT-Unternehmen wie beschrieben in der Studie des Beratungsunternehmens Ernst und Young (2023), war Agilität ein zentraler Erfolgsfaktor, der heute auch in anderen Branchen wie dem Gesundheitswesen an Bedeutung gewonnen hat. Agiles Arbeiten zeichnet sich dabei durch eine starke Kundenorientierung, selbstorganisierte Teams und netzwerkartige Strukturen aus, die wenig Bürokratie erfordern und flache Hierarchien begünstigen (Müller, 2018). Diese Prinzipien fördern nicht nur die Effizienz und Innovationskraft, sondern wirken sich auch positiv auf die Gesundheit und Zufriedenheit der Mitarbeitenden aus. Regelmässige Feedback-Schleifen, ein besserer Arbeitsfluss und die Autonomie der Teams tragen dazu bei, Stress zu verringern und eine gleichmässigere Arbeitsbelastung zu gewährleisten (Cavedon et al., 2017).

Der Begriff Agilität leitet sich vom lateinischen Wort „agilitas“ ab und wird als Synonym zu den Begriffen Gewandtheit, Wendigkeit und Vitalität verwendet. „Im organisationalen Kontext wird mit dem Begriff jedoch eine Denk- und Arbeitsweise bezeichnet“ (Pfannstiel et al., 2021). Ursprünglich wurde der Begriff im Zuge der Softwareentwicklung eingeführt, angelehnt an das agile Manifest von 2001. Gegenwärtig hat der Begriff jedoch in zahlreichen Zusammenhängen eine Bedeutung und ist für die Projekt- sowie Prozessentstehung elementar. Pfannstiel et al. (2021) unterteilen den Agilitätsbegriff in zwei Teilkomponenten, wobei die erste Komponente „die Fähigkeit zur schnellen und angemessenen Wahrnehmung von Veränderungen in der Umwelt“ umfasst. Die zweite Komponente beschreibt „das schnelle, adäquate Agieren und Reagieren“ auf diese Veränderungen.

Thomaschewski und Völker (2019) definieren den Begriff Agilität als Beweglichkeit oder Flexibilität. Sie ergänzen den Begriff Agilität aus betriebswirtschaftlicher Sicht als Eigenschaft von Unternehmen, adaptiv mit Veränderungen im Marktumfeld umzugehen (Thomaschewski & Völker, 2019). „Der zentrale Aspekt von Agilität ist die Fähigkeit, rasch und maßgeblich antizipierend die Chancen einer Veränderung zu nutzen und parallel jegliche negativen Konsequenzen dieser Veränderung zu vermeiden“ (Thomaschewski & Völker, 2019).

Sommerhoff und Wolter (2019) definieren eine Organisation als „agil, wenn sie den Umgang mit ständiger Unsicherheit als selbstverständlichen Teil ihrer Existenz begreift und systematisch in die Steuerung ihrer Aktivitäten integriert“. Dabei differenzieren sie zwischen strategischer Agilität – die Strategie angemessen zügig verändern zu können –, organisationaler Agilität – die Organisation angemessen zügig neu aufstellen, verändern und entwickeln zu können – und operativer Agilität – die Fähigkeit, im Alltag für die externen und internen Kunden im besten Sinne zu handeln (Sommerhoff & Wolter, 2019).

Ableitend lässt sich Agilität als eine Denk- und Arbeitsweise beschreiben, die auf schnelle Anpassungsfähigkeit und proaktives Handeln in Organisationen ausgerichtet ist. Der Begriff umfasst die Fähigkeit, Veränderungen zügig wahrzunehmen und darauf effektiv zu reagieren. Strategische, organisationale und operative Elemente werden in der Agilität integriert und führen dazu, auf Marktveränderungen adaptiv reagieren zu können. Durch die Verbindung von sozialen und kommunikativen Aspekten kann Agilität als ein ganzheitliches Konzept und eine zukunftsorientierte Führungsphilosophie betrachtet werden.

8.2.2 Agile Frameworks und ihre Anwendungsmöglichkeiten

Agile Frameworks sind strukturierte Vorgehensweisen, die darauf abzielen, Teams und Organisationen dabei zu unterstützen, agil zu arbeiten. Sie bieten Leitlinien und Methoden, um die Prinzipien der Agilität in der Praxis umzusetzen. Zu den bekanntesten agilen Frameworks gehören Scrum, Kanban und Design Thinking.

Scrum: Scrum ist ein Framework, das vor allem in der Softwareentwicklung Anwendung findet, aber auch in anderen Bereichen genutzt werden kann. Es basiert auf iterativen und inkrementellen Prozessen, bei denen Teams in festgelegten Zeiträumen, den sogenannten Sprints, arbeiten. Jeder Sprint endet mit einem Produktinkrement, das potenziell lieferbar ist. Scrum fördert die Selbstorganisation der Teams und die kontinuierliche Verbesserung durch regelmässige Retrospektiven und Feedback-Schleifen.

Kanban: Kanban ist eine Methode zur Prozessoptimierung, die auf Visualisierung und Limitierung von Arbeitsaufgaben basiert. Es verwendet ein Kanban-Board, auf dem die verschiedenen Phasen eines Prozesses visualisiert werden. Teams können so Engpässe erkennen und den Workflow verbessern. Kanban ermöglicht eine flexible und kontinuierliche Anpassung der Arbeitsprozesse und fördert die Transparenz innerhalb des Teams.

Design Thinking: Design Thinking ist ein Ansatz, der darauf abzielt, kreative Lösungen für komplexe Probleme zu finden. Es stellt den Nutzer in den Mittelpunkt und fördert interdisziplinäre Zusammenarbeit und iterative Prototypenentwicklung. Durch das Verständnis der Nutzerbedürfnisse und das schnelle Testen und Anpassen von Lösungen können innovative und nutzerzentrierte Produkte und Dienstleistungen entwickelt werden.

Handscomb et al. (2019) beschreiben agile Arbeitsformen als funktionsübergreifende Verfahren, die durch weniger Hierarchie und mit Fokus auf reale Geschäftsprobleme gekennzeichnet sind. Diese Formen bauen auf „Struktur, Präzision und Transparenz, wobei größere Flexibilität und schnellere Entscheidungsfindungen ermöglicht wird" (Handscomb et al., 2019). Thomaschewski und Völker (2019) bestätigen ebenfalls diesen Ansatz, indem sie sagen, dass Agilität flache Hierarchien, geeignete, neuartige Teamformen und Selbstorganisation impliziert. (Eckstein & Buck, 2020) leiten aus den zwölf Prinzipien des agilen Manifests vier agile Werte ab: Selbstorganisation, Transparenz, konstanter Kundenfokus und kontinuierliches Lernen. Diese Werte sind die Grundlage für viele agile Methoden und Frameworks. Sie betonen, dass die erfolgreiche Zusammenarbeit und das Erreichen gemeinsamer Ziele in einem agilen Umfeld durch die Einhaltung dieser Werte ermöglicht wird.

(Armbruster, 2023) ergänzt, dass agile Werkzeuge, Methoden und Praktiken konkrete Helfer und Vorgehensweisen sind, um Mitarbeitende in ihrer Arbeit zu unterstützen und eine Anleitung für die angewendete Agilität zu ermöglichen. Im Zuge dessen können die zahlreichen Werkzeuge bei verschiedensten Aufgabenstellungen das menschliche Handeln unterstützen. Dabei benötigt jedes Werkzeug Übung in der Handhabung und das Wissen, wie, was und wo es am besten einzusetzen ist. Während hingegen Werkzeuge als Helfer gelten, geben Methoden und Praktiken grössere Rahmen vor. Sie beschreiben strukturierte Vorgehensweisen, die dazu verhelfen, Ziele zu erreichen.

Insgesamt bieten agile Frameworks und Methoden vielfältige Anwendungsmöglichkeiten, um die Agilität in Organisationen zu fördern. Sie ermöglichen es,

Prozesse effizienter zu gestalten, die Zusammenarbeit zu verbessern und schneller auf Veränderungen zu reagieren. Durch die Implementierung agiler Frameworks können Organisationen ihre Wettbewerbsfähigkeit steigern und eine Kultur der kontinuierlichen Verbesserung und Innovation etablieren.

8.2.3 Dimensionen der Agilität

Agilität wird zunehmend als zentraler Treiber von Innovationen verstanden. Nach Fasnacht und Proba (2024) unterstützt sie auf der Führungsebene die Entwicklung und Umsetzung visionärer Leitlinien, während sie auf der Managementebene durch agile Praktiken und ein flexibles Unternehmensmanagement wirksam wird. Auf operativer Ebene manifestiert sich der Nutzen organisatorischer Agilität in der Fähigkeit, rasch auf Veränderungen zu reagieren, kurzfristige Chancen zu nutzen und eine dynamische, bereichsübergreifende Zusammenarbeit zu ermöglichen (Fasnacht & Proba, 2024). In der Darstellung der Dimensionen der Agilität von Armbruster (2023, S. 24) geht es um die konkrete Anwendung der Agilität in den Hauptdimensionen „Methoden und Werkzeuge" und „Praktiken", weiter innen „Wissen um Einsatz der Agilität" in den Hauptdimensionen „Prinzipien" und „Werte". Die beiden Hauptdimensionen richten sich dabei nach dem agilen Manifest (2001). Als innerste Hauptdimension steht „Persönliche Einstellung zur Agilität" mit der Hauptdimension „Mindset". Armbruster (2023, S. 24) schlussfolgert, dass das agile Mindset im Gegensatz zu Methoden und Werkzeugen nicht aufgetragen werden kann. Die Organisation, beziehungsweise die Mitarbeitenden, werden durch jahrelange erlebte und gelebte Werte geprägt. Wenn diese Werte gepaart mit agilen Prinzipien harmonieren und von allen verinnerlicht werden, entsteht eine agile Kultur und ein agiles Mindset. Somit unterstreicht Armbruster (2023, S. 24), dass die Agilität gelebt wird, wenn sich ein tiefes Verständnis der agilen Hauptdimensionen „agile Prinzipien und Werte" im persönlichen Denken und Handeln wiederfindet. Diese Kerneigenschaft lässt die Organisation nachhaltig erfolgreich am Markgeschehen agieren wie Abb. 8.1 demonstriert.

8.2.4 Gegenüberstellung von Agilität und Hierarchie in Organisationen

Thomaschewski und Völker (2019, S. 81) visualisieren anhand der Darstellung in Abb. 8.2 den Vergleich von Charakteristiken einer agilen Organisationsform zur

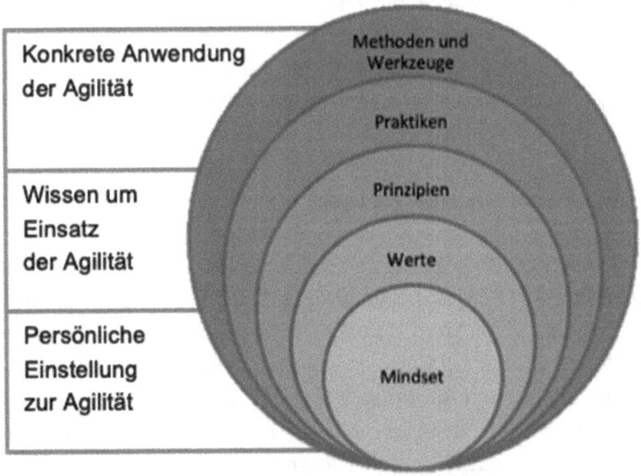

Abb. 8.1 Agile Zwiebel (Quelle: Eigene Darstellung in Anlehnung an Armbruster, 2023, S. 24)

klassisch-hierarchisch aufgestellten Organisation. Sie lehnen sich dabei an das agile Manifest an (vgl. agile Manifesto von Beck et al., 2001).

Thomaschewski und Völker (2019, S. 81) benutzen das Wort „vor" in der Darstellung als Synonym für zielführender. Sie beschreiben Projekte, Teams und Rollen zielführender als stabile Strukturen und Positionen im Organigramm. Ausserdem erklären die Autoren die agile Arbeitsorganisation als geeigneter für die Bewältigung komplexer Herausforderungen, da diese flexibler und anpassungsfähiger bei zügig ändernden Anforderungen und Rahmenbedingungen sind. Die Rückkopplungstreifen und kontinuierliche Anpassung des Vorgehens gehören zu den Kernelementen agiler Vorgehensweisen und sind gemäss Thomaschewski und Völker (2019, S. 81) zielführender als langfristige, detaillierte Planungen, die zumeist ihr Ziel verfehlen. Agile Vorgehensweisen können hingegen durch die enge Einbindung von Kunden deren Zufriedenheit erhöhen. Zudem haben Mitarbeitende in agilen Organisationen Offenheit für Neues. Chancen werden eher erkannt und genutzt. Dazu gehen sie bewusst Risiken ein, so Thomaschewski und Völker (2019, S. 81). Geprägt von einer Lernkultur, die das Lernen aus Fehlern fördert, sind Mitarbeitende in einer agilen Organisation zielführender als in einer klassisch-hierarchischen Organisation. Ausserdem sind Selbstorganisation und verteilte Autorität nach Thomaschewski und Völker (2019, S. 81) zielführender als Hierarchien. Ein Aspekt sind die zeitraubenden Abstimmungsprozesse

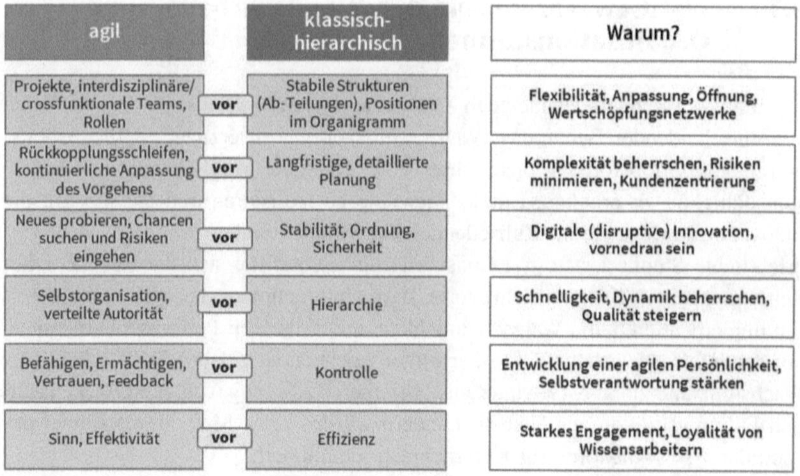

Abb. 8.2 Vergleich der agilen Organisationsform zur klassisch-hierarchischen Organisation (Quelle: Darstellung entnommen aus Thomaschewski & Völker, 2019, S. 81)

über mehrere Ebenen und ein weiterer, ist die Entscheidungsbefugnis von Experten/innen in agilen Organisationen, die in der Regel von höherer Qualität ist. Voraussetzung für die Entscheidungsbefugnis ist Transparenz im Unternehmen. Befähigen, Ermächtigen, Vertrauen und Feedback sind Persönlichkeitsstrukturen agiler Organisationsformen. Sie gelten zielführender als das Prinzip der Kontrolle durch Vorgesetzte in klassisch-hierarchischen Organisationen. Dieser Ansatz basiert auf gegenseitigem Vertrauen und einer offenen Feedbackkultur (Thomaschewski & Völker, 2019, S. 81). Agilität wird durch ein starkes, persönliches Engagement und die intrinsische Motivation von Mitarbeitenden der Organisation gesteuert. Ihre Arbeit ergibt für sie einen individuellen Sinn und nehmen gemäss Thomaschewski und Völker (2019, S. 81) ein Gefühl von Effektivität war. Zusätzlich besteht bei den Wissensarbeiten ein gesteigertes Mass an Loyalität und Bindung, was mit einem Wettbewerbsvorteil einhergeht. Infolgedessen sind Sinn und Effektivität zielführender als ein auf Effizienz ausgerichtetes Unternehmen, das weniger Entfaltungsmöglichkeiten für die Mitarbeitenden bietet.

8.3 Wettbewerbsvorteile durch agile Arbeits- und Organisationsformen

In einer sich schnell wandelnden Gesundheitsbranche ist es für Unternehmen von entscheidender Bedeutung, Wettbewerbsvorteile zu erzielen. Agile Arbeits- und Organisationsformen bieten hier eine effektive Möglichkeit, die Anpassungsfähigkeit zu erhöhen, Effizienzgewinne zu realisieren und gleichzeitig die Innovationskraft sowie die Zufriedenheit der Mitarbeitenden zu fördern. Eine veröffentlichte Studie der Boston Consulting Group, auf die sich die Neue Zürcher Zeitung (Müller, 2018) bezieht, zeigt, dass Unternehmen, die agile Arbeitsweisen implementieren, die Wahrscheinlichkeit, unter den Top-Performern zu landen, um das Fünffache erhöhen. Top-Performer zeichnen sich dabei durch schnelleres Wachstum und höhere Gewinne aus. In einer Befragung von rund 1100 Fach- und Führungskräften aus über 40 Ländern wurden agile Methoden als einer der zentralen Erfolgsfaktoren für Unternehmen identifiziert.

8.3.1 Verbesserung der Reaktionsfähigkeit auf Marktveränderungen

Die Fähigkeit einer Organisation, schnell auf Marktveränderungen zu reagieren, ist ein entscheidender Wettbewerbsvorteil. Agile Arbeits- und Organisationsformen ermöglichen es Unternehmen, flexibel und effizient auf neue Anforderungen zu reagieren. Durch die dezentrale Evaluierung und Anpassung von Dienstleistungen wird die Marktorientierung verbessert. Flexible Organisationsstrukturen unterstützen die schnelle Reaktion auf regionale Bedürfnisse.

Agilität in der Organisationsstruktur fördert die Anpassungsfähigkeit und reduziert die Trägheit in Entscheidungsprozessen (Pfannstiel et al., 2021). Ein wesentlicher Aspekt ist die Einführung von flachen Hierarchien und die Erweiterung von Entscheidungsbefugnissen. Dies führt zu einer schnelleren Umsetzung von Spezialisierungen und einer besseren Anpassung an demografische und gesellschaftliche Veränderungen. Thomaschewski und Völker (2019) definieren Agilität als Beweglichkeit oder Flexibilität und betonen, dass Unternehmen adaptiv mit Veränderungen im Marktumfeld umgehen müssen, um wettbewerbsfähig zu bleiben. Eine zentrale Komponente der Agilität ist die Fähigkeit zur schnellen und angemessenen Wahrnehmung von Veränderungen in der Umwelt. Die zweite Komponente beschreibt das schnelle, adäquate Agieren und Reagieren auf diese Veränderungen (Pfannstiel et al., 2021). Ein laufendes Pilotprojekt der Spitex

Zürich zeigt bereits erste Erfolge, insbesondere in der Pflege, wo die Mitarbeitenden die neue Arbeitsweise schätzen und die Integration in Teams positiv bewerten (QUELLE). Die Kundenzufriedenheit ist laut der Spitex Zürich in der Befragung von 2018 im Zuge der agilen Arbeitsweise gestiegen, was die Bedeutung von flexiblen und anpassungsfähigen Strukturen in der direkten Kundenbetreuung unterstreicht.

Die Einführung agiler Methoden wie Scrum oder Kanban kann dazu beitragen, die Effizienz und Flexibilität in der Organisation zu erhöhen. Die Implementierung agiler Frameworks und Methoden fördert nicht nur die schnelle Anpassungsfähigkeit an Marktveränderungen, sondern verbessert auch die interne Kommunikation und Zusammenarbeit. Diese Elemente tragen dazu bei, die Reaktionsfähigkeit auf Marktveränderungen zu steigern und somit die Wettbewerbsfähigkeit zu sichern.

Zusammenfassend lässt sich sagen, dass agile Arbeits- und Organisationsformen die Reaktionsfähigkeit auf Marktveränderungen erheblich verbessern können. Durch die Förderung einer flexiblen und anpassungsfähigen Organisationsstruktur, die Einführung flacher Hierarchien und die Erweiterung von Entscheidungsbefugnissen können Unternehmen schneller auf neue Anforderungen reagieren und ihre Marktorientierung kontinuierlich verbessern.

8.3.2 Steigerung der Effizienz in der Dienstleistungserbringung

Die Effizienzsteigerung in der Dienstleistungserbringung ist ein weiterer Vorteil agiler Arbeitsformen. Durch den Einsatz digitaler Tools und hybrides Arbeiten können Prozesse optimiert und die Kommunikation verbessert werden. Digitale und ortsunabhängige Arbeitsmethoden führen zu signifikanten Effizienzsteigerungen und werden von den Mitarbeitenden positiv wahrgenommen.

Die Implementierung von agilen Toolkits und die Förderung selbstorganisierender Teams tragen zur Optimierung der Abläufe bei. Diese Teams sind in der Lage, eigenständig zu erkennen und umzusetzen, was für die Steigerung ihrer Effizienz notwendig ist. Thomaschewski und Völker (2019) bestätigen ebenfalls diesen Ansatz, indem sie sagen, dass Agilität flache Hierarchien, geeignete, neuartige Teamformen und Selbstorganisation impliziert. Dies ermöglicht es den Teams, effizienter zu arbeiten und schneller auf Kundenbedürfnisse zu reagieren.

Die Flexibilität und Effektivität werden durch den Einsatz von digitalen Geräten und einer verbesserten Kommunikation gefördert. Die Effizienzsteigerung wird dabei nicht nur durch die Optimierung der Prozesse, sondern auch durch die Reduktion von Bürokratie und die Beschleunigung von Entscheidungsprozessen erreicht. Somit ist „eine zentrale Komponente der Agilität die Fähigkeit zur schnellen und angemessenen Wahrnehmung von Veränderungen in der Umwelt ist. Die zweite Komponente beschreibt das schnelle, adäquate Agieren und Reagieren auf diese Veränderungen" (Pfannstiel et al., 2021).

Die Einführung agiler Methoden wie Scrum oder Kanban kann dabei helfen, die Effizienz in der Dienstleistungserbringung weiter zu steigern. „Eckstein und Buck (2020) leiten aus den zwölf Prinzipien des agilen Manifests vier agile Werte ab: Selbstorganisation, Transparenz, konstanter Kundenfokus und kontinuierliches Lernen". Diese Werte sind die Grundlage für viele agile Methoden und Frameworks und tragen zur Effizienzsteigerung bei.

Zusammenfassend lässt sich sagen, dass agile Arbeits- und Organisationsformen erheblich zur Effizienzsteigerung in der Dienstleistungserbringung beitragen können. Durch die Förderung selbstorganisierender Teams, den Einsatz digitaler Tools und hybrides Arbeiten können Prozesse optimiert, die Kommunikation verbessert und die Flexibilität erhöht werden. Dies führt zu einer signifikanten Steigerung der Effizienz und einer positiven Wahrnehmung durch die Mitarbeitenden.

8.3.3 Mitarbeitendenzufriedenheit und Innovationsförderung

Agile Arbeits- und Organisationsformen tragen wesentlich zur Mitarbeitendenzufriedenheit und Innovationsförderung bei. Eine hohe Mitarbeitendenzufriedenheit ist entscheidend für die Wettbewerbsfähigkeit, da zufriedene Mitarbeitende engagierter und produktiver sind. Agile Methoden und eine ausgeprägte Feedbackkultur fördern die Mitarbeitendenzufriedenheit und die Attraktivität des Unternehmens auf dem Arbeitsmarkt. Eine Studie von Hartner-Tiefenthaler et al. (2016) zeigt, dass Arbeitsmodelle wie das Buurtzorg-Modell, das auf Selbstorganisation und hohe Handlungsautonomie setzt, besonders hohe Zufriedenheitswerte unter den Mitarbeitenden erzeugen. Diese Modelle fördern nicht nur die Identifikation der Mitarbeitenden mit dem Unternehmen, sondern tragen auch dazu bei, die Innovationskraft zu stärken, indem sie Freiräume für kreative Ideen und deren Umsetzung bieten (Hartner-Tiefenthaler et al., 2016).

Agilität fördert auch die Innovationskraft der Mitarbeitenden, indem sie ihnen Freiräume für kreative Ideen und deren Umsetzung bietet. Die Einführung von selbstorganisierenden Teams und die Delegation von Verantwortung sind wesentliche Elemente, um Innovationsprozesse zu unterstützen und die Kreativität der

Mitarbeitenden zu fördern (Gruban, 2024). Erste Ergebnisse des Pilotprojekts der Spitex Zürich bestätigen, dass Mitarbeitende, insbesondere im Pflegesektor, die agile Arbeitsweise als vorteilhaft empfinden. Durch die enge Zusammenarbeit in Teams sind die Mitarbeitenden in der Lage, die Bedürfnisse der Kunden besser zu erkennen und darauf einzugehen, was zu einer signifikanten Steigerung der Kundenzufriedenheit geführt hat (Brunnschweiler, 2019).

Insgesamt zeigen die Erkenntnisse, dass agile Arbeits- und Organisationsformen erhebliche Wettbewerbsvorteile bieten, indem sie die Reaktionsfähigkeit auf Marktveränderungen verbessern, die Effizienz in der Dienstleistungserbringung steigern und die Mitarbeitendenzufriedenheit sowie Innovationskraft fördern (Gruban, 2024).

8.3.4 Kernergebnisse und Diskussion

Die Erkenntnisse basieren auf einer qualitativen Forschung von 2024 im Rahmen einer MBA Masterarbeit an der Kalaidos Fachhochschule Schweiz, wo durch Interviews mit Experten aus der erweiterten Geschäftsleitung ($n = 9$) durchgeführt und Einblicke in die Anwendung und Auswirkungen agiler Arbeits- und Organisationsformen im Gesundheitswesen gewonnen wurden.

Organisationsstruktur und Agilität
Die Befragten bestätigten, dass flache Hierarchien und erweiterte Entscheidungsbefugnisse die Anpassungsfähigkeit und Reaktionsgeschwindigkeit auf Marktveränderungen verbessern. Jedoch wurde auch auf Herausforderungen hingewiesen, insbesondere in traditionellen, hierarchischen Strukturen, die eine flexible Anpassung erschweren können.

Effizienzsteigerung durch agile Methoden
Durch den Einsatz digitaler Tools und die Einführung hybrider Arbeitsmodelle konnten signifikante Effizienzsteigerungen erzielt werden. Die Experten betonten, dass die Digitalisierung und ortsunabhängiges Arbeiten nicht nur die Effizienz, sondern auch die Zufriedenheit der Mitarbeitenden erhöhen.

Mitarbeitendenzufriedenheit und Innovationsförderung
Agile Arbeitsformen tragen erheblich zur Mitarbeitendenzufriedenheit bei, da sie mehr Autonomie und Verantwortung bieten. Dies fördert nicht nur das Engagement, sondern auch die Innovationskraft der Mitarbeitenden. Die Experten betonten,

dass eine offene Feedbackkultur und die Möglichkeit, kreative Ideen einzubringen, entscheidend für die Innovationsfähigkeit einer Organisation sind.

Die Ergebnisse bestätigen, dass agile Arbeits- und Organisationsformen bedeutende Wettbewerbsvorteile bieten. Die Flexibilität, Effizienzsteigerungen und die Förderung von Mitarbeitendenzufriedenheit und Innovationen sind wesentliche Faktoren für den Erfolg im Gesundheitswesen. Dennoch ist die Implementierung agiler Methoden mit Herausforderungen verbunden, insbesondere in etablierten, hierarchischen Strukturen. Es bedarf eines kontinuierlichen Anpassungsprozesses und einer Kultur des Wandels, um die vollen Vorteile agiler Arbeitsweisen zu realisieren. Insgesamt zeigte damit die Masterarbeit, dass agile Organisationsformen einen entscheidenden Beitrag zur Steigerung der Wettbewerbsfähigkeit im Gesundheitswesen leisten können, wenn sie konsequent und unter Berücksichtigung der spezifischen organisationalen Gegebenheiten umgesetzt werden.

8.4 Handlungsempfehlungen und Ausblick

Die erfolgreiche Implementierung agiler Arbeits- und Organisationsformen im Gesundheitswesen erfordert eine gezielte Strategie und Anpassung an die spezifischen Herausforderungen der Branche. Wesentlich ist dabei die Förderung einer agilen Kultur, die durch kontinuierliches Lernen und eine flexible Arbeitsweise geprägt ist. Praxisnahe Empfehlungen zeigen, wie Unternehmen durch gezielte Massnahmen wie Schulungen, Pilotprojekte und die Dezentralisierung von Entscheidungsbefugnissen ihre Wettbewerbsfähigkeit steigern und eine nachhaltige Transformation im Gesundheitswesen vorantreiben können.

8.4.1 Strategien zur erfolgreichen Einführung agiler Arbeitsformen

Die erfolgreiche Einführung agiler Arbeitsformen erfordert eine sorgfältige Planung und Umsetzung. Hier sind einige empfohlene Strategien, welche aus den Erkenntnissen der Masterthesis hervorgehen:

1. Schulungen und Weiterbildungen: Es ist essentiell, dass Mitarbeitende durch gezielte Schulungen und Weiterbildungen in agilen Methoden geschult werden. Dies stärkt die Selbstorganisation und Eigenverantwortung der Mitarbeitenden und erleichtert die Verinnerlichung agiler Ansätze.

2. Pilotprojekte: Agile Arbeitsformen sollten zunächst in freiwilligen Pilotprojekten erprobt werden. Diese Projekte dienen dazu, Erfahrungen zu sammeln und den Erfolg der Methoden zu bewerten, bevor sie organisationweit eingeführt werden.
3. Dezentralisierung der Entscheidungsfindung: Entscheidungsbefugnisse und Verantwortlichkeiten sollten auf die ausführende Hierarchieebene ausgeweitet werden. Dies ermöglicht eine schnellere Reaktion auf Kundenbedürfnisse und Marktanforderungen.
4. Aufbau einer partizipativen Unternehmenskultur: Wissensmonopole sollten aufgebrochen und eine Plattform für den Wissensaustausch geschaffen werden. Eine offene und vertrauensbasierte Unternehmenskultur unterstützt die effektive Kommunikation und Zusammenarbeit.
5. Anpassung der Kommunikationsstrukturen: Der Informationsfluss zwischen allen Organisationsebenen sollte optimiert werden, indem offene Kommunikationskanäle geschaffen und regelmässige Feedback-Zyklen etabliert werden. Dies fördert die kontinuierliche Verbesserung und stärkt die Motivation der Mitarbeitenden.

Die Implementierung agiler Arbeitsmethoden erfordert eine durchdachte strategische Planung. Essenziell ist eine fundierte Schulung der Mitarbeitenden, um deren Fähigkeit zur Selbstorganisation und Eigenverantwortung zu fördern. Die schrittweise Erprobung agiler Ansätze in Pilotprojekten bietet die Möglichkeit, praxisnahe Erkenntnisse zu gewinnen, bevor eine flächendeckende Implementierung erfolgt. Entscheidungsprozesse sollten dezentralisiert werden, um eine grössere Flexibilität und schnellere Reaktionsfähigkeit auf externe Anforderungen zu gewährleisten. Die Etablierung einer partizipativen Unternehmenskultur, die den Wissensaustausch stärkt, ist dabei ebenso zentral wie die Optimierung der Kommunikationsstrukturen, um kontinuierliche Verbesserungen durch regelmässiges Feedback sicherzustellen.

8.4.2 Organisationales Agilitätsmodell

Aus den Ergebnissen, Schlussfolgerungen und Handlungsempfehlungen der Masterarbeit wurde ein organisationales Kreislaufmodell für agile Arbeits- und Organisationsformen zur Steigerung der Wettbewerbsfähigkeit entwickelt, das im Folgenden visualisiert ist (Abb. 8.3):

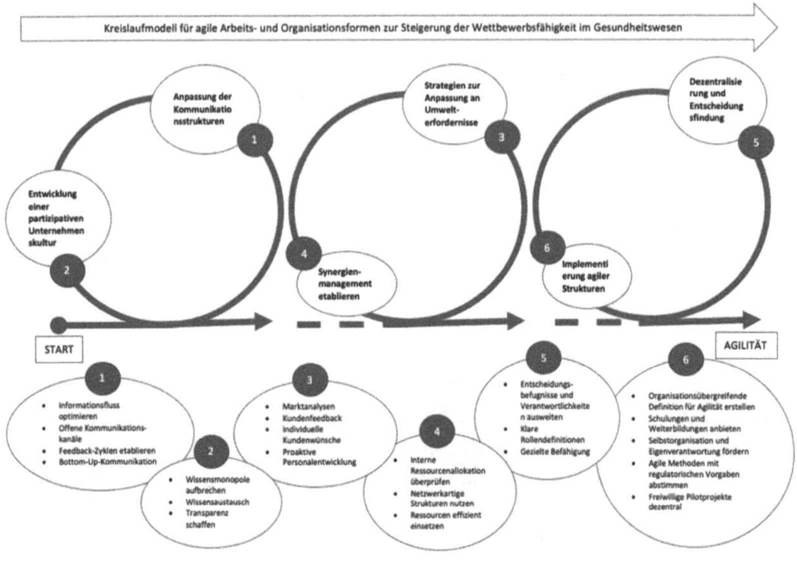

Abb. 8.3 Organisationales Agilitätsmodell (Quelle: Eigene Darstellung)

8.4.3 Empfehlungen für die Praxis im Gesundheitswesen

Für die erfolgreiche Anwendung agiler Arbeits- und Organisationsformen im Gesundheitswesen sind folgende Empfehlungen relevant:

1. Kundenorientierung stärken: Regelmässige Marktanalysen und systematisches Einholen von Kundenfeedback sind essenziell, um Produkte und Dienstleistungen kontinuierlich zu verbessern und individueller auf Kundenwünsche einzugehen.
2. Proaktive Personalentwicklung: Um dem Fachkräftemangel entgegenzuwirken, sollten Massnahmen zur Personalentwicklung gefördert werden. Dies umfasst Weiterbildungsprogramme und die Schaffung attraktiver Karrieremöglichkeiten.
3. Einbindung der Mitarbeitenden in den Transformationsprozess: Mitarbeitende sollten aktiv in den Prozess der Einführung agiler Methoden einbezogen werden. Dies fördert die Akzeptanz und das Engagement und trägt zur erfolgreichen Umsetzung bei.

4. Nutzung digitaler Tools: Der Einsatz digitaler Tools und Technologien unterstützt die Implementierung agiler Arbeitsformen und verbessert die Effizienz und Kommunikation innerhalb der Organisation.

8.4.4 Zukünftige Entwicklungen und Perspektiven

Die Implementierung agiler Arbeitsformen im Gesundheitswesen wird durch mehrere zukünftige Entwicklungen und Perspektiven geprägt:

1. Technologische Innovationen: Die fortschreitende Digitalisierung und technologische Innovationen werden weiterhin eine bedeutende Rolle spielen. Unternehmen müssen sich kontinuierlich an neue Technologien anpassen, um wettbewerbsfähig zu bleiben.
2. Demografischer Wandel: Der demografische Wandel und der damit verbundene Fachkräftemangel erfordern flexible und anpassungsfähige Organisationsstrukturen. Agile Methoden können dabei helfen, diesen Herausforderungen zu begegnen.
3. Regulatorische Rahmenbedingungen: Die Einführung agiler Arbeitsformen muss mit den regulatorischen Rahmenbedingungen abgestimmt werden. Dies erfordert eine enge Zusammenarbeit mit den entsprechenden Behörden und Institutionen.
4. Langfristige Kulturveränderung: Die Einführung agiler Arbeitsformen ist ein langfristiger Prozess, der eine grundlegende Veränderung der Unternehmenskultur erfordert. Dies beinhaltet die Förderung eines agilen Mindsets und die Etablierung einer Kultur des kontinuierlichen Lernens und der Verbesserung.

Im Ganzen bieten agile Arbeits- und Organisationsformen erhebliche Chancen zur Steigerung der Wettbewerbsfähigkeit im Gesundheitswesen. Durch die konsequente Umsetzung der genannten Strategien und Empfehlungen können Unternehmen diese Potenziale nutzen und sich erfolgreich den Herausforderungen der Zukunft stellen.

Literatur

Armbruster, J. (2023). *Praxishandbuch Agile Organisationsentwicklung.* UVK Verlag. https://doi.org/10.24053/9783739882130.

Baumgartner, M., Bracher, M., Krause, A., Mumenthaler, J., & Ramseyer, M. (2020). Agiles Arbeiten gestalten. *Grundlagen und gesundheitsförderliche Zusammenhänge* (Gesundheitsförderung Schweiz, Hrsg.). https://friendlyworkspace.ch/system/files/documents/2022-10/Faktenblatt_039_GFCH_2020-03_-_Agiles_Arbeiten_gestalten.pdf.

Beck, K. et al. (2001). *Principles behind the Agile Manifesto* [Deutsche Übersetzung]. https://agilemanifesto.org/iso/de/principles.html. Zugegriffen: 12. Febr. 2025.

BFS. (2024). *Arbeitsbedingungen: Physische und psychosoziale Risiken bei der Arbeit, Angst um den Arbeitsplatz, Gesundheitszustand nach Arbeitsbedingungen.* Bundesamt für Statistik. https://www.bfs.admin.ch/bfs/de/home/statistiken/gesundheit/determinanten/arbeitsbedingungen.html.

Brunnschweiler, C. (2019). Umsetzung des Buurtzorg-Modells in der Schweiz. https://www.spitex.ch/files/QVVAXXQ/prae_brunnschweiler_def_dt.pdf.

Cavedon, E., Minnig, C., & Zängl, P. (2017). *Menschlichkeit vor Bürokratie.* Dienstleistungsprojekt: Übertragung des Buurtzorg-Modells auf schweizerische Verhältnisse.

clinicum. (2021). *Im Gesundheitswesen agil ans Ziel.* Gesundheitspolitik, clinicum(3), 37–39. https://www.clinicum.ch/images/getFile?t=ausgabe_artikel&f=dokument&id=2474.

Eckstein, J., & Buck, J. (2020). *Unternehmensweite Agilität: Wie Sie Ihr Unternehmen mit den Werten und Prinzipien von Agilität, Beyond Budgeting, Open Space und Soziokratie fit für die Zukunft machen* (M. Talamona, Übers.). Verlag Franz Vahlen.

Ernst & Young (EY) (2023). *Pandemie-Einsichten: Agilität in Unternehmen.* EY Deutschland. https://www.ey.com/de_de/die-zukunft-der-arbeitswelt/pandemie-einsichten-agilitaet-inunternehmen. Zugegriffen: 12. Febr. 2025.

Fasnacht, D., & Proba, D. (2024). Leveraging inter-organizational agility for innovation, *Strategy & Leadership, (52)*1, 15-22. https://doi.org/10.1108/SL-08-2023-0087

Fuhrmann, B. (2019). *Agiles Management* (D. Thomaschewski & R. Völker, Hrsg.; 1. Auflage). Verlag W. Kohlhammer.

Gray, B., Sarnak, D. O., & Burgers, J. (2015). *Home care by self-governing nursing teams: The Netherlands' Buurtzorg Model.* https://doi.org/10.26099/6CES-Q139.

Gruban, T. (2024). *Die Zukunft im Gesundheitswesen: Steigerung der Wettbewerbsfähigkeit von Unternehmen durch agile Arbeits- und Organisationsformen.* Masterarbeit,Kalaidos FH.

Handscomb, C., Heyning, C., & Woxholth, J. (Mai 2019). *Giants can dance: Agile organizations in asset-heavy industries.* McKinsey&Company. https://www.mckinsey.com/industries/oil-and-gas/our-insights/giants-can-dance-agile-organizations-in-asset-heavy-industries.

Hartner-Tiefenthaler, M., Feuchtl, S., & Koeszegi, S. (2016). *Von Avantgarde bis Fremdbestimmt: Chancen und Risiken unterschiedlicher Arbeitstypen.* (1).

Hofert, S. (2021). *Agiler führen: Einfache Maßnahmen für bessere Teamarbeit, mehr Leistung und höhere Kreativität* (3., aktualisierte Aufl.). Springer Gabler. https://doi.org/10.1007/978-3-658-33910-4.

Majkovic, A.-L., Gundrum, E., Benz, S., Dzsula, N., & Huber, R. (2019). *IAP Studie 2019: Agile Arbeits- und Organisationsformen in der Schweiz* [36,application/pdf]. https://doi.org/10.21256/ZHAW-20895.

Müller, T. (2018). Agile Unternehmen sind erfolgreicher am Markt. Neue Zürcher Zeitung. https://www.nzz.ch/wirtschaft/agile-unternehmen-sind-erfolgreicher-am-markt-ld.1365331.

Pfannstiel, M. A., Siedl, W., & Steinhoff, P. F.-J. (Hrsg.). (2021). *Agilität in Unternehmen: Eine praktische Einführung in SAFe® und Co.*. Springer Fachmedien. https://doi.org/10.1007/978-3-658-31001-1.

Sommerhoff, B., & Wolter, O. (2019). *Agiles Qualitätsmanagement* (G. F. Kamiske, Hrsg.). Carl Hanser.

Thomaschewski, D., & Völker, R. (Hrsg.). (2019). *Agiles Management* (1. Aufl.). Kohlhammer: Verlag W.

Teil III
Spital & Innovation

9 Das smarte Spital der Zukunft – Eine lohnenswerte Transformationsreise

Alfred Angerer und Johanna Stahl

Zusammenfassung

Nicht nur die Pandemie hat in der Schweiz die Notwendigkeit eines digitalen Wandels im Gesundheitswesen offengelegt, doch war es eben diese Zeit, die das Innosuisse Flagship SHIFT ins Leben rief, um sich dem Thema Smart Hospital zu widmen – also konkret der digitalen Transformation der Schweizer Spitallandschaft. Dabei steht SHIFT für «Smart Hospital: Integrated Framework, Tools & Solutions» und entwickelt im Rahmen eines gross angelegten Projektes (3.5 Jahre Laufzeit, 5.7 Mio. Schweizer Franken, 5 Forschungs- und 24 Anwendungspartner*innen) eine Plattform, die demonstriert 1) wie neue Technologien die nahtlose, «liquid» Behandlung ermöglichen und Qualität steigern (Säule Seamless Patient Path), 2) wie intelligente Lösungen ausgestaltet werden müssen, um Personalkompetenzen zu erhöhen und Patient*innen zu ermächtigen (Patient & Staff Empowerment) und 3) wie ein Smart Hospital klinische und unterstützende Prozesse effektiver und effizienter managen kann (Management of Hospital Systems). Damit wird eine Blaupause für die Digitalisierung im Gesundheitswesen geschaffen, die den Menschen (Patient*innen, Angehörige, Spitalpersonal) in den Fokus stellt und neben digitalen Technologien, auch die Vernetzung von Abläufen und Daten sowie moderne Organisationsformen ermöglicht. SHIFT greift dabei die vielfältigen Gründe

A. Angerer (✉) · J. Stahl
ZHAW School of Management and Law., Winterthurer Institut für Gesundheitsökonomie, Zürcher Hochschule für Angewandte Wissenschaften, Winterthur, Schweiz
E-Mail: alfred.angerer@zhaw.ch

J. Stahl
E-Mail: johanna.stahl2@zhaw.ch

D. Fasnacht (Hrsg.), *Smart Health*, https://doi.org/10.1007/978-3-658-46762-3_9

auf, warum Spitäler den Weg hin zum Smart Hospital gehen sollten und zeigt konkret auf, wie eine digitale Transformation erfolgen kann. Übergeordnet werden eine Tech-Foundation, eine Wissensdatenbank und ein Transformationsmasterplan erarbeitet und vorgestellt, die der Spitallandschaft nachhaltig zur Verfügung gestellt werden sollen.

Schlüsselwörter

SHIFT • Digital Health • Smart Hospital • Spital der Zukunft • Digitale Transformation

9.1 Die Gründe für die smarte Transformation

Spitäler sind bezogen auf die zugrunde liegenden Kosten die zentralen und grössten Akteure im Schweizer Gesundheitswesen (37 % aller Gesundheitskosten) und zugleich die komplexesten Einzelakteure (Institute for Medical Informatics I4MI et al., o. J.). Sie hinsichtlich Effizienz und Qualität optimal zu gestalten, ist entsprechend die Königsdisziplin für alle Expert*innen im Bereich Operative Exzellenz. Jährlich liegen die Spitalkosten bei rund 30 Mrd. Schweizer Franken (Institute for Medical Informatics I4MI et al., o. J.). Wenn davon nur 1–2 % eingespart werden könnten, würde dies einen finanziellen Wertbeitrag von bis zu 600 Mio. CHF jährlich bedeuten. Eine nicht unrealistische Vorstellung, da die Gesamteffizienzpotenziale durch bessere Prozesse dank Digitalisierung auf etwa 16–19 % geschätzt werden (Bundesamt für Gesundheit (BAG), 2024). Optimierte, digitale Prozesse bedeuten zusätzlich zu diesen direkten Finanzzahlen auch indirekte Wertbeiträge durch zufriedenere Patient*innen sowie motiviertere Mitarbeitende und Dienstleistende im Gesundheitssystem. Doch vor allem aus Qualitätssicht stellt die fehlende Digitalisierung im Spital ein sehr grosses Problem dar. So wird aktuell noch mehr menschliches Leid als notwendig zugelassen, da zu viel mit analogen Prozessen agiert wird und entscheidende Daten nicht ausgewertet werden können.

Es ist also sehr lohnenswert, dass sich Spitäler auf die digitale Transformationsreise begeben. Nur mittels dieser werden sie zukünftig mit den vielfältigen Aufgaben sowie dem steigenden Kostendruck bei erhöhten Qualitätsansprüchen nachkommen können. Doch diese Reise anzugehen ist nicht trivial, was schon bei der Betrachtung der Ausgangslage deutlich wird. Denn viele Schweizer Spitäler hinken in Sachen «Digitaler Reifegrad» stark hinterher (Angerer et al., 2020a). Eine Vielzahl von technologischen Lösungen steht uneinheitlichen Datensilos, fehlenden Zuständigkeiten und ineffizienten Organisationen gegenüber (Angerer et al., 2020b). Ein besseres, digitales und smartes System zu schaffen, sollte entsprechend von höchster Priorität sein, welcher sich Spitäler stellen. Dies beginnt bei der nahtlosen Automatisierung und Vereinfachung von internen Geschäftsprozessen und Abläufen und endet bei optimierten und vollständig digitalisierten Patientenreisen.

Neben dem geringen Reifegrad kommt bei vielen Häusern noch ein fundamentales Problem hinzu: Es sind zumeist sowohl wenig finanzielle als auch personelle Ressourcen vorhanden. Die IT ist zu beschäftigt, um gegenwärtige IT-Systeme und -Applikationen am Laufen zu halten, sodass keine Zeit verbleibt, um über grössere, strategische Optimierungen nachzudenken. Zudem gilt es häufig, fragmentierte Entscheidungs-, Stakeholder- und Benutzer*innen-Gruppen an einen Tisch zu bringen und deren unterschiedlichen Bedürfnisse zu berücksichtigen. So wird die grosse Transformationsreise auf eine unbestimmte Zukunft verschoben, obwohl es diese früher oder später doch anzugehen gilt.

Letztlich geht es nicht darum zu bestimmen, ob die grossen Investionen wirklich getätigt werden sollten, sondern wann. Dabei scheint offensichtlich: Je später die digitale Transformation angegangen wird, umso mehr wird der Wandel unter Druck gehetzt passieren, sodass die Chancen für grosse Fehler steigen.

Neben der Aufschiebung ist ein weiterer Fehler, die Transformationsreise als reines IT-Projekt zu betrachten. Eine Reduktion auf rein technische Probleme und ihre Lösungen verurteilt jede digitale Transformation zum Scheitern. Denn ein Smart Hospital zu werden bedeutet, ein organisatorisch-technisches Change-Projekt anzugehen, in welchem Menschen, Prozesse, Technologien, Daten und Regulatorien in Einklang gebracht werden (Strohm & Ulich, 1997). Die digitale Transformation ist entsprechend nur unter Berücksichtigung der Aspekte Mensch, Technologie, Daten und Organisation lösbar. Die grösste Herausforderung besteht darin, dieses komplexe Wirkungsgefüge gesamthaft zu adressieren und eine systemübergreifende Lösung zu schaffen. Es gilt, die klassischen Systemgrenzen des Spitals aufzubrechen und „anywhere“ und „anytime“ die Daten-Nutzbarkeit für Patient*innen, Angehörige und Mitarbeitende zu ermöglichen.

9.2 SHIFT – Blaupause für das Spital der Zukunft

9.2.1 Das Flagship SHIFT

Laut der Schweizerischen Agentur für Innovationsförderung *Innosuisse* braucht es für so grosse Herausforderungen, wie dem Spital der Zukunft, systemische Innovationen. Diese schaffen Mehrwert durch die transdisziplinäre Zusammenarbeit verschiedenster Fachbereiche. Der Begriff, den sie dafür prägen ist der der „Flagship"-Projekte (Innosuisse (Schweizerische Agentur für Innovationsförderung), 2024). Ein Flagship ist laut dem Cambridge Dictionary: „The ship among a group of ships on which the most important officer sails" (Cambridge University Press, n. d.), sprich das führende Schiff, das den nachfolgenden Schiffen den Weg durch unbekannte Gewässer weist.

Als die Innosuisse 2021 (Innosuisse (Schweizerische Agentur für Innovationsförderung), 2021) ihre erste Flagship-Initiative im Themenschwerpunkt «Bewältigung der durch Covid-19 induzierten und beschleunigten digitalen Transformation» ausschrieb, formierte sich zu diesem Zweck ein Flaggschiff – angestoßen durch das ZHAW Digital Health Lab. Es fanden sich fünf führende Forschungspartner*innen (ZHAW, USB, UNIBAS, UZH, FHNW) und passende 24 Partner*innen[1] aus Industrie und Praxis, um gemeinsam eine Blaupause für die Digitalisierung von Schweizer Spitälern zu entwickeln.

Sie tauften ihr Flagship mit dem Akronym SHIFT, das für «*Smart Hospital: Integrated Framework, Tools and Solutions*» steht. Gestartet wurde im Januar 2022 mit dem 5.7 Mio. Schweizer Franken Projekt und einer Laufzeit von 3.5 Jahren – zum Zeitpunkt des Verfassens dieses Buchkapitels sind bereits 2.5 Jahre davon verstrichen. Eine Zeit, in der SHIFT bereits weit vorangeschritten ist, um den Transformationsweg hin zu einem «smart & liquid Hospital» aufzuzeigen – also hin zu einem vernetzten, intelligenten Spital. Neue Technologien wie Künstliche Intelligenz (KI) und vernetzte Sensoren spielen dabei selbstverständlich eine grosse Rolle, um beispielsweise eine nahtlose Behandlung auch jenseits der Spitalgrenzen barrierefrei zu ermöglichen. Doch die zentrale Innovation steckt schon im folgend präzisierten Ordnungsrahmen MTDO.

9.2.2 Der MTDO-Ansatz

Aus der Systemtheorie wissen wir: Die Optimierung komplexer Systeme – z. B. eines Spitals – erfordert eine holistische und vernetzte Betrachtung. Das Flagship wurde von Beginn an so konzipiert, dass alle 10 Anwendungsprojekte (B.1 bis

D.4) die Faktoren Mensch (M), Technologie (T), Daten (D) und organisatorische Prozesse (O) gleichzeitig berücksichtigen.

Dieser MTDO-Ansatz beruht auf dem klassischen MTO-Ansatz von Strohm und Ulrich (1997), der später von Autor*innen wie Yusof et al. (2008) im Spitalkontext verwendet wurde. Nach ihnen kann die Einführung neuer Technologien in einem Unternehmen nur dann zum gewünschten Erfolg führen, wenn sowohl die menschlichen und technischen Ressourcen als auch jene der Organisation berücksichtigt werden. Diese Dimensionen bilden als soziotechnisches System das Rahmenkonstrukt für erfolgreiche digitale Transformationen in Wertschöpfungsnetzwerken (See, 2019).

SHIFT legt den Fokus zudem auf Daten. Denn das Flagship nutzt neue, ganzheitliche Organisationsansätze sowie die Potenziale der Digitalisierung, um Daten zu sammeln, zu vernetzen, automatisiert zu verarbeiten, messbar zu machen und dezentral am richtigen Ort jederzeit verfügbar sowie auswertbar zu machen (hierzu insbesondere mehr im Anwendungsprojekt A.1 der Tech-Foundation). In der Praxis bedeutet die gleichzeitige Ausrichtung auf Mensch, Technik, Daten und Organisation entsprechend, dass in jedem Anwendungsprojekt Expert*innen vertreten sind, die alle vier Bereiche abdecken. In D.1: Intelligentes Führen von vernetzten Spitälern – Ein digitales Simulationsspiel (im folgenden Abschnitt näher beleuchtet) arbeiten so beispielsweise IT-Expert*innen, Ökonom*innen und Didaktiker*innen zusammen, um ein Management-Simulationsspiel zu entwickeln (Aslan & Balci, 2015).

9.2.3 Die SHIFT-Säulen und -Anwendungsprojekte

SHIFT besteht wie oben erwähnt aus 10 vernetzten Anwendungsprojekten – organisiert in drei Säulen. Eine übergeordnete Basis in Form einer Tech -Foundation (A.1) und einem Zentralen Flagship Management (A.2) gewährleistet dabei eine Integration der gewonnenen Erkenntnisse und dient als Sicherstellung der Schaffung einer systemischen Innovation (siehe Abb. 9.1).

Die erste Säule (B) „Seamless Patient Path“ (SPP) hat zum Ziel, anhand von neuen Technologien eine nahtlose, „liquid“-Behandlung zu ermöglichen und die Qualität der Versorgung zu steigern. Hier widmen sich drei Anwendungsprojekte am Universitätsspital Basel der Frage, wie Wearables im Spital stationär (B.1, B.2) und ambulant (B.3) eingesetzt werden können, um die Genesung von Patient*innen zu verfolgen und ihnen Bewegungsanreize zu setzen. Zudem

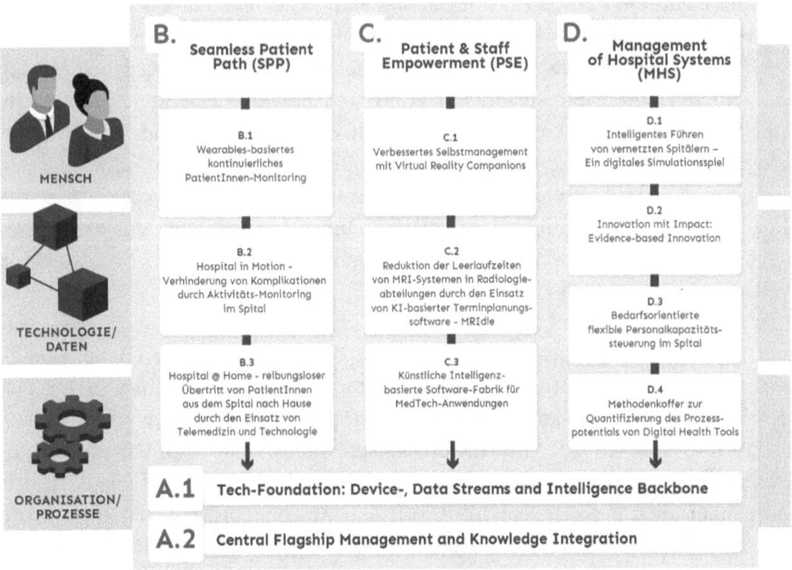

Abb. 9.1 Die Säulen und Anwendungsprojekte von SHIFT

werden Prozesse etabliert, um Versorgungslücken zu vermeiden, wenn die Patient*innen aus dem Spital nach Hause entlassen werden, da ein grosser Teil ihrer Rehabilitation zu Hause passiert (B.3).

Die zweite Säule (C) „Patient and Staff Empowerment" (PSE) untersucht den Umstand, wie intelligente Lösungen ausgestaltet sein sollten, damit diese die Personalkompetenz erhöhen und zugleich Patient*innen in ihren Entscheidungsprozessen ermächtigen. Unter anderem geht es hier darum, wie Patient*innen mit Hilfe von Virtual Reality Companions zu einem besseren Selbstmanagement kommen können (C.1). Die Verbesserung interner Kapazitätsprozesse zur Reduktion der Leerlaufzeiten von MRI-Systemen mittels KI (C.2) ist ebenso Gegenstand dieser Säule – hier werden Mitarbeitende ermächtigt, ihre Zeit und Kapazitäten wirkungsvoller zu planen. Weiter soll es eine KI-basierte Software-Fabrik für MedTech-Anwendungen Mitarbeitenden ermöglichen, nach dem Baukasten-System schneller technologische Lösungen im Spital zu entwickeln (C.3).

Die dritte Säule (D) „Management of Hospital Systems" (MHS) berücksichtigt, dass Spitäler selbst ein komplexes System sind, das intelligent gesteuert werden muss. Sie bezieht sich auf einzelne Abläufe des Smart Hospitals und zeigt neue Möglichkeiten auf, wie klinische sowie unterstützende Prozesse effektiver und effizienter gestaltet werden können. Das Silodenken der Mitarbeitenden wird mit einem Serious Game angegangen (D.1). Weiterhin wird ein evidenzbasiertes Innovations-Toolkit entwickelt, um Entscheidungsträger*innen im Innovationsprozess zu unterstützen (D.2). Darüber hinaus wird an einer bedarfsorientierten, flexiblen Personalkapazitätssteuerung gearbeitet (D.3) sowie an einem Methodenkoffer zur Quantifizierung des Nutzens von digitalen Gesundheitsleistungen (D.4).

9.2.4 Die drei übergeordneten Lieferobjekte von SHIFT

Übergeordnet gewährleistet eine „Minimum viable Architecture" der Tech-Foundation (A.1) als gemeinsames Daten- und Integrationsrückgrat eine sichere, einheitliche und datengestützte Bereitstellung einer technischen und sicheren Daten- und Integrationsmiddleware, um die Anwendungsprojekte mit der Spital-IT einheitlich und nahtlos zu verbinden. Über diese werden standardisierte Schnittstellen wie z. B. FHIR und IoMT-/IoT sowie modularisierte Basisdienste wie Identitiy Management angeboten.

Weiter wird im Rahmen von SHIFT (A.2) auf der Website www.future.hospital eine Lösung geschaffen, um die Ergebnisse und Erkenntnisse des Flagships zentral zu veröffentlichen und für Fachpersonen aus dem Gesundheitswesen sowie die breite Öffentlichkeit online frei verfügbar zu machen. Auf dieser Wissensdatenbank werden die erarbeiteten Inhalte aller Anwendungsprojekte fortlaufend gesammelt, konsolidiert und zur Verfügung gestellt. Zudem wird auf dieser Website auch die Blaupause zur digitalen Transformation – der Transformationsmasterplan – hin zum „smart & liquid hospital" bereitgestellt. Mehr zu diesen drei übergeordneten Lieferobjekten wird im Abschn. 9.4 thematisiert.

9.3 SHIFT – ausgewählte Ergebnisse und Erkenntnisse aus drei Anwendungsprojekten

Wie im Abschn. 9.2 bereits erwähnt, umfasst unser Flagship die drei Kernsäulen zum Thema Patientenpfad (SPP), Kompetenzen (PSE) und Management (MHS) sowie zugrunde liegende zehn Anwendungsprojekte. Alle Anwendungsprojekte in der Tiefe zu skizzieren, würde über den Umfang dieses Beitrages hinausgehen. Entsprechend soll hier je ein Projekt pro Säule herausgestellt werden und über die

Zielsetzung, das Vorgehen sowie erste Erkenntnisse und Ergebnisse im jeweiligen Anwendungsprojekt berichtet werden. Letztlich wird ebenfalls ein Einblick in die drei zentralen Lieferobjekte gegeben, die aktuell (Stand September 2024) ebenfalls noch fest in der Ausarbeitung stecken.

9.3.1 Hospital in Motion – Verhinderung von Komplikationen durch Aktivitäts-Monitoring im Spital (B.2)

Projektleitung: Joris Kirchberger (USB), Samuel Wehrli (ZHAW), Lukas Geissmann (Leitwert AG)

Kontext und Ziele
Mangelnde Bewegung von Patient*innen in Spitälern ist ein verbreitetes Problem, verursacht häufig Komplikationen und beeinträchtigt die Genesung. Die Inaktivität geht mit einem Verlust der Gleichgewichtskontrolle, einer Erhöhung von Blutdruck und Puls, einer Reduktion des FEV1 (Menge an Luft, die innerhalb einer Sekunde maximal ausgestossen werden kann) sowie einem erhöhten Risiko für Infektionen, Pneumonien, Dekubiti und Beinvenenthrombosen einher. Da Parameter wie allgemeine Fitness und Aktivität von Patient*innen nicht in der Verantwortung einer spezifischen Fachkraft liegen, werden entsprechende Daten derzeit nicht systematisch vom Spitalpersonal erfasst und Patient*innen somit nicht zur notwendigen Aktivität angehalten (Knight et al., 2009; Kortebein et al., 2007; Saumur et al., 2020).

An dieser Problematik setzt die Lösung von B.2 an: Mittels Wearables sollen körperliche Aktivität und Mobilität der Patient*innen systematisch erfasst und sowohl Fachkräften als auch Patient*innen transparent dargestellt werden. Eine evidenz-basierte Mobilisation von Patient*innen soll sich so positiv auf den Behandlungserfolg auswirken.

Geplante Ergebnisse
Die Applikation soll letztlich als Nicht-Medizinprodukt zur generellen Motivation von Patient*innen zu mehr Bewegung genutzt werden sowie als Medizinprodukt zur Unterstützung von Fachkräften in der Therapie von stationären und ambulanten Patient*innen. Die Lösung basiert auf der Kombination von Wearables (Messung), dem Device + HUB des Umsetzungspartners (Datenspeicherung innerhalb des Spitals, Algorithmen) und entsprechenden Endgeräten (Visualisierung). Sie verarbeitet

weiter Aktivitätsdaten zu spezifischen Kenngrössen (Kategorisierung der Mobilität, Art und Dauer der Aktivität, individuelle Zielerreichung).

Am Ende soll das entwickelte Produkt:

- korrekt, kontinuierlich und niederschwellig die körperliche Aktivität der Patient*innen wiedergeben,
- eine Infrastruktur zur automatischen Erfassung, Speicherung und Verarbeitung der generierten Daten von tragbaren Sensoren im Spital bieten,
- die Analytik zur automatischen Identifizierung der Patientenaktivität und Bewertung der Mobilität enthalten,
- eine Benutzeroberfläche für das Behandlungsteam bieten, um auf Informationen zugreifen und diese pflegen zu können,
- eine Benutzerschnittstelle für Patient*innen bieten, auf der sie Empfehlungen für Aktivitäten erhalten und mittels Gameification ihre Motivation steigern können.

Vorgehen und Methodik

Mit dem Anwendungspartner Leitwert AG wird eine End-zu-End Applikation für die digitale Monitorisierung der Patientenaktivität und -Mobilität in einer Pilotstudie entwickelt und im Rahmen einer klinischen Studie am Universitätsspital Basel (USB) durchgeführt, wo auch die Einbindung der Gesundheitsfachpersonen (Health Care Professionals, HCPs) in den Prozess der Datenanalyse und Integration der Aktivitätsziele in den Klinikalltag evaluiert wird. Dabei wird der Mehraufwand, der durch die Nutzung der Wearables entsteht, analysiert und quantifiziert. Der Anwendungspartner ermöglicht eine kontinuierliche Überwachung der Patient*innenaktivität. Das System integriert zudem Schnittstellen für das Pflegepersonal, um die gesammelten Daten zu nutzen und den Patient*innen zu vermitteln. Weiterhin wird auch eine Applikation für Patient*innen geplant, mit der sie ihr tägliches Aktivitätsziel überwachen können. Als Forschungsinstitution ist neben dem USB auch die Zürcher Hochschule für angewandte Wissenschaften in diesem Anwendungsprojekt involviert.

In der Pilotstudie (Sommer, 2023) wurden 40 Patient*innen des USB einbezogen, die je nach Mobilitätsstatus sechs verschiedene Aktivitäten durchführten: Liegen, Sitzen, Stehen, Sitzen-Aufstehen, Gehen und Treppensteigen. Zur Datenerfassung wurde der MoveSense® Sensor verwendet, der mit einem eingebauten Beschleunigungsmesser und Gyroskop an Handgelenk, Knöchel und Oberschenkel befestigt wurde. Die Analyse ergab, dass das Modell mit der Sensormessung am Knöchel die Aktivitäten mit einer Genauigkeit von 84,6 % am besten klassifizieren konnte. Zudem zeigte die Studie, dass der Knöchel über einen Zeitraum von 8 Stunden als bevorzugte Position für ein Monitoring-Gerät von den Patient*innen gewählt wurde. Die Validierungsstudie (Sommer, 2024) des Projekts „Hospital in Motion“ (B.2) hatte zum Ziel, den Algorithmus zur Auswertung von Bewegungssensordaten zu validieren. Hierzu wurden reale Aktivitätsdaten von 65 Patient*innen aufgezeichnet, die jeweils 10 bis 15 Minuten lang alltägliche Bewegungen im Spital durchführten.

Ergebnisstand ca. 1 Jahr vor Projektabschluss – September 2024
Eine wichtige Innovation des Projekts ist die Entwicklung eines Klassifikationsmodells, das basierend auf Daten von Wearables die Aktivitäten der Patient*innen zuverlässig erkennen kann. Die Validierungsstudie (Sommer, 2024) zeigte auf, dass der entwickelte Algorithmus verschiedene Aktivitäten wie Liegen, Sitzen/Stehen, Gehen und Treppensteigen mit einer Genauigkeit von mindestens 89 % erkennt. Dieses Modell wird nun in einer klinischen Studie auf seine Validität und Integration getestet. Dabei steht die Frage im Vordergrund, wie viel Mehraufwand die beteiligten Fachpersonen haben und welches Feedback die Patient*innen geben, wenn sie den Sensoren über mehrere Tage am Sprunggelenk tragen sollen. Daher ist geplant, dass die Patient*innen während ihres Spitalaufenthaltes Aktivitätssensoren am Fussgelenk tragen, die ihre Bewegungen über maximal vier Tage kontinuierlich erfassen. Die aufgezeichneten Daten werden in einer interdisziplinären Besprechung analysiert, um zu klären, wie diese Informationen im Pflegealltag, in der Therapieplanung und im Tagesablauf der medizinischen Dienstleistenden integriert werden können. Zudem wird das Feedback der Health Care Professionals zum Mehraufwand aufgrund der Verwendung der Sensoren und dem Handling der Sensoren sowie das Feedback der Patient*innen zum Tragekomfort gesammelt. In der aktuellen Phase des Projekts wird also eine Infrastruktur (das Device + HUB von Leitwert) zur automatischen Erfassung, Speicherung und Analyse von Daten aus tragbaren Sensoren verwendet.

Eine der grössten Herausforderungen des Projekts besteht in der nahtlosen Integration der Technologie in den Stationsalltag, ohne einen signifikanten Mehraufwand für das Pflegepersonal zu erzeugen. Die genaue Definition der Prozesse, die bei der Nutzung der Wearables befolgt werden müssen, ist daher ein zentrales Ziel dieser Phase. Ausserdem wird der Einfluss des Tragens der Sensoren auf die Patient*innen und das Pflegepersonal kontinuierlich bewertet, um eine Akzeptanz des Systems sicherzustellen. Die nächsten Schritte bis zum Projektabschluss im Sommer 2025 umfassen die Erweiterung der Datenerhebung und die Feinabstimmung des Algorithmus, um eine noch höhere Genauigkeit bei der Erkennung von Patient*innenaktivitäten zu erreichen. Zudem wird daran gearbeitet, die Implementierung der Wearables in den Klinikalltag zu erleichtern und eine umfassende Schulung des Personals durchzuführen.

Das Anwendungsprojekt B.2: „Hospital in Motion“ hat also bereits bedeutende Fortschritte in der systematischen Erfassung und Analyse der körperlichen Aktivität von Patient*innen erzielt. Die entwickelte Plattform verspricht, die Mobilität der Patient*innen während des Spitalsaufenthaltes zu verbessern und somit Komplikationen zu reduzieren. Die nächsten Monate werden entscheidend sein, um die Integration des Systems in den klinischen Alltag zu optimieren und seine Auswirkungen auf die Patient*innenversorgung weiter zu evaluieren.

9.3.2 Künstliche Intelligenz-basierte Software-Fabrik für MedTech-Anwendungen (C.3)

Projektleitung: Marcela Ruiz (ZHAW)

Kontext und Ziele
Die Softwareentwicklung für Spitäler ist durch deren Komplexität, steigende Anforderungen, zunehmende Vernetzung, verkürzte Zyklen sowie vielschichtige Sicherheitsansprüche immer stärker gefordert. Digital Health Anwendungen sind dabei der Dreh- und Angelpunkt der Digitalisierung im Gesundheitswesen – ihre Entwicklung ist dagegen zumeist langwierig und kostenintensiv. Situativ wird deshalb mitunter auch gänzlich auf die Entwicklung neuer wünschenswerter Anwendungen verzichtet. Zudem stehen Softwareentwickler*innen bei der Entwicklung von digitaler Gesundheitssoftware häufig vor der Herausforderung, die Anforderungen, Bedürfnisse und Sichtweisen von Nicht-Softwareentwickler*innen in Gesundheitsorganisationen effektiv zu erfassen, d. h. von Ärzt*innen, Patient*innen, Innovationsmanager*innen, Analyst*innen und anderen Rollen.

Gemäss des Anspruches der Säule C, Spitalmitarbeitende zu befähigen und ihre Kompetenz zu erhöhen, wird in C.3 eine auf Künstlicher Intelligenz basierte Software-Fabrik für Digital Health Anwendungen entwickelt (Mosquera et al., 2024a). Mit dieser soll es dem Spitalpersonal ermöglicht werden, mittels Baukasten-System schneller technologische Lösungen im Spital entwickeln zu können. So soll der erstellte Wizard grundsätzlich die Erstellung von neuen Anwendungen für das Spital revolutionieren. Die Time-to-Market soll entsprechend massiv reduziert und die Software-Qualität erhöht werden, indem die Anwendungsentwicklung automatisiert und gleichzeitig die Wartbarkeit verbessert wird.

Geplante Ergebnisse

Geplantes Ergebnis ist ein virtueller Assistent (KIS-Factory / Wizard) für Digital Health Anwendungen, der es ermöglicht, Anforderungen (Requirements) kollaborativ zu spezifizieren und hieraus vollautomatisch die passgenaue Digital Health Anwendung zu erzeugen (Mosquera et al., 2024b). Dieser Assistent trägt den Namen LEMON – Language for spEcifying and MOdelling patterNs – und wurde entwickelt, um solche Forschungsfragen zu beantworten. LEMON ermöglicht es Nicht-Softwareentwickler*innen, ihre Anforderungen an Digital Health-Anwendungen an Softwareentwickler*innen zu kommunizieren. Das Tool leitet Nicht-Softwareentwickler*innen an, Schritt für Schritt eine Reihe von Fragen zu beantworten, um ihre Anforderungen für Software im Bereich der digitalen Gesundheit zu ermitteln. Als Ergebnis erstellt LEMON automatisch einen Prototyp einer digitalen Gesundheitssoftware, den die Nicht-Softwareentwickler*innen validieren, dass sie den Softwareentwickler*innen direktes Feedback geben können.

Business-Analyst*innen und Anwender*innen von Spitalsoftware sollen also die im Rahmen dieses Anwendungsprojektes (C.3) entwickelte Lösung dann nutzen können, um aus einfachen Beschreibungen, die von den Stakeholdern leicht verstanden werden, qualitativ hochwertige und einsatzbereite Software zu erstellen.

Vorgehen und Methodik

Zusammen mit dem Anwendungspartner Whatscount GmbH entwickelt die ZHAW aktiv LEMON. LEMON kombiniert das Konzept der Anforderungsmuster mit Low-Code-/No-Code-Ansätzen zur Erstellung von Prototypen. LEMON wird dabei auf Basis der jüngsten Fortschritte im Model-Driven Engineering (MDE) und im Bereich KI entwickelt (Karagiannis et al., 2019; Palomares et al., 2017; Sardi et al., 2022; Ya'u et al., 2020) sowie auf Basis bisheriger Erfahrungen des Projektteams mit Anforderungsmustern im Bereich Digital Health.

Nach zwei Jahren erfolgreicher Zusammenarbeit wurden (bis September 2024) folgende Schritte durchgeführt:

- Entwicklung einer Spezifikationssprache unter Verwendung modernster MDE-Technologien, um den Anforderungskatalog für das digitale Gesundheitswesen zu erweitern.
- Erstellung einer benutzerfreundlichen Oberfläche für Unternehmensanalyst*innen und Praktiker*innen, um den LEMON-Assistenten zu nutzen und auf Basis ihrer Anforderungen automatisch Software für das digitale Gesundheitswesen zu generieren.
- Sammlung von Anforderungsmustern zur Erweiterung des LEMON-Anforderungsmusterkatalogs.

- Entwicklung der LEMON-Architekturkomponenten, einschließlich KI-basierter Algorithmen, einer Ausführungsumgebung zur Interpretation der Eingaben aus der (Wieder-)Verwendung von LEMON-Anforderungsmustern sowie deren Integration in Low-Code-/No-Code-Tools (insbesondere das Low-Code-/No-Code-Tool der Whatscount GmbH, Posity Design Studio).
- Durchführung von Workshops, Quasi-Experimenten und Interviews zur Validierung der Ergebnisse.

Dank dieser Bemühungen wurde ein erstes Minimum Viable Product (MVP) von LEMON entwickelt (siehe Abb. 9.2), um Fortschritte zu testen, und Forschungsergebnisse regelmässig in wissenschaftlichen Fachzeitschriften von höchster Qualität sowie auf renommierten Konferenzen zu veröffentlichen.

LEMON soll so das Paradigma der Softwareentwicklung im digitalen Gesundheitswesen grundlegend verändern.

Ergebnisstand ca. 1 Jahr vor Projektabschluss – September 2024

Das erste MVP der LEMON-Language und der LEMON-Assistent sind bereit für eine Reihe experimenteller Workshops mit Expert*innen und potenziellen Nutzer*innen. LEMON aggregiert eine Reihe von Mustern, die von Expert*innen spezifiziert und in der LEMON-Ausführungsumgebung kompiliert werden müssen. Wie bereits beschrieben, ist im MVP bereits ein vollständiges Muster für die Visualisierung von Patientengesundheitsdaten implementiert. Jetzt steht die Implementierung zusätzlicher Muster im Fokus des Projektteams, um die KI-Fähigkeiten von LEMON zu testen, Muster vorzuschlagen und später bei deren Vervollständigung zu helfen. Die technische Infrastruktur von LEMON ist bereit für die Implementierung zusätzlicher Muster und deren Bewertung in Bezug auf Benutzerfreundlichkeit und Skalierbarkeit. Zu diesem Zweck ist eine Reihe von Workshops geplant. Ein Workshop wird mit den Expert*innen von Whatscount GmbH durchgeführt, um die Durchführbarkeit der Implementierung neuer Muster mit der LEMON-Sprache und deren weitere Ausführung in der LEMON-Ausführungsumgebung zu bewerten. Darüber hinaus soll ein Workshop mit potenziellen LEMON-Endnutzer*innen stattfinden, die die Möglichkeiten von LEMON bewerten können, einen Musterkatalog anzubieten und wie dieser mithilfe des LEMON-Assistenten ausgewählt und ausgefüllt werden kann. Das Feedback soll dazu dienen, die erforderlichen Anpassungen an den drei Hauptkomponenten von LEMON vornehmen zu können: dem Assistenten, der Sprache und der Ausführungsumgebung. Dies wird einen zusätzlichen Überblick darüber geben, wie LEMON technisch implementiert und in ein Informationssystem integriert werden kann, sowie über die weitere Marktimplementierung.

Abb. 9.2 LEMON MVP-Screenshot: Entwicklung einer Software zur Visualisierung von Blutdruckmessungen basierend auf einem Anforderungsmuster

9.3.3 Intelligentes Führen von vernetzten Spitälern – ein digitales Simulationsspiel (D.1)

Projektleitung: Alfred Angerer (ZHAW) und Sina Berger (ZHAW)

Kontext und Ziele

Mit der zunehmenden medizinischen Spezialisierung der Spitäler nimmt auch die Komplexität und Fragmentierung der einzelnen Disziplinen zu. Dieser Trend führt häufig zu einem Denken und Handeln in «Silos» (de Waal et al., 2019). Diese isolierten Arbeitsweisen werden zusätzlich durch vorgegebene Strukturen und Anreizsysteme gefördert, was u. a. zu einer fehlenden Interdisziplinarität zwischen den beteiligten Arbeitsgruppen führt. Die Folgen: ineffiziente Prozesse, da diese nicht systemisch gestaltet werden (Bento et al., 2020). Zielkonflikte und divergierende Interessen – etwa zwischen individuellen Zielen einzelner Abteilungen und den Gesamtzielen der Organisation – verschärfen die Situation,

Mit zunehmender Spezialisierung wird es immer schwieriger, die einzelnen Disziplinen zu vernetzen und auf gemeinsame Ziele auszurichten. Daher ist es umso wichtiger, das Konzept des «Denkens in Systemen» oder «vernetzten Denkens» zu verstehen (Peters, 2014). Die Grundidee besteht darin, das Gesamtsystem zu optimieren, anstatt nur isolierte Teile zu betrachten, da alle Komponenten miteinander verknüpft sind und sich gegenseitig beeinflussen. Kennzahlen und Ergebnisse stehen stets in einem grösseren Zusammenhang, sodass eine isolierte Optimierung einzelner Aspekte nicht zielführend ist. In der Praxis werden Entscheidungen oft intuitiv und auf der Basis von einzelnen Datenpunkten getroffen, ohne die komplexen Wechselwirkungen zu berücksichtigen. Jede Entscheidung, die in einem Bereich getroffen wird, beeinflusst jedoch direkt oder indirekt die Ergebnisse in anderen Bereichen – ähnlich wie in einem Zahnradsystem. Die genauen Zusammenhänge bleiben oft intransparent, weil die Komplexität des Gesamtsystems fragmentiert ist und schwer zu durchdringen ist (Kelly et al., 2019).

Die Vorteile vom vernetzten Denken sind nur sehr schwer vermittelbar, da diese sehr abstrakt und theoretisch klingen. Durch die Entwicklung eines innovativen didaktischen Simulationsspiels im Kontext des Spitalmanagements soll es am Beispiel Spital gelingen, die komplexen Zusammenhänge in einer Organisation aufzuzeigen und erfahrbar zu machen. Spielende sollten dafür sensibilisiert werden, wie Entscheidungen auf verschiedene Ebenen und Bereiche Einfluss nehmen. Das Spiel soll nicht nur die Bedeutung des vernetzten Denkens vermitteln, sondern auch konkrete Strategien aufzeigen, wie dieses Denken in der Praxis umgesetzt werden kann, um Silos zu durchbrechen.

Fachpersonen im Gesundheitswesen sowie Mitarbeitende mit Führungsfunktionen sollen lernen, bessere, ganzheitliche Entscheidungen in einem Smart Hospital zu treffen. Die Vorteile einer solchen Simulation sind eindeutig: Die unmittelbaren Auswirkungen der getroffenen Entscheidungen werden sichtbar, was zu einem tieferen Verständnis und einer besseren Entscheidungsfindung führt. Das vernetzte Denken unter den Fach- und Führungskräften im Schweizer Gesundheitswesen kann so gefördert werden. Diese Lerninhalte sind entscheidend, um das richtige Mindset für die digitale Transformation der Schweizer Spitäler der Zukunft zu entwickeln.

Geplante Ergebnisse

Das didaktische Konzept, das sich in der Entwicklung befindet, umfasst ein digitales Spital-Management-Simulationsspiel, das im Rahmen eines geführten Workshops mit medizinischen und nicht medizinischen Fachpersonen gespielt wird. Dieses Simulationstool bietet einen klaren Nutzen, indem es die Wirkungszusammenhänge in Spitälern transparent aufzeigt und die Handlungskompetenz der Teilnehmenden trainiert. Im spielerisch geschützten Rahmen sinken die Hemmungen, mutige Ideen auszuprobieren – Fehler sind ausdrücklich erlaubt. Durch die Erfahrungen im Spiel wird das Lernen weniger abstrakt und praxisnäher gestaltet als durch reine Theorie.

Während der Simulation schlüpfen die Spielenden in die Rolle Stationsmanager*in und müssen ihre Station effektiv und effizient managen. Die drei Kennzahlen, an denen sie gemessen werden, sind Kosteneffizienz, Qualität der Behandlung und Zufriedenheit der Mitarbeitenden. Die Ausgangslage für die Spielenden ist, dass sie als Führungskraft Entscheidungen unter Unsicherheit und Zeitdruck treffen müssen. Vier Personen spielen jeweils an ihrem eigenen Laptop und managen eine Station, wobei je vier Stationen zusammen ein Spital ergeben.

Die Spielregeln sind wie folgt: Jede/r Spieler*in leitet eine Bettenstation mit zugewiesenen Betten und festangestellten Mitarbeitenden. Pro Patient*in wird ein/e Mitarbeiter*in und ein Bett benötigt. Fehlen Mitarbeitende, sind die Patient*innen unterversorgt. Fehlen Betten, müssen die Patient*innen im Gang warten. Beides ist aus Sicht Qualität, Zufriedenheit und Kosten nachteilig. Am Vorabend eines jeden Tages treffen die Spielenden strategische Entscheidungen zur Einstellung von Temporärkräften, zum Ersuchen um Mitarbeitende von anderen Stationen oder zum Verlegen von Patient*innen an andere Stationen. Zudem entscheiden sie, ob sie anderen Stationen im Gegenzug helfen möchten. Mehrere Tage werden simuliert. Alle Entscheidungen haben einen Einfluss auf die drei genannten Kennzahlen und erfordern anspruchsvolle Entscheidungen. So führt die Einstellung einer Temporärkraft unmittelbar zu erhöhten Kosten sowie leicht sinkender Mitarbeiterzufriedenheit und Qualität. Doch wenn damit eine unterversorgte Patient*in verhindert werden kann, ist das indirekt sehr positiv für alle drei Kennzahlen. Damit ist das Simulationstool eine vereinfachte Version der Realität, lässt sich jedoch aufgrund realistischer Elemente gut auf den Arbeitsalltag übertragen. Die virtuelle Welt des Spiels spiegelt in einigen wichtigen Aspekten die Realität wider, wie unregelmässige Eintritte, schwankende Nachfrage nach Personal, Ressourcenknappheit und allgemeinen Stress.

Durch das gemeinsame Spielen der Simulation können die didaktischen Lernziele gemeinsam erarbeitet werden. Das verstärkt den Lerneffekt, verankert die Botschaften des vernetzten Denkens besser im Gedächtnis, steigert das Teamgefühl und erhöht dank eines «Aha-Effektes» die Wahrscheinlichkeit für eine spätere Umsetzung in die Praxis.

Methoden und Vorgehen

In Zusammenarbeit mit KPMG AG entwickelt die ZHAW diese Simulation. Die Hauptmethode orientiert sich am Digital Educational Game Life Cycle von (Aslan & Balci, 2015) (siehe Abb. 9.3).

Die Entwicklung des Simulationsspiels wurde in fünf Phasen strukturiert:

(1) Lernziel und Problemlösung: Bei der Auswahl des Lernziels wurde darauf geachtet, ein praxisrelevantes Problem zu lösen. Um das Lernziel zu definieren, wurden Literaturrecherchen und Interviews mit Führungskräften aus Schweizer Spitälern durchgeführt. Diese zeigten eindeutig, dass die Thematik «Wie kann man das Denken und Handeln in Silos aufbrechen?» im Spital eine grosse Relevanz hat. Nachdem das Bildungsproblem identifiziert und das Lernziel definiert wurde, wurde eine entsprechende Spielidee iterativ im Team entwickelt.

(2) Spezifikation des Game Designs: Der Spielentwicklungsprozess beginnt mit dem Spezifikationsdokument der Spielidee. Bei der Entwicklung dieses Spiels wurde eine «Spiral Game Design»-Methode verfolgt, die eine iterative Vorgehensweise betont. In jeder Phase des Prototypings wurde das Spiel entwickelt, getestet und evaluiert. Mit fortschreitenden Phasen konnte der Detailgrad des Spiels erhöht werden. Durch die gesammelten Erfahrungen und Rückmeldungen konnten sinnvolle Features hinzugefügt und negative Aspekte entfernt werden.

(3) Prototyping: In der Anfangsphase lag der Fokus auf der Analyse der Spielidee, was zur Erstellung erster Skizzen für die Benutzeroberfläche führte. Basierend auf diesen Skizzen wurden detailliertere Mockups entwickelt, die als Grundlage für die Programmierung dienten. Änderungen und Neuerungen wurden zuerst handschriftlich skizziert, was ein schnelles Brainstorming ermöglichte. Nach dieser Phase wurden technische Lösungen gesucht und implementiert.

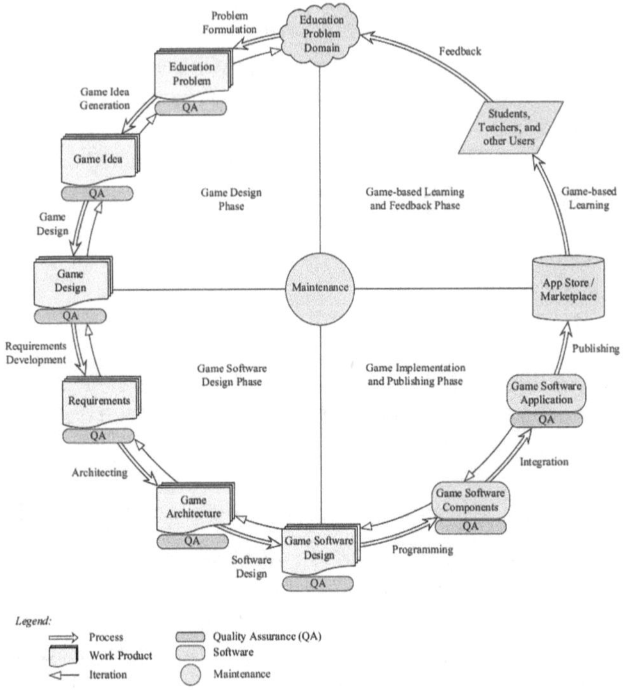

Abb. 9.3 Der Design-Zyklus eines Lehrspiels (Aslan & Balci, 2015)

(4) Playtesting: Die Tests fanden in Gruppen von 3 bis 6 Personen statt, wobei jeweils 2 bis 3 Spielrunden gespielt wurden. Anfangs wurde das Playtesting nur innerhalb des Entwicklerteams durchgeführt, später wurden auch externe Personen hinzugezogen. Alle Ergebnisse wurden dokumentiert und zusammengefasst. Basierend auf diesen Resultaten implementierte das Team neue Features und überarbeitete bestehende Elemente.

(5) Ausarbeitung des didaktischen Konzepts und Moderationsanleitung: Die Ausarbeitung des didaktischen Konzepts und der Moderationsanleitung erfolgt in Zusammenarbeit mit einer Didaktik-Expertin der ZHAW, um sicherzustellen, dass die Lernziele effektiv vermittelt werden und die Moderation des Spiels optimal gestaltet ist. Um die Kernbotschaften des Spiels erfolgreich zu vermitteln, ist eine gezielte Verfeinerung des didaktischen Konzepts und der Moderation notwendig. Der Moderationsprozess und das Debriefing sind hierbei entscheidend, um die verschiedenen Spieltypen nach Bartle auch in einem Lernkontext zu berücksichtigen und negative Dynamiken zu vermeiden (Çağlar & Kocadere, 2016)). Da die Aufmerksamkeitsspanne der Teilnehmenden oft bei etwa 20 Minuten liegt, sind wechselnde Elemente wie Levels, Storytelling und Cliffhanger wichtig, um den Fokus zu erhalten. Storytelling und das aktive Einbinden der Teilnehmenden sorgen für eine gemeinsame Basis, wobei Rollen bewusst eingenommen und im Debriefing wieder verlassen werden sollten.

Ergebnisstand ca. 1 Jahr vor Projektabschluss – September 2024
Der aktuelle Stand der Softwareentwicklung zeigt, dass das Simulationsspiel im Rahmen des MVPs bereits mit mehreren 4er-Gruppen gleichzeitig gespielt werden kann. Eine Skalierbarkeit nach oben mit noch grösseren Gruppen sollte ohne Problem möglich sein. Ein performanter Prototyp ist im Internetbrowser verfügbar und bietet einfache Einstellungsmöglichkeiten für Spieleranzahl, Runden und Ausgangslage über eine benutzerfreundliche Eingabemaske. Die Spielverläufe können exportiert werden, um eine einfache Analyse der Ergebnisse und den Vergleich der Spielenden zu ermöglichen. Die erzielten KPI-Ergebnisse werden in eine 0–10 Sternedarstellung übersetzt, was eine einfache Interpretation der Daten unterstützt.

In mehreren Workshops mit bis zu 12 Spielenden gleichzeitig wurde das didaktische Konzept und die Moderation getestet. Der Lernerfolg wurde durch kurze Befragungen der Teilnehmenden gemessen, wobei eine erste indikative Prä-/Post-Messung durchgeführt wurde, um die Effektivität des Trainings zu evaluieren und die reale Problemstellung des Denkens und Handelns in Silos zu überprüfen. Das erwartete Spielverhalten konnte immer wieder beobachtet werden. Bei individuellen Leistungsvorgaben, die in Form eines Rollenspiels stark emotionalisierend präsentiert wurden («Die Spitaldirektorin erwartet von Ihnen, dass Sie die finanzielle Situation Ihrer Station in den Griff bekommen, ansonsten sind Sie Ihren Arbeitsplatz los!»), lies die Kooperationsbereitschaft unter den Manager*innen stark nach. Einzelne Bettenstationen zeigten in diesem Managementsystem sehr gute Einzelleistungen, das Gesamtspital jedoch als Ganzes performte sehr schlecht. Somit lässt sich der Effekt verschiedener Incentivierungsmassnahmen auf die Leistung des Systems Spitals sehr gut simulieren.

Die Befragung der testenden Spielenden verdeutlicht, dass das Spiel ein praxisrelevantes Problem erfolgreich adressiert hat. In einem Workshop mit 12 Teilnehmenden wurde eine kurze Prä-/Post-Befragung durchgeführt, an der 10 von 12 Personen teilnahmen. Dabei gaben 8 der Teilnehmenden an, dass das Silodenken in ihrer Organisation stark bis sehr stark ausgeprägt ist und dies im Alltag als herausfordernd empfunden wird. Konkret erlebten 4 der Personen das Silodenken als sehr herausfordernd, 5 als herausfordernd und nur 1 Person als ein wenig herausfordernd. Weiterhin gaben vor dem Spiel 4 der Teilnehmenden an, dass sie sich bisher gar nicht bis mittelmässig mit der Thematik «Denken in Systemen» beschäftigten, während 6 sich bereits intensiv damit auseinandergesetzt hatten. Zur Messung des Erfolgs des Spiels wurden die Teilnehmenden nach dem Spiel erneut befragt. Mehr als die Hälfte gab an, durch das Spiel neue Erkenntnisse über Managemententscheidungen in Spitälern gewonnen zu haben und 7 glaubten, dass sie das Gelernte in ihrem Arbeitsalltag anwenden könnten. Dies zeigt, dass das Spiel seine didaktischen Ziele gut erreichen kann.

Diese erste Befragung der Spieltester*innen zeigt klar auf, dass die Simulation auf dem richtigen Weg ist. Das war für das Projekt ein sehr wichtiger Meilenstein. Denn aus der Literatur war bereits bekannt, dass ansprechend designte Spiele und Simulationen im Gesundheitskontext die Teilnehmenden stärker motivieren und somit das Lernen nachhaltiger fördern (Kowitlawakul et al., 2022). Doch ob ein Simulationskonzept wirklich Spass macht, kann nur durch das Spielen mit einem reifen Prototypen herausgefunden werden – und Spass ist auch für die Befragten nach dem Spielen dieser Simulation ein Thema. Das Simulationsspiel war für diese motivierender als Frontalunterricht (4 von 10 stimmten zu, 6 von 10 stimmten voll und ganz zu). Für die verbleibende Entwicklungszeit im Rahmen von SHIFT (bis Sommer 2025) gilt es nun, die Spitalsimulation während zahlreicher Testrunden iterativ zu verfeinern. Das digitale Simulationstool bietet eine spielerische Lösung für ein ernstes Problem der digitalen Transformation: Es fördert vernetztes Denken zum Wohl des Gesamtsystems anstelle von egoistischem Handeln in Silos.

9.4 SHIFT – erste Einblicke in die drei zentralen Lieferobjekte

Das Projekt SHIFT besteht aus 10 inhaltlichen Anwendungsprojekten, von denen drei im vorherigen Abschnitt vorgestellt wurden. In diesem Abschnitt werden nun drei übergreifende Lieferobjekte dargestellt. Zunächst wird mit der Tech-Foundation das technische Rückgrat eines Smart Hospitals vorgestellt. Anschliessend wird gezeigt, wie die Dissemination der SHIFT Resultate mit einer Wissensdatenbank gelingen soll. Den Abschluss bildet der Transformationsmasterplan – eine generische Blaupause, wie sich ein Spital zu einem smarten Spital verändern kann.

9.4.1 Die Tech-Foundation – das Device-, Data Streams- und Intelligence- Rückrad

Projektleitung: Christian Russ (ZHAW)

Die Tech-Foundation liefert die technische Grundlage für die zehn Anwendungsprojekte des Flagship-Projektes. So gewährleistet sie eine durchgehende Datenverfügbarkeit, Datensicherheit und Interoperabilität zwischen den Kernsystemen und den neuen Digital Health Anwendungen. Der Zugriff soll strukturiert und standardisiert über eine einheitliche zentrale Daten-Schnittstelle (API) erfolgen (Malaquias & Filho, 2021), damit sich die Anwendungsentwickler*innen nicht um die Details der Datenbeschaffung kümmern brauchen und sich auf die Darstellung, Erstellung bzw. Mutation von Daten in ihren Applikationen konzentrieren können. Auch sollen damit Synergien erreicht und Redundanzen vermieden werden (der Datenzugriff wird nur einmal implementiert und kann von allen Projekten genutzt werden). Um bestehende Definitionen von Datenmodellen und Taxonomien verwenden zu können, soll die zentrale Schnittstelle auf dem HL7 FHIR-Standard (Ayaz et al., 2021) aufgebaut werden, der sich im Gesundheitswesen zunehmender Beliebtheit erfreut.

Für diese einheitliche Integration der Lösungen bzw. Anwendungen und den nahtlosen Datenfluss im Spital, erarbeitet das übergeordnete Anwendungsprojekt A.1 diese gehostete Daten- und Integrationsmiddleware, die sogenannte Tech-Foundation. Dabei besteht die Möglichkeit diese als interne, hybride oder Cloud-basierte Betriebsumgebung zu betreiben. Somit wird eine moderne, flexible und skalierbare Integration Plattform as a Service (iPaaS) modular zur Verfügung gestellt (Russ et al., 2023).

Diese beinhaltet sechs Hauptziele (siehe Abb. 9.4):

1. **Technical Solution Bundle IoMT Device + HUB & Data Health Engine**
   Das erste Ziel beinhaltet die Zusammenstellung des modularen Produktbundles aus einem IoMT Aggregationslösung Device+HUB von Leitwert AG und einer Datamanagement- und Prozesse Middleware genannt Health-Engine von the i-engineers AG. Dies ermöglicht sowohl die Verbindung zwischen medizinischen Wearables und Anwendungen wie auch die Nutzung innerhalb der bestehenden IT-Systeme z. B. KIS von Spitälern. Für die Anbindung von Anwendungen und Geräte wird eine standardisierte Frontend-API verwendet, während die Backend-API als Schnittstelle für das Spital IT-System dient.
2. **iPaaS – Secure & reliable Hybrid Cloud & IT Operations**

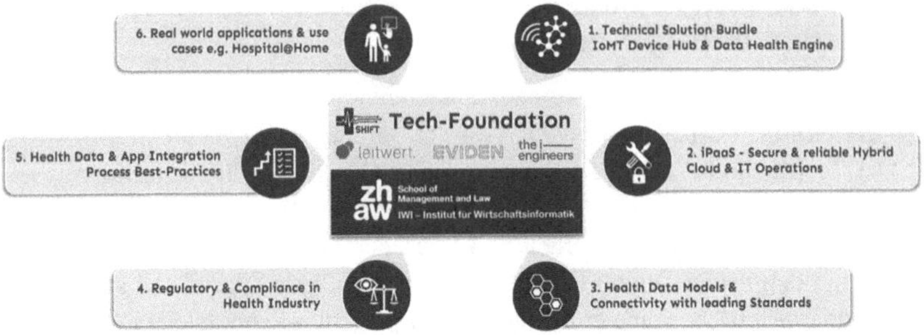

Abb. 9.4 Die 6 Hauptziele der Tech-Foundation

Mit einer hybriden Cloud-Architektur, die die Vorteile der «private» und «public» Cloud-Modelle kombiniert, folgt die Tech-Foundation einem strategischen IT-Betriebsansatz. Diese Architektur erleichtert einerseits gemäss DevOps-Verfahren die kontinuierliche Integration und Entwicklung von Softwareanwendungen und -Systemen zwischen lokalen und Cloud-basierten Ressourcen. Anderseits bleibt die Kontrolle über sensible Daten von Patient*innen erhalten und die «public» Cloud-Infrastruktur gewährleistet eine skalierbare und kostengünstige Lösung für Spitäler mit Berücksichtigung der strengen medizinischen Vorschriften.

3. **Health Data Models & Connectivity with leading Standards**
   Das dritte Ziel der Tech-Foundation ist die Erarbeitung von einem universellem Daten- und Informationsmodell, um die Interoperabilität und gemeinsame Nutzung von Patientendaten zwischen unterschiedlichen Systemen und Akteur*innen zu ermöglichen. Ein einheitlicher Ansatz für den Datenaustausch und die Datenspeicherung wird dabei mit führenden Standards wie OpenEHR und HL7 FHIR bewerkstelligt.
4. **Regulatory & Compliance in Health Industry**
   Die regulatorischen Hürden bezüglich der strengen Vorschriften und Bestimmungen im Gesundheitswesen wie MDR (Russ et al., 2024), EU AI Act (European Parliament, 2023) und nDSG (Guirguis et al., 2021), sollen mit der Tech-Foundation ebenso adressiert werden. Die Architektur berücksichtigt die regulatorischen Aspekte, um die Sicherheit und den Datenschutz von Patientendaten zu gewährleisten und gleichzeitig einen nahtlosen Datenfluss zwischen den Spital IT-Systemen und Anwendungen anhand bestehender Vorschriften auch in der Public Cloud zu ermöglichen.
5. **Health Data & App Integration Process Best Practices**

Das fünfte Ziel der Tech-Foundation ist die Etablierung von Best-Practices für die rasche Integration von neuen digitalen Anwendungen in Spital IT-Systeme. Um eine niedrigschwellige Integration neu entwickelter Anwendungen zu erreichen, stellt die Tech-Foundation einen Kriterienkatalog bereit, der alle notwendigen Anforderungen umfasst. Mithilfe klarer Richtlinien können Organisationen des Gesundheitswesens sicherstellen, dass neue Anwendungen effektiv in bestehende Systeme integriert werden, um die Effizienz der Patientenversorgung und -Behandlung zu steigern. Ebenso werden neue Ansätze wie SMART on FHIR or HAPI analysiert und auf ihre Praktikabilität evaluiert (Pavão et al., 2023).

6. **Real world applications & use cases**
   Reale Anwendungen und Anwendungsfälle sollen die Wirksamkeit der Tech-Foundation und dessen iPaaS-Ansatz für die interoperable Nutzung von medizinischen Anwendungen und Wearables im Gesundheitswesen demonstrieren. An Beispielen wie der Fernüberwachung von Patient*innen (B.3 Hospital@Home) wird der iPaaS-Ansatz als Middleware zwischen den Anwendungen und den Spital-IT-Systemen validiert.

A.1 lässt sich auf den ersten Blick als ein typisches Produkt- und Datenintegrationsprojekt sehen. Jedoch kamen verschiedene übergreifende Anforderungen aus folgenden Bereichen hinzu: IT-Sicherheit, Datenschutz, IT-Betriebsmodell, medizinregulatorische Sicht. Daher wurde neben üblichen IT-Projektansätzen noch folgende Massnahmen verfolgt:

Konzeption Minimum Viable Architecture
Das gesamte Konzept der Tech-Foundation basiert auf dem Designprinzip der Minimum Viable Architecture. Diese hat das Ziel eine schlanke, modulare und kostengünstige Architektur für die technische Lösung anzubieten. Dabei wurden bewährte Software Produkte anhand der Anforderungen des Projektes, auf Basis von bekannten Design-Patterns erweitert und integriert.

Entwicklungs-Iterationen von Integration und Validierung
Im Sinne eines agilen Ansatzes wurden mehrere Iterationen der Tech-Foundation inkementell implementiert und erweitert. Basierend auf den Erkenntnissen der anderen Anwendungsprojekte, den Inputs von Spitälern, den führenden Datenstandards und -Entwicklungen wurde der Umfang des Produktbundles erweitert. Dabei wurden immer wieder Meilensteine zur Validierung mitbedacht.

Dokumentation der Rahmenbedingung und Best-Practices

Eine technische Lösung allein reicht nicht aus. Es benötigt auch die Berücksichtigung der notwendigen Voraussetzungen, Einhaltung von Vorgaben und Richtlinien. Dafür wurden regelmäßige Dokumentationspunkte eingebaut, welche die neuesten Erkenntnisse und Best-Practices festhielten.

Die erste Version der Tech-Foundation als Produktbundle von Leitwerts Device + HUB and the i-engineers Health-Engine wurde integriert und auf einer führenden Public Cloud Umgebung installiert. Dabei wurden verschiedene Basis-Integrationsscenarios realisiert und getestet. Dank technischer Containerisierung kann die Tech-Foundation in beliebigen public, hybrid- oder private Cloud Umgebungen installiert und betrieben werden.

Als einheitliche Datenintegrations-Facade wurde eine einheitliche Daten-API realisiert und am Schweizer HL7 FHIR Standard angepasst. Diese steht nun auch den Anwendungsprojekten zur Nutzung zur Verfügung. Konkret wurde B.3 Hospital@Home für die Integration von Wearables zur Überwachung der Patient*innen in ihrem häuslichen Umfeld eingesetzt. Dabei werden Vitaldaten der entlassenen, aber noch immer überwachten Patient*innen in die Spital-IT eingespielt und für weitere medizinische Massnahmen in Echtzeit zur Verfügung gestellt.

Weiter wurden verschiedene Best-Practices veröffentlicht und auch in wissenschaftlichen Artikeln verarbeitet. Dies sind unter anderem:

- (Russ et al., 2023): Anforderungen an eine iPaaS Cloud Lösung zum sicheren Betrieb von Gesundheitsdaten in Schweizer Spitälern, https://link.springer.com/article/https://doi.org/10.1365/s40702-023-01.011-w
- (Russ et al., 2024): Auswirkungen der Medizinprodukteverordnung auf ML-Lösungen in Schweizer Spitälern, https://link.springer.com/article/https://doi.org/10.1365/s40702-024-01.048-5

Zudem wurden regelmässige Tech-Foundation Soundboard Meetings abgehalten, welche mit IT-Entscheider*innen aus Spitälern den aktuellen Stand, kritische Fragestellungen und den weiteren Projektpfad diskutierten. Dabei wurde wichtiges und kritisches Feedback für die konkrete Weiterentwicklung gesammelt und einbezogen.

9.4.2 Die Wissensdatenbank – die zentrale Wissensquelle und Inspiration

Ein wichtiger Teil des Leistungsversprechens des Innosuisse Flagships war es, das erarbeitete Wissen Interessierten zur Verfügung zu stellen. Entsprechend entstand die SHIFT-Wissensdatenbank (siehe Abb. 9.5), die sich an alle Fachpersonen und Leistungserbringer im Gesundheitswesen richtet, die an der digitalen Transformation hin zum smart and liquid Hospital interessiert sind.

Die Anwendungsprojekte geben hier über eigens verfasste Wissensbeiträge Einsichten in ihre Ergebnisse und Erkenntnisse und stellen somit sicher, dass das Wissen, welches im Rahmen von SHIFT generiert wird, integriert und nachhaltig verbreitet wird. Diese Wissensbeiträge beschäftigen sich mit relevanten Frage- und Problemstellungen bzgl. MTDO, mit denen Spitäler in der Regel konfrontiert sind und geben Antworten, die im Rahmen der digitalen Transformation zu berücksichtigen sind. Es handelt sich um eine dynamische Datenbank, die in den kommenden Jahren an Wissen wachsen wird und bereits jetzt über eine

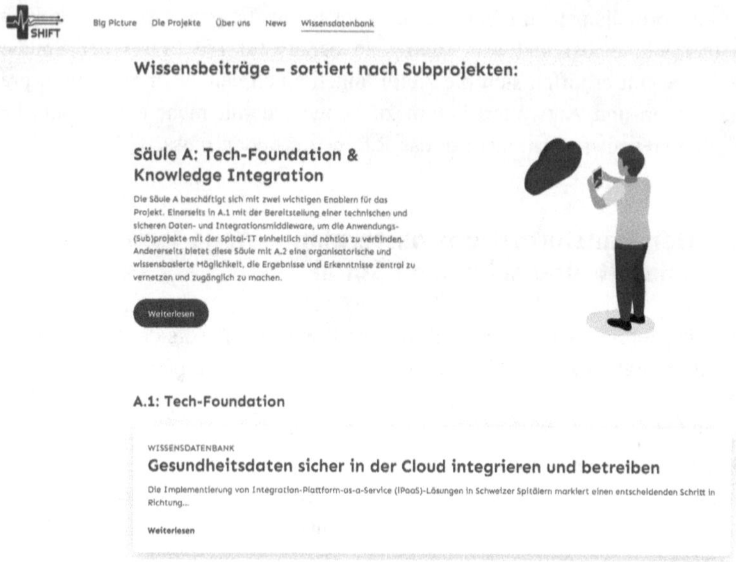

Abb. 9.5 Die SHIFT Wissensdatenbank. (Quelle: www.future.hospital)

Fülle von Beiträgen verfügt. Aktuell werden diese hier den jeweiligen Anwendungsprojekten zugeordnet, in denen sie verfasst wurden – langfristig ist eine Zuordnung zu Herausforderungen und Problemen angedacht, mit denen Spitäler täglich konfrontiert sind wie bspw. Zufriedenheit von Mitarbeitenden und Patient*innen (Dimension Mensch), Technische Integration (Dimension Technik), Datenschutz (Dimension Daten) und Kostendruck (Dimension Organisation).

Bei der Gestaltung der einzelnen Wissensbeiträgen wurde – trotz der vielfältigen Inhalte – eine Konsistenz erzeugt, indem alle Wissensbeiträge gleich strukturiert aufgebaut wurden:

1. Problembeschreibung, Forschungsfrage und Relevanz
2. Methoden und Vorgehen im Projekt
3. Ergebnisse und Erkenntnisse
4. Empfehlungen für die Praxis
5. Literatur und andere Quellen

Da sich die Wissensbeiträge überwiegend an Praktiker*innen richten, wurde viel Wert auf eine gute Leserlichkeit gelegt und weniger auf wissenschaftliche Genauigkeit und Formalismen. Im Vordergrund stehen die Fragen «Welches Problem wurde hier wie gelöst und was kann man daraus für die Praxis der Spitäler ableiten?». Somit erhoffen sich die Autor*innen einen echten Impact durch praxisnahe Fragen und Antworten liefern zu können, damit nicht jedes Spital bei ihrer digitalen Transformationsreise das Rad neu erfinden muss.

9.4.3 Der Transformationsmasterplan – Wege zum smarten und schlanken Spital

Das oberste Ziel von SHIFT war und ist, eine Blaupause für die digitale Transformation von Spitälern zu schaffen. Doch dieses Ziel lässt sich nicht allein dadurch erreichen, das Wissen der Anwendungsprojekte auf der oben beschriebenen Wissensdatenbank festzuhalten. Zu gross ist dabei die Gefahr, sich in einzelnen Details einer Transformationsreise zu verirren.

Entsprechend war es ein integraler Teil des SHIFT Flagships von Beginn an, einen Transformationsmasterplan (TMP) zu entwickeln. Ein solcher TMP gibt einen umfassenden Einblick, wie die digitale Transformation und in welcher Reihenfolge sie erfolgen kann. Es handelt sich um ein wissenschaftlich fundiertes, praxisnahes Konzept, das den zeitlichen Rahmen der Transformation nach dem Ausrollprinzip erläutert. Eine im SHIFT Team häufig benutzte Metapher ist die der Blaupause oder des Kochbuchs – eine Anleitung, die nicht 1:1 befolgt werden kann, da sich jedes Spital unterscheidet, jedoch klare Orientierung liefert.

Der TMP befindet sich aktuell (Stand September 2024) noch in der Ausarbeitung. Er basiert auf Erkenntnissen aus den einzelnen Anwendungsprojekten (A.1–D.4), der Expertise des Zentralen Flagship-Managements (A.2), einer umfassenden Literaturarbeit einer Studierendengruppe der ZHAW sowie einem Workshop mit zwei führenden Schweizer Spital CTIOs. So vereint er sowohl aktuelle wissenschaftliche Kenntnisse als auch praktische Erfahrungen. Auch, wenn der Plan noch nicht finalisiert ist, kristallisierte sich schnell eine Stossrichtung. Denn es stehen zwei Denklogiken in Konkurrenz, wenn die Transformation eines so komplexen Systems wie eines Spitals ansteht: „Big-Bang" oder „Schritt für Schritt". Bei dem Big Bang Ansatz wird in kurzer Zeit unter der Zuhilfenahme erheblicher Ressourcen das System radikal analysiert und umgeändert. Dieses Verfahren wird auch „Reengineering" genannt und hat den grossen Vorteil seiner grossen Veränderungskraft. Doch genau so gross sind die Risiken, weshalb solche radikalen Veränderungen in der Spitalpraxis kaum gesehen werden. Die andere Denklogik folgt dem Leuchtturm-Ansatz. Dabei gilt es zunächst einen Bereich der Organisation in Richtung smart & liquid Hospital zu transformieren. Anschliessend wird das Vorgehen dann auf alle Bereiche ausgerollt, um ein gesamtheitliches smartes Spital der Zukunft zu etablieren. Dieses Vorgehen dauert in der Regel länger als beim Big-Bang Ansatz, doch wird er für die meisten Organisationen im Gesundheitswesen der angebrachtere Pfad sein. Nicht nur aus Ressourcengründen, die im unterfinanzierten Gesundheitswesen immer einen Flaschenhals darstellen, ist das Schritt für Schritt Vorgehen angebrachter. Vor allem aus Akzeptanzgründen (Stichwort Change Management) erscheinen so die Risiken besser gesteuert zu werden.

Die systematische Durchsicht der wissenschaftlichen Artikel im Bereich digitale Transformation von Spitälern ergibt ein klares Bild. Es wird immer noch auf die grossen Klassiker des Change Managements wie die Werke von John P. Kotter (1995) oder gar das 3 Phasenmodell von Kurt Lewin (1947) verwiesen. Und auch der vom SHIFT Team entwickelte TMP orientiert sich an diesem Urmuster der Veränderung. Derzeit umfasst der Plan fünf Arbeitspakete, welche sich aus Sicht des Teams als unabdingbar für eine gelungene digitale Transformation hin zum „smart & liquid" Spital der Zukunft herausstellen.

1. **Kreiere Lust auf Veränderung**
   Transformation bedeutet Veränderung und Veränderung bedeutet Neues. So gilt es, die Entscheidungsträger*innen im Spital zunächst bezüglich der Vorteile von Digitalisierung zu überzeugen. Dafür ist es sinnvoll, sowohl externe

Quellen zum Beitrag von Digital Health für das Gesundheitswesen einzuholen als auch intern die Notwendigkeit aufzuzeigen, indem beispielsweise Prozessbeobachtungen durchgeführt werden, die den Bedarf für Veränderungen untermauern (Shapiro et al., 2023). Eine SWOT-Analyse kann dabei als gute Grundlage für die Erstellung der Transformationsstrategie dienen (Hügle & Grek, 2023). Darauf basierend gilt es den Vorstand des Spitals zu überzeugen und im Anschluss die genauen Bedürfnisse an eine digitale Transformation im Spital zu verstehen – durch bspw. Workshops mit den verschiedenen Stakeholdergruppen (Cresswell et al., 2022). Letztlich sollte die Vision, Mission und Strategie der Transformation klar formuliert werden und Ansprüche an eine neue innovationsfreundliche Kultur sollten definiert sein (Casprini & Palumbo, 2022).

2. **Lege das Ziel, die Strategie und das Team fest**
   In einem nächsten Schritt steht die Planung der digitalen Transformation im Fokus. Ein Transformations-Kernteam wird zusammengestellt, welches die Umsetzung der digitalen Transformation kontrolliert (Huang et al., 2023). Es besteht aus Vertreter*innen verschiedenster Fachgruppen im Spital mit Blick auf die Berücksichtigung der MTDO-Logik. Dieses Team legt weiter SMARTE Ziele für den geplanten Zielzustand des Spitals der Zukunft fest. So helfen klare und messbare Ziele, den Fortschritt zu überwachen und sicherzustellen, dass die digitale Transformation in die richtige Richtung geht (Hügle & Grek, 2023). Letztlich wird eine erste grobe Implementierungs-Roadmap erstellt, die sich sowohl nach der MTDO-Logik richtet und dabei einen Piloten skizziert sowie den Rahmen der Skalierung. Während im ersten Schritt die Lust der Entscheidungsträger*innen geweckt wurde, soll nun auch das gesamte Spital zur Veränderung motiviert werden – dazu dient eine erste hausinterne Kommunikation (Hügle & Grek, 2023).
3. **Belege mit Leuchttürmen den Nutzen der Transformation**
   Das Transformations-Kernteam legt einen geeigneten Piloten fest, um die erste grobe Implementierungs-Roadmap zu testen. Dafür kreiert dieses wiederum ein spezialisiertes Team für spezifische Transformationsaufgaben im Pilot – angepasst an die Anforderungen des jeweiligen Bereiches im Spital, in welchem die Erprobung stattfinden soll. Pilot-Ziele werden konkretisiert und notwendige Massnahmen abgeleitet. Es gilt weiter Prä-Post- Messkonzepte zu entwickeln (Shapiro et al., 2023), um letztlich den Erfolg des Projektes zu belegen (Wosny et al., 2023) und diesen auch feiern und kommunizieren zu können.
4. **Skaliere die digitale Transformation**

Nach erfolgreicher Durchführung des Pilots in Schritt 3 gilt es, die Implementierungs-Roadmap aus Schritt 2, die im Pilot noch weiter ausformuliert wurde, noch weiter anzupassen. Hier sollten das spezialisierte Team aus Pilot sowie das TMP-Kernteam eng zusammenarbeiten. Für ein Ausrollen des dann stehenden TMPs kann es dienlich sein, auf Partnerschaften mit Technologieanbieter*innen zurückzugreifen. Diese gilt es spätestens an dieser Stelle zu schliessen, um Zugang zu den neuesten Technologien zu erhalten und eine effiziente Implementierung und technische Unterstützung sicherstellen.

Wenn das Ausrollen der Implementierungs-Roadmap schliesslich angestossen wurde, gilt es regelmässige Evaluations- und Anpassungsschleifen durchzuführen, um die Wirksamkeit der eingeführten digitalen Technologien sicherzustellen und kontinuierliche Verbesserungen zu ermöglichen (Westheimer et al., 2023). Regelmässige Informationsveranstaltungen für alle Ebenen des Spitalpersonals (Hügle & Grek, 2023) sowie Schulungen und Weiterbildungen sollen weiter ein Bewusstsein und Verständnis für die Vorteile der digitalen Transformation fördern sowie die Nutzerakzeptanz erhöhen (Poncette et al., 2019). Regelmässige Sicherheitsaudits sind zudem wesentlich, um die Integrität digitaler Systeme zu gewährleisten (Shapiro et al., 2023).

5. **Verankere die Transformation dauerhaft**
   Dabei liegt die zentrale Herausforderung der digitalen Transformation im Gesundheitswesen nicht in der technischen Implementierung neuer Systeme, sondern gemäss des MTDO-Ansatzes vielmehr in der Schaffung einer integrativen Kultur und Struktur, die Innovation fördert und dabei den Menschen in den Mittelpunkt stellt. Während im ersten Arbeitspaket bereits die Ansprüche an eine neue innovationsfreundliche Kultur definiert wurden, gilt es die Transformation nun entsprechend nachhaltig in der Organisationskultur zu verankern (Casprini & Palumbo, 2022). Dafür ist es wesentlich, regelmässige Ist-Soll Vergleiche durchzuführen, um die dauerhafte Veränderung der Kultur nachzuweisen. Das kann bspw. durch wiederkehrende Befragungen der Mitarbeitenden und Patient*innen erfolgen.

9.5 Erkenntnisse zum smarten Spital aus SHIFT

Das Projekt SHIFT ist Stand September 2024 noch nicht abgeschlossen – dieser Beitrag spiegelt den Stand des Wissens ca. ein Jahr vor Finalisierung. Neben vielen inhaltlichen Erkenntnissen aus den Anwendungsprojekten, lassen sich jedoch jetzt schon drei übergreifende Erkenntnisse aus dem Flagship-Vorhaben gewinnen.

Zum einen sind die Erkenntnisse zur Vielfalt des Themas Smart Hospital zu nennen. Der Begriff ist noch nicht klar definiert und viele Interpretationen sind vorhanden, was ein Smart Hospital bedeutet und welche Disziplinen es betrifft. Auch SHIFT hatte nie Anspruch, eine endgültige Definition zu liefern oder das Thema gar vollständig zu beleuchten. Denn obwohl das Projekt mit seiner Vielzahl an Partner*innn aus dem Bereich Spital, Industrie und Forschung sehr breit aufgestellt ist, so konnten unmöglich alle spannenden Technologien und Forschungsrichtungen abgedeckt werden. Entsprechend bildeten die drei gewählten Säulen bewusst Schwerpunkte. Diese Auswahl erwies sich als sehr fruchtbar. Denn Anwendungsprojekte lieferten erste Antworten auf drei grundlegende Fragen, die sich jedes Spital stellen sollte:

A) Wie kann ein reibungsloserer Patientenfluss gelingen, von der Aufnahme bis zur Betreuung daheim im Hospital@Home?
B) Wie ermächtige ich mittels moderner Techniken Mitarbeitende und Patient*innen, damit das Spitalerlebnis ein besseres wird?
C) Wie designe, manage und steuere ich am besten die Organisation Spital im Sinne einer höheren Qualität, Effizienz und Zufriedenheit meiner Mitarbeitenden?

Die zweite Erkenntnis betrifft die Art und Weise des Herangehens, um diese grundlegenden Fragen zu beantworten. Zum einen ist es offensichtlich, dass es Technik und Daten-Fachexpert*innen braucht, um bspw. neue KI-Algorithmen zu trainieren, welche die Terminplanung von MRI-Systemen optimieren (C.2). Die Ausgangshypothese von SHIFT besagt jedoch, dass es nicht ausreicht, sich lediglich auf die Technik und Daten zu fokussieren. Der ganzheitliche MTDO-Ansatz hat sich in dieser Hinsicht stark bewährt. Denn viele technische Innovationen scheitern daran, dass sie den Sprung in die Praxis nicht schaffen. Lösungen, die von Anfang an auf eine hohe menschliche Akzeptanz sowie auf die reibungslose Einbettung in die Organisation setzen, haben eine ungleich höhere Chance, sich zu bewähren. Die interdisziplinäre Besetzung der SHIFT-Teams hat einen sehr guten Beitrag geleistet, die MTDO-Prinzipien gut in die Projekte einzubetten.

Die letzte Erkenntnis betrifft die Frage, wann ein breites Forschungsprojekt wie SHIFT für nachhaltigen Impact sorgen kann. Für eine endgültige Abschätzung ist es zum jetzigen Zeitpunkt, während das Projekt noch läuft, wohl noch zu früh. Die realistische Erwartung besteht jedoch, dass durch die vorgestellten drei übergreifende Projektteile Tech-Foundation, Wissensdatenbank und Transformationsmasterplan Lieferobjekte entstehen, die auch über das Projektende noch

Bestand und Verwendung finden. Wenn damit eine Generalisierung der Projektergebnisse für die Spitallandschaft allgemein gelingen würde, wäre das wohl der grösste Erfolg, den sich ein anwendungsorientiertes Forschungsprojekt wie SHIFT überhaupt wünschen kann.

Literatur

Angerer, A., Lienhard, S., & Meierhof, L. (2020a). Der Digitale Reifegrad Schweizer Spitäler. *Basierend auf Daten der Masterarbeit von Stefan Lienhard „Der digitale Reifegrad der Schweizer Kliniken & Spitäler“.*

Angerer, A., Lienhard, S., & Meierhof, L. (2020b). *Digital Health Infografik: Sind die Schweizer Spitäler wirklich noch in den digitalen Kinderschuhen?* ZHAW Zürcher Hochschule für Angewandte Wissenschaften. https://doi.org/10.21256/zhaw-19921.

Aslan, S., & Balci, O. (2015). GAMED: Digital educational game development methodology. *SIMULATION, 91*(4), 307–319. https://doi.org/10.1177/0037549715572673

Ayaz, M., Pasha, M. F., Alzahrani, M. Y., Budiarto, R., & Stiawan, D. (2021). The fast health interoperability resources (FHIR) standard: Systematic literature review of implementations, applications, challenges and opportunities. *JMIR Medical Informatics, 9*(7), e21929. https://doi.org/10.2196/21929.

Bento, F., Tagliabue, M., & Lorenzo, F. (2020). Organizational silos: A scoping review informed by a behavioral perspective on systems and networks. *Societies, 10*(3), Article 3. https://doi.org/10.3390/soc10030056.

Bundesamt für Gesundheit (BAG). (6 Februar 2024). *KVG-Änderung: Massnahmen zur Kostendämpfung – Paket 2.* https://www.bag.admin.ch/bag/de/home/versicherungen/krankenversicherung/krankenversicherung-revisionsprojekte/kvg-aenderung-massnahmen-zur-kostendaempfung-paket-2.html.

Çağlar, S., & Kocadere, S. A. (2016). Possibility of motivating different type of players in gamified learning environments. In *EDULEARN16 proceedings, 1987–1994. 8th International conference on education and new learning technologies.*https://doi.org/10.21125/edulearn.2016.1391.

Cambridge University Press. (n.d.). *Flagship.* Cambridge University Press. https://dictionary.cambridge.org/dictionary/english/flagship.

Casprini, E., & Palumbo, R. (2022). Reaping the benefits of digital transformation through Public-Private Partnership: A service ecosystem view applied to healthcare. *Global Public Policy and Governance, 2*(4), 453–476. https://doi.org/10.1007/s43508-022-00056-9

Cresswell, K., Sheikh, A., Franklin, B. D., Hinder, S., Nguyen, H. T., Krasuska, M., Lane, W., Mozaffar, H., Mason, K., Eason, S., Potts, H. W. W., & Williams, R. (2022). Benefits realization management in the context of a national digital transformation initiative in English provider organizations. *Journal of the American Medical Informatics Association, 29*(3), 536–545. https://doi.org/10.1093/jamia/ocab283

de Waal, A., Weaver, M., Day, T., & van der Heijden, B. (2019). Silo-busting: Overcoming the greatest threat to organizational performance. *Sustainability, 11*(23), Article 23. https://doi.org/10.3390/su11236860.

European Parliament. (8 Juni 2023). EU AI act: first regulation on artificial intelligence. *European Parliament News*. https://www.europarl.europa.eu/news/en/headlines/society/20230601STO93804/eu-ai-act-first-regulation-on-artificial-intelligence.

Guirguis, K., Pleger, L. E., Dietrich, S., Mertes, A., & Brüesch, C. (2021). Datenschutz in der Schweiz – eine quantitative Analyse der gesellschaftlichen Bedenken und Erwartungen an den Staat. *Yearbook of Swiss Administrative Sciences, 12*(1), 16. https://doi.org/10.5334/ssas.153

Huang, C.-W., Lai, Y.-C., Chiu, C.-Y., Jan, P.-T., & Chen, Y.-H. (2023). Key strategies for digital transformation- A Non-Medical Center Hospital in Taiwan as an example. *Journal of Internet Technology, 24*(2), Article 2.

Hügle, T., & Grek, V. (2023). Digital transformation of an academic hospital department: A case study on strategic planning using the balanced scorecard. *PLOS Digital Health, 2*(11), e0000385. https://doi.org/10.1371/journal.pdig.0000385

Innosuisse (Schweizerische Agentur für Innovationsförderung). (2021, Oktober 22). *Innosuisse bewilligt fünfzehn Flagships*. Innosuisse bewilligt fünfzehn Flagships. https://www.admin.ch/gov/de/start/dokumentation/medienmitteilungen.msg-id-85523.html.

Innosuisse (Schweizerische Agentur für Innovationsförderung). (2024, Juni 19). *Flagship Initiative*. Flagship Initiative. https://www.innosuisse.admin.ch/de/flagship-initiative.

Institute for Medical Informatics I4MI, B., Gasenzer, R., Holm, J., & Lehmann, M. (o. J.). Spital der Zukunft. *Berner Fachhochschule*. https://www.bfh.ch/dam/jcr:Bf9fc9f6-33e8-4c8c-9805-4516cf224fe2/spital-der-zukunft.pdf. Zugegriffen: 27. Sept. 2024.

Karagiannis, D., Lee, M., & Buchmann, R. A. (September 2019). Using metamodeling for requirements engineering: A best-practice with adoxx. In *2019 IEEE 27th international requirements engineering conference (RE)* (S. 498–499). IEEE.

Kelly, Y. P., Goodwin, D., Wichmann, L., & Mendu, M. L. (1 Juli 2019). Breaking down health care silos. *Harvard Business Review*, https://hbr.org/2019/07/breaking-down-health-care-silos.

Knight, J., Nigam, Y., & Jones, A. (2009). Effects of bedrest 2: Gastrointestinal, endocrine, renal, reproductive and nervous systems. *Nursing Times, 105*(22), 24–27.

Kortebein, P., Ferrando, A., Lombeida, J., Wolfe, R., & Evans, W. J. (2007). Effect of 10 days of bed rest on skeletal muscle in healthy older adults. *JAMA, 297*(16), 1772–1774. https://doi.org/10.1001/jama.297.16.1772-b

Kotter, J. P. (1 Mai 1995). Leading change: Why transformation efforts fail. *Harvard Business Review, May–June 1995*. https://hbr.org/1995/05/leading-change-why-transformation-efforts-fail-2.

Kowitlawakul, Y., Tan, J. J. M., Suebnukarn, S., Nguyen, H. D., Poo, D. C. C., Chai, J., Wang, W., & Devi, K. (2022). Utilizing educational technology in enhancing undergraduate nursing students' engagement and motivation: A scoping review. *Journal of Professional Nursing, 42*, 262–275. https://doi.org/10.1016/j.profnurs.2022.07.015

Lewin, K. (1947). Frontiers in group dynamics: Concept, method and reality in social science; social equilibria and social change. *Human Relations, 1*(1), 5–41. https://doi.org/10.1177/001872674700100103

Malaquias, R. S., & Filho, I. M. B. (2021). Middleware for healthcare systems: A systematic mapping. In O. Gervasi, B. Murgante, S. Misra, C. Garau, I. Blečić, D. Taniar, B. O. Apduhan, A. M. A. C. Rocha, E. Tarantino, & C. M. Torre (Hrsg.), *Computational science and its applications – ICCSA 2021* (Bd. 12957, S. 394–409). Springer. https://doi.org/10.1007/978-3-030-87013-3_30.

Mosquera, D., Ruiz, M., Pastor, O., & Spielberger, J. (2024a). Understanding the landscape of software modelling assistants for MDSE tools: A systematic mapping. *Information and Software Technology,* 107492.

Mosquera, D., Pastor, O., & Spielberger, J. (2024b). LEMON: A tool for enhancing software requirements communication through requirements pattern-based modelling assistance. In *30th international conference on requirements engineering: foundation for software quality (REFSQ), Winterthur, Switzerland, 8–11 April 2024.* CEUR Workshop Proceedings.

Palomares, C., Quer, C., & Franch, X. (2017). Requirements reuse and requirement patterns: A state of the practice survey. *Empirical Software Engineering, 22,* 2719–2762.

Pavão, J., Bastardo, R., Santos, M., & Rocha, N. P. (2023). The fast health interoperability resources (FHIR) standard and homecare, a scoping review. *Procedia Computer Science, 219,* 1249–1256. https://doi.org/10.1016/j.procs.2023.01.408

Peters, D. H. (2014). The application of systems thinking in health: Why use systems thinking? *Health Research Policy and Systems, 12*(1), 51. https://doi.org/10.1186/1478-4505-12-51

Poncette, A.-S., Spies, C., Mosch, L., Schieler, M., Weber-Carstens, S., Krampe, H., & Balzer, F. (2019). Clinical requirements of future patient monitoring in the intensive care unit: Qualitative study. *JMIR Medical Informatics, 7*(2), e13064. https://doi.org/10.2196/13064

Russ, C., Stalder, P. H., Rufinatscha, S., Pimentel, T., & Geissmann, L. (2024). Auswirkungen der Medizinprodukteverordnung auf ML-Lösungen in Schweizer Spitälern. *HMD Praxis der Wirtschaftsinformatik, 61*(2), 503–518. https://doi.org/10.1365/s40702-024-01048-5

Russ, C., Stalder, P., Steinwendner, J., Pimentel, T., & Kavakopoulos, J. (2023). Anforderungen an eine iPaaS Cloud Lösung zum sicheren Betrieb von Gesundheitsdaten in Schweizer Spitälern. *HMD Praxis der Wirtschaftsinformatik.* https://doi.org/10.1365/s40702-023-01011-w.

Sardi, L., Idri, A., Redman, L. M., Alami, H., & Alemán, J. L. F. (2022). A Reusable Catalog of Requirements for Gamified Mobile Health Applications. In *ENASE* (S. 435–442).

Saumur, T. M., Gregor, S., Mochizuki, G., Mansfield, A., & Mathur, S. (2020). The effect of bed rest on balance control in healthy adults: A systematic scoping review. *Journal of Musculoskeletal & Neuronal Interactions, 20*(1), 101–113.

See, B. von. (2019). Ein Handlungsrahmen für die digitale Transformation in Wertschöpfungsnetzwerken. https://doi.org/10.15480/882.2513.

Shapiro, M., Renly, S., Maiorano, A., Young, J., Medina, E., Neinstein, A., & Odisho, A. Y. (2023). Digital health at enterprise scale: Evaluation framework for selecting patient-facing software in a digital-first health system. *JMIR Formative Research, 7*(1), e43009. https://doi.org/10.2196/43009

Strohm, O., & Ulich, E. (1997). Unternehmen arbeitspsychologisch bewerten: Ein Mehr-Ebenen-Ansatz unter besonderer Berücksichtigung von Mensch, Technik und Organisation. vdf Hochschulverlag AG.

Westheimer, J. L., Moukaddam, N., Lindsay, J. A., Sabharwal, A., Najafi, B., Iacobelli, P. A., Boland, R. J., & Patriquin, M. A. (2023). Technology implementation for mental health end users: A model to guide digital transformation for inpatient mental health professionals. *JMIR Mental Health, 10*(1), e40429. https://doi.org/10.2196/40429

Wosny, M., Strasser, L. M., & Hastings, J. (2023). Experience of health care professionals using digital tools in the hospital: Qualitative systematic review. *JMIR Human Factors, 10*(1), e50357. https://doi.org/10.2196/50357.

Ya'u, B. I., Nordin, A., & Salleh, N. (2020). Analysis of expert's opinion on requirements patterns for software product families framework using GQM method. In *Computational science and technology: 6th ICCST 2019, Kota Kinabalu, Malaysia, 29–30 August 2019* (S. 135–144). Springer Singapore.

Yusof, M. M., Kuljis, J., Papazafeiropoulou, A., & Stergioulas, L. K. (2008). An evaluation framework for health information systems: Human, organization and technology-fit factors (HOT-fit). *International Journal of Medical Informatics, 77*(6), 386–398. https://doi.org/10.1016/j.ijmedinf.2007.08.011

KSB Innovation Hub: Wie Spitäler zu mehr Innovation kommen

10

Daniel Heller

Zusammenfassung

Die Schweizer Spitallandschaft ist seit Covid in der Schieflage: Teuerungsschub, Zinswende, Fachkräftemangel, wuchernde Bürokratie und dadurch stark steigende Personalkosten sorgen bei zwei Dritteln der Häuser für ungenügende oder negative Jahresergebnisse. Spitäler, welche die Digitalisierung und Vernetzung proaktiv angegangen sind oder angehen, haben in dieser Situation die Nase vorn. Sie werden auch in der integrierten Gesundheitsversorgung vorne mitspielen. Die anstehenden technologischen Möglichkeiten bieten die Chance, sowohl eine effizientere als auch eine besser auf den Patientennutzen ausgerichtete Gesundheitsversorgung zu realisieren. Der Verwaltungsrat trägt zusammen mit der operativen Spitalleitung die Verantwortung dafür, dass das Handlungsfeld Innovation mit Zielsetzungen und konkreten Massnahmen zum integralen Bestandteil einer zukunftsgerichteten Spitalstrategie wird.

Daniel Heller ist Partner bei Team Farner. Im Jahr 2000 übernahm er das Präsidium der Spezialklinik Barmelweid und wandelte diese als erstes Spital im Kanton Aargau in eine gemeinnützige Aktiengesellschaft um. 2014 wurde er Verwaltungsratspräsident der Kantonsspital Baden AG. Daneben übt er verschiedene Verwaltungsratspositionen im Finanzbereich und Startup Bereich aus. Er hat in Zürich Geschichte, Wirtschaftsgeschichte und Politikwissenschaften studiert (Promotion Dr. phil. I).

D. Heller (✉)
Kantonsspital Baden AG, Baden, Schweiz
E-Mail: daniel.heller@ksb.ch

D. Fasnacht (Hrsg.), *Smart Health*, https://doi.org/10.1007/978-3-658-46762-3_10

Schlüsselwörter

Smart Health • Kantonsspital Baden AG (KSB) • Health Innovation Hub KSB und Aargau • ETH • Digitalisierung • Kanton Aargau

10.1 Einleitung

Das Schweizer Gesundheitssystem ist bekannt für seine Qualität und Komplexität, es wird durch eine Mischung aus öffentlicher und privater Finanzierung getragen. Jeder Einwohner der Schweiz muss eine Grundversicherung abschließen, die von privaten Krankenversicherern angeboten wird. Diese Versicherer müssen jeden Antragsteller unabhängig von dessen Gesundheitszustand annehmen. Die Grundversicherung deckt eine breite Palette von Gesundheitsleistungen ab, darunter Arztbesuche, Krankenhausaufenthalte und Medikamente. Die Leistungen sind gesetzlich festgelegt und bei allen Versicherern gleich (Obligatorische Krankenpflegeversicherung). Zusätzlich können die Versicherten freiwillige Zusatzversicherungen abschließen, die Leistungen abdecken, die nicht in der Grundversicherung enthalten sind, wie beispielsweise bessere Hotellerie, alternative Heilmethoden oder Zahnarztbehandlungen. Zu bemerken ist dabei, dass die privaten Zusatzversicherungen aufgrund des breiten Grundkatalogs, der steigenden Prämien und der modernen Spitalinfrastruktur (meistens nur noch Zwei- oder Einbettzimmer) zunehmend unattraktiv wird.

Die Spitallandschaft der Schweiz ist dezentral organisiert und umfasst öffentliche und private Spitäler. Die Gesundheitsversorgung ist kantonal geregelt, sodass die Kantone für die Planung und mehrheitlich für die Finanzierung der Spitäler (DRG: 55 % Kantonsbeitrag, 45 % Prämiengelder) zuständig sind. Einige der Spitäler besitzen sie auch selber. Es gibt etwa 280 Akutspitäler, darunter universitäre Spitäler (in Zürich, Basel, Bern, Lausanne und Genf), kantonale Spitäler, regionale Spitäler unterschiedlicher Trägerschaften sowie zahlreiche spezialisierte Kliniken und private Einrichtungen.

Das System ist seit 2012 mit der neuen Spitalfinanzierung und der Einführung der Fallkostenpauschalen auf mehr Wettbewerb ausgerichtet, wobei Patienten in der Regel frei wählen können, wo sie sich behandeln lassen. Die Kantonsspital Baden AG (KSB) ist eine obligationenrechtliche Aktiengesellschaft im Besitze des Kantons Aargau, eines von zwei akuten Zentrumsversorgern im Aargau, beschäftigt circa 3500 Angestellte und behandelte 2024 insgesamt 22.900 stationäre und 340.000 ambulante Patientinnen und Patienten mit einer Auslastung von fast 82 %. Bei einem Umsatz von 497 Mio. CHF erreichte das KSB bis zur COVID Krise stets einen Ertrag von mindestens 10 % EBITDA, in den letzten

Jahren sanken allerdings die Erträge aufgrund der Inflation 2023 auf zuletzt 5,1 % EBITDA (KSB, 2023).

Die meisten Spitäler weisen eine Personalquote von 65 bis 70 % ihres Umsatzes aus. Erreichen auch die Sachkosten infolge der Teuerung 25 bis 30 %, schmelzen die Erträge – nötig wären etwa 10 % EBITDA – aufgrund der fixen Tarife gnadenlos dahin. Das Gros der Schweizer Spitäler schrieb in den Jahren 2022/2023/2024 rote Zahlen. Hinzu kommt der Fachkräftemangel, der in vielen Bereichen für Unterbestände sorgt. Die hohe Personalintensität bedroht darum Spitäler doppelt: Sie sorgt für hohe Kosten und wegen des Mangels an Fachkräften zusätzlich für Ertragsausfälle (e.g. wegen geschlossenen Betten). Die Lohnniveaus steigen stetig an, da das Halten von Stammpersonal attraktive Personalkonditionen erfordert. Hinzu kommen erschwerend wuchernde Regulierungen, administrative Leerläufe und Planwirtschaft, wie etwa die Zulassungssteuerungen seitens Bund und Kantonen.

Gefragt wären *Effizienzsteigerungen,* um aus diesem Dilemma herauszukommen. Zahlreiche Startups und innovative Unternehmen bieten in verschiedenen Anwendungsbereichen interessante Lösungen an, die häufig auf digitalen Technologien oder auf Technologien der künstlichen Intelligenz beruhen. Leider fehlt vielen Häusern mittlerweile nicht nur die Investitionsmittel, sondern infolge unserer veralteten Klinikinformationssysteme auch die technologischen Voraussetzungen, um diese Effizienzgewinne zu realisieren.

McKinsey hat in einer Studie in Kooperation mit der ETH 2021 (McKinsey & ETHZ, 2021) geschätzt, dass das *Nutzungspotenzial aller Digitalisierungsmöglichkeiten* im Schweizer Gesundheitssystem auf bis zu 8,2 Mrd. CHF pro Jahr – oder 11,8 % der gesamten adressierbaren Gesundheitsausgaben von 69,7 Mrd. CHF beträgt. Die Analyse konzentrierte sich auf das Potenzial durch 26 spezifische digitale Technologien in drei Kategorien:

- *Digitale Gesundheit*: Lösungen, die Patienten direkt in das Gesundheitsmanagement einbeziehen;
- *E-Health:* Lösungen, die sich hauptsächlich an Fachkräfte im Gesundheitswesen richten und auf die Effizienz der Anbieter abzielen;
- *Enabler*: Lösungen und Systeme, die alle Beteiligten und Prozesse im gesamten Ökosystem des Gesundheitswesens unterstützen.

In anderen Ländern bestehen bezüglich Digitalisierung bessere Voraussetzungen, dank technologischer Innovationsprozesse ist etwa in Dänemark die Gesundheitsbranche gegenüber früheren Jahren kaum mehr wiederzuerkennen (Zucker, 2024).

Sofern die Digitalisierung der Medizin und der Gesundheitsversorger auch in der Schweiz irgendwann gelingt, wird sie viele Vorteile sowohl für die Patienten als auch für die Dienstleister bringen. Der Weg dorthin birgt allerdings zahlreiche Herausforderungen – gerade auch für unsere Spitäler. Aus einer Perspektive der Spitalführung genügt es in Zukunft nicht mehr, ein einfaches Krankenhaus zu sein, nach vorgegebenen Tarifen abzurechnen und den Wandel über sich ergehen zu lassen. Vielmehr geht es darum, die *Herausforderungen proaktiv zu meistern.*

Gefordert ist das Spital mannigfach: Das Spital als Betrieb, der genug Ertrag erwirtschaften muss, um seine Erneuerung zu finanzieren; als Arbeitgeber, welcher seine Mitarbeitenden fachlich und persönlich auf den Wandel vorbereitet; das Spital als Innovationsplattform, wo neue Therapien und Behandlungen mit Bildungsinstitutionen und Jungunternehmen entwickelt, getestet und schliesslich angewendet werden; das Spital als Ausbildungsstätte, in welcher das zukünftige Fachpersonal aus- und weiteregebildet wird; das Spital und seine Experten aus verschiedenen Bereichen als Think Tank, welcher sich in Diskussionen einbringt und die *Transformation des Gesundheitswesens* aktiv mitgestaltet.

10.2 Kantonsspital Baden: Gründung des Health Innovation Hub 2018

Innovativen Häusern wird es eher gelingen, ökonomisch erfolgreich zu sein und gleichzeitig im Sinne der Patienten zum ganzheitlichen Dienstleistungszentrum rund um das Thema Gesundheit und Wohlbefinden zu werden: Sie werden im Wandel der Spitallandschaft zu den Gewinnern gehören. Darum brauchen Spitäler *Innovationsstrategien.*

Durch die zunehmende Geschwindigkeit der technologischen Entwicklung muss die Spitalführung – will sie Schritt halten – *näher am Geschehen sein als je zuvor.* Als Gesundheitsversorger muss ein Spital dort präsent sein, wo der Wandel passiert und wo disruptive Entwicklungen absehbar sind. Dazu müssen Spitalführungen bereit sein, Veränderungen an sich herankommen zu lassen und nicht vor dem Wandel zurückzuschrecken.

Darüber hinaus können nur in enger Zusammenarbeit mit den eigenen Mitarbeitenden und externen Partnern aus verschiedenen Disziplinen *neue Konzepte, Prozesse, Diagnosen und Behandlungswege* zum Wohl der Patienten entwickelt werden. Ausserdem sollte ein Spital dort präsent sein, wo die Therapien und Diagnosen der Zukunft gestaltet und vorangetrieben werden, sprich in den Hochschulen, Forschungszentren und Startups unserer Gesellschaft.

Die Strategie des KSB umfasst *drei Säulen: Moderne Infrastruktur, Kooperationen und Innovation.* An der ersten Säule *Infrastruktur* arbeitet das KSB seit 2016: Eröffnung des ambulanten Spitals „Kubus", 2018 Eröffnung des Partnerhauses I (akutnahe Reha Zurzach Care, Ortho Balgrist, Lungenliga und ambulante Beratungen) und Spatenstich für den Spitalneubau Agnes (Bauvolumen 600 Mio. CHF, Bezug, 2025), 2023 Eröffnung des Partnerhauses II (ETH, Physio, ambulante Beratungen). *Zweite Säule Kooperationen:* Seit Jahren betreibt das KSB im Ostaargau mit allen vor- und nachgelagerten Leistungserbringern als Partner das Gesundheits-Netz Aargau Ost (GNAO, 2024), für das wir 2019 in Berlin mit dem Klinik Award für innovative Patientenversorgung ausgezeichnet wurden.

Dritte Säule Innovation: Im Jahr 2018 hat der Verwaltungsrat im Strategiezyklus 2017/23 auf Antrag der GL *die Innovation als strategisches Handlungsfeld* näher definiert. Folgende Zielsetzung wurde festgehalten: *„Das KSB beobachtet in relevanten Themenfeldern innovative Entwicklungen, welche auf die Art seiner Leistungserbringung Einfluss haben und sucht mittels Kooperationen den Anschluss an wichtige Transformationen zu sichern."*

Weiter wurden drei Handlungsfelder festgelegt:

- *„Wir setzen ein Innovationsmonitoring auf und beurteilen regelmässig relevante Entwicklungen (Technologie, Diagnose, Therapie, Supportprozesse) bezüglich ihrer Auswirkungen auf unsere Arbeit.*
- *Wir kooperieren zu diesem Zweck mit interessanten Partnern wie ETH, PSI, USZ, FHNW, Hochschulen und anderen Leistungserbringern.*
- *Wir kooperieren mit Startups und unterstützen innovative Businessideen, wenn daraus Win–Win Situationen entstehen."*

Anlässlich der Einweihung des Partnerhauses I im Frühjahr 2018 organisierte das KSB ein Symposium. Der Verwaltungsratspräsident kündete dabei an: *„Früher dominierte oft die Frage, nach dem* ***«ob»****: Nämlich ob wir etwas Neues einführen sollen? Heute ist die Frage nach dem „wann" entscheidend:* ***Wann*** *führen wir welche Neuerung ein. Dabei wollen wir hier am KSB nicht Experimente machen, aber uns als „early follower" positionieren. Und so frage ich heute in die Runde: Was muss getan werden? Die Antwort ist einfach: Alles, was möglich erscheint, wo Kosten und Nutzen stimmen und alles, was uns die Gesundheitsversorgung erleichtert: In der Kombination der richtigen Hardware und der richtigen Software liegt die Chance zur Innovation."*

Am selben Anlass wurde vom CEO Adrian Schmitter und vom Präsidenten die *Schaffung des Health Innovation Hub am KSB* bekannt gegeben und gleich anschliessend in der Unternehmensentwicklung eingerichtet. Dazu sprach der

Verwaltungsrat ein Budget, um Innovationen zu fördern, die einen Beitrag für das Spital der Zukunft leisten können.

10.3 Ein Magnet für innovative Firmen und Startups

Mit der Bekanntgabe des Hubs wurde das KSB von Anfragen für Partnerschaften, Kooperationen, Expertise und Experimentiermöglichkeiten geradezu überhäuft, so lagen im August 2018 bereits über 20 Projektanfragen vor, im Frühjahr 2019 waren es gegen 50.

Die Unternehmensentwicklung, wo der Hub angesiedelt wurde, war bald am Anschlag: es galt all die Anfragen zu prüfen, Pitches und Meetings zu organisieren sowie das Projektmanagement zu gewährleisten. Die Stelle eines *Account-Managers* wurde ausgeschrieben und mit Max Grimm mit einer Persönlichkeit besetzt, die Erfahrungen aus dem Innovations- und Startup Umfeld mitbrachte.

Organisatorisch wurde festgelegt: Der Hub rapportiert über seine Tätigkeit direkt an CEO und VRP. Ein bis zweimal pro Jahr legt er auch dem Verwaltungsrat Rechenschaft über Projekte, Erfolge, Misserfolge und Kooperationen ab, der ein jährlich variierendes Budget spricht.

Anspruchsvoll war die *Selektion geeigneter Partner* unter dem Aspekt einer Win–Win Situation sowie die Motivation der spitalinternen Expertise, die Zeit und Know-How in all die aufgegleisten Projekte einbringen musste. Die Innovationsmanager des Hubs agieren als Gatekeeper und Scouts, die im Spital Problemfelder identifizieren, Monitoring und Match Making mit geeigneten Anbietern und Startups betreiben und danach die Projekte vertraglich absichern. Externe Anfragen vermitteln sie an die richtigen Prüfstellen in den Departementen. Alle Entscheidungen, die Projekte des Hubs betreffen, werden in den bestehenden Gremien mit den dafür notwendigen Kompetenzen (z. B. Departementsleitung, GL oder VR) des KSB getroffen. Ein Kriterienkatalog erleichterte diese Aufgabe: Um die Entscheidungen zu erleichtern, werden mögliche Projekte nach objektiven Kriterien auf ihre „Relevanz fürs KSB" und ihr „Innovationspotenzial" überprüft (Abb. 10.1).

Das Angebot des Hubs umfasst *folgende Bereiche:*

- Wir stellen Räumlichkeiten im Spitalumfeld zur Verfügung;
- Wir beteiligen uns finanziell (an bisher 2 Startups);
- Wir bieten Zugang zu einem realitätsnahen Testumfeld;
- Wir bieten Know-How und Erfahrung (Medizin, Logistik, Prozesse, …);

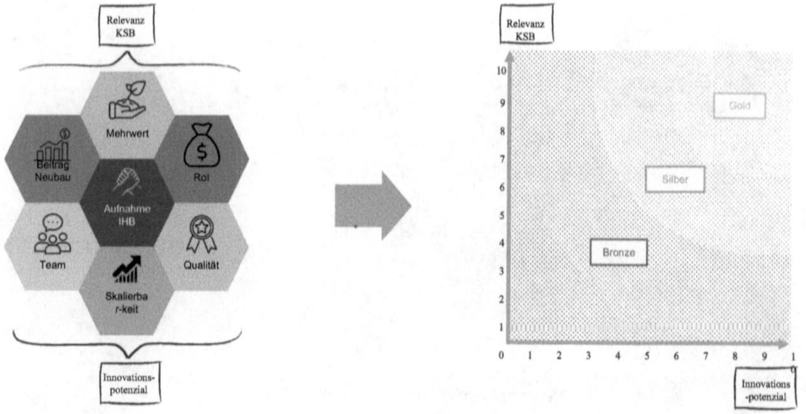

Abb. 10.1 Kriterien für die Aufnahme von Projekten/Startups in den Health Innovation Hub des KSB

- Wir ermöglichen Datenaustausch, wo datenschutztechnisch möglich;
- Wir stellen ein Partnernetzwerk zur Verfügung.

Bis Ende 2023 hat der Hub unter Leitung von Max Grimm um 20 Projekte realisiert und abgeschlossen, weitere Projekte sind in Umsetzung und neue Ideen werden laufend diskutiert und potenziell in weitere Projekte umgesetzt (Abb. 10.2).

Der Health Innovation Hub des KSB ermöglicht dem Spital und seinen Partnern, dank dem klinischen Umfeld, neu entwickelte Lösungen realitätsnah zu testen. Gerade weil die Möglichkeiten unglaublich breit sind und tendenziell bei der Frage nach dem Zeitpunkt der Einführung einer Innovation nicht das wann, sondern das „ob“ mitschwingt, müssen wir uns bewusst sein, dass wir in den Spitälern nicht *blindlings experimentieren* sollten. Es reicht, ein „early follower oder adopter“ zu sein, denn das Ziel der proaktiven Gestaltung dieses Wandels und der Schaffung der erforderlichen Nähe zu innovativen Lösungen ist, dass letztlich die Patientinnen und Patienten davon profitieren. Dabei bleiben *Patientensicherheit und Qualität* zentrale Konstanten.

In kurzer Zeit entwickelte sich der Hub zur *Innovationsdrehscheibe des KSB* mit bemerkenswerter Ausstrahlung. Erfolge und Auszeichnungen stellten sich ein. So wurden etwa im Ranking des Wirtschaftsmagazine «Bilanz» und «PME» in Zusammenarbeit mit dem Marktforschungsinstitut Statista 2022 die innovativsten

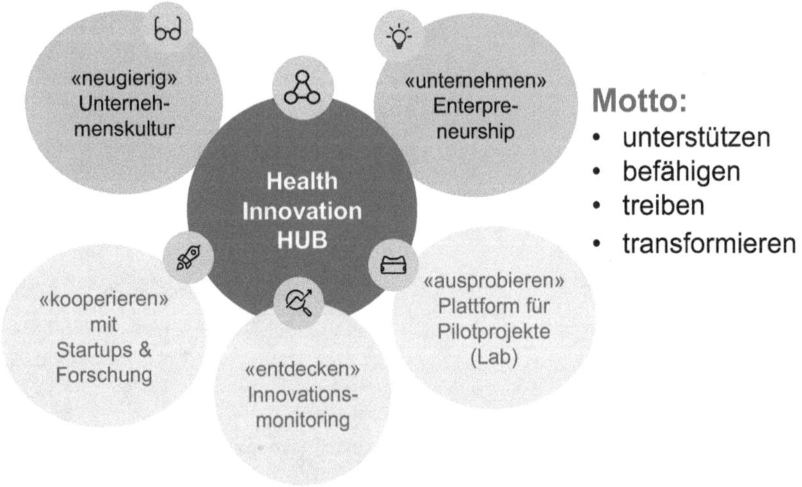

Abb. 10.2 Die Funktionen des Health Innovation Hub am KSB

Schweizer Unternehmen ermittelt. Im Gesundheits- und Pflegebereich gehörte das KSB dazu.

10.4 Ergänzung mit dem Health Innovation Hub Aargau

Die Strahlkraft des Hubs am KSB blieb nicht unbeachtet: Seit 2023 beteiligten sich der Kanton Aargau und die Stadt Baden mit namhaften Finanzierungen am KSB Health Innovation Hub, der um einen *Health Innovation Hub Aargau* und durch Marjan Kraak als Innovationsmanagerin ergänzt wurde.

Die Region Baden verfügt im medizintechnischen Bereich über ein starkes Business Ökosystem mit privaten Unternehmen und dem KSB. Die Initiative zur Ausweitung des Hubs ging von der Kontaktstelle Wirtschaft der Stadt Baden aus. Das Hub-Projekt ist Bestandteil der *Initiative Baden 4.0,* die bezweckt, die Region Baden in den Branchenschwerpunkten innovativ weiterzuentwickeln. Der zusätzlich errichtete Health Innovation Hub Aargau gehört zum Hauptprogramm von Baden 4.0. Beispiele, wie die Ansiedlung von Varian im Medtech-Bereich dank der bildgebenden Forschung von ABB, dienen dem Hightech-Hub als Inspiration für weitere erfolgreiche Ansiedlungen. Die Firma Varian entwickelt in

Baden hochspezialisierte Geräte für die Bestrahlungstherapie in der Onkologie, die beispielsweise an den Aargauer Kantonspitälern eingesetzt werden.

Die Initiative der Stadt Baden wird von der *Standortförderung des Kantons Aargau* unterstützt. Sie hat zum Ziel, den Kanton wirtschaftlich weiter zu stärken und Innovationen im Gesundheitsbereich zu fördern. Der Aargau ist einer der wirtschaftsstärksten Kantone der Schweiz und belegt in den Life-Sciences-Industrien eine attraktive Positionierung. Die Branche ist breit abgestützt und stark gewachsen, mit vielen spezialisierten Unternehmen. Es wird ein klarer Fokus auf die Innovationsförderung gesetzt. Gute Bedingungen für Startups und KMU sowie die persönliche und unkomplizierte Unterstützung zeichnen den Aargau aus.

Dem KSB kommt auf dem *Weg zum «Spital der Zukunft»* als Partner die Rolle des Testlabors und Wissensträgers zu. Mit dem Projekt Health Innovation Hub Aargau will der Kanton Aargau zusammen mit der Stadt Baden und dem KSB dieses Ökosystem im Medizin- und HealthTech-Bereich weiter stärken. Mit der gezielten Initiierung und Unterstützung von Projekten angewandter Gesundheitsforschung und -innovation wird im Raum Baden und darüber hinaus die Wertschöpfung erhöht und es werden neue Arbeitsplätze geschaffen. Das Pilotprojekt fügt sich in die Innovationsförderlandschaft des Kantons Aargau ein und führt im Gesundheitsbereich zu neuen, *relevanten Schnittstellen zwischen Wirtschaft, Forschung und Wissenschaft.*

Ein erfolgreiches Format des Health Innovation Hubs Aargau sind *bestehende und neue Veranstaltungsreihen,* die der Vernetzung und dem Austausch dienen: So ist Health & Hot Dogs ein *„high-impact Networking-Event ohne Schnickschnack“,* das Medizin, Forschung, Startups und Industrie in der Region Baden vernetzt. Partner sind Kantonsspital Baden und die ETH Zürich, Varian unterstützt die Veranstaltungsreihe; Organisatoren sind abwechslungsweise KSB oder ETH, zukünftig auch mit wechselnden Industriepartnern; weitere Formate der drei Partner sind die Veranstaltungsserie «Über den Tellerrand» als Teil von Health Baden sowie die von der Standortförderung Kanton Aargau durchgeführten „Life Sciences Frühstücke“ für Entscheidungsträgerinnen und Entscheidungsträger aus Life Science und Medtech (Abb. 10.3).

Im Jahr 2024 ist der Health Innovation Hub KSB kombiniert mit dem Health Innovation Hub Aargau hervorragend vernetzt und laufend mit über 100 innovativen Unternehmungen und Forschungseinrichtungen im Austausch (darunter PSI, USZ, ETH, FHNW). Er hat sich sodann an zwei Startups beteiligt (Nuclidium und Hey Patient).

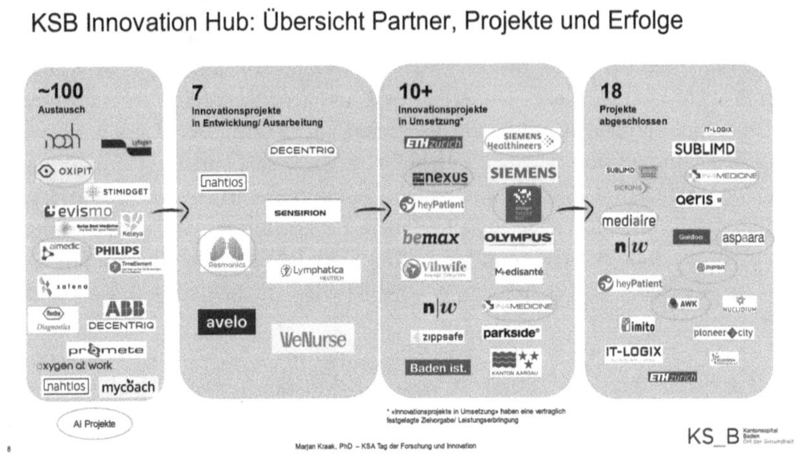

Abb. 10.3 Projektübersicht KSB Health Innovation Hub per 2024

10.5 Innovationsförderung mittels Kooperationen

Seit 2018 ist auch die *ETH Zürich* auf dem KSB-Campus angesiedelt. Die Kooperation der beiden Partner geht auf das Jahr 2017 zurück: damals startete der von der ETH neu lancierte Bachelor-Studiengang in Humanmedizin mit einer Einführungswoche im KSB, wo die Studierenden erstmals «Spitalluft» schnuppern können. Bis heute erhalten die angehenden Ärztinnen und Ärzte in dieser Woche praktische Einblicke in den klinischen Alltag. Diese praxisbezogene Ausbildung im Spital geniesst Modellcharakter und wurde für den KITE-Award 2020 nominiert.

Darüber hinaus kooperieren die beiden Institutionen auch in der *Forschung.* Die ETH hat Räumlichkeiten im 2018 eröffneten Partnerhaus I des KSB bezogen, in dem ETH-Wissenschaftlerinnen und -Wissenschaftler vor Ort forschen. Im KSB Health Innovation Hub werden dort gemeinsame Projekte vorangetrieben. Diese Zusammenarbeit wurde 2020 weiter vertieft: ETH und KSB haben im September 2020 die Kooperationsvereinbarung *«Clinical Research ETH@KSB»* unterzeichnet, um die akademische Zusammenarbeit weiter zu vertiefen. Ziel der Kooperation ist es, gemeinsame Initiativen und Forschungsprojekte zu forcieren und zu begleiten. Dabei geht es um klinische Studien und die gemeinsame Verwendung von biologischem Material und gesundheitsbezogenen Daten, was die medizinische Forschung erheblich voranbringen soll.

Die Basis der Kooperationsstrategie des KSB bildet die *KSB-Immobilienstrategie mit dem Konzept der Partnerhäuser.* Sie sieht vor, das KSB vom Krankenhaus zum Gesundheitscampus zu entwickeln. Dazu vernetzt sich das Spital auf dem Areal mit vor- und nachgelagerten Gesundheitsversorgern. Das führt zu einem zunehmenden Bedarf an Räumlichkeiten, die das KSB an Dritte vermietet. Durch die örtliche Vernetzung können Synergien in der Zusammenarbeit realisiert und Mehrwerte für Patienten umgesetzt werden. Durch den KSB Health Innovation Hub wurde das KSB für die ETH zu einem interessanten Innovationspartner. Der Platz im Partnerhaus I reichte bald nicht mehr, anfang 2022 erfolgte der Spatenstich für das Partnerhaus II mit der ETH als Hauptmieterin. Bereits im Juli 2023 war das Partnerhaus II bezugsbereit und die ETH bezog zwei Stockwerke mit Forschungsgruppen und Professuren, um auf dem Campus des KSB Forschung mit direkter Nähe zu Patienten in Baden zu ermöglichen. Neben Elementen des Bachelorlehrgangs in Humanmedizin hostet das KSB heute vor allem die *digital Trial Intervention Platform (dTip) der ETH* auf dem Campus.

Die Neubauprojekte und die Innovationsbereitschaft bewirkten sodann, dass das KSB attraktiv genug ist, um auch mit Industriepartnern im grossen Stil zu kooperieren. So besteht mit dem führenden Anbieter von Gesundheitstechnologien *Siemens Healthineers* eine exklusive Technologiepartnerschaft: Siemens Healthineers und das KSB schlossen 2021 eine umfassende technologische Partnerschaft über einen Zeitraum von acht Jahren ab. Die „Value Partnership" umfasst die Beschaffung und Wartung der medizintechnischen Bildgebungssysteme, das ganzheitliche Gerätemanagement mit Betriebszeitgarantie, Vor-Ort-Management, Ausbau der Telemedizin, Technologie- und Bedarfsprüfungen, Prozessoptimierung und zertifizierte Schulungsprogramme für die Mitarbeiter.

Siemens Healthineers begleitet zudem aktiv den Umzug aller Geräte in den neuen Spitalbau „Agnes" und die Inbetriebnahme, die inklusive Umzug auf das erste Quartal 2025 vorgesehen ist. Zudem unterstützt Siemens Healthineers den Ausbau der KSB-Forschungsaktivitäten, beispielsweise im Bereich der Mammographie. Das KSB erhält im Gegenzug hochmoderne medizintechnische Geräte und kann dadurch die Patientenversorgung in der Region weiter verbessern. Der Partnerschaftsvertrag hat ein Volumen von über 40 Mio. Franken.

10.6 Laborieren am Spital der Zukunft

Fest steht, dass der technologische Wandel und die Digitalisierung fortschreiten, unabhängig von der Art und Weise, wie Organisationen mit dem technologischen Wandel umgehen oder wie bereit sie für Veränderungen sind. Im täglichen Spitalbetrieb werden künftig wohl die meisten Prozesse davon erfasst: Medizinische Eingriffe, Diagnostik, Informationsmanagement, Verpflegung, Logistik, Administration und sogar das Management – so sitzen wir heute in GL und VR vor iPads und nicht mehr vor Aktenbergen, und wir nutzen stets aktuelle Dashboards zum Controlling und zur Entscheidungsfindung. Nur wer heute relevante technologische Trends rechtzeitig erkennt, ist auch in der Lage, ein modernes, zukunftsfähiges Spital zu bauen und zu betreiben. So zieht das KSB auch fortwährend Profite aus der Tätigkeit des Hubs für seinen *Neubau Agnes* (Bauzeit: 2018 bis 2025; über 600 Mio. CHF Investitionen) (Abb. 10.4).

Wer ein neues Spital baut, das über 2800 Räumlichkeiten und sehr viel Technik umfasst, ist mit mannigfaltigen Fragestellungen zur künftigen effizienten internen Organisation der Supportprozesse, der Arbeitswelten und der Kollaborationstools konfrontiert. Schon bei der Planung des neuen Spitals können Fragen nach Dimensionierung von Lagerräumen, Anzahl Bettenzimmern, idealen Logistikwegen und vieles mehr aufkommen. Wer die Entwicklungen in den Feldern moderner Automation, virtueller Patientendiagnose und Betreuung, Care at Home und anderes mehr nicht einkalkuliert, geht beim Bauen unweigerlich in

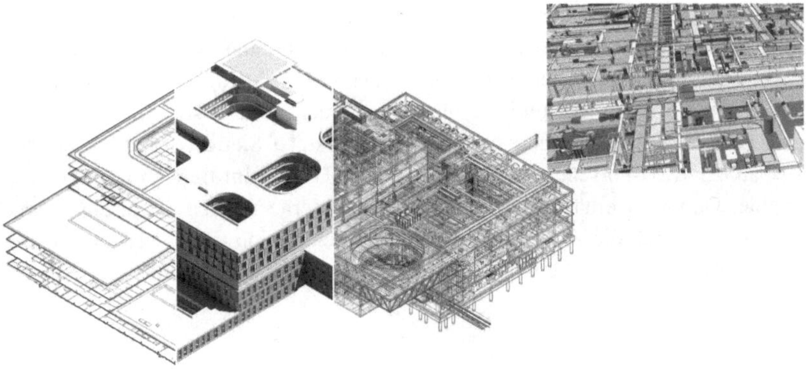

Abb. 10.4 KSB-Neubau Agnes, Baubeginn 2018 und Bezug 2025: Digitale Planung mit BIM to FM

die Irre. Wie kommen die Patienten künftig ins Spital und welche Dimensionierungen brauchen in absehbarer Zeit Empfangs-, Aufnahme- und Austrittsdesks, wenn immer mehr digitale Austauschformate zur Verfügung stehen? Was wird in welchen Zeiträumen durch Online-Tools substituiert und was nicht? Wie viele Betten braucht mein Spital angesichts des Trends zur Ambulantisierung und zur Care at Home in fünf, zehn oder 15 Jahren noch? Wie orientiert man sich als Mitarbeitende oder als Besuchende in diesen Spital-Grossgebäuden und wie ortet und findet man falsch gelagerte Gerätschaften? *Sensoriksysteme* und die *Smart Hospital Plattformen* von Siemens Building Technologies ermöglichen mit entsprechenden Tools für Mitarbeitende und Besuchende ganz neue Wege der einfachen Orientierung.

Ferndiagnosen und Fernüberwachung von Patienten sind heute auch für Bildgebung möglich. Das KSB hat ein Hub and Spoke System von Siemens Healthineers evaluiert und in Betrieb, von dem aus im Zentralspital nicht nur die eigenen Gerätschaften, sondern auch die Geräte an externen Standorten kalibriert und gesteuert werden und anschliessend die Befundung durch Spezialisten erfolgen kann, ohne dass der Patient selbst ins Zentrumsspital reisen muss oder teures Fachpersonal am Ort der Untersuchung anwesend sein muss.

Das KSB wurde im November 2023 in Zürich mit dem *Digital Economy Award 2023* ausgezeichnet. Der Fachverband SwissICT würdigte damit das Virtual Cockpit, welches das KSB in Zusammenarbeit mit seinem Technologiepartner Siemens Healthineers am Aussenstandort KSB City in Baden realisiert hat. Mit diesem Virtual Cockpit kann eine Radiologiefachperson bis zu drei an weiteren Aussenstandorten stehende MRI-Scanner steuern. Dieses Gerät entlastet somit das Fachpersonal, ermöglicht ortsunabhängiges Arbeiten, führt zu Effizienzsteigerungen bei der Bildgebung und Diagnostik und verkürzt obendrein Wartezeiten für Patientinnen und Patienten.

Dasselbe gilt für alle Themen rund um Ferndiagnose, Patienten-Fernüberwachung (virtuelle Versorgungsangebote – ViVA) und Care at Home (Abb. 10.5).

Die Anwendungsfelder der Kooperationen des KSB-Hubs mit innovativen Firmen beschlagen folgende Cluster: *Automatisierung, Virtualisierung, Gebäudetechnik, Medizinaltechnik und Datenmanagement.* Wenig spektakulär aber mit grossem Einfluss auf die Personalintensität eines Spitals sind Automationen wie Apothekenautomaten für die Blisterung der täglichen Patientenmedikamentation (e.g. Atexxi), Entlastung der Pflege und Medizin im Bereich Dokumentation (e.g. Adamcares, Isaac) oder die alternative Aufbewahrung und das moderne Handling von Patientenutensilien und Berufskleidern (e.g. Zippsafe mit dem ZippBag).

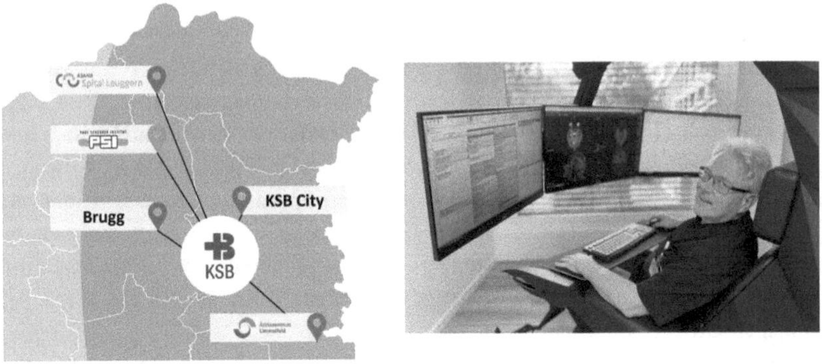

Abb. 10.5 Karte des Hub – und Spoke Modells des KSB mit seinen 5 Standorten

Neue Dimensionen ergeben sich bei der Kommunikation mit dem Patienten (e.g. Patientenapp von HEYPATIENT), im Monitoring des Patienten (e.g. Teton.ai, leitwert, IN4MEDICINE) und im datengesteuerten Ressourceneinsatz (e.g. aspaara) und viele mehr. Alle diese digitalen smarten Helfer haben Einfluss auf Planung, Bau und Betrieb eines modernen Spitals.

10.7 Clinical Research ETH@KSB - Daten für Betrieb und Forschung

KSB und ETH Zürich pflegen neben der Partnerschaft in der medizinischen Lehre auch eine *Partnerschaft in der klinischen und experimentellen Forschung.* 2018 folgten erste gemeinsame Forschungsprojekte und bereits im selben Jahr bezog die ETH einige Büros im Partnerhaus I auf dem Spitalcampus. Das Lehrangebot wurde seither mit weiteren extra curricularen Veranstaltungen und Weiterbildungsangeboten ergänzt.

Die ETH Zürich ist mittlerweile auch im Bereich Medizin und damit verbundene Technologien eine der führenden Schweizer Universitäten. Im Rahmen der Forschungskooperation *Clinical Research ETH@KSB* werden gemeinsame Initiativen und Forschungsprojekte gefördert, begleitet und umgesetzt. Dabei profitiert die ETH nicht nur vom klinischen Testumfeld, den medizinischen Daten und der Gesundheitsexpertise am KSB, sondern auch von den Räumlichkeiten im Partnerhaus auf dem KSB-Campus. Dadurch werden Kommunikationswege kürzer und der kreative Austausch intensiviert.

Gleichzeitig zieht das KSB nicht nur grossen Nutzen aus der aussergewöhnlichen wissenschaftlichen Kompetenz der ETH, sondern profitiert auch von der ETH-Expertise in Statistik und Datenverarbeitung. Die Zusammenarbeit geht mittlerweile weit über die reine klinische Forschung und die Aus- und Weiterbildung hinaus: Gemeinsam will man auch die *Digitalisierung von Gesundheitsdaten und deren Nutzung für die Forschung* vorantreiben. Hierzu bauen KSB und ETH eine Datenplattform, um klinische Daten sowohl für interne Analysen als auch *für die Forschung* zur Verfügung zu stellen. Die ETH hat dazu eigens einen Datenarchitekten engagiert, der die Daten und Schnittstellen analysiert und eine entsprechende Architektur ausarbeitet. Dadurch wird es künftig einfacher möglich sein, die Daten auszuwerten und beispielsweise nach Mustern zu suchen, die die Basis für die Entwicklung von klinischen KI-Tools darstellen (Abb. 10.6).

Das Team der Technologie- und Service-Plattform *«Digital Trial Intervention Platform»* (dTIP) der ETH setzt sich aus Fachleuten für klinische Studien, Datenmanagement und Regulierung zusammen und bietet den Forschenden ein «Rundum-Sorglos-Paket» für die klinische Forschung an – von der Planung über die Organisation bis zur Durchführung von Studien. Grundlagenforschung und ingenieurwissenschaftlichen Entwicklungen sollen noch stärker als bisher

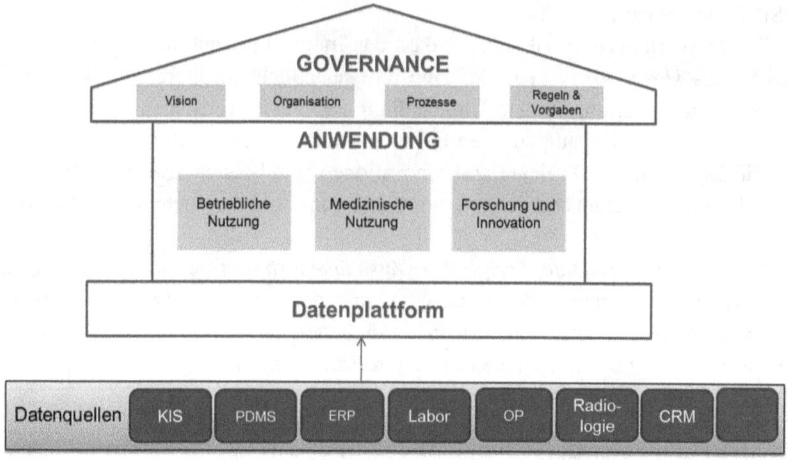

Abb. 10.6 ETH@KSB: KSB baut gemeinsam mit ETH Zürich eine cloudbasierte Datenplattform auf. Weiterverwendung von vorhandenen und anonymisierten Daten für: Forschung und Innovation, AI-gestützte Anwendungsfälle und Erhöhung des AI-Reifegrades am KSB

den Menschen zugutekommen, in Form von Medikamenten, Therapien, Diagnoseverfahren oder medizinischen Geräten. Die Zusammenarbeit zwischen dem Kantonsspital Baden, der ETH, den Universitätsspitälern und weiteren Partnern sowie die interdisziplinäre Forschung im neuen GLC-Gebäude und in den neuen Medizinalforschungslabors in Schlieren wird diesen Prozess beschleunigen.

10.8 Fazit

Fragen wir uns zum Schluss: *Welches sind aus Sicht des KSB die Elemente einer erfolgreichen umsetzungsorientierten Innovationsstrategie?*

Eine Innovationsstrategie sollte aus mehreren Elementen bestehen:

Basis bildet ein sogenanntes *Innovations-Monitoring;* wenn es zentral und strategisch gesteuert wird, erlaubt es, am Puls der neusten relevanten Entwicklung in den Gebieten Technologie, Diagnose und Therapie zu bleiben und Innovationen, wo geboten und sinnvoll, möglichst schnell aufgreifen und umsetzen zu können.

Ein zweites Element bildet eine *Plattform* oder eine Art *Laboratorium* sein, das Kooperation mit Forschungs- und Bildungsinstitution sowie mit innovativen Firmen – darunter auch Startups – ermöglicht. Der Health Innovation Hub am KSB bildet genau diese Plattform.

Erfolgsvoraussetzung ist sodann, dass das Innovationszentrum im Ökosystem des Spitals *klar verortbar ist.* Der Hub darf aber nicht im hierarchischen Kästchendenken verharren: Direkte Unterstellung der Verantwortlichen bei CEO und VRP und direkter Zugang zu allen Führungspersonen sind wichtig.

Die *Entscheide* für Projekte und Innovationen sind bei den jeweiligen Projekt- und Umsetzungsverantwortlichen – abhängig von ihren Kompetenzen – anzusiedeln.

Neues entsteht *aus interdisziplinärer Zusammenarbeit*: Das Zusammenbringen verschiedener Player im oder ums Spital und der bewusst aufgebaute Kontakt mit Startups und innovativen Firmen ermöglichen es agilen Häusern, relevante Innovationen rechtzeitig zu erkennen, interessante Projekte zu fördern und so die eigene Gesundheitsversorgung zu verbessern.

Dieses Zusammenwirken muss aber geführt werden. Es braucht ein strukturiertes *Scouting der externen Partner in die Expertenorganisation Spital* hinein: Die richtige Expertise muss beurteilen, was der potenzielle Nutzen eines Innovationsprojektes für beide Partner sein kann, und diese Beurteilung muss klaren Kriterien folgen, um *Transparenz und Nachvollziehbarkeit* der Entscheidungen sicher zu stellen.

Schliesslich braucht es eine *Innovationskultur.* Diese ist eine Frage der Führung: Verwaltungsrat und Geschäftsleitung müssen innovatives Verhalten vorleben und fördern, richtige Anreize setzen und mittels *interner und externer Kommunikation* («Tue Gutes und rede darüber») dafür sorgen, dass Innovationen und ihr Nutzen im ganzen Haus zur Kenntnis genommen werden. Awards, Recognition, Prämien und Anlobungen können dabei helfen. In der externen Kommunikation positionieren erfolgreich umgesetzte Innovationen das Spital und seine Innovationspartner im Markt.

Der Nutzen eines innovativen Hauses liegen auf der Hand: Es resultieren im besten Falle nicht nur *Effizienzgewinne und Qualitätssteigerungen, sondern auch eine grössere Attraktivität für innovative Fachleute;* dadurch entstehen Vorteile im zunehmend schärfer werdenden *War on Talents.*

Das hier referierte Beispiel des KSB und seiner Innovations-Bemühungen zeigt exemplarisch, was mit einem proaktiven Innovationsmanagement erreichbar ist. Angesichts der Defizite in unserer digital unterentwickelten Gesundheitsversorgung ist es dringend nötig, dass die einzelnen Player nicht auf den Staat warten, sondern selber eine Brücke zwischen Theorie und Praxis schlagen, um tragfähige, evidenzbasierte Strategien und Lösungen entwickeln zu können.

Die anschaulichen Beispiele sollen Gesundheitspolitikern, Führungskräften im Spital und im Gesundheitswesen generell, aber auch Forschenden und Akademikern, Technologieentwicklern und Startups im Gesundheitsbereich *einige Leuchttürme* vor Augen stellen, nach denen sie sich ausrichten können.

Mit den Smart Health Beispielen und den Erkenntnissen aus dem vorliegenden Buch leisten wir hoffentlich einen Beitrag, um im Rahmen einer ganzheitlichen und integrativen Herangehensweise das Schweizer Gesundheitssystem auf die aktuellen Herausforderungen auszurichten und den hohen Standard der Gesundheitsversorgung auch in Zukunft zu gewährleisten.

„Innovation ist nicht alles, aber ohne Innovation ist alles nichts"

Literatur

BAG. (2023). DigiSanté: Förderung der digitalen Transformation im Gesundheitswesen. Bundesamt für Gesundheit. https://www.bag.admin.ch/bag/de/home/strategie-und-politik/nationale-gesundheitsstrategien/digisante.html#-1751260566. Zugegriffen: 18. Juni 2024.

GNAO. (2024) Gesundheits-Netz Aargau Ost – Kooperation wirkt. https://gnao.ch/. Zugegriffen: 13. Sept. 2024.

Heller, D. (18. September 2021). medinside.ch. https://www.medinside.ch/post/es-braucht-rasch-begehbare-wege-aus-dem-pflegenotstand. Zugegriffen: 26. Juli 2024.

Heller, D. (2021) medinside.ch. https://www.medinside.ch/post/neue-kooperationsmodelle-fuer-spitaeler. Zugegriffen: 12. Dez. 2021.

Holzinger, A., Röcker, C., & Ziefle, M. (2015). *Smart health: Open problems and future challenges*. Springer. https://doi.org/10.1007/978-3-319-16226-3.

KSB. (2023). Das Jahr 2023: Jahres- und Lagebericht der Kantonspital Baden AG. https://www.kantonsspitalbaden.ch/KSB-allgemein/Dokumente/jahresbericht_ksb_2023_def_a4.pdf. Zugegriffen: 13. Sept. 2024.

KSB Health Innovation Hub. (2024). https://www.kantonsspitalbaden.ch/Ueber-uns/KSB-Health-Innovation-Hub/index.html. Zugegriffen: 13. Sept. 2024.

McKinsey & ETHZ. (2021). Digitalisierung im Gesundheitswesen: Die 8,2-Mrd.-CHF-Chance für die Schweiz. McKinsey Digital, September.

Staeck, R., Streit, S., & Zambrano Ramos, S. C. (2023). Gesunde Ärztinnen und Ärzte für eine gesunde Versorgung. *Primary and Hospital Care, 23*(4), 106–107.

Vyas, S., & Bhargava, D. (2021). Smart health: An introduction. In: *Smart health systems*. Springer. https://doi.org/10.1007/978-981-16-4201-2_1.

Zucker, A. (2024). Viele kleine Roboter, nur noch Einzelzimmer und Krebstherapie zu Hause: So sieht das Spital der Zukunft aus. *NZZ, 14*(09), 2024.

11 Universitätsklinik Balgrist: Von der Idee zur Anwendung dank digitaler Plattform

Sebastiano Caprara, Flora Vajda, Bettina Wapf und Fabio Carrillo

Zusammenfassung

Die digitale Transformation im Gesundheitswesen ist heute eine dringende Notwendigkeit, insbesondere in komplexen medizinischen Umgebungen. Ein Plattformansatz ist die effektivste Methode, um diese Transformation zu unterstützen, insbesondere in großen Gesundheitseinrichtungen. Diese Strategie fördert die Integration verschiedener digitaler Werkzeuge, verbessert das Datenmanagement, die Interoperabilität und ermöglicht eine patientenzentrierte Versorgung. Durch den Aufbau einer zentralen Infrastruktur, die klinische, forschungsbezogene und administrative Systeme verbindet, können Gesundheitseinrichtungen die Möglichkeiten von Künstlicher Intelligenz (KI) und maschinellem Lernen (ML) nutzen, um Entscheidungen zu verbessern, Arbeitsabläufe zu optimieren und betriebliche Ineffizienzen zu verringern. Ein Plattformmodell fördert die interdisziplinäre Zusammenarbeit und ermöglicht eine nahtlose Kommunikation zwischen Fachkräften, Forschenden und Technologieentwicklern. Es reagiert zudem auf den wachsenden Bedarf an

S. Caprara (✉) · F. Vajda · B. Wapf · F. Carrillo
Universitätsklinik Balgrist, Universität Zürich, Zürich, Schweiz
E-Mail: Sebastiano.Caprara@balgrist.ch

F. Vajda
E-Mail: flora.vajda@balgrist.ch

B. Wapf
E-Mail: Bettina.Wapf@balgrist.ch

F. Carrillo
E-Mail: fabio.carrillo@balgrist.ch

D. Fasnacht (Hrsg.), *Smart Health*, https://doi.org/10.1007/978-3-658-46762-3_11

Echtzeit-Datenaustausch und -analysen, die für die Präzisionsmedizin, klinische Studien und die Verbesserung von Patientenergebnissen unerlässlich sind. Darüber hinaus stellt der Plattformansatz sicher, dass Gesundheitseinrichtungen künftige Innovationen ohne Unterbrechung bestehender Abläufe anpassen können. Der Erfolg dieses Modells hängt von strategischen Partnerschaften, einer robusten IT-Infrastruktur und einem klaren Fokus auf die Datensicherheit ab. Insgesamt kann eine gut gestaltete Plattform das Gesundheitssystem effizienter, personalisierter und nachhaltiger gestalten.

Schlüsselwörter

Digitalisierung • Transformation • Forschung • Translation • Innovation

11.1 Digitale Transformation im Gesundheitswesen

Das Schweizer Gesundheitssystem, wie viele andere weltweit, befindet sich an einem kritischen Wendepunkt. Unter dem Druck demografischer Veränderungen, steigender Kosten und eines erheblichen Mangels an Fachpersonal wird ein transformativer Ansatz immer dringender. Die Digitalisierung, insbesondere durch die Integration von künstlicher Intelligenz (KI) und anderen fortschrittlichen Technologien, wird häufig als zentrales Instrument angesehen, um in Zukunft eine patientenzentrierte und zugängliche medizinische Versorgung zu gewährleisten. Trotz dieses Versprechens stehen Schweizer Gesundheitseinrichtungen jedoch vor erheblichen Herausforderungen bei der Einführung und Implementierung digitaler Innovationen in großem, disruptivem Umfang.

11.1.1 Herausforderungen für die Leistungserbringer

Obwohl KI und digitale Werkzeuge das Potenzial haben, bürokratische Lasten zu verringern, das Datenmanagement zu verbessern und engere Beziehungen zwischen Gesundheitsfachkräften (HCPs) und Patienten zu fördern, haben viele Schweizer Krankenhäuser Schwierigkeiten, in diese Technologien zu investieren, was auf finanzielle Beschränkungen zurückzuführen ist. Dies ist insbesondere in kleineren Regionalspitälern offensichtlich, die im Gegensatz zu größeren Einrichtungen nicht über das Kapital verfügen, in modernste Infrastrukturen zu investieren. Initiativen wie das Schweizerische Personalisiertes Gesundheitsnetzwerk (SPHN), das darauf abzielt, Daten für Forschungszwecke zu standardisieren, zeigen zwar vielversprechende Ansätze, haben sich jedoch hauptsächlich auf Forschungsdaten konzentriert und hinterlassen eine kritische Lücke in der operativen Unterstützung von Gesundheitseinrichtungen. Diese Lücke verdeutlicht die Herausforderung, die Investitionen in klinische Technologien mit dem dringenden Bedarf an der Aufrechterhaltung des täglichen Betriebs in Einklang zu bringen.

11.1.2 Vision eines patientenzentrierten Gesundheitswesens

Trotz dieser Hürden sind die Anreize für die Digitalisierung des Gesundheitswesens eindeutig. Durch die Nutzung digitaler Werkzeuge können Gesundheitsfachkräfte ein zunehmend komplexes Feld von Patientendaten, Behandlungsprotokollen und bahnbrechenden Innovationen bewältigen, während sie gleichzeitig engen Kontakt zu ihren Patientinnen und Patienten halten. Das Hauptziel dieses Prozesses muss klar sein: Gesundheitsfachkräfte sollten mehr Zeit für die menschliche Interaktion mit Patienten und die Konzentration auf deren Wohlbefinden haben, anstatt sich mit nicht wertschöpfenden Verwaltungs- und Bürokratietätigkeiten zu befassen. Die Zukunft des Gesundheitswesens wird als zutiefst menschenzentriert angesehen, wobei nicht nur auf technologische Effizienz, sondern auch auf die Aufklärung und Befähigung der Patienten gesetzt wird, um ein besseres Verständnis und eine bessere Auseinandersetzung mit ihren Gesundheitsdaten zu erreichen (Bignes, 2023). Verbesserte Kommunikation zwischen Systemen und Dateninteroperabilität sind wesentliche Bestandteile dieser Transformation, da sie einen nahtlosen Informationsaustausch ermöglichen, der Fehler reduzieren und die Patientenversorgung optimieren kann.

Viele Herausforderungen bestehen jedoch auf dem Weg zu dieser Vision. Die Datenerfassung und -analyse, der Bedarf an robuster KI-Infrastruktur und die Notwendigkeit stabiler Kooperationen zwischen Technologieunternehmen und Gesundheitsdienstleistern stellen erhebliche Barrieren dar. Darüber hinaus nehmen ethische Überlegungen und Fragen des Datenschutzes zu: Obwohl KI bei der Entscheidungsfindung helfen kann, besteht ein dringender Bedarf, menschliche Gesundheitsfachkräfte im Zentrum der Patientenversorgung zu behalten, um Vertrauen und Verantwortlichkeit zu gewährleisten.

11.1.3 Digitale Plattformen als Innovationstreiber für Smart Health Anwendungen

In diesem Kapitel wird beschrieben, wie die Universitätsklinik Balgrist den Smart Health-Ansatz nutzt, um die digitale Transformation im Gesundheitswesen voranzutreiben. Grundlage der Innovation sind digital verwaltete und zugängliche Gesundheitsdaten. Genau hier liegt eines der Hauptprobleme von Smart Health. Das Gesundheitswesen und damit auch die Leistungserbringer sind mit der Inkompatibilität von Systemen und Anwendungen aufgrund fehlender standardisierter Datenformate und mangelnder Interoperabilität konfrontiert. Die Universitätsklinik Balgrist setzt hier an, um mit dem Aufbau einer digitalen Plattform ein leistungsfähiges, personalisiertes und datengetriebenes Gesundheitsökosystem zu schaffen. Damit wird die Grundlage für Innovationen geschaffen, die ein integriertes Versorgungssystem ermöglich, das den gesamten Patientenpfad optimiert – von der Prävention und Diagnose über die Behandlung und Überwachung bis hin zum Gesundheits- und Spitalmanagement.

11.2 Von der Forschung zur Praxis – Spitzenmedizin für das muskuloskelettale System

Die Universitätsklinik Balgrist ist ein hochspezialisiertes Kompetenzzentrum für die Behandlung von Patientinnen und Patienten mit Erkrankungen des Bewegungsapparates. Ziel ist, die Qualität der muskuloskelettalen Medizin, durch Forschung und Innovation zu verbessern. Eine zentrale Bedeutung kommt dabei der Integration von patientenzentrierter und translationaler Forschung in die klinische Praxis zu. Die Nutzung fortschrittlicher Technologien und die enge Zusammenarbeit zwischen Forschungs- und klinischen Teams beschleunigen die Innovation im Balgrist, indem optimierte Behandlungsmethoden angeboten werden, die sowohl die Genesung der Patienten als auch ihre Lebensqualität verbessern. Diese nahtlose Integration stellt sicher, dass Forschungsergebnisse sofort angewendet werden, um die tägliche klinische Praxis zu verbessern. Jährlich führt die Universitätsklinik Balgrist rund 8000 chirurgische Eingriffe durch und führt mehr als 120.000 ambulante Konsultationen durch, was ein Bekenntnis zu Innovation und Exzellenz in der Patientenversorgung verkörpert.

11.2.1 «Physician Scientists» als Innovationstreiber

Wichtige Innovationstreiber an der Universitätsklinik Balgrist sind die «Physician Scientists». Dies sind Mediziner, die nicht nur in der klinischen Versorgung tätig sind, sondern auch Zeit der Forschung widmen. Sie kombinieren ihr tiefes Verständnis der Medizin mit wissenschaftlicher Forschung, um medizinische Behandlungen zu verbessern, neue Geräte zu entwickeln und Prozesse in jeder Phase der Patientenversorgung zu optimieren. Die Physician Scientists setzen sich dafür ein, die Qualität der Gesundheitsversorgung durch Innovationen zu steigern, die den Patienten direkt zugutekommen. Von der Diagnose komplexer Erkrankungen bis hin zur Entwicklung bahnbrechender therapeutischer Strategien überbrückt ihre Arbeit die Kluft zwischen wissenschaftlicher Entdeckung und klinischer Anwendung.

11.2.2 Das Ökosystem der Balgrist-Gruppe

Die Mission der Physician Scientists wird erst in einem kollaborativen Ökosystem möglich, in dem sich Fachwissen aus verschiedenen Disziplinen vereint. Dieser multidisziplinäre Ansatz bringt Biologen, Ingenieure, Computer- und Datenwissenschaftler, Entwickler sowie Experten für regulatorische Angelegenheiten und klinische Studien zusammen – alle arbeiten nahtlos daran, Innovationen in der Patientenversorgung voranzutreiben. Diese Umgebung wird an der Universitätsklinik Balgrist unter dem Dach des Schweizerischen Vereins Balgrist gefördert, in den verschiedenen Organisationen zusammenarbeiten, um die Grenzen der muskuloskelettalen Medizin zu erweitern (Abb. 11.1).

Um die betrieblichen Bedürfnisse des Spitals zu erfüllen, wird maßgebliche Unterstützung durch Partner wie die Balgrist Apotheke für pharmazeutische Dienstleistungen, Logistikteams (GEBLOG), Labore (Zentrallabor Zürich) und Anbieter medizinischer Produkte, die zur orthopädischen Versorgung beitragen (Balgrist Tec AG), bereitgestellt. Gemeinsam verbessern sie die Patientenbehandlung und sorgen für einen reibungslosen täglichen Betrieb.

Das Balgrist-Ökosystem ist ein wichtiger Innovationstreiber. Im Mittelpunkt des Balgrist-Ökosystems steht die Achse Forschung-Innovation-Ausbildung, ein dynamisches Testfeld für die Förderung von Innovation in der muskuloskelettalen Medizin. Der Balgrist Campus bildet eine Säule dieses Innovationsökosystems, indem sie multidisziplinäre Forschungsteams, Fachleute und Start-ups beherbergt, die fast jeden Aspekt der muskuloskelettalen Medizin abdecken. Der Balgrist Campus beherbergt auch drei nationale Plattformen der Schweiz, die

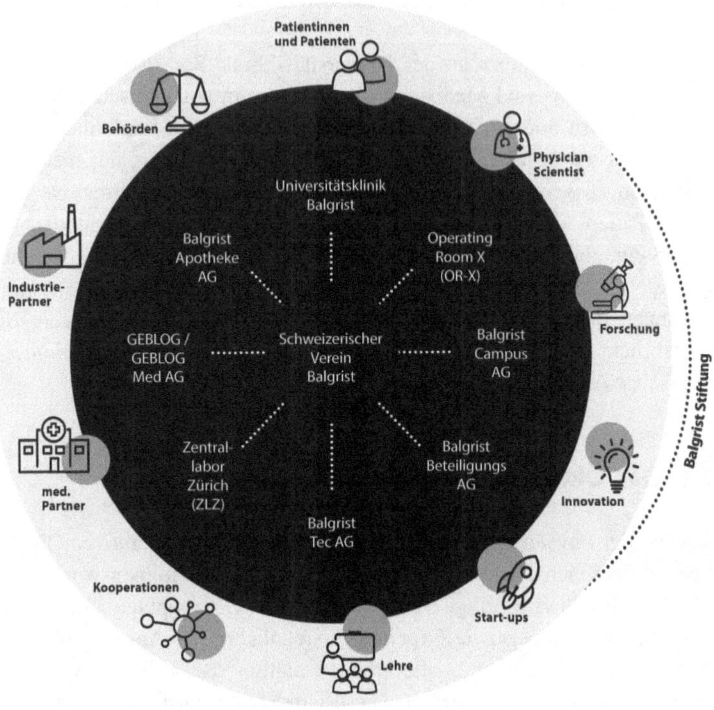

Abb. 11.1 Ökosystem des Schweizerischen Vereins Balgrist

sich mit muskuloskelettaler Bildgebung, Biobanking und Bewegungsanalyse beschäftigen und die Universitätsklinik Balgrist an die Spitze der Forschung und Patientenversorgung stellen.

11.2.3 Innovationszentren

Die Einrichtung dedizierter Innovationsteams in der Universitätsklinik Balgrist wie des Research & Innovation Node's und der Digital Medicine Unit ermöglicht gezielte Forschung und die Entwicklung digitaler Gesundheitslösungen, ohne die laufenden Patientenversorgungsaktivitäten zu beeinträchtigen. Erfolgreiche Kommunikation an den Schnittstellen zwischen mehreren Teams, d. h. Ärztinnen und

Ärzte, IT und Forschenden, sowie der Aufbau interdisziplinärer Projekte sind für den Erfolg von Innovationsprojekten essenziell.

Der Research & Innovation Node verbindet Balgrist-Forschende und medizinische Fachkräfte mit Unternehmen aus der Gesundheitstechnologie, Start-ups und anderen Gesundheitsdienstleistern, um die Entwicklung und Implementierung innovativer Technologien zu beschleunigen. Dies ist besonders notwendig, da die Bemühungen, neue medizinische Produkte zu zertifizieren und auf den Markt zu bringen, nur mit Investitionen der Privatwirtschaft möglich sind.

Darüber hinaus verfolgt die Universitätsklinik Balgrist einen strukturierten Innovationsprozess, bei dem der Fokus auf translationaler Forschung und Innovation liegt. Die enge Zusammenarbeit zwischen Ärztinnen und Ärzten, Forschenden und Ingenieurinnen und Ingenieuren ermöglichtes, Chancen für klinische Innovationen zu identifizieren, die für die klinischen Prozesse und letztlich die Patientenergebnisse relevant sind.

Im Balgrist-Ökosystem unterstützt die Balgrist Beteiligungs AG (BBAG) Start-ups in verschiedenen Phasen des Forschungs- und Entwicklungsprozesses, indem sie als Beschleuniger fungiert, potenzielle Projekte identifiziert, die in erfolgreiche Produkte umgesetzt werden können, und eine solide Struktur um diesen Prozess herum bietet. Der Fokus liegt immer auf den Vorteilen für die Patienten, z. B. kürzere Operationszeiten, Verringerung der Anzahl von Eingriffen, komplikationsfreie Genesung und Verbesserung der Lebensqualität.

Ein besonderes Highlight ist der Operating Room X (OR-X), die hochmoderne Infrastruktur der Universitätsklinik Balgrist, die zur Entwicklung und Schulung neuer chirurgischer Technologien dient – ein Projekt, das wir später im Detail vorstellen werden.

11.3 Ökosystem zur Optimierung der klinischen Translation

Die Schaffung eines erfolgreichen Ökosystems zur Umsetzung von Gesundheitsinnovationen in die Praxis erfordert ein sorgfältig entworfenes Rahmenwerk, das die Integration neuer Technologien fördert und gleichzeitig klinische Prozesse optimiert. Das Balgrist-Ökosystem ist eingebettet in ein erweitertes Netzwerk zur Optimierung der klinischen Translation (Abb. 11.2). Die Universitätsklinik Balgrist unterstützt das erweiterte Ökosystem durch sorgfältig priorisierte Forschungs- und Innovationsprojekte.

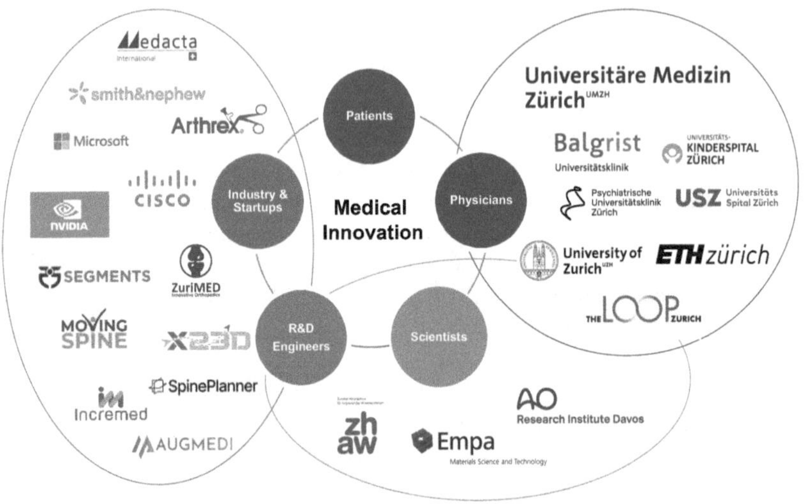

Abb. 11.2 Translationales Kreis und das Balgrist Netzwerk (selektierte Beispiele)

11.3.1 Universitäres Netzwerk

Die Universitätsklinik Balgrist ist Teil der Universitären Medizin Zürich (UMZH) und des translationalen Forschungszentrum The LOOP Zurich. Beide Netzwerke vereinen die renommiertesten Universitäten und Universitätskliniken in Zürich: die ETH Zürich (ETHZ), die Universität Zürich (UZH), das UniversitätsSpital Zürich (USZ), das Kinderspital Zürich (Kispi), die Universitätsklinik Balgrist (UKB) und die Psychiatrische Universitätsklinik Zürich (PUK).

Ein Fokusbereich ist die Präzisionsmedizin, die durch die Digitalisierung unterstützt werden soll und auf Big Data setzt. Ziel der datengestützten Medizin ist es, das Krankheitsrisiko für Patienten besser als zuvor zu bestimmen und unsere Fähigkeit zu verbessern, das Krankheitsrisiko von Patienten einzuschätzen und deren Heilungschancen zu erhöhen. Aus diesem Grund etabliert The LOOP Zurich eine zentrale BioMedical Informatics Platform - die LOOP BMI Platform - über vier Universitätskliniken in Zürich hinweg, zusammen mit den beiden Universitäten ETHZ und UZH. Diese Plattform wird translationales datengestütztes Forschen mit routinemäßigen klinischen Daten ermöglichen und ist ein integraler Bestandteil der Präzisionsmedizin-Vision von The LOOP

Zurich und soll mit nationalen und internationalen Initiativen zum Austausch biomedizinischer Daten kompatibel sein.

11.3.2 Innovationsprozess der translationalen Forschung

Translationale Forschung im Gesundheitswesen überbrückt die Kluft zwischen theoretischen Innovationen und praktischen Anwendungen, wie KI, digitale Zwillinge und digitale Biomarker, um sicherzustellen, dass sie den klinischen Bedürfnissen entsprechen und die Patientenversorgung verbessern (Mayrink et al., 2022).

Validierung und Evidenzgewinnung
Ein entscheidendes Element in diesem Prozess ist die Validierung und Evidenzgenerierung. Für digitale Werkzeuge wie digitale Biomarker ist eine strenge klinische Validierung erforderlich, um ihre Zuverlässigkeit sicherzustellen. Wie von Coravos et al. (2019) festgestellt, müssen digitale Biomarker strengen klinischen Validierungstests unterzogen werden, um zu bestätigen, dass sie genaue und umsetzbare Erkenntnisse zur Diagnose und Behandlung von Patienten liefern. Die Unterstützung des Validierungsprozesses, insbesondere für datengetriebene Modelle, ist genau das Hauptziel des Health Data Repository (HDR) – und Trusted Research Environment (TRE)-Plattform der Universitätsklinik Balgrist, die im nachfolgenden Kapitel vorgestellt werden.

Interdisziplinäre Zusammenarbeit ist ein weiteres wesentliches Fundament eines gedeihenden translationalen Ökosystems. Effektive Innovationen im Gesundheitswesen erfordern oft Input aus verschiedenen Bereichen wie Medizin, Datenwissenschaft, Ingenieurwesen und regulatorischem Fachwissen. Diese Abstimmung zwischen den verschiedenen Disziplinen ist entscheidend für die nahtlose Einführung von Innovationen in die Gesundheitssysteme. Untersuchungen von McKinsey betonen (Abdulla et al., 2021), dass die Förderung enger Verbindungen zwischen technologischen und geschäftlichen Funktionen entscheidend dafür ist, Innovationen voranzutreiben, die echten Mehrwert für Gesundheitsdienstleister und Patientinnen und Patienten schaffen. Interdisziplinäre und Schnittstellenteams sind sowohl intern in der Klinik, als auch in großen Forschungsprojekten unerlässlich, bei denen das Ökosystem in Zürich, d. h. die Universitäre Medizin Zürich (UMZH), das translationale Forschungszentrum The LOOP Zurich und die Digital Society Initiative an der Universität Zürich, optimale Möglichkeiten bietet.

Integration in den klinischen Alltag

Sobald die Innovationen validiert sind, liegt die nächste Herausforderung in der Integration dieser Innovationen in die klinische Praxis. Die Universitätsklinik Balgrist unterstützt eine erfolgreiche klinische Implementierung, indem es kollaborative Teams von medizinischen Fachkräften, Wissenschaftlern und Ingenieuren zusammenbringt, um unerfüllte Patientenbedürfnisse zu adressieren. Durch die Kombination von Fachwissen aus verschiedenen Bereichen konnte Balgrist klinische Lücken identifizieren und neue Diagnose- und Behandlungsmethoden entwickeln, die die Patientenversorgung verbessern.

In diesem Zusammenhang sind der Balgrist Campus und der OR-X als Knotenpunkte für Forschende der Universität Zürich (sowie anderer Schweizer Universitäten) und der ETH Zürich (sowie anderer Schweizer Bundesinstitute) konzipiert. Synergistische Partner, einschließlich translationale Elemente der Schweizer Industrie, sind ebenfalls involviert. Die Balgrist Infrastrukturen bringen diese Elemente unter einem Dach zusammen, um wissenschaftliche Forschung zum Vorteil der Patienten zu bündeln, die vor realen klinischen Herausforderungen stehen, die in Zusammenarbeit mit dem Universitätsklinik Balgrist definiert wurden. Das Ziel ist es, den Kreislauf zwischen dem Verständnis muskuloskelettaler Erkrankungen, der Entwicklung neuer Diagnose- und Behandlungsmethoden und deren Translation zum Patienten zu schließen, dank der engen Zusammenarbeit mit dem Krankenhaus.

Regulatorische und ethische Gesichtspunkte

Die Navigation durch regulatorische und ethische Überlegungen ist ein weiterer wesentlicher Bestandteil eines erfolgreichen Ökosystems. Alle neuen digitalen Gesundheitswerkzeuge müssen den bestehenden Standards des Gesundheitswesens entsprechen, insbesondere in Bezug auf den Datenschutz und die Datensicherheit der Patienten. Die Herausforderungen und Chancen, die mit der Integration von Systemen wie dem Elektronischen Patientendossier (EPD) in der Schweiz verbunden sind, verdeutlichen die Notwendigkeit, die regulatorische Konformität sicherzustellen und gleichzeitig die Vorteile neuer Technologien zu maximieren. Wie S.B. Bignens betonte (Bignes, 2023), birgt das EPD-System großes Potenzial, erfordert jedoch offene Schnittstellen und robuste API-Integration, um seine vollen Fähigkeiten auszuschöpfen. Ein solches Rahmenwerk wird am Balgrist mit der Health Data Repository (HRD) Plattform entwickelt.

Die Balance zwischen Innovation und operativer Effizienz zu halten, ist entscheidend dafür, dass technologische Fortschritte die Kernfunktionen von Gesundheitseinrichtungen nicht beeinträchtigen. Internationale Fallstudien, wie z. B. von der Mayo Clinic (Toman, 2022), bieten wertvolle Einblicke, wie Gesundheitseinrichtungen Innovationen fördern können, ohne die betriebliche Exzellenz zu gefährden.

Die Mayo Clinic, ähnlich wie das Universitätsklinik Balgrist, hat gezeigt, dass strategische Partnerschaften mit Technologiepartnern, die schrittweise Integration neuer Lösungen und die Aufrechterhaltung starker operativer Rahmenbedingungen der Schlüssel sind, um die digitale Transformation effektiv voranzutreiben.

11.3.3 Strategische Partnerschaften

Die Universitätsklinik Balgrist hat strategische Partnerschaften mit Technologieunternehmen wie Microsoft, NVIDIA und Cisco geschlossen, um seine digitalen Fähigkeiten zu erweitern und die digitale Infrastruktur zu modernisieren. Dies gilt insbesondere für die Netzwerkinfrastruktur im chirurgischen Forschungs- und Lehrzentrum «OR-X» und dem damit verbundene Cloud-basierten Trusted Research Environment (TRE). Diese Zusammenarbeit ermöglicht es der Universitätsklinik Balgrist, fortschrittliche Cloud-Computing-, Datenanalyse- und KI-Technologien sowohl in der Cloud als auch vor Ort in einem hybriden Modell zu nutzen. Auf diese Weise kann die Universitätsklinik Balgrist Cloud-Dienste testen und ihre Fähigkeiten mit anonymisierten Forschungs- und synthetischen Daten analysieren, um den Moment vorzubereiten, in dem diese Technologien auch in der klinischen Praxis eingesetzt werden können. Diese Entwicklungen sind spezifisch für das OR-X-Zentrum und laufen auf einer separaten Infrastruktur in einem hybriden Setup, sodass der Fokus auf den Kernbetrieb des Gesundheitswesens in einem separaten Netzwerk erhalten bleibt.

Die Entwicklung eines translationalen Ökosystems im Gesundheitswesen erfordert eine sorgfältige Balance zwischen der Förderung von Innovationen und der Aufrechterhaltung der operativen Exzellenz. Durch die Förderung interdisziplinärer Zusammenarbeit, die Gewährleistung regulatorischer Konformität und die schrittweise Integration neuer Technologien hat die Universitätsklinik Balgrist ein Umfeld geschaffen, in dem Innovation gedeiht und die klinische Translation optimiert wird. Die Erfahrungen der Universitätsklinik Balgrist zeigen, dass es mit den richtigen Strategien möglich ist, bahnbrechende digitale Gesundheitslösungen zu implementieren, die sowohl die Forschung als auch die Patientenversorgung verbessern. Die Etablierung eines solchen Ökosystems ist entscheidend für die Zukunft des Gesundheitswesens, da sie den Institutionen ermöglicht, das volle Potenzial der digitalen Transformation zu nutzen, ohne dabei die Qualität der Versorgung zu opfern.

11.4 Digitale Transformation des Patientenpfades

Die Universitätsklinik Balgrist konzentriert sich seit vielen Jahren auf die Transformation der digitalen Patientenpfads innerhalb des Spitals und hat die Integration der klinischen Prozesse ins Krankenhausinformationssystem (KIS) durch digitale Schnittstellen umgesetzt (Abb. 11.3). Im Mittelpunkt dieser Transformation steht das Bestreben, die Patientenerfahrung zu verbessern, Arbeitsabläufe zu optimieren, administrative Belastungen zu verringern und gleichzeitig die sekundäre Nutzung von Daten für die Forschung zu ermöglichen. Die Strategie der Klinik zur Digitalisierung der Patientenreise basiert auf der Implementierung des Electronic Medical Record Adoption Model (EMRAM), einem Reifegradmodell, das von der Healthcare Information and Management Systems Society (HIMSS) entwickelt wurde. Das EMRAM-Rahmenwerk bietet einen strukturierten Weg für Spitäler, ihre digitalen Fähigkeiten auszubauen und den Fortschritt durch verschiedene Stufen der Einführung elektronischer Patientenakten (EMR) zu messen – von grundlegenden Funktionen bis hin zu einem vollständig digitalen und integrierten Krankenhausinformationssystemen.

Im Jahr 2023 erreichte die Universitätsklinik Balgrist die EMRAM Stufe 6-Zertifizierung, was ihren fortschrittlichen Stand der digitalen Integration widerspiegelt. Dieser Erfolg positionierte die Universitätsklinik Balgrist als führende Klinik in der Digitalisierung des Gesundheitswesens in Europa, insbesondere da es das einzige Spital in Europa war, das nach den neuen EMRAM-Kriterien seit 2022 zertifiziert wurde.

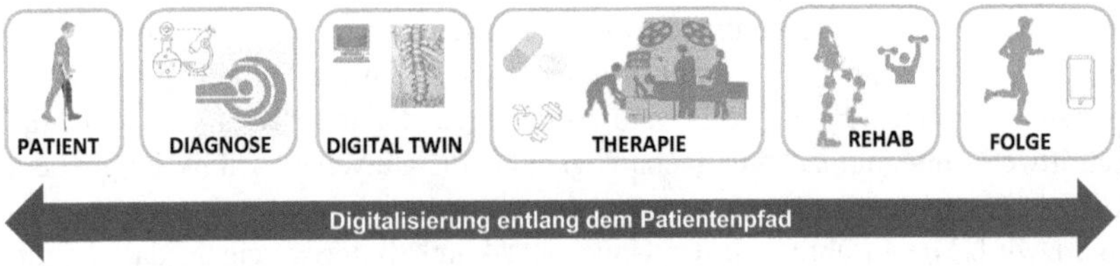

Abb. 11.3 Digitalisierung entlang dem Patientenpfad

11.4.1 Erfolgsfaktoren für die Digitalisierung des Patientenpfades

Die folgenden fünf Faktoren sind von entscheidender Bedeutung für eine erfolgreiche digitale Transformation des Patientenpfads:

1. *Integration in die Unternehmensstrategie:* Die digitale Transformation ist Teil der Strategie der Universitätsklinik Balgrist und wird aktiv von den Führungsteams unterstützt, die die Digitalisierung in allen medizinischen Abteilungen ermöglichen. Ausreichende Ressourcen, eine solide technologische Infrastruktur sowie eine moderne und stabile Netzwerk- und IT-Sicherheitsarchitektur sind unerlässlich. Klinische Daten müssen analysiert und verarbeitet werden, um die Grundlage für Prozessoptimierungen zu bilden. Der starke Forschungsfokus der Universitätsklinik Balgrist war entscheidend, um die Transformation einzuleiten: Ohne Qualitätsdaten keine Forschung.
2. *Interdisziplinäre Zusammenarbeit:* Die Förderung und der Ausbau der interdisziplinären Zusammenarbeit zwischen den medizinischen Abteilungen und anderen Institutionen ist von entscheidender Bedeutung. Innovative und interdisziplinäre Projektvorschläge sind in der Universitätsklinik Balgrist hochgeschätzt, mit einem ständigen Fokus auf der Verbesserung der Patientenreise und der Behandlungsergebnisse.
3. *Fortschrittsmessung:* Es ist wichtig, den Fortschritt der digitalen Transformation regelmäßig zu messen. Die Universitätsklinik Balgrist wird weiterhin das EMRAM-Reifegradmodell von HIMSS verwenden, um den Fortschritt zu bewerten, wobei nicht nur die Anzahl der digitalen Systeme, sondern auch deren Nutzen betrachtet werden.
4. *Einheitliches Klinikinformationssystem (KIS):* Im Balgrist verwenden alle klinischen Bereiche das gleiche Klinikinformationssystem. Das transparente KIS-System und die hohe Datenintegration mit Geräten und spezialisierten Anwendungen wie dem Laborinformationssystem (LIS) und dem Radiologie-Informationssystem (RIS) sind der Schlüssel für eine optimale Kapazitätsplanung und hohe Prozesseffizienz.
5. *Health Data Repository (HDR):* Die HDR-Plattform fördert die Zusammenarbeit zwischen Ärztinnen und Ärzten und datengestützter Forschung. Mit dieser Plattform werden die Schnittstellen zwischen klinischen Systemen und Forschungskohorten optimiert und zentralisiert, was das Datenmanagement, die Vertrauenswürdigkeit und die Reproduzierbarkeit in der klinischen Datenwissenschaft unterstützt.

11.4.2 Einheitliches Klinikinformationssystem

Die Digitalisierung des Patientenpfades beinhaltete die Elimination von komplexen Schnittstellen zwischen Abteilungen, wodurch die Übergangszeit vom Operationssaal zur Station verkürzt und die Datentransparenz verbessert wurde, was sowohl die klinische Effizienz als auch Forschungsprojekte unterstützt. Die vollständige Datentransparenz für alle behandelnden Fachkräfte hat die telefonischen Anfragen erheblich reduziert.

Patiententermine können direkt in Klinikinformationssystem (KIS) geplant werden, wodurch die Schnittstellen für die Benutzer minimiert und die Benutzerfreundlichkeit erhöht werden. Der Ablauf der ambulanten Patientenversorgung im Spital wird auf Basis dieser Termine organisiert, wodurch lange Wartezeiten der Vergangenheit angehören. Das Patientenleitsystem informiert die Terminkoordination, sobald der Patient in der Klinik ankommt. Darüber hinaus sind die für verschiedene Prozesse erforderlichen Fragebögen zur Messung der Ergebnisqualität, z. B. Patient Reported Outcome Measures (PROMs), mit bestimmten Terminarten verknüpft und können automatisch im Patientenportal veröffentlicht werden. Sie stehen sowohl dem Patienten als auch dem behandelnden Arzt direkt zur Verfügung.

11.4.3 Personalisierte Versorgung

Im Mittelpunkt steht die personalisierte Versorgung, bei der Patientendaten – die hauptsächlich im Klinikinformationssystem (KIS), aber auch in verschiedenen klinischen Systemen gesammelt werden – einerseits zur individuellen Diagnose, Behandlungsplanung und Rehabilitation genutzt werden. Andererseits soll die Integration von datengestützten Technologien in Diagnoseprozesse optimiert werden, um schnellere und genauere präoperative Analysen auf patientenspezifische Weise zu ermöglichen.

Zum Beispiel analysieren Algorithmen und biomedizinische Ingenieurinnen und Ingenieure in enger Zusammenarbeit mit dem medizinischen Personal medizinische Bildgebungsdaten mit hoher Präzision und erstellen dreidimensionale Modelle, welche die präoperative Planung erleichtern. Dies bildet die Grundlage für innovative Projekte wie Echtzeit Assistenzsysteme für Chirurginnen und Chirurgen. Augmented-Reality-Tools (AR) zeigen während der Eingriffe die anatomischen Strukturen an und ermöglichen damit dem Operateur die Genauigkeit der Positionierung der Implantate zu erhöhen (Farshad et al., 2021).

Die Erstellung umfassender digitaler Zwillinge im Gesundheitswesen basiert stark auf integrierten Daten aus verschiedenen klinischen und nicht-klinischen Quellen. Ein digitaler Zwilling stellt ein virtuelles Datenmodell eines Patienten dar, welches das physische Wesen so genau wie möglich widerspiegeln muss. Dieses datengesteuerte Modell ermöglicht es den Ärztinnen und Ärzten an der Universitätsklinik Balgrist, verschiedene chirurgische Eingriffe zu simulieren, z. B. bei Wirbelsäulenfusionen oder Knieoperationen, und Ergebnisse mit hoher Präzision vorherzusagen, wodurch die personalisierte Versorgung und damit die Behandlungswirksamkeit verbessert wird (Caprara et al., 2021; Arn Roth et al., 2024).

Der nahtlose Datenfluss zwischen verschiedenen Systemen ist von entscheidender Bedeutung, um die Echtzeit-Genauigkeit digitaler Zwillinge aufrechtzuerhalten. Um dies zu erreichen, ist die Datenintegration über verschiedene Gesundheitssysteme hinweg entscheidend. Eine flexible digitale Plattform bietet eine flexible und skalierbare Infrastruktur, in der Daten aus verschiedenen Krankenhausabteilungen wie Radiologie, Chirurgie und Patientenüberwachungssystemen in einer einzigen interoperablen Umgebung konsolidiert werden können. Dieser integrierte Datenansatz verbessert nicht nur die klinische Entscheidungsfindung, sondern ermöglicht auch ausgefeilte Simulationen und Vorhersagen.

11.4.4 Interoperabilität der Daten

An der Universitätsklinik Balgrist stellt der Interoperabilitätsrahmen HL7 FHIR (Health Level Seven International Fast Healthcare Interoperability Resources) Datenstandard sicher, dass klinische Daten aus verschiedenen Systemen – wie Elektronische Gesundheitsakten (EHRs), Laborinformationssystemen, Patient Reported Outcome Measures (PROMs) und tragbaren Geräten – integriert werden, wodurch ein einheitliches Datenmodell entsteht, das den aktuellen Zustand des Patienten widerspiegelt. Zum Beispiel schaffen kombinierte Daten aus chirurgischen Berichten und diagnostischen Daten aus Bildgebungssystemen eine ganzheitlichere Darstellung eines spezifischen Verfahrens, was der Schlüssel zur Verbesserung der Vorhersagegenauigkeit bei Simulationen digitaler Zwillinge ist.

Im Allgemeinen ist klar, dass Daten der zentrale Treiber der Innovation sind und Ärztinnen und Ärzten Einblicke bieten, die weit über den Operationssaal hinaus in die Therapie und Rehabilitation reichen. So können digitale Zwillinge beispielsweise zur Optimierung der postoperativen Genesung eingesetzt werden, indem Patientinnen und Patienten durch aktive Implantate überwacht werden, die Echtzeit-Feedback über Aktivitätsniveaus und Wohlbefinden geben.

Diese Technologien zielen darauf ab, die Genesungszeiten zu verkürzen und die Gesamtergebnisse zu verbessern.

Auch die Rolle der KI beim Management dieser Daten ist von großer Bedeutung. Fortschrittliche maschinelle Lernalgorithmen können große Mengen an Patientendaten aus verschiedenen Quellen verarbeiten und analysieren und dabei unstrukturierte oder halbstrukturierte Daten ordnen. Diese KI-gestützten Technologien, wie z. B. die Verarbeitung natürlicher Sprache (Natural Language Processing, NLP), ermöglichen die Extraktion von Daten aus dem KIS, die in ein standardisiertes Format überführt werden (Chen et al., 2021). Medizinische Codes sollten konsistent in Patientenakten verwendet werden, was wiederum die Vorhersagefähigkeiten digitaler Zwillinge verbessert und es Gesundheitsdienstleistern ermöglicht, chirurgische Eingriffe oder andere Therapien auf einer größeren Skala zu simulieren und zu bewerten.

11.5 Plattformen für die digitale Transformation

In der Praxis ist der Zugang zu und die Nutzung von klinischen Daten für Forschung und Innovation ein komplexes Unterfangen, das traditionell viele Herausforderungen mit sich bringt. Um diese Probleme zu überwinden, ist eine einheitliche Lösung erforderlich, anstatt einzelner Systeme, die mehrere Silos schaffen. Dies bedeutet, dass die klinische Datenbank der Zukunft zentralisiert, harmonisiert und für alle beteiligten Parteien durchsuchbar sein muss. Darüber hinaus muss sie in der Lage sein, Daten effizient auszutauschen und gleichzeitig internationale Standards einzuhalten. Bislang existiert noch keine innovative und agile Umgebung, die schnelle Iterationen im Forschungs- und Entwicklungsprozess von medizinischen digitalen Anwendungen ermöglicht.

Die Universitätsklinik Balgrist hat mit Unterstützung von Infrastrukturpartnern ein Proof of Concept initiiert, um zu demonstrieren, wie eine Schnittstelle zwischen einer flexiblen digitalen Plattform und den herkömmlichen klinischen IT-Systemen die richtige Grundlage für eine moderne klinische Forschungsumgebung sein könnte (Abb. 11.4). Die Universitätsklinik Balgrist nutzt Cloud-Dienste, um eine Trusted Research Environment (TRE) zu schaffen, die das Krankenhaus-IT-System mit skalierbaren Cloud-Ressourcen verbindet. Die angestrebte digitale agile Umgebung ebnet den Weg für die Nutzung von Cloud-Technologien im Forschungs- und Entwicklungsprozess klinischer KI und beschleunigt somit den Translationsprozess datengetriebener Technologien im Gesundheitswesen.

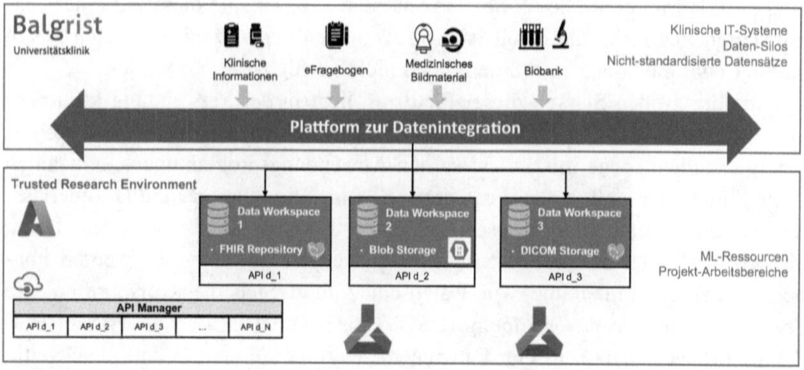

Abb. 11.4 Hybride Plattform-Architektur: Datenintegration und vertrauenswürdige Forschungsumgebung

Die Health Data Repository (HDR)-Plattform umfasst zentrale Aspekte des Datenmanagements, der Sicherheit und des Datenschutzes, dank eines Ansatzes, der eine vor Ort strukturierte Datenablage mit einem zentralisierten Prozess zur Extraktion, Übertragung und Lade (ETL: Extract, Transform, Load) von anonymisierten Datensätzen in einer flexiblen Cloud-Umgebung kombiniert.

Ziel ist mit dem Proof of Concept zu demonstrieren, wie eine Schnittstelle mit einer vertrauenswürdigen Cloud-Umgebung die Grundlage für eine moderne klinische IT-Umgebung bilden kann. Der hybride Charakter dieses neuartigen Rahmens zielt darauf ab, Cloud-Dienste einerseits zu nutzen und ihre effektive Integration in routinemäßige klinische Systeme vor Ort auf der anderen Seite zu fördern. Dazu gehören die Modellvalidierung, Bereitstellung und Open-Source-Tools, die die Abbildung proprietärer klinischer Daten in standardisierte, interoperable Formate erleichtern. Dieser Ansatz verbessert die Reproduzierbarkeit und beschleunigt die klinische Übersetzung, indem er die Kommunikation zwischen Ärzten und Forschenden fördert und letztlich die Kennzeichnung klinischer Daten erleichtert und die Transparenz verbessert.

Durch diese Architektur adressiert die HDR-Plattform die klinische Übersetzung neuer KI-Technologien. Obwohl in den letzten Jahren Durchbrüche in der KI rasante Fortschritte in verschiedenen Anwendungen, z. B. in der Bildsegmentierung, gezeigt haben, war die Übernahme dieser Technologien in klinische Prozesse und Einrichtungen bisher langsam (Mazurowski et al., 2019). Während mehrere KI-gestützte medizinische Bildgebungstools entwickelt wurden (Isensee et al., 2021; Mei et al., 2022; Sekuboyina et al., 2021), sind diese auf einer zentralisierten Plattform, die bereit ist, von Ärztinnen und Ärzten mit realen Daten getestet oder eingesetzt zu werden, noch nicht verfügbar.

Eine der großen Stärken dieser Plattform liegt in der Verwendung klinischer Datenstandards als Schlüsselkomponente, um Daten zu extrahieren und Kohorten zu erstellen, sowie in standardisierten Anwendungsprogrammierschnittstellen (APIs) und klar definierten Prozessen, die für die Interoperabilität unerlässlich sind. Die Einbindung dieser Elemente stellt sicher, dass klinische Daten einfach über verschiedene Systeme hinweg geteilt und analysiert werden können, wobei die Einhaltung von Datenschutz- und Sicherheitsvorschriften wie der Datenschutz-Grundverordnung (DSGVO) gewährleistet ist. Dies ist entscheidend, um den Schutz sensibler Patientendaten zu gewährleisten und gleichzeitig wertvolle Einblicke zu gewinnen.

HDR und TRE schaffen die Voraussetzungen für die Entwicklung in Richtung einer Plattform as a Service (PaaS) im Gesundheitswesen. Der Vorteil von PaaS-Modellen liegt in ihrer Flexibilität und Skalierbarkeit, Potenzial für Kosteneinsparungen in der IT-Infrastruktur, ermöglichen Interoperabilität und Datenintegration, beschleunigen Innovation und bieten erhöhte Sicherheit und Compliance.

11.6 Beispiele von Smart Health Anwendungen im klinischen Alltag

Beispiele für Smart Health-Anwendungen an der Universitätsklinik Balgrist reichen von der personalisierten Operationsplanung bis zur Reduzierung der Strahlenbelastung während der Bildgebung.

Hochpräzise, computergestützte chirurgische Planung kann durch die Verwendung von patientenspezifischen Bilddaten erreicht werden. Das Zentrum für "3D-präoperative Planung und 3D-Druck" an der Universitätsklinik Balgrist besteht aus einem interdisziplinären Team von Forschenden, Ingenieuren und Chirurginnen und Chirurgen. Die computergestützte Diagnose bietet dem Chirurgen eine breite Palette von Möglichkeiten, die optimale Behandlung zu bestimmen. Die computergestützte Nachsorge ermöglicht eine objektive, quantitative Bewertung des Behandlungserfolgs.

11.6.1 Diagnose

Kinematische Modelle von Gelenken liefern zusätzliche Informationen zur Verbesserung der Diagnose von Pathologien mit dynamischen Ursachen, wie eingeschränkter Beweglichkeit. Ingenieure und Chirurginnen und Chirurgen arbeiten Hand in Hand, um die therapeutischen Optionen zu analysieren.

Die 3D-Druckinfrastruktur im Balgrist Campus umfasst mehrere professionelle 3D-Drucker, die auf vielfältige Weise eingesetzt werden können. Einige Materialien können sterilisiert werden und sind für den Einsatz im Operationssaal zugelassen. Hochentwickelte 3D-Drucksysteme ermöglichen es, die Anatomie des Patienten einschließlich der Details von Sehnen und Bändern lebensgroß zu drucken. Dadurch erhalten Patienten ein umfassendes Bild ihres Zustands, und der Chirurg kann die Operation optimal planen und vorbereiten.

11.6.2 Präoperative chirurgische Planung

Die chirurgische Planung ermöglicht eine detaillierte Simulation vor der Operation, maßgeschneidert für den Patienten und die jeweilige chirurgische Situation. Bei der 3D-Planung können komplexe orthopädische Korrekturen schrittweise am Computer simuliert werden. Bei komplizierten Deformitäten des Beins wird die Berechnung der erforderlichen Korrektur im Oberschenkel und Unterschenkel vor der Operation durchgeführt, um eine gerade Beinachse wiederherzustellen.

Der Computer identifiziert die Knochenfragmente in einem Bruch und fügt sie wie ein Puzzle zusammen, sodass der Knochen in seine ursprüngliche Form zurückgeführt werden kann (Abb. 11.5). Die Technologie ist so präzise, dass selbst die kleinste Unregelmäßigkeit einer Gelenkfläche durch die 3D-Planung entfernt werden kann.

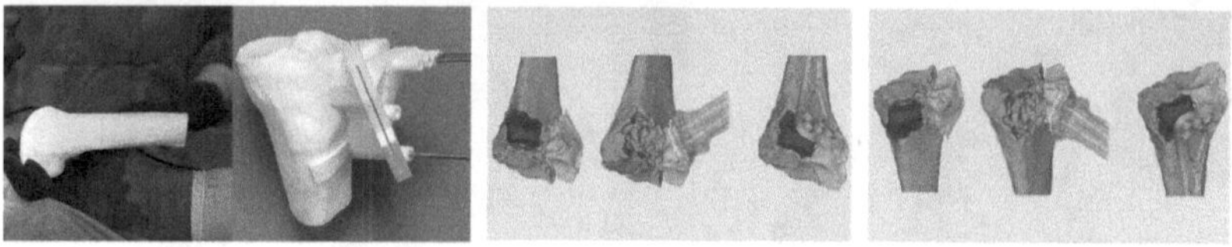

Abb. 11.5 Präzise chirurgische Planung: Osteotomie- und Implantationsführungen ermöglichen maßgeschneiderte Korrekturen

11.6.3 Datenerfassung und digitale Zwillinge (Spine Planner)

Der Spine Planner, der an der Universitätsklinik Balgrist entwickelt wurde, ist ein digitales Werkzeug, das es Chirurginnen und Chirurgen ermöglicht, mithilfe eines digitalen Twins biomechanische Simulationen von Wirbelsäulenfusionen durchzuführen, um die geeignetste chirurgische Strategie zu ermitteln (Abb. 11.6). Die Simulationspipeline wird auf einer benutzerfreundlichen Plattform bereitgestellt.

Verschiedene Wirbelsäulenpathologien erfordern eine chirurgische Fusion, bei der ein Teil der Wirbelsäule durch das Einsetzen von Schrauben in die Wirbel und deren Verbindung mit starren Stangen immobilisiert wird. Diese Immobilisierung ermöglicht es der Wirbelsäule, im Laufe der Zeit natürlich zu fusionieren, was die Symptome des Patienten lindert, indem die Belastung der betroffenen Wirbelsäulenstrukturen reduziert wird. In einigen Fällen überschreiten die Kräfte auf die Schrauben jedoch die Belastungsgrenze des Knochens, und die Schrauben lockern sich, was möglicherweise schwerwiegende klinische Komplikationen nach sich zieht.

In Forschungsprojekten konnte bereits gezeigt werden, dass es möglich ist, Schrauben, die locker werden könnten, bereits während der präoperativen Planung zu identifizieren. Durch die Integration von Daten über die mechanischen Eigenschaften der Wirbelknochen, die aus CT-Scans gewonnen werden, sowie Schätzungen des Belastungsprofils der Wirbelsäule des Patienten, können patientenspezifische mechanische Simulationen erstellt werden, um zu bestimmen, wie nahe der umgebende Knochen während des täglichen Lebens an einem Versagen ist. Die Identifizierung von Schrauben, die sich lockern könnten, ermöglicht es Chirurginnen und Chirurgen, den Operationsplan zu ändern, beispielsweise durch

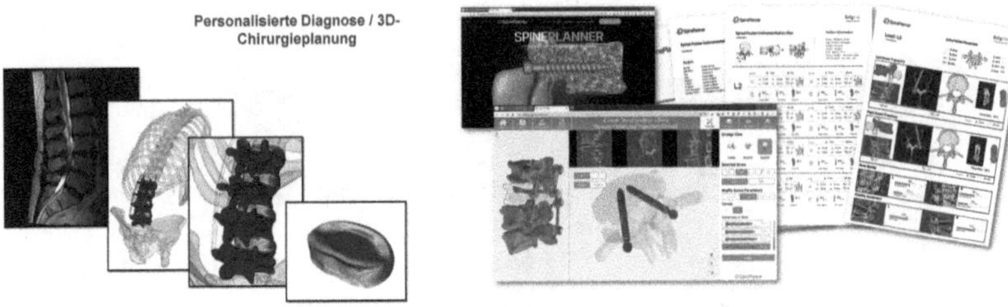

Abb. 11.6 Spinner Planner: Personalisierte Diagnose/3D-Chirurgieplanung

die Ausdehnung der Fusion um einen zusätzlichen Wirbelsäulenabschnitt oder die Anpassung der Schraubenbahn für eine bessere mechanische Verankerung.

11.6.4 Intraoperative unterstützende Technologien

Das Start-up X23D AG liefert eine Echtzeit-KI-Plattform für die chirurgische Entscheidungsfindung und Fehlervermeidung. Ihre neuartige künstliche Intelligenz-Software bildet die Grundlage für ein neuartiges chirurgisches Navigationsprodukt, das „präzise, aber einfach" ist.

X23D ist eines der Start-ups der Universitätsklinik Balgrist im Bereich der chirurgischen Navigationssysteme. Das Unternehmen nutzt KI, um fortschrittliche computer- und roboterunterstützte Chirurgie-Technologien zu entwickeln, die nahtlos in bestehende klinische Arbeitsabläufe integriert werden, um sowohl die Genauigkeit als auch die Einfachheit bei Operationen zu verbessern. Eine ihrer innovativen Ansätze besteht darin, mithilfe von KI aus wenigen Röntgendaten 3D-Wirbelsäulenformen zu rekonstruieren, was den Chirurginnen und Chirurgen hilft, komplexe Anatomien während der Eingriffe besser zu visualisieren, während gleichzeitig die Menge der benötigten ionisierenden Strahlung drastisch reduziert wird – eine wesentliche Verbesserung gegenüber herkömmlichen Methoden.

11.7 Erfolgsgeschichte: OR-X – Translationszentrum für Chirurgie

Im Rahmen des Balgrist-Ökosystems wurde mit dem Ziel der Optimierung der Translation von intraoperativen Technologien und Innovationen eine neue Flaggschiff-Infrastruktur für Forschung, chirurgisches Training und Innovation geschaffen: Der Operating Room X (OR-X, https://or-x.ch/). Der OR-X ist eine einzigartige Forschungsinfrastruktur, die eine perfekte Nachbildung eines realen Operationssaals implementiert, in dem ex-vivo-Operationen effizient durchgeführt werden können. Unterstützt durch ein robustes Backbone-Netzwerk ermöglicht der OR-X die nahtlose Integration von Augmented Reality (AR), chirurgischen Robotern, künstlicher Intelligenz und anderen chirurgischen Technologien. Diese Integration beschleunigt die Implementierung neuartiger chirurgischer Innovationen und liefert durch die kontinuierliche Analyse der vor Ort durchgeführten Experimente wertvolle Erkenntnisse.

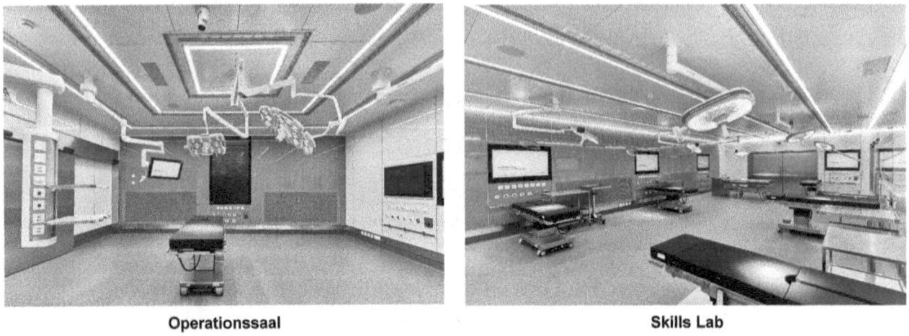

Abb. 11.7 OR-X Infrastruktur: Operationssaal und Skill Lab

Die Infrastruktur besteht aus einem voll ausgestatteten ex-vivo-Operationssaal (OR) – der chirurgischen Kernanlage – und einem Schulungslabor mit sechs modularen Arbeitsstationen, die mit allen üblichen Eingabegeräten, Geräten und Werkzeugen eines standardmäßigen Balgrist-Operationssaals ausgestattet sind (Abb. 11.7). Daher auch der Name, der den zehnten Operationssaal der Klinik darstellt, jedoch nur für ex-vivo- und in-vivo-Tierversuche.

11.7.1 Hauptanwendungen des OR-X

Der OR-X wurde auf drei Hauptsäulen konzipiert, die sich um seine hochmodernen Ressourcen und Fähigkeiten drehen:

1. *Realistisches chirurgisches Training:* Der OR-X bietet eine ideale Umgebung für die Ausbildung sowohl von Anfängern als auch von erfahrenen Chirurginnen und Chirurgen. Es gibt ein speziell ausgestattetes Schulungslabor, das einem Standardoperationssaal in der Universitätsklinik Balgrist ähnelt und fortschrittliche anatomische Modelle verwendet, die speziell für orthopädische Eingriffe entwickelt wurden. Dadurch werden die Chirurginnen und Chirurgen optimal auf reale Operationen und neue Technologien vorbereitet.
2. *Effiziente Forschungs- und Entwicklungs-Umgebung:* Der OR-X bietet eine 1:1-Replikation eines echten Operationssaals, in dem Forschende neue chirurgische Technologien unter Bedingungen testen können, die die klinische Umgebung realistisch widerspiegeln. Dies mildert das häufige Problem der Überoptimierung in Laborszenarien und stellt sicher, dass Entwicklungen in realen Operationssituationen umsetzbar sind.

3. *Klinische Translation:* Der letzte Schritt im Innovationsprozess des OR-X besteht darin, Forschung in praktische Lösungen zu übersetzen, die von der klinischen Gemeinschaft übernommen werden können. Dies erfordert die Zusammenarbeit mit Start-ups, etablierten Unternehmen und der Industrie, um sicherzustellen, dass Prototypen nicht nur entwickelt, sondern auch effizient auf den Markt gebracht werden. Durch die Integration des gesamten Zyklus – Forschung, Testen, Validierung und Schulung – beschleunigt der OR-X die Einführung fortschrittlicher Technologien in die klinische Praxis.

Dank dieser Säulen bietet der OR-X die Möglichkeit, unsere Vision der Chirurgie der Zukunft (Feussner & Wilhelm, 2030) in einem vernetzten Operationssaal zu verwirklichen, wie in Abb. 11.8. dargestellt, wo Spitzentechnologien wie Robotik, Mixed Reality und KI-Systeme Patientendaten und a-priori-Fallinformationen nutzen können. Kombiniert mit intraoperativer Bildgebung und anderen Sensortechnologien wie Ultraschall und Kamerasystemen, wird ein umfassendes Echtzeitmodell des Patienten und des chirurgischen Umfelds erstellt.

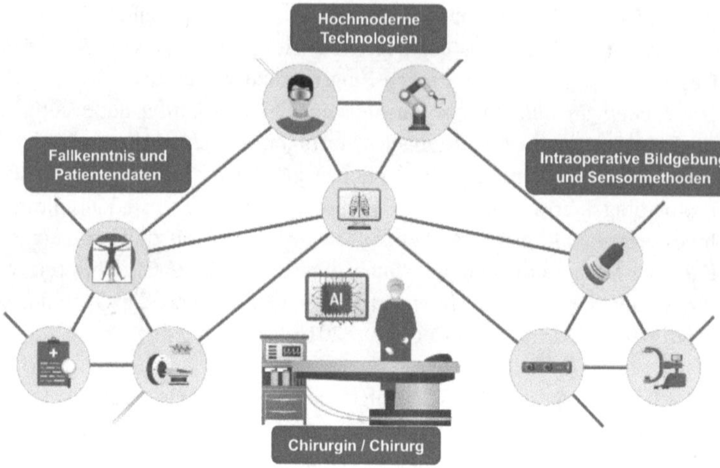

Abb. 11.8 Darstellung des Operationssaals der Zukunft

11.7.2 Geplante Erweiterungen des OR-X

Der OR-X plant außerdem drei skalierbare und zukunftsorientierte technologische Einheiten, die die chirurgische Innovation vorantreiben:

- *Die Einheit für intraoperative Bildgebung* kombiniert hochmoderne intraoperative Bildgebungstechnologien mit Robotern (Antico et al., 2019; Li et al., 2024) (robotischer Ultraschall, robotische Computertomographie) und neuen Sensortechnologien (Seibold et al., 2021; Liebmann et al., 2021) (Tiefensensoren, hyperspektrale Bildgebung, Photogrammetrie), um Forschenden zu ermöglichen, das volle Potenzial der intraoperativen Bildgebung auszuschöpfen und fortschrittliche bildgestützte Methoden für intraoperative Entscheidungsfindung und Fehlervermeidung zu entwickeln.
- *Die Einheit für chirurgische Datenwissenschaften* nutzt datengestützte Methoden, Analysen und künstliche Intelligenz auf chirurgischen Datensätzen, um nachgelagerte Anwendungen für intraoperative KI zu ermöglichen, wie z. B. die Optimierung chirurgischer Arbeitsabläufe, prädiktive Modellierung von Patientenergebnissen, Echtzeit-Unterstützung während der Operation und personalisierte chirurgische Ansätze (Ao et al., 2024; Hein et al., 2305; Massalimova et al., 2023) Das übergeordnete Ziel ist es, Präzision, Sicherheit und Gesamteffizienz bei chirurgischen Eingriffen zu verbessern.
- *Die Einheit für chirurgische Ausführung und Translation* nutzt computergestützte chirurgische Ausrüstungen (Verfolgungssysteme, Augmented Reality, haptische Geräte, chirurgische Roboter) als Testumgebung für schrittweises Prototyping, Verifizierung und Validierung, um die Translation chirurgischer Innovationen in klinische Anwendungen der realen Welt zu beschleunigen. Die Integration von computerunterstützter und robotergestützter Chirurgie verbessert weiter die Präzision, reduziert Fehler und verkürzt die Operationszeiten (Spirig et al., 2021; Schweizer et al., 2016).

Das Betriebskonzept des OR-X verfolgt eine weitreichende Open-Access-Politik für die Nutzung von Forschung und Infrastruktur, um die nationale und internationale Zusammenarbeit mit der akademischen Welt und der Industrie stark zu fördern. Der OR-X wurde als eines der nationalen Zentren in die Schweizer Roadmap für Forschungsinfrastrukturen 2023 des Staatssekretariats für Bildung, Forschung und Innovation (SBFI) aufgenommen.

11.7.3 Translation neuer Technologien in die klinische Praxis beginnt mit Training und Ausbildung

Der erfolgreiche Transfer chirurgischer Innovationen in die klinische Umgebung hängt nicht nur von der Entwicklung und Validierung dieser Technologien in realistischen Umgebungen ab, sondern auch von der umfassenden Schulung des medizinischen Personals, das diese implementieren wird. Eine nahezu reale chirurgische Umgebung, wie sie vom OR-X bereitgestellt wird, spielt eine entscheidende Rolle bei der Überbrückung der Kluft zwischen Labor und Operationssaal. Diese Umgebung ermöglicht die Entwicklung, Prüfung und Validierung neuartiger chirurgischer Technologien unter Bedingungen, die tatsächliche klinische Szenarien nachahmen, wodurch sichergestellt wird, dass sie für die Patientenversorgung bereit sind.

Entwicklung modernster Schulungsinstrumente
Um die Lücke zwischen Innovation und klinischer Anwendung zu schließen, geht das Engagement der Universitätsklinik Balgrist für die digitale Transformation über Forschung und Entwicklung hinaus und umfasst auch die Ausbildung und Schulung von Gesundheitsfachkräften. Durch die Einführung fortschrittlicher Werkzeuge wie Virtual Reality (VR) und Augmented Reality (AR) bietet die Universitätsklinik Balgrist immersive Lernerfahrungen, die es Chirurginnen und Chirurgen ermöglichen, komplexe Verfahren in virtuellen Umgebungen zu üben und ihre Fähigkeiten zu verbessern, bevor sie diese Eingriffe an Patientinnen und Patienten durchführen. Diese simulierte Lernumgebung wird zusätzlich durch Echtzeit-Anatomiedaten bereichert, die wichtige, verfahrensspezifische Anleitungen bieten und den Entscheidungsprozess während tatsächlicher Operationen verbessern.

Integration von AR- und hochauflösenden 3D-Visualisierungstechnologien
In Zusammenarbeit mit dem OR-X, der Universität Zürich und verschiedenen akademischen und industriellen Partnern entwickelt die Universitätsklinik Balgrist chirurgische Schulungsinstrumente, die modernste Technologien wie KI und AR nutzen. Eine solche Initiative ist das von Innosuisse geförderte *PROFICIENCY*-Projekt (https://www.surgicalproficiency.ch/), das darauf abzielt, das chirurgische Training durch die Integration von AR- und hochauflösenden 3D-Visualisierungstechnologien zu verbessern. Insbesondere befasst es sich mit den Einschränkungen herkömmlicher Ausbildungsmodelle wie „sehen, tun, lehren“ und bietet anspruchsvollere Ansätze für die Ausbildung in der orthopädischen Chirurgie.

Das Projekt konzentriert sich auf zwei primäre Innovationen: Erstens die Entwicklung eines *AR-basierten Simulators* für Verfahren wie die totale Hüftarthroplastik (Wu et al., 2024), der Schritt-für-Schritt-Anleitungen und Leistungsbewertungen durch Echtzeit-Datenerfassung zur chirurgischen Genauigkeit, Werkzeugnutzung und Handverfolgung bietet. Zweitens führt es *fortschrittliche Visualisierungstools* ein, die den Übergang von 2D-Bildern zu fotorealistischen 3D-Rekonstruktionen von chirurgischen Eingriffen ermöglichen, die über ein Multi-Kamerasystem erfasst und mithilfe von Algorithmen der künstlichen Intelligenz verarbeitet werden. Diese Rekonstruktionen ermöglichen eine virtuelle Teilnahme an Operationen und verbessern das räumliche Verständnis komplexer anatomischer Strukturen. PROFICIENCY ist eine Kooperation zwischen der Universitätsklinik Balgrist, der Universität Zürich, der ETH Zürich, dem Kantonsspital St. Gallen, dem Centre hospitalier universitaire vaudois (CHUV), der Zürcher Hochschule für Angewandte Wissenschaften (ZHAW) und vier Unternehmen (VirtaMed AG, Microsoft Schweiz GmbH, ORamaVR S.A. und Atracsys LLC). Es soll die Ausbildungsergebnisse verbessern und gleichzeitig die chirurgische Präzision unterstützen und intraoperative Fehler reduzieren.

Entwicklung von chirurgischen digitalen Zwillingen

Ein Schritt weiter in die Möglichkeiten digitaler Technologien geht OR-X, das derzeit an *Surgical Digital Twins (SDTs)* arbeitet, die ein bemerkenswertes Potenzial im Bereich der medizinischen Ausbildung und der chirurgischen Planung bieten. Durch die Schaffung eines virtuellen Gegenstücks zum Operationssaal und seinen Prozessen ermöglicht der Digitale Zwilling (DT) Gesundheitsfachkräften, komplexe Eingriffe in einer risikofreien, kontrollierten Umgebung zu üben. Diese Technologie integriert multimodale Daten, wie Echtzeit-Bildgebung, Werkzeugbewegungen und anatomische Modelle, um das chirurgische Erlebnis mit hoher Detailtreue zu replizieren. Die Möglichkeit, verschiedene chirurgische Szenarien, einschließlich seltener und anspruchsvoller Fälle, zu simulieren, bietet Chirurginnen und Chirurgen eine unvergleichliche Gelegenheit, ihre Fähigkeiten und Entscheidungsprozesse zu verfeinern, bevor sie diese in realen klinischen Umgebungen anwenden.

Digitaler Zwilling eines Operationssaals

OR-X hat in Zusammenarbeit mit der ETH Zürich und der Universität Zürich den ersten immersiven Digitalen Zwilling eines Operationssaals entwickelt (Hein et al., 2024a), einschließlich der Digitalisierung einer echten ex-vivo-Operation im OR-X (Hein et al., 2024b). Diese virtuelle Anwendung ermöglicht es den Benutzern, in ein hochrealistisches virtuelles Abbild der chirurgischen Umgebung einzutauchen, durch den Raum zu navigieren und die Positionierung von Kameras und Geräten vor experimentellen Sitzungen vorab zu definieren. Solche Simulationen ermöglichen auch präoperative Bewertungen, um sicherzustellen, dass Roboterplattformen und chirurgische Arbeitsabläufe für bestimmte Aufgaben optimiert sind. In Kombination mit *chirurgischen Prozessmodellen* (Carrillo et al., 2022) und *menschlichen Verhaltensmodellen* (Zhao et al., 2022; Lin et al., 2024) bietet diese Technologie weiteres Potenzial zur Verfeinerung chirurgischer Verfahren und zur Verbesserung der Workflow-Effizienz. Die Erweiterung des SDT ist bereits in Planung, um auch Echtzeit-Feedback und Leistungsüberwachung sowie akustische und visuelle Modellierungen zu integrieren.

11.7.4 Aufbau der Infrastruktur für einen digitalen und vernetzten Operationssaal

In den vorherigen Abschnitten haben wir mehrere Anwendungsfälle erörtert, die den kritischen Bedarf an einem vernetzten Operationssaal verdeutlichen, in dem die nahtlose Datenerfassung während chirurgischer Eingriffe Innovationen vorantreiben und die Patientenergebnisse verbessern kann. Die erfolgreiche Implementierung eines solchen digitalen Operationssaals erfordert eine robuste und hochgradig anpassbare Netzwerkarchitektur, die speziell darauf ausgelegt ist, Echtzeit-Datenerfassung und -analyse zu unterstützen. Diese Infrastruktur ist von entscheidender Bedeutung für die Schaffung eines Forschungsumfelds, in dem Spitzentechnologien entwickelt, validiert und in der klinischen Praxis angewendet werden können, ohne Arbeitsabläufe zu stören oder die Patientenversorgung zu beeinträchtigen.

Netzwerk-Infrastruktur

Die *Netzwerk-Infrastruktur*, die die Datenerfassung und digitale Modellierung des OR-X unterstützt, basiert auf einer leistungsstarken Architektur, die darauf ausgelegt ist, komplexe, multimodale Datenströme synchronisiert zu verarbeiten. Im Mittelpunkt dieser Infrastruktur steht ein *Daten-Erfassungsrahmenwerk*, das chirurgische Geräte, Bildgebungstechnologien und Forschungsausrüstung integriert und eine nahtlose Datenerfassung während experimenteller oder ex-vivo-Operationen gewährleistet. Diese Infrastruktur umfasst mehrere *DataHubs*, maßgeschneiderte Hardwaregeräte, die verschiedene Datenmodalitäten wie Video, Sensormessungen und Bewegungen von Instrumenten erfassen, sodass eine Echtzeit-Synchronisation zwischen verschiedenen Systemen möglich ist, ohne den Arbeitsablauf zu beeinträchtigen.

Middleware-Schicht

Die *Middleware*-Schicht verbindet diese DataHubs mit einem zentralen, KI-gestützten Server und ermöglicht die bidirektionale Echtzeit-Datenübertragung und -fusion aus mehreren Datenquellen in kohärente, zeitlich synchronisierte Datensätze. Diese Middleware ist so konzipiert, dass sie die großen Datenmengen verarbeiten kann, die von fortschrittlichen Bildgebungs- und Tracking-Systemen generiert werden, um eine genaue und effiziente Datenverarbeitung für KI-basierte chirurgische Anwendungen zu gewährleisten. Durch die Verbindung verschiedener Datenquellen ermöglicht diese Schicht auch Echtzeit-Feedback und Steuerung, was für die robotergestützte Chirurgie und Augmented-Reality-Anwendungen entscheidend ist.

Chirurgische Daten-Cloud Plattform

Über der Middleware wird derzeit eine *chirurgische Daten-Cloud-Plattform* entwickelt, um multimodale Datensätze sicher zu speichern und auszutauschen. Diese Cloud-Plattform ist mit automatischen Datenübertragungspipelines ausgestattet und erfüllt ethische und rechtliche Rahmenbedingungen, um Datenschutz und Sicherheit zu gewährleisten. Unser Ziel ist es, chirurgische Daten im Einklang mit den nationalen „Open Science"-Prinzipien für die Forschungscommunity offen zugänglich zu machen. Diese OR-X-Plattform ist in die oben erwähnte HDR- und TRE-Architektur als offenes Forschungsdatenmodul der Universitätsklinik Balgrist für eine offene Zusammenarbeit integriert.

11.8 Herausforderungen für die Zukunft

Trotz der bemerkenswerten Fortschritte gibt es mehrere Herausforderungen beim Aufbau eines erfolgreichen digitalen Ökosystems. Die hohen Investitionskosten, die mit dem Aufbau und der Aufrechterhaltung der erforderlichen IT-Infrastruktur verbunden sind, stellen ein großes Hindernis dar. Die Integration mehrerer Systeme und die Bereitstellung der notwendigen Flexibilität für die zukünftige Skalierung, erfordert eine robuste Datenverwaltungsarchitektur und die Fähigkeit, Daten zwischen Abteilungen und externen Partnern auszutauschen. Die Balance zwischen einem einfachen Zugang für autorisierte Nutzer und strengen Datenschutzkontrollen erfordert ausgeklügelte Systeme zur Identitätsverwaltung.

Das Management dieser Komplexität umfasst die Lösung von Problemen wie der Datenstandardisierung, der Einhaltung von Datenschutzbestimmungen und der Gewährleistung der Dateninteroperabilität zwischen Plattformen. Darüber hinaus erschweren das Fehlen standardisierter Datenschutz- und Interoperabilitätsrahmen innerhalb des dezentralisierten Schweizer Gesundheitssystems die Integration digitaler Werkzeuge. Schweizer Gesundheitseinrichtungen fehlen nationale Richtlinien für das Datenmanagement und die IT-Infrastruktur, was die Schaffung eines kohärenten Smart-Hospital-Ökosystems behindert. Spitäler müssen dezentrale Speicher- und sichere Zugriffssysteme implementieren, um Patientendaten zu schützen, was die Komplexität der Plattform erhöht. Die Sicherstellung der Einhaltung komplexer rechtlicher und regulatorischer Rahmenbedingungen bei gleichzeitiger Innovation kann ein Hindernis darstellen, da Plattformen strenge Standards erfüllen müssen, was kostspielig und zeitaufwendig sein kann.

Diese Herausforderungen werden durch die Abhängigkeit von manuellen Prozessen und die Schwierigkeit, die vielen Disziplinen – von Ärztinnen und Ärzten, Forschenden bis hin zu IT-Fachleuten – zu koordinieren, die an einer umfassenden digitalen Transformation beteiligt sind, noch verstärkt. Darüber hinaus stellt die Anwerbung von Spitzenkräften im IT- und Ingenieurbereich eine große Herausforderung dar, um das nötige Fachwissen und ein nachhaltiges Team in Gesundheitseinrichtungen aufzubauen. In Zürich und der gesamten Schweiz ist der Wettbewerb um IT-Fachkräfte hoch, und ohne das richtige Talent wird die Entwicklung, Pflege und Skalierung transformativer digitaler Prozesse zu einem erheblichen Hindernis.

Aus diesem Grund investiert die Universitätsklinik Balgrist in eine hochinnovative Kultur unter den Mitarbeitenden, von den Ärztinnen und Ärzten bis hin zu den klinischen Betriebsteams. Es ist entscheidend, alle Interessengruppen in den digitalen Transformationsprozess einzubinden, um einen erfolgreichen Verlauf zu gewährleisten. Das Forschungssystem, das die Grenzen der Innovation und neuer Technologien ständig erweitert, erfordert, dass sich auch die klinischen Abläufe kontinuierlich weiterentwickeln und verbessern. Die Forschungs- und Innovationsplattform OR-X und alle innovativen Aktivitäten im Ökosystem haben gezeigt, wie Investitionen in Innovation die Grenzen zukünftiger klinischer Abläufe verschieben und es der Universitätsklinik Balgrist ermöglichen, an der Spitze des Digitalisierungsprozesses des Schweizer Gesundheitssystems zu stehen.

Literatur

Abdulla, A., Janiszewska-Kiewra, E., & Podlesny, J. (2021). *Data ecosystems made simple.* McKinsey Digital, 2021.

Antico, M., Sasazawa, F., Wu, L., Jaiprakash, A., Roberts, J., Crawford, R., Pandey, A. K., & Fontanarosa, D. (2019). Ultrasound guidance in minimally invasive robotic procedures. *Medical Image Analysis, 54*, 149–167.

Ao, Y., Esfandiari, H., Carrillo, F., Laux, C. J., As, Y., Li, R., van Assche, K., Davoodi, A., Cavalcanti, N. A., & Farshad, M. (2024). SafeRPlan: Safe deep reinforcement learning for intraoperative planning of pedicle screw placement. *Medical Image Analysis, 99*, 103345.

Arn Roth, T., Jokeit, M., Sutter, R., Vlachopoulos, L., Fucentese, S.F., Carrillo, F., Snedeker, J. G., Esfandiari, H., Fürnstahl, P. (2024). Deep-learning based 3D reconstruction of lower limb bones from biplanar radiographs for preoperative osteotomy planning. *Internatiuonal Journal Computet Assisted Radiology Surgery, 19*(9).

Bignes, S. (2023). The advantages of a networked system are really obvious. Gesundheitsförderung und Prävention. No. 138, Oct 2023.

Caprara, S., Fasser, M. R., Spirig, J. M., Widmer, J., Snedeker, J. G., Farshad, M., & Senteler, M. (2021). Bone density optimized pedicle screw instrumentation improves screw pull-out force in lumbar vertebrae. *Computer Methods in Biomechanics and Biomedical Engineering, 25*(4).

Carrillo, F., Esfandiari, H., Müller, S., von Atzigen, M., Massalimova, A., Suter, D., Laux, C. J., Spirig, J. M., Farshad, M., & Fürnstahl, P. (2022). Surgical process modeling for open spinal surgeries. *Frontiers in Surgery, 8*.

Chen, P. F., Wang, S. M., Liao, W. C., Kuo, L. C., Chen, K. C., Lin, Y. C., Yang, C. Y., Chiu, C. H., Chang, S. C., & Lai, F. (2021). Automatic ICD-10 coding and training system: deep neural network based on supervised learning. *JMIR Medical Informatics. 9*(8).

Coravos, A., Khozin, S., & Mandl, K. D. (2019). Developing and adopting safe and effective digital biomarkers to improve patient outcomes. *npj Digital Medicine, 2*, 14.

Farshad, M., Furnstahl, P., & Spirig, J. M. (2021). First in man in-situ augmented reality pedicle screw navigation. *North American Spine Society Journal, 6*, 100065.

Feussner, H., Wilhelm, D. (2018). Surgery in the year 2030: Surgery 4.0? In *13th Russian-German conference on biomedical engineering (RGC)*.

Hein, J., Cavalcanti, N., Suter, D., Zingg, L., Carrillo, F., Calvet, L., Farshad, M., Pollefeys, M., Navab, N., & Fürnstahl, P. (2023). Next-generation surgical navigation: Marker-less multi-view 6DoF pose estimation of surgical instruments. ArXiv Preprint:2305.03535 (2023).

Hein, J., Giraud, F., Calvet, L., Schwarz, A., Cavalcanti, N. A., Prokudin, S., Farshad, M., Tang, S., Pollefeys, M., & Carrillo, F. (2024). Creating a digital twin of spinal surgery: A proof of concept. In *Proceedings of the IEEE/CVF conference on computer vision and pattern recognition* (S. 2355–2364).

Hein, J., Grunder, J., Calvet, L., Giraud, F., Cavalcanti, N., Carrillo, F., & Fürnstahl, P. (2024). Virtual reality for immersive education in orthopedic surgery digital twins. https://doi.org/10.48550/arXiv.2409.11014.

Isensee, F., Jaeger, P. F., Kohl, S. A. A., Petersen, J., & Maier-Hein, K. H. (2021). NnU-Net: A self -configuring method for deep learning-based biomedical image segmentation. *Nature Methods, 18*, 203–211.

Li, R., Davoodi, A., Cai, Y., Borghesan, G., Cavalcanti, N., Laux, C. J., Farshad, M., Carrillo, F., Fürnstahl, P., & vander Poorten, E. (2024). Development and evaluation of robot-assisted ultrasound navigation system for pedicle screw placement: An ex-vivo animal validation. *The International Journal of Medical Robotics and Computer Assisted Surgery, 20*(1).

Liebmann, F., Stütz, D., Suter, D., Jecklin, S., Snedeker, J.G., Farshad, M., Fürnstahl, P., Esfandiari, H. (2021). SpineDepth: a multi-modal data collection approach for automatic labelling and intraoperative spinal shape reconstruction based on RGB-D data. *Journal Imaging Science Technoly, 7.*

Lin, Y., Chen, L., Ali, A., Nugent, C., Cleland, I., Li, R., Ding, J., & Ning, H. (2024). Human digital twin: A survey. *Journal of Cloud Computing, 13* (1). Springer Science and Business Media Deutschland GmbH. https://doi.org/10.1186/s13677-024-00691-z.

Massalimova, A., Timmermans, M., Cavalcanti, N., Suter, D., Seibold, M., Carrillo, F., Laux, C. J., Sutter, R., Farshad, M., & Denis, K. (2023). Automatic breach detection during spine pedicle drilling based on vibroacoustic sensing. *Artificial Intelligence in Medicine, 144,* 102641.

Mayrink N. V., Alcoforado, L., Chioro, A., Fernandes, F., Lima, T. S., Camargo, E. B., & Valentim, R. A. M. (2022). Translational research in health technologies: A scoping review. *Frontiers Digital Health, 4.*

Mazurowski, M. A., Buda, M., Saha, A., & Bashir, M. R. (2019). Deep learning in radiology: An overview of the concepts and a survey of the state of the art with focus on MRI. *Journal of Magnetic Resonance Imaging. 49*(4).

Mei, X., Liu, Z., Robson, P. M., Marinelli, B., Huang, M., Doshi, A., Jacobi, A., Cao, C., Link, K. E., Yang, T., Wang, Y., Greenspan, H., Deyer, T., Fayad, Z. A., & Yang, Y. RadImageNet: An open radiologic deep learning research dataset for effective transfer learning. *Radiology Artificial Intelligence, 4,* 2022.

Schweizer, A., Mauler, F., Vlachopoulos, L., Nagy, L., & Fürnstahl, P. (2016). Computer-assisted 3-dimensional reconstructions of scaphoid fractures and nonunions with and without the use of patient-specific guides: Early clinical outcomes and postoperative assessments of reconstruction accuracy. *The Journal of Hand Surgery, 41,* S. 59–69.

Seibold, M., Maurer, S., Hoch, A., Zingg, P., Farshad, M., Navab, N., & Furnstahl, P. (2021). Real-time acoustic sensing and artificial intelligence for error prevention in orthopedic surgery. *Scientific Report, 11,* 3993.

Sekuboyina, A., Husseini, M. E., Bayat, A., Löffler, M., Liebl, H., Li, H., Tetteh, G., Kukačka, J., Payer, C., Štern, D., Urschler, M., Chen, M., Cheng, D., Lessmann, N., Hu, Y., Wang, T., Yang, D., Xu, D., Ambellan, F., Amiranashvili, T., Ehlke, M., Lamecker, H., Lehnert, S., Lirio, M., Olaguer, N. P. de, Ramm, H., Sahu, M., Tack, A., Zachow, S., Jiang, T., Ma, X., Angerman, C., Wang, X., Brown, K., Kirszenberg, A., Puybareau, É., Chen, D., Bai, Y., Rapazzo, B. H., Yeah, T., Zhang, A., Xu, S., Hou, F., He, Z., Zeng, C., Xiangshang, Z., Liming, X., Netherton, T. J., Mumme, R. P., Court, L. E., Huang, Z., He, C., Wang, L.-W., Ling, S. H., Huỳnh, L. D., Boutry, N., Jakubicek, R., Chmelik, J., Mulay, S., Sivaprakasam, M., Paetzold, J. C., Shit, S., Ezhov, I., Wiestler, B., Glocker, B., Valentinitsch, A., Rempfler, M., Menze, B. H., & Kirschke, J.S. VerSe: A Vertebrae labelling and segmentation benchmark for multi-detector CT images. *Medical Image Analysis, 73.*

Spirig, J. M., Roner, S., Liebmann, F., Fürnstahl, P., & Farshad, M. (2021). Augmented reality-navigated pedicle screw placement: A cadaveric pilot study. *European Spine Journal, 30,* 3731–3737.

Toman, B. J. (2022). *Patient-focused pragmatism: The Mayo Clinic innovation model.* Mayo Clinic Laboratories.

Wu, L., Seibold, M., Cavalcanti, N. A., Hein, J., Gerth, T., Lekar, R., Hoch, A., Vlachopoulos, L., Grabner, H., Zingg, P., Farshad, M., & Fürnstahl, P. (n.d.). A novel augmented reality-based simulator for enhancing orthopedic surgical training. https://ssrn.com/abstract=4920663.

Zhao, K., Wang, S., Zhang, Y., Beeler, T., & Tang, S. (2022). "Compositional human-scene interaction synthesis with semantic control." In S. Avidan, G. Brostow, M. Cissé, G. M. Farinella, & T. Hassner (Hrsg), *Computer vision – ECCV 2022* (S. 311–327). Springer Nature Switzerland. https://doi.org/10.1007/978-3-031-20068-7_18.

Die Zukunft von Smart Health

12

Daniel Fasnacht

Zusammenfassung

Smart Health spielt eine entscheidende Rolle bei der Digitalisierung und Demokratisierung des Gesundheitswesens. Trotz der hohen Qualität des Schweizer Gesundheitssystems stellen Fragmentierung, inkompatible IT-Infrastrukturen und steigende Kosten große Herausforderungen dar. Durch den gezielten Einsatz modernster Technologien ermöglicht Smart Health eine patientenzentrierte, effiziente und qualitativ hochwertige Versorgung. Dies erfordert jedoch nicht nur Anpassungen seitens der Gesundheitsdienstleister, sondern auch eine höhere Akzeptanz, Solidarität und Eigeninitiative der Bevölkerung. Die erfolgreiche Umsetzung von Datenaustausch, Telemedizin und Fernüberwachung erfordert eine strategische Planung und agile Methoden. Um nachhaltige Innovationen zu fördern, müssen Mensch, Technologie und Organisation gleichermaßen berücksichtigt werden. Ebenso sind Standards, Richtlinien und der politische Wille essenziell, um Smart Health als festen Bestandteil des Gesundheitssystems zu etablieren. Nur durch eine ganzheitliche Herangehensweise kann das volle Potenzial dieser digitalen Transformation ausgeschöpft werden.

Schlüsselwörter

Smart Health • Digitalisierung • Gesundheitspolitik • Longevity • Interoperabilität • Continuum of Care Patientenzentrierte Medizin

D. Fasnacht (✉)
Universität Zürich, EcosystemPartners AG, Zürich, Schweiz
E-Mail: fasnacht@ecosystempartners.ch

D. Fasnacht (Hrsg.), *Smart Health*, https://doi.org/10.1007/978-3-658-46762-3_12

12.1 Die Notwendigkeit von Smart Health im Schweizer Gesundheitssystem

Das Schweizer Gesundheitssystem ist bekannt für seine hohe Qualität, steht jedoch vor erheblichen Herausforderungen. Zu den wesentlichen Problemen gehören die Fragmentierung des Systems, inkompatible IT-Infrastrukturen und steigende Gesundheitskosten. Diese Probleme erfordern innovative Lösungen, die durch den Einsatz modernster Technologien ermöglicht werden. In den vorangegangenen Kapiteln haben wir verschiedene Lösungsansätze diskutiert und dabei nicht nur technologische, sondern auch organisatorische Ansätze anhand unterschiedlicher Perspektiven kritisch beleuchtet.

Smart Health, bietet einen konzeptionellen Ansatz, um eine patientenzentrierte, leistungsfähige und qualitativ hochwertige Gesundheitsversorgung sicherzustellen. Dabei können Effizienz, Qualität und Nachhaltigkeit des Gesundheitssystems erheblich gesteigert werden. Durch gezielte Investitionen in digitale Lösungen lassen sich nicht nur signifikante Kosteneinsparungen realisieren, sondern auch die Attraktivität und Effizienz des gesamten Schweizer Gesundheitssystems steigern. Diese Effizienzgewinne gehen Hand in Hand mit einer verbesserten Patientenversorgung, was das Gesundheitssystem insgesamt robuster und wettbewerbsfähiger macht. Um jedoch die finanzielle Lage der mehr als hundert allgemeinen Krankenhäuser in der Schweiz langfristig zu stabilisieren, sind politische Interventionen unerlässlich. Nur durch gezielte Maßnahmen und Reformen lässt sich die Vision eines integrierten, patientenzentrierten Gesundheitsökosystems zu tragbaren Kosten realisieren.

Die im Folgenden aufgeführten Erkenntnisse dieses Buches sollen das allgemeine Verständnis von Smart Health erweitern und alle Beteiligten im Gesundheitsökosystem ermutigen, erste Schritte in Richtung Digitalisierung und Reformen zu unternehmen.

12.2 Treiber von Smart Health

12.2.1 Effizienzsteigerung durch Digitalisierung

Die digitale Transformation im Gesundheitswesen nimmt eine Schlüsselrolle ein, wenn es darum geht, Effizienzsteigerungen zu realisieren. Durch den gezielten Einsatz von Technologien wie elektronischen Patientenakten und KI-gestützten Diagnoseverfahren können administrative Abläufe optimiert und automatisiert werden. Dies führt nicht nur zu einer spürbaren Entlastung des medizinischen Personals, sondern trägt auch zur Verbesserung der Versorgungsqualität bei. Solche Effizienzgewinne wirken sich unmittelbar auf die operativen Kosten der in finanzielle Schieflage geratenen Schweizer Spitäler aus und schaffen zugleich neue Kapazitäten, um den zunehmenden Fachkräftemangel besser zu bewältigen. Darüber hinaus erhöht Smart Health die betriebliche Effizienz des gesamten Gesundheitssystems erheblich. Administrative Prozesse werden nicht nur rationalisiert, sondern durch den Einsatz elektronischer Akten ersetzt, was den Papierverbrauch reduziert und die Ressourcenzuweisung verbessert. Technologien wie das Internet der Dinge (IoT) spielen eine zunehmend zentrale Rolle, insbesondere im Gesundheitswesen. Sie ermöglichen nicht nur die kontinuierliche Überwachung des Zustands medizinischer Geräte und die rechtzeitige Durchführung von Wartungen, sondern tragen auch zur effizienteren Nutzung vorhandener Ressourcen bei und reduzieren den administrativen Aufwand erheblich. Darüber hinaus eröffnen Wearables und Smartwatches neue Perspektiven für ein datengestütztes, personalisiertes Gesundheitsmanagement. Sie erfassen in Echtzeit physiologische Parameter wie Herzfrequenz, Schlafmuster oder Bewegungsaktivität und liefern damit wertvolle Informationen für Prävention, Diagnose und Therapie. Diese Technologien stärken die Eigenverantwortung der Nutzerinnen und Nutzer, unterstützen medizinisches Fachpersonal bei der Entscheidungsfindung und ermöglichen eine vernetzte Versorgung über institutionelle Grenzen hinweg. Big Data-Analysen mit Hilfe von KI können wertvolle Einblicke schaffen, die es ermöglichen, fundiertere und datengestützte Entscheidungen zu treffen. Dies verbessert nicht nur die Diagnosen, sondern auch die Behandlungspläne und die allgemeine Behandlungsqualität. Insgesamt wird deutlich: Der gezielte Einsatz digitaler Technologien – von IoT-Lösungen bis hin zu tragbaren Sensoren und KI – ist ein wesentlicher Bestandteil eines vernetzten Gesundheitssystems.

12.2.2 Ambulantisierung als Lösung

Unter Ambulantisierung verstehen wir den Prozess, bei dem medizinische Behandlungen vom stationären Bereich in Krankenhäuser, in ambulante Strukturen wie Arztpraxen, Tageskliniken oder ins häusliche Umfeld verlagert werden. Behandlungen außerhalb des Spitals sind kostengünstiger und entlasten das Gesundheitssystem finanziell. Zudem ermöglicht die Ambulantisierung eine effizientere Nutzung knapper Ressourcen wie Fachkräfte, was angesichts des zunehmenden Personalmangels im Gesundheitswesen besonders wichtig ist. Gleichzeitig erholen sich Patienten in ihrer gewohnten Umgebung schneller, da kürzere Krankenhausaufenthalte das Infektionsrisiko senken und das Wohlbefinden fördern. Immer mehr Patientinnen und Patienten bevorzugen diese

Form der Versorgung, da sie so einen längeren Krankenhausaufenthalt vermeiden können. Ein entscheidender Hebel zur Förderung der Ambulantisierung ist der Einsatz von Smart Health-Technologien. Minimalinvasive chirurgische Eingriffe in Kombination mit digitaler Nachsorge ermöglichen es Patienten, nach der Behandlung sicher zu Hause zu genesen, während ihre Gesundheit durch vernetzte Technologien kontinuierlich überwacht wird. Die Fernüberwachung chronisch Kranker erlaubt eine frühzeitige Erkennung von Komplikationen und reduziert die Anzahl ungeplanter Notfallaufnahmen, was sowohl die Patientenversorgung verbessert als auch das Gesundheitssystem entlastet. Zudem optimiert KI-gestützte Terminplanung die Ressourcennutzung in ambulanten Zentren, indem sie Wartezeiten verkürzt und eine effizientere Koordination von Behandlungen ermöglicht. Digitale Lösungen wie Telemedizin und Überwachungssysteme ermöglichen eine umfassende Patientenbetreuung außerhalb der Spitäler. Dadurch werden stationäre Kapazitäten entlastet und die Gesundheitskosten reduziert, was großes Einsparpotenzial aufzeigt. Neben den finanziellen Vorteilen verbessert der Einsatz von Smart Health auch die Behandlungsqualität sowie die Verfügbarkeit ambulanter Dienste, was das Gesundheitssystem insgesamt effizienter und patientenorientierter macht.

12.2.3 Patientenzentrierte Medizin

Die patientenzentrierte Medizin ist ein umfassender struktureller Ansatz, der zahlreiche Bereiche des Gesundheitswesens integriert. Im Zentrum steht das Bestreben, die medizinische Versorgung konsequent an den individuellen Bedürfnissen, Werten und Präferenzen der Patientinnen und Patienten auszurichten. Dazu gehören sowohl die personalisierte Medizin – gestützt auf genetische, biometrische und lebensstilbezogene Daten – als auch eine respektvolle, dialogorientierte Kommunikation zwischen medizinischem Fachpersonal und den Betroffenen. Hausärzte sowie Kinderärzte nehmen in diesem Zusammenhang eine besondere Rolle ein: Als erste Anlaufstellen im Gesundheitssystem verfügen sie häufig über einen langjährigen Einblick in die medizinische Vorgeschichte sowie das soziale und familiäre Umfeld ihrer Patienten. Diese Kontinuität bildet die Grundlage für eine ganzheitliche, präventive und nachhaltige Versorgung. Insbesondere in der Kinder- und Jugendmedizin ist die patientenzentrierte Herangehensweise von herausragender Bedeutung. Neben der medizinischen Behandlung stehen hier auch die psychosoziale Entwicklung, das familiäre Umfeld und die enge Einbindung der Eltern im Vordergrund. Kinderärzte fungieren dabei als Lotsen im Gesundheitssystem, die die Versorgung über verschiedene Fachdisziplinen hinweg koordinieren (Fasnacht, 2025). Was Haus- und Kinderärzte besonders auszeichnet, ist nicht nur ihr breites medizinisches Wissen, sondern auch ihre Kommunikationsstärke, ihr Überblick über das große Ganze und ihr echtes Interesse am Menschen. In einem zunehmend spezialisierten und technisierten Gesundheitswesen gewinnen diese Eigenschaften weiter an Relevanz. Die persönliche Beziehung, das aktive Zuhören und das gemeinsame Treffen von Therapieentscheidungen sind wesentliche Bestandteile einer patientenzentrierten Versorgung – sowohl im Erwachsenenalter als auch in der Kindermedizin.

Im Zuge der fortschreitenden Demokratisierung des Gesundheitswesens gewinnen Aspekte wie Eigenverantwortung und Partizipation zunehmend an Bedeutung. Sowohl gesunde als auch kranke Menschen werden ermutigt, Solidarität zu zeigen und durch das Teilen ihrer Gesundheitsdaten aktiv zu einer verbesserten, evidenzbasierten Versorgung beizutragen. Diese Entwicklung erfordert jedoch eine sorgfältige Berücksichtigung rechtlicher, regulatorischer und ethischer Rahmenbedingungen – insbesondere im Hinblick auf Datenschutz, Datensicherheit und die informationelle Selbstbestimmung. Smart Health macht personalisierte, patientenzentrierte Versorgung in Echtzeit möglich – effizient, vernetzt und zukunftsorientiert.

12.2.4 Continuum of Care

Wir haben gelernt, dass das *Continuum of Care* eine nahtlose, patientenzentrierte Versorgung über alle Phasen der Gesundheit hinweg gewährleistet. Eine koordinierte, interdisziplinäre Betreuung über verschiedene Versorgungsebenen hinweg – von der Prävention über die Akutversorgung bis hin zur Nachsorge - ist dabei entscheidend. Eine zentrale Rolle spielt hierbei der elektronische Austausch von Gesundheitsakten, der eine präzise, zeitnahe und sichere Datenübermittlung zwischen Ärztinnen und Ärzten, Pflegeeinrichtungen sowie weiteren Gesundheitsdienstleistern ermöglicht und damit die Qualität und Kontinuität der Versorgung maßgeblich verbessert. Dabei unterstützt der Smart Health-Ansatz die Umsetzung eines integrierten Versorgungsmodells. Digitale Technologien wie Telemedizin, Wearables und künstliche Intelligenz optimieren die Vernetzung zwischen ambulanten und stationären Einrichtungen und ermöglichen eine durchgängige Betreuung der Patienten. Durch den kontinuierlichen Austausch von Gesundheitsdaten innerhalb eines integrierten Gesundheitsökosystems können Behandlungsverläufe effizienter gesteuert, Doppeluntersuchungen vermieden und die Versorgungsqualität verbessert werden. Insbesondere der Einsatz von Wearables und mobilen Gesundheitsanwendungen ermöglicht eine kontinuierliche Gesundheitsüberwachung – selbst außerhalb des Krankenhauses. Vitalwerte wie Herzfrequenz, Blutzucker oder Blutdruck werden in Echtzeit erfasst und analysiert, wodurch frühzeitige Interventionen möglich werden und die Behandlungsergebnisse optimiert werden können. So entsteht ein nachhaltiges, datenbasiertes Gesundheitssystem, das personalisierte, proaktive und kosteneffiziente Versorgung ermöglicht.

Während Smart Health neue Wege für eine personalisierte Gesundheitsversorgung eröffnet, koordiniert der Continuum of Care Ansatz die integrierte und disziplinübergreifende Betreuung über verschiedene Versorgungsebenen hinweg. Besonders wichtig ist dabei der elektronische Austausch von Gesundheitsakten, der eine präzise und sichere Datenübermittlung zwischen Ärzten, Pflegeeinrichtungen und weiteren Gesundheitsdienstleistern gewährleistet. Diese digitale Interoperabilität stellt sicher, dass Behandlungspläne auf die individuellen Bedürfnisse der Patienten zugeschnitten und die optimalen Therapieoptionen identifiziert werden können.

12.2.5 Telemedizin

Das *Continuum of Care* und die Telemedizin sind eng miteinander verwoben, da beide Ansätze darauf abzielen, die Gesundheitsversorgung nahtlos, effizient und patientenzentriert zu gestalten. Telemedizin spielt hierbei eine zentrale Rolle, indem sie das Continuum of Care erweitert und optimiert. Telemedizin bezeichnet die Anwendung digitaler Kommunikationstechnologien für die kontinuierliche Überwachung und Versorgung von Patienten, ohne dass diese physisch in einer Gesundheitseinrichtung anwesend sein müssen. Telemedizinische Verfahren sind seit 20 Jahren bekannt (BSV, 2003), doch erst in den letzten Jahren entwickeln sich sie sich in der Schweiz zum Standard. Sie umfasst verschiedene Formen der medizinischen Interaktion, darunter die *Telekonsultation*, bei der Patienten über Videotelefonie oder Chat ärztlichen Rat erhalten, ohne eine Praxis aufsuchen zu müssen. Durch *Telemonitoring* können Patienten mit chronischen Erkrankungen kontinuierlich überwacht werden, indem vernetzte Geräte Gesundheitsdaten wie Herzfrequenz oder Blutzuckerwerte in Echtzeit erfassen und an Ärzte weiterleiten. Weitere wichtige Anwendungsbereiche sind die *Teleradiologie*, bei der medizinische Bildgebungen digital zur Befundung übermittelt werden, sowie die *Telechirurgie*, die es Chirurgen ermöglicht, mit robotergestützter Präzision aus der Ferne zu operieren. Dies ist besonders wertvoll für ländliche Gebiete und chronisch Kranke, da so Versorgungslücken geschlossen und die Kontinuität der Behandlung sichergestellt werden kann. Dies trägt erheblich zur Reduzierung der Gesundheitskosten bei, da unnötige Krankenhausaufenthalte und Arztbesuche vermieden werden. Besonders in einem kostenintensiven Gesundheitssystem wie dem der Schweiz kann die Telemedizin signifikante Einsparungen sowohl für die öffentliche Hand als auch für private Haushalte mit sich bringen.

Wie bereits erwähnt, erweitert Smart Health das Konzept der Telemedizin durch die Integration von Künstlicher Intelligenz, Wearables und mobiler Gesundheitsanwendungen. Ein wesentlicher Aspekt ist die Erleichterung des Echtzeitaustauschs von Gesundheitsdaten, was die Koordination zwischen verschiedenen Gesundheitsdienstleistern verbessert. Elektronische Gesundheitsakten, die für das Continuum of Care unverzichtbar sind, lassen sich durch Telemedizin effizienter und sicherer teilen. Dadurch können Behandlungspläne präzise auf die individuellen Bedürfnisse der Patienten abgestimmt und die besten Therapieoptionen identifiziert werden. Zusammenfassend lässt sich sagen, dass Telemedizin eine ortsunabhängige Betreuung ermöglicht, während Smart Health-Technologien die präzise Analyse und vorausschauende Behandlung unterstützen. Gemeinsam schaffen sie eine nahtlose Gesundheitsversorgung, in der die kontinuierliche Überwachung durch digitale Lösungen dazu beiträgt, Komplikationen frühzeitig zu verhindern, Krankenhausaufenthalte zu reduzieren und die Behandlungsqualität zu verbessern. Damit entwickelt sich das Gesundheitssystem zunehmend zu einem datengetriebenen, proaktiven Modell, das Patienten nicht nur behandelt, sondern aktiv dabei unterstützt, ihre Gesundheit langfristig zu erhalten.

12.3 Agile Smart Health-Strategie

Ein wirkungsvolles Gesundheitssystem benötigt klare strategische Leitlinien, die den digitalen Wandel unterstützen. Das im Buch erläuterte Transformation Framework für Smart Health (siehe Kap. 2) bietet dabei einen strukturierten Ansatz zur Integration digitaler Lösungen. Dieses Framework umfasst wesentliche Handlungsfelder wie Digital-Strategie, Patienten- und Kundenerlebnisse, Lösungen und Dienste, Kultur, Führung und Organisation, Daten und Prozesse sowie Digital-Funktionen. Die erfolgreiche Digitalisierung im Gesundheitswesen setzt die nahtlose Integration und Vernetzung verschiedener Systeme und Akteure voraus. Digitalisierungsstrategien erfordern allerdings ein hohes Maß an Veränderungsbereitschaft und Agilität. Führungskräfte im Gesundheitswesen müssen in der Lage sein, flexibel auf neue Entwicklungen zu reagieren und ihre Strategien kontinuierlich anzupassen. Agile Methoden und iterative Prozesse unterstützen dabei, Veränderungen effektiv zu managen und innovative Lösungen zu implementieren.

Schließlich sind der menschliche Faktor und die Unternehmenskultur entscheidend für den Erfolg der digitalen Transformation. Die Mitarbeitenden müssen mit den notwendigen digitalen Kompetenzen ausgestattet und motiviert werden, sich aktiv an den Veränderungsprozessen zu beteiligen. Trotz der Mehrbelastung durch die digitale Transformation darf aber kein *Technostress* einstehen (siehe Kap. 6). Eine unterstützende Unternehmenskultur, die Innovation und Kreativität fördert, ist dabei von großer Bedeutung. Eine Smart Health-Strategie muss agil sein, weil sich technologische Innovationen, medizinische Erkenntnisse und regulatorische Rahmenbedingungen ständig weiterentwickeln. New Work-Konzepte und agile Managementansätze können helfen, die Mitarbeitenden in den Transformationsprozess einzubinden und die notwendige Flexibilität und Anpassungsfähigkeit zu fördern.

12.4 Das Gesundheitsökosystem der Zukunft

Die Vision eines offenen und digitalen Gesundheitsökosystems der Zukunft basiert auf der Vernetzung unterschiedlichster Akteure (Fasnacht, 2023). Patienten, Gesundheitsdienstleister und andere Beteiligte außerhalb der Gesundheitsbranche arbeiten in einem vernetzten System zusammen, das durch digitale Technologien unterstützt wird. Diese Zusammenarbeit fördert eine effiziente und koordinierte Gesundheitsversorgung, die auf die individuellen Bedürfnisse der Patienten zugeschnitten ist. Sie geht aber noch einen Schritt weiter, wie Fasnacht (2023, S. 176–181) anhand des Beispiels von iMPuls von Migros erläutert. Im Zentrum eines solchen Systems sind nicht nur Patienten, sondern auch Kunden, Benutzer, Selbstoptimierer, welche neben der Medizin, vor allem an gesunder Ernährung, Entspannung und Bewegung interessiert sind. Medbase, zusammen mit Bestsmile und der Apotheke Zur Rose, bietet ein umfassendes medizinisches, therapeutisches, pharmazeutisches und zahnmedizinisches Angebot. Die Vernetzung mit Fitnessparks und individuellen Beratungsdienstleistungen ist Teil des Migros-Gesamtkonzeptes. Obwohl die Schweiz bei digitalen Innovationen hinter chinesischen Super-Apps zurückliegt, betreibt Medbase mit Compassana ein offenes und agiles Gesundheitsökosystem. Hinter dieser Plattform steht die Bluespace Ventures AG, ein Gemeinschaftsprojekt von Medbase, Hirslanden, Groupe Mutuel, Helsana, SWICA, der LUKS-Gruppe und Trifork (Compassana, 2025). Gemeinsam fördern sie die digitale Transformation des Schweizer Gesundheitswesens und vernetzen Patienten, Ärzte und Gesundheitsdienstleister für eine bessere integrierte Versorgung. Das Compassana Med Cockpit ermöglicht Gesundheitsfachpersonen den Zugriff auf Patientendaten nach deren Einwilligung. Grundvoraussetzung dafür ist eine Ökosystempartnerschaft mit Compassana.

Um das Gesundheitssystem in der Schweiz grundlegend zu transformieren, sind eine klare strategische Ausrichtung und eine neutrale Orchestrierungsinstanz erforderlich. Ohne diese könnten viele kleine, isolierte Ökosysteme entstehen, die in sich geschlossen agieren und somit das Potenzial einer umfassenden Vernetzung und Integration nicht ausschöpfen. Ein Ökosystem muss immer so konstruiert sein, dass für alle Beteiligten ein Mehrwert entsteht. Im Speziellen gewinnen alle Akteure, wenn Daten geteilt werden, weil dies bei der Weiterentwicklung und Optimierung von personalisierten Angeboten hilft. Es gilt Gesundheitsdaten sicher und transparent zu verwalten, administrative Prozesse zu rationalisieren und die Qualität der Versorgung zu verbessern. Ein zentrales Element dabei ist das elektronische Patientendossier (EPD), welches seit 2022 verfügbar ist. Obwohl das EPD, durch den vom Bund zertifizierter elektronischen Identität (eID) TrustID gesichert ist, genießt diese Form der Digitalisierung noch kaum Vertrauen in der Schweizer Bevölkerung. Das Widerspricht dem theoretischen Nutzen eines einheitlichen Login- und Authentifizierungssystems, welches den Zugriff auf alle digitalen Gesundheitsdienste verschiedener Anbieter ermöglicht. Aus der Netzwerk-Theorie wissen wir, dass sich so ein System exponentiell verstärkt: je mehr Personen ihre Daten teilen, desto bessere Produkte und Services können entwickelt werden, was wiederum mehr Benutzer ermutigt, diese zu nutzen. Gleiches gilt auch für die Medikamentenentwicklung oder Entwicklung von präventiven Maßnahmen aufgrund diverser Daten von Smart Devices, welche die Nutzer teilen.

Die Digitalisierung im Gesundheitswesen ist stark von den spezifischen Gegebenheiten und Anforderungen jeder einzelnen Organisation abhängig. Diese Individualität erfordert maßgeschneiderte Ansätze und Strategien, die sich an den spezifischen Bedürfnissen und Zielen der jeweiligen Einrichtung orientieren. Ein umfassendes digitales Verständnis und eine hohe Bildung in Bezug auf neue Technologien sind entscheidend, um die anstehenden Veränderungen zu erfassen, zu verstehen und aktiv mitzugestalten. Smart Health bietet Lösungen, kann aber auch als Prozess verstanden werden. Der Fachkräftemangel im Pflegebereich, die hohen Kosten und die Notwendigkeit einer umfassenden Reform des Gesundheitssystems sind einige der wesentlichen Hindernisse, die in Projekten überwunden werden müssen. Als erstes braucht es gezielter Maßnahmen zur Verbesserung des Digitalisierungswissens, bevor eine Organisation eine Digitalisierungsstrategie entwickeln kann. Der Einbezug aller im Gesundheitsprozess involvierten Organisationen ist ebenso entscheidend, wie die klare Definition von Verantwortlichkeiten.

Auch müssen rechtliche und regulatorische Rahmenbedingungen geschaffen werden, die den sicheren und ethischen Einsatz von Smart Health-Technologien gewährleisten. Dies umfasst Datenschutzbestimmungen, Interoperabilitätsstandards und Maßnahmen zur Cybersicherheit. Für eine erfolgreiche digitale Transformation ist es unerlässlich, visionär und kreativ zu denken. Dies hilft, zunächst unüberwindbare Denk- und Vorstellungsbarrieren zu überwinden. Offenheit und die Bereitschaft zur ständigen Anpassung, sowie agile Arbeitsmethoden und Organisationsformen sind weitere wichtige Erfolgsfaktoren, für den Aufbau eines nachhaltigen Gesundheitsökosystems.

12.5 Handlungsanweisungen

Ein integriertes und vernetztes Gesundheitsökosystem kann nur entstehen, wenn technologische Innovationen gefördert, Fachkräfte entsprechend geschult und verbindliche Standards definiert werden. Um das volle Potenzial von Smart Health zu entfalten, müssen sich alle Akteure – von politischen Entscheidungsträgern über Gesundheitsdienstleister bis hin zu Technologieunternehmen – aktiv mit Schlüsselthemen wie Gesundheitsdaten, Telemedizin und Fernüberwachung auseinandersetzen. Um die Vision eines integrierten und vernetzten Gesundheitsökosystems zu realisieren, bedarf es folgender Schritte:

1. **Förderung von Forschung und Innovation**: Investitionen in die Forschung und Entwicklung neuer Technologien sind entscheidend, um kontinuierlich Fortschritte im Bereich Smart Health zu erzielen. Schweizer Förderorganisation (Innosuisse, SNF) brauchen hierzu eine klare Strategie.
2. **Bildung und Schulung**: Gesundheitsdienstleister müssen im Umgang mit neuen Technologien und Konzepten (z. B. EPD) geschult werden, um deren Potenziale voll ausschöpfen zu können.
3. **Regulierung und Standards**: Klare Richtlinien und Standards müssen entwickelt werden, um die Qualität und Sicherheit von Smart Health-Anwendungen zu gewährleisten. Das Bundesamt für Gesundheit muss Verantwortung übernehmen und Initiativen streng überwachen und diese nicht dem Markt überlassen (z. B. digitaler Impfausweis)
4. **Förderung der Zusammenarbeit**: Ein kooperativer Ansatz, bei dem Regierungen, Gesundheitsdienstleister, Technologieunternehmen und Patienten zusammenarbeiten, ist unerlässlich. Grosse Gesundheitsdienstleiser müssen Ökosysteme orchestrieren (z. B. Les Hopitaux Universitaires de Geneve, HUG; Gesundheitscluster Lengg, Zürich; Cuore, Schweizerische Post, Compassana – Medbase; iMpuls, Migros).

Wir haben festgestellt, dass neben Strukturen und Führungsansätzen im Zusammenhang mit Smart Health, vor allem die Gesundheitsdaten, respektive Interoperabilität, Telemedizin und Fernüberwachung im Fokus von Gesundheitspolitikern, Spitälern, Ärzten und Patienten stehen. Damit das Potenzial von Smart Health genutzt werden kann, empfehlen wir allen Akteuren des Gesundheitsökosystems sich als erstes mit diesen Themen auseinanderzusetzen.

12.5.1 Interoperabilität und Datenaustausch

Eine ganzheitliche Sicht auf die Gesundheitsdaten eines Patienten wird durch die Zusammenführung verschiedener Datenquellen ermöglicht. Dazu gehören unterschiedliche Gesundheitsdienstleister wie Hausärzte, Spezialisten, Krankenhäuser und Apotheken sowie diverse Datentypen wie medizinische Befunde, Laborergebnisse und Medikationspläne. Es wird entsprechend immer wichtiger die Fähigkeit zu entwickeln, Daten über verschiedene Systeme und Plattformen hinweg auszutauschen. Dies erfordert standardisierte Datenformate, die es ermöglichen, dass Patienteninformationen nahtlos zwischen verschiedenen Gesundheitsdienstleistern geteilt werden können. Alle Anspruchsgruppen müssen sich mit der Anpassung und Schaffung von rechtlichen Rahmenbedingungen beschäftigen, um Datenschutz und Datensicherheit zu gewährleisten, was die Einhaltung der Datenschutz-Grundverordnung (DSGVO) sowie nationaler Datenschutzgesetze erfordert.

Interoperable Systeme sorgen dafür, dass diverse Daten in einem umfassenden Patientenprofil zusammengeführt werden können. Dadurch haben alle beteiligten Gesundheitsdienstleister in Echtzeit Zugang zu aktuellen Patientendaten, was Informationslücken vermeidet und die Diagnose sowie Behandlung verbessert. Die koordinierte Versorgung wird durch verbesserte Kommunikation und Zusammenarbeit zwischen den Gesundheitsdienstleistern unterstützt. Ein gemeinsames Verständnis der Patientengeschichte ermöglicht die Erstellung personalisierter Behandlungspläne. Durch Interoperabilität wird die Notwendigkeit von Doppeluntersuchungen und das Risiko von Medikationsfehlern reduziert. Sie ist unerlässlich für ein effizientes, patientenzentriertes und zukunftsorientiertes Gesundheitssystem. Interoperabilität verbessert die Qualität und Effizienz der Gesundheitsdienstleistungen, indem sie den Zugang zu umfassenden und aktuellen Gesundheitsdaten sicherstellt und eine koordinierte Versorgung fördert.

> *„Smart Health entfaltet sein volles Potential nur durch Interoperabilität - als Basis für eine vernetzte, effiziente und patientenzentrierte Gesundheitsversorgung.."*

Interoperabilität und Datenaustausch sind komplex und erfordern ein systematisches Vorgehen. In der nachfolgenden Tabelle sind einige wichtige Punkte erklärt, welche die Implementierung unterstützen (Tab. 12.1).

Tab. 12.1 Handlungsempfehlungen Interoperabilität und Datenaustausch

Interoperabilität und Datenaustausch		
Handlungsempfehlungen für die Umsetzung im Gesundheitswesen		
Schritte	Unterpunkte	Beschreibung
1. Analyse der bestehenden IT-Infrastruktur	1.1. Bestandsaufnahme	Erfassen Sie alle vorhandenen IT-Systeme und Plattformen innerhalb der Organisation und bei relevanten Partnern
		Dokumentieren Sie die aktuellen Datenformate, Standards und Schnittstellen, die in den verschiedenen Systemen verwendet werden
	1.2. Identifikation von Lücken	Analysieren Sie die bestehenden Systeme auf Interoperabilitätslücken
		Identifizieren Sie Bereiche, in denen der Datenaustausch verbessert werden muss
2. Auswahl und Implementierung von Standards	2.1. Auswahl geeigneter Standards	Wählen Sie international anerkannte Standards für den Datenaustausch im Gesundheitswesen aus, wie HL7 (Health Level 7), FHIR (Fast Healthcare Interoperability Resources), und DICOM (Digital Imaging and Communications in Medicine)
	2.2. Anpassung und Integration	Passen Sie die gewählten Standards an die spezifischen Anforderungen Ihrer Organisation und die Ihrer Partner an
		Integrieren Sie diese Standards in die bestehenden IT-Systeme und stellen Sie sicher, dass alle neuen Systeme diese Standards unterstützen

(Fortsetzung)

Tab. 12.1 (Fortsetzung)

Interoperabilität und Datenaustausch		
Handlungsempfehlungen für die Umsetzung im Gesundheitswesen		
Schritte	Unterpunkte	Beschreibung
3. Entwicklung einer interoperablen Infrastruktur	3.1. Technische Architektur	Entwickeln Sie eine technische Architektur, die den Datenaustausch über verschiedene Systeme und Plattformen hinweg ermöglicht
		Implementieren Sie APIs (Application Programming Interfaces), die den Zugriff und Austausch von Daten erleichtern
	3.2. Datenmanagement	Implementieren Sie ein zentrales Datenmanagementsystem, das die Konsolidierung und Verwaltung von Patienteninformationen unterstützt
		Stellen Sie sicher, dass das System skalierbar ist und zukünftige Erweiterungen und Integrationen unterstützt
4. Sicherheits- und Datenschutzmaßnahmen	4.1. Sicherheitsprotokolle	Implementieren Sie robuste Sicherheitsprotokolle, um den Schutz sensibler Gesundheitsdaten zu gewährleisten
		Nutzen Sie Verschlüsselungstechniken und sichere Authentifizierungsmechanismen, um unbefugten Zugriff zu verhindern
	4.2. Datenschutzkonformität	Stellen Sie sicher, dass alle Maßnahmen den nationalen und internationalen Datenschutzgesetzen und -richtlinien entsprechen (z. B. GDPR, HIPAA)

(Fortsetzung)

Tab. 12.1 (Fortsetzung)

Interoperabilität und Datenaustausch		
Handlungsempfehlungen für die Umsetzung im Gesundheitswesen		
Schritte	Unterpunkte	Beschreibung
		Führen Sie regelmäßige Audits und Bewertungen durch, um die Einhaltung der Datenschutzbestimmungen zu überprüfen
5. Schulung und Einbindung der Beteiligten	5.1. Mitarbeiterschulung	Entwickeln und implementieren Sie Schulungsprogramme für alle beteiligten Mitarbeiter, um das Verständnis und die Nutzung der neuen interoperablen Systeme zu fördern Schulungen sollten technische Aspekte sowie Sicherheits- und Datenschutzrichtlinien umfassen
	5.2. Stakeholder-Einbindung	Binden Sie alle relevanten Stakeholder, einschließlich Gesundheitsdienstleister, IT-Spezialisten und Verwaltungspersonal, in den Entwicklungs- und Implementierungsprozess ein Fördern Sie eine Kultur der Zusammenarbeit und des kontinuierlichen Feedbacks, um sicherzustellen, dass die Systeme den Bedürfnissen aller Benutzer entsprechen

(Fortsetzung)

Tab. 12.1 (Fortsetzung)

Interoperabilität und Datenaustausch		
Handlungsempfehlungen für die Umsetzung im Gesundheitswesen		
Schritte	Unterpunkte	Beschreibung
6. Kontinuierliche Überwachung und Verbesserung	6.1. Monitoring	Implementieren Sie ein kontinuierliches Überwachungssystem, um die Leistung und Sicherheit der interoperablen Infrastruktur zu überwachen Nutzen Sie diese Daten, um Engpässe und Probleme frühzeitig zu erkennen und zu beheben
	6.2. Feedback und Verbesserung	Sammeln Sie regelmäßig Feedback von den Benutzern der Systeme und integrieren Sie dieses Feedback in den kontinuierlichen Verbesserungsprozess Planen Sie regelmäßige Updates und Erweiterungen der Infrastruktur, um mit technologischen Fortschritten und sich ändernden Anforderungen Schritt zu halten

12.5.2 Telemedizin und Fernüberwachung

Telemedizin und Fernüberwachung sind Schlüsselaspekte der modernen Gesundheitsversorgung im Kontext von Smart Health. Sie ergänzen das oben erwähnte digitale Gesundheitsdatenmanagement. Telemedizin erhöht die Zugänglichkeit zu medizinischer Versorgung, insbesondere für Patienten in ländlichen oder abgelegenen Gebieten, indem sie geographische Barrieren überwindet. Sie spart Zeit und Kosten, da unnötige Praxisbesuche vermieden werden. Darüber hinaus verbessert Telemedizin die Kontinuität der Versorgung, indem sie eine regelmäßige Nachsorge und Überwachung ermöglicht und schnelle Interventionen bei Veränderungen im Gesundheitszustand eines Patienten erlaubt.

Wearables und Smartwatches fördern die Selbstüberwachung und Eigenverantwortung der Patienten. Durch die permanente Gesundheitsüberwachung durch Messung von Vitalparametern wie Herzfrequenz, Schlafmuster und körperliche Aktivität können mittels Apps, Benutzer für ihre Gesundheit sensibilisiert und zu einem aktiveren und bewussteren Lebensstil motiviert werden. Digitale Innovationen sind besonders wichtig, um chronische Krankheiten zu überwachen, wodurch Krisensituationen frühzeitig erkannt und gemanagt werden können. Die Fernüberwachung kann die Notwendigkeit von Krankenhausaufenthalten durch rechtzeitige Interventionen reduzieren. Zudem bieten die gesammelten Gesundheitsdaten umfangreiche Analysemöglichkeiten, die zur Verbesserung der Behandlungsqualität und zur datengestützten Entscheidungsfindung beitragen.

Wir gehen davon aus, dass die Integration von Telemedizin, Wearables, Smartwatches und Fernüberwachung das Gesundheitswesen verändern werden, indem sie den Zugang zur Gesundheitsversorgung verbessert, die Kontinuität und Qualität der Betreuung erhöht und Patienten befähigt, aktiver an ihrer Gesundheitsvorsorge teilzunehmen. Technologien fördern präventive Maßnahmen, ermöglichen ein effektiveres Management chronischer Krankheiten und unterstützen eine personalisierte und patientenzentrierte Versorgung (Tab. 12.2).

> *„Mobile und Telemedizin-Anwendungen fördern die aktive Patientenbeteiligung, indem sie Menschen befähigen, ihre Gesundheitsdaten selbstbestimmt zu verwalten und solidarisch zu teilen – ein entscheidender Schritt hin zu einem offenen und demokratisierten Gesundheitsökosystem.“*

12.5.3 Die Rolle der Politik

Trotz der wachsenden Bedeutung digitaler Technologien ist Smart Health in der politischen Diskussion in der Schweiz noch nicht tief verankert. Fortschritte bei der Einführung des elektronischen Patientendossiers (EPD) sind zwar gemacht worden, bleiben aber gering. Im internationalen Vergleich, insbesondere zu anderen europäischen Ländern, liegt die Schweiz weiterhin zurück. Eine der größten Herausforderungen ist die geringe Benutzerfreundlichkeit des EPD, die dringend verbessert werden muss, um eine breitere Akzeptanz in den Gesundheitseinrichtungen zu erzielen. Ein zentraler Schritt zur digitalen Transformation des Schweizer Gesundheitswesens ist das Digisanté-Projekt. Dieses Projekt hat das Ziel, die digitalen Grundlagen im Gesundheitswesen über Jahre hinweg zu standardisieren und zu modernisieren. Doch neben den technischen

Tab. 12.2 Handlungsempfehlungen Telemedizin und Fernüberwachung

Telemedizin und Fernüberwachung		
Handlungsempfehlungen für die Umsetzung im Gesundheitswesen		
Schritte	Unterpunkte	Beschreibung
1. Bedarfsanalyse und Zieldefinition	1.1. Analyse der Zielgruppen und Versorgungsbedarfe	Identifizieren Sie die Zielgruppen (z. B. ländliche Gebiete, chronisch Kranke) und ermitteln Sie deren spezifische Versorgungsbedarfe Ermitteln Sie die spezifische Versorgungsbedarfe
	1.2. Definition der Ziele Patientenzufriedenheit	Legen Sie klare Ziele fest, die durch die Implementierung von Telemedizin und Fernüberwachung erreicht werden sollen, wie z. B. Verbesserung des Zugangs zur Gesundheitsversorgung und Erhöhung der Patientenzufriedenheit)
2. Stakeholder	2.1. Analyse	Identifizieren Sie alle relevanten Stakeholder (z. B. Gesundheitsdienstleister, Patienten, IT-Spezialisten)
	2.2. Rollen und Verantwortlichkeiten	Bestimmen Sie die Rollen aller Stakeholder
3. Auswahl und Implementierung geeigneter Technologien	3.1. Evaluation von Telemedizin-Plattformen	Untersuchen und bewerten Sie verschiedene Telemedizin-Plattformen und Fernüberwachungstechnologien auf ihre Eignung
	3.2. Integration in bestehende Systeme	Planen Sie Sie die Telemedizin-Anwendung in die bestehenden IT-Systeme
	3.3. Abbildung der Prozesse	Nehmen Sie die relevanten Prozesse auf uns stellen diese mit Beschreibung der Schnittstellen grafisch dar
	3.4. Datenschutzmechanismen	Nutzen Sie Verschlüsselungstechniken und sichere Authentifizierungsmechanismen, um unbefugten Zugriff zu verhindern

(Fortsetzung)

Tab. 12.2 (Fortsetzung)

Telemedizin und Fernüberwachung		
Handlungsempfehlungen für die Umsetzung im Gesundheitswesen		
Schritte	Unterpunkte	Beschreibung
4. Entwicklung Telemedizin	4.1. Systemdesign	Entwerfen Sie die technische Architektur und die Systemintegration
		Planen Sie die Schnittstellen zu bestehenden IT-Systemen
	4.2. Systementwickung	Entwickeln und passen Sie die Telemedizin-Plattformen und Fernüberwachungstechnologien an die spezifischen Anforderungen an
		Integrieren Sie die Technologien in die bestehenden Systeme
5. Implementierung	5.1. Pilotphase	Starten Sie eine Pilotphase, um die Technologien in einem kontrollierten Umfeld zu testen
		Sammeln Sie Feedback von Anwendern und nehmen Sie notwendige Anpassungen vor
	5.2. Rollout	Implementieren Sie die Technologien schrittweise in den verschiedenen Zielgruppen
		Stellen Sie sicher, dass alle notwendigen Ressourcen und Support-Mechanismen verfügbar sind

(Fortsetzung)

Tab. 12.2 (Fortsetzung)

Telemedizin und Fernüberwachung		
Handlungsempfehlungen für die Umsetzung im Gesundheitswesen		
Schritte	Unterpunkte	Beschreibung
6. Schulung und Unterstützung der Anwender	6.1. Training von medizinischem Personal und Patienten	Entwickeln und führen Sie Schulungsprogramme für medizinisches Personal und Patienten durch
	6.2. Bereitstellung von Support	Stellen Sie kontinuierlichen technischen und praktischen Support für Anwender zur Verfügung
		Stellen Sie Schulungsmaterialien und -ressourcen (e.g. Webseite) zur Verfügung
7. Überwachung und kontinuierliche Verbesserung	7.1. Erhebung von Nutzungsdaten	Sammeln und analysieren Sie Daten zur Nutzung der Telemedizin- und Fernüberwachungstechnologien
		Überwachen Sie die Effektivität und Akzeptanz der Technologien (Feedback, Surveys)
	7.2. Regelmäßige Anpassung und Optimierung	Überprüfen und optimieren Sie die eingesetzten Technologien regelmäßig basierend auf den gesammelten Daten

Anforderungen stellen die Finanzierung und die notwendige Unterstützung durch Kantone und Leistungserbringer nach wie vor große Hürden dar. Ein weiterer wesentlicher Meilenstein in diesem Kontext ist die Einführung der elektronischen Identität (e-ID), die als Schlüsselkomponente für den Erfolg der digitalen Gesundheitsprojekte gilt (BAG, 2024).

Smart Health ist nicht nur eine technologische Notwendigkeit, sondern auch ein unverzichtbarer Ansatz, um die Gesundheitsversorgung in der Schweiz zukunftssicher zu gestalten. Dabei müssen technologische Entwicklungen von politischen und gesellschaftlichen Debatten begleitet werden, um sicherzustellen, dass der Fortschritt sowohl praktikabel als auch ethisch vertretbar ist. Während ethische Fragen, wie etwa der Umgang mit Gesundheitsdaten im Rahmen der

Genomsequenzierung und der präventiven Medizin, in diesem Buch nicht im Fokus stehen, sind sie von zentraler Bedeutung für die zukünftige Ausrichtung von Smart Health. Der Schutz sensibler Gesundheitsdaten muss dabei stets im Vordergrund stehen, um das Vertrauen der Bevölkerung in digitale Lösungen zu stärken.

Die Umsetzung von Smart Health erfordert nicht nur technologische und ethische Überlegungen, sondern auch eine starke politische und wirtschaftliche Unterstützung. Es ist entscheidend, dass Gesundheitspolitiker, Führungskräfte im Gesundheitswesen, Forschende und Technologieentwickler eng zusammenarbeiten, um evidenzbasierte Strategien zu entwickeln. Diese Strategien sollten eine effiziente, gerechte und nachhaltige Gesundheitsversorgung fördern, die den Bedürfnissen der gesamten Bevölkerung gerecht wird. Um die Akzeptanz von digitalen Gesundheitslösungen in der Bevölkerung zu erhöhen, sind Pilotprojekte und Forschungsinitiativen unerlässlich. Diese Initiativen können dazu beitragen, das Vertrauen in neue Technologien zu stärken und ihre Vorteile für alle Akteure im Gesundheitssystem sichtbar zu machen. Durch die Einbindung aller relevanten Akteure – von politischen Entscheidungsträgern bis hin zu den Nutzern selbst – und die Förderung einer offenen, transparenten Kommunikation können die Potenziale von Smart Health umfassend ausgeschöpft werden.

12.6 Mehr Eigeninitiative

Die digitale Transformation im Gesundheitswesen verändert auch die Rolle der Patienten, die zunehmend als Konsumenten wahrgenommen werden und häufiger in gesundem Zustand mit dem Gesundheitssystem interagieren, was einen Einfluss auf die Patienten-Journey hat. Allerdings ist auch Eigeninitiative notwendig, was mit dem Demokratisierungsanspruch im Gesundheitswesen bezüglich Patientendaten einhergeht. So hat der Herausgeber dieses Buches, die Erkenntnisse zum Anlass genommen für sich und seine fünfköpfige Familie ein EPD zu eröffnen.

Erfahrungsbericht des Autors: Anmeldung und Eröffnung eines EPD
Als erstes musste ein EPD-Anbieter ausgewählt werden, worauf die Wahl aufgrund des Wohnorts Zürich auf Sanela von der Schweizer Post fiel. Auf der entsprechenden Webseite gibt es einen EPD-Self-Onboarding-Service der Post, der vollständig online durchlaufen werden kann. Um das EPD bei Sanela beantragen zu können, muss zunächst eine eID mit SwissID erstellt

werden. Dazu muss man die Swiss ID App auf dem Smartphone herunterladen und einen Account erstellen. Nach diversen Überprüfungsprozessen, die etwas schwer nachvollziehbar und verständlich sind, inklusive Passkopie und automatische Lesung der Chipdaten des Passes, kann die Identität schließlich von SwissID validiert werden. Der Prozess ist etwas technisch, funktioniert aber recht gut und ist nach maximal 30 min abgeschlossen. Verstehen, was in den einzelnen Schritten passiert ist allerdings kaum möglich.

Weiter geht es auf der Webseite von SwissID, wo nach klicken für die EPD-Beantragung, persönliche Daten abgefüllt und die Adresse freigegeben werden muss. Obwohl die SwissID bereits erfolgreich installiert wurde, wird man durch einen Workflow geführt, mit Aufforderung die SwissID App auf dem Smartphone zu installieren. Man wird dann mit einem QR-Code aufgefordert den Antrag in der SwissID App zu öffnen und gelangt zu einem weiteren Prozessschritt, wo die Signatur aktiviert werden muss. Dann erfolgt eine erneute Login-Aufforderung auf der SwissID App, mit anschließenden Nutzungsbedingungen von SwissSign, einer Datensicherheitsspezialistin der Schweizerischen Post. Nun ist der Benutzer scheinbar bereit nach ZertES (Zertifizierungsdienst nach Bundesgesetz über elektronische Signaturen, inklusive Einsatz, Anbieter, Rechte und Pflichten), Dokumente digital zu signieren. Das EPD-Antragsformular kann nun digital unterzeichnet werden und wird automatisch an SwissID zurückgesendet. Eine abschließende E-Mail von SwissID bestätigt, dass ein SwissID-Konto erstellt wurde und dass der Benutzer elektronische Identitätsnachweise nutzen kann. Gemäß der E-Mail soll man für die Eröffnung des EPD den Anweisungen der Dossiereröffnungsstelle folgen. Auf der Sanela Webseite erscheint plötzlich (etwas überraschend) eine Einwilligungserklärung für die Eröffnung eines elektronischen Patientendossiers. Eine Info-Brochure und die AGB's folgen, die bestätigt werden müssen. Jetzt muss wieder in die SwissID App verzweigt werden und der Signaturdienst geöffnet werden. Dort wird man durch die Einwilligungserklärung der Post Sanela Health AG geführt. Auffallend sind die vielen Gesetzestexte, die auf einem Smartphone kaum gelesen werden können. Irgendwann wird der Antrag von der SwissID-App an Post Sanela zurückgeschickt. Auf deren Webseite wird bestätigt, dass das EPD angelegt, eine E-Mail mit initialem Benutzernamen, ein Link zum EPD und eine SMS mit initialem Passwort versendet wurde. Die elektronische signierte Einwilligungserklärung kann heruntergeladen werden. Abschließend erfolgt die Anmeldung auf dem Sanela Health Portal mit automatischer Weiterleitung auf das SwissID-Login, respektive zur Bestätigung auf die SwissID-App. Nach erfolgreicher Validierung der Identität öffnet sich ein Übersichtsportal von Sanela Health und das EPD scheint aktiv.

Im Übersichtsportal können Dokumente hochgeladen werden, welche dann vom Benutzer als eingeschränkt zugänglich, normal zugänglich oder geheim deklariert werden können. Hier erleben wir die Demokratisierung des Gesundheitswesens, da der Patient selbst über die Nutzung seiner Daten entscheiden kann, was allerdings weitere Fragen mit sich zieht.

Zusammenfassend kann gesagt werden, dass der EPD-Eröffnungsprozess, wenn er sequenziell ohne Unterbrüche und technische Probleme durchlaufen werden kann, funktioniert. Was bei Fehlern wäre, bleibt offen. Aus Sicht der Benutzer ist die Komplexität groß und es herrscht eine Verantwortungsdiffusion. Die Eröffnung eines EPD entspricht auch keinem barrierefreien Prozess. Ältere und technisch weniger versierte Menschen, sowie Menschen mit nicht Standardkonfigurationen von Hardware, Software und Smartphones werden hier kaum erfolgreich sein. Auch ist nicht ersichtlich, wie eine ganze Familie im EPD hinterlegt werden kann. Die vielen Fragen würden Support- und Unterstützungsdienste bei großen Antragszahlen kostentechnisch und kapazitätsmäßig überlasten.

Das EPD kann theoretisch nach der Eröffnung mit medizinischen Informationen befüllt werden. Aktuelle und für die Weiterbehandlung relevante Dokumente wie Austrittsberichte, Pflegeberichte, Medikationslisten oder Röntgenbefunde sollten darin hinterlegt werden können. Eine rückwirkende Ergänzung früherer Behandlungsdokumente ist zwar möglich, wird jedoch nur von wenigen Gesundheitsinstitutionen angeboten, da sie mit erheblichem Aufwand verbunden ist. Für den Nutzer bleibt unklar, wie Gesundheitsinformationen ins EPD gelangen. Im Rahmen dieses Selbstversuches sollte als erstes der im EPD integrierte Impfausweis genutzt werden. Im entsprechenden Menüpunkt (Logo von eHealth Suisse) kann der Benutzer Impfungen manuell eintragen oder importieren. Die Gesundheitsdaten der Plattform meineimpfungen.ch hätten 2021 Teil des EPD bilden sollen. Nach dem Scheitern der Plattform aufgrund schwerwiegender Sicherheitsmängel, erklärte das Bundesamt für Gesundheit, das die 300‘000 eingetragenen Benutzer ihre Impfdaten nicht zurückerhalten, sondern diese vernichtet werden (BAG, 2022). Es stellt sich also die Frage, woher Impfdaten importiert werden sollen. Neue Impfungen können also nur von Hand von den traditionellen Blutgruppen- und Impfausweisen hinzugefügt werden. Vorausgesetzt die Handschrift der Ärzte ist lesbar, stellt der manuelle Eintrag eine erhebliche Fehlerquelle dar. Die Eingabemasken verlangen Angaben über die Dosis, Nebenwirkungen oder Risikofaktoren, die eigentlich nur von Fachpersonen ausgefüllt werden dürften. Viele dieser Informationen sind rückwirkend nicht ersichtlich. So reichen die ersten Einträge von Impfungen des Herausgebers dieses Buches auf 1970 zurück. Auch unklar ist, inwiefern Gesundheitsdienstleister diese Dokumente hochladen können und sollen. Eine nicht repräsentative Umfrage des Herausgebers unter Ärzten hat ergeben, dass das Wissen und die Erfahrung im Umgang mit dem EPD generell fehlen. Die Anwendung des EPD konnte bislang nicht getestet werden. Ende August 2024 haben gemäß ehealth Suisse (2024) 71‘972 Personen ein EPD eröffnet, was 0.79 % der Bevölkerung entspricht. Wie viele es aktiv nutzen ist unbekannt.

12.7 Smart Health und Longevity

Wir haben zu Beginn des Buches Smart Health abgegrenzt. Es kann ein Mittel zur Erreichung von Longevity-Zielen sein, indem es Technologien bereitstellt, die eine individuelle Überwachung (auch Fernüberwachung) durch Wearables und Smartwatches ermöglicht. Die fünf Grundpfeiler die evidenzbasiert zu einer gesunden Alterung beitragen sind Ernährung, Schlaf, Kognition, Hormone und die körperliche Fitness (Eckhardt et al., 2022). Das bringt aber nur etwas, wenn es personalisiert wird und die gemessenen Daten permanent ausgewertet und die Lebensstile adaptiert werden. Datenanalysen mithilfe von KI dienen der Gesundheitsförderung und können Menschen zu Lebensstiländerungen motivieren. Durch zugängliche und bessere Datenqualität werden prädiktive Analysen, präventive Maßnahmen und personalisierte Behandlungen optimieren. Entsprechen kann ein gesunder Lebensstil zu einem wesentlichen Faktor für Longevity werden, da er das Risiko chronischer Erkrankungen verringert und das allgemeine Wohlbefinden steigert.

Die Konvergenz von Technologien wird auch neue Verbindungen zwischen der kurativen Medizin (Krankheiten behandeln und heilen, nachdem sie aufgetreten sind) und der präventiven Medizin (Krankheiten verhindern, bevor sie entstehen) herstellen und Entwicklungen in der Livestyle-Medizin vorantreiben. Letztere ist ein integrativer und präventiver Ansatz, der die Verantwortung für die eigene Gesundheit betont und Menschen dabei unterstützt, durch positive

Lebensstiländerungen ein gesundes und erfülltes Leben zu führen. Diese Medizinrichtung spielt eine entscheidende Rolle in der modernen Gesundheitsversorgung, indem sie sich auf die Verhinderung und Behandlung von Krankheiten durch ganzheitliche und nachhaltige Gesundheitspraktiken konzentriert. Diese Art der Gesundheitsförderung fokussiert auf die Erhaltung und Stärkung der Gesundheit von Menschen.

> *„Das Gesundheitsverständnis verschiebt sich zunehmend von der Behandlung erkrankter Menschen hin zur ganzheitlichen Gesundheitsförderung – von Sickcare zu Healthcare."*

Ob Ernährungsberatung, Bewegungsprogramme, Schlafanalyse, soziale Beziehungen oder Stressbewältigung – alles wird kontinuierlich gemessen und mit umfangreichen Datensätzen verglichen. Um mit Hilfe von gesammelten Daten gesünder und länger zu leben, modifizieren einige Menschen bereits nicht nur ihren Lebensstil, sondern versuchen auch das Erbgut für die Langlebigkeit zu nutzen. Diese *Biohacker* verinnerlichen den Trend zur Selbstoptimierung (Carver, 2023; Sandua, 2024). Sie gehen davon aus, dass wenn das biologische System Körper verstanden wird, eine gezielte Veränderung des Systems möglich ist (Yetisen, 2018). Biohacking und Smart Health ergänzen sich gegenseitig (Swan, 2019), wobei wir davon ausgehen, dass vor allem digitale Innovationen bei der Verbesserung der Gesundheit und Leistungsfähigkeit durch kontinuierliche Überwachung und personalisierte Gesundheitspläne wirken. Nur wenige Quellen erklären allerdings wissenschaftlich, wie Smart Health die eigene Gesundheit und das Gesundheitsverhalten verändern können. Aktuell finden wir einen Wildwuchs an Literatur und Ratgebern zu Biohacking und Longevity. Auffallend dabei ist, dass die meisten Artikel kaum zitiert werden, was auf geringe Relevanz und Validität schließen lässt. Belassen wir es damit und orientieren uns an der Realität.

Die Zukunft der Gesundheit liegt in der datenbasierten personalisierten Medizin und der Synergie zwischen Prävention, Behandlung und Rehabilitation. Smart Health berücksichtigt diese Aspekte und kann auch Livestyle-Medizin beinhalten. Wir müssen mehr denn je einen ganzheitlichen Ansatz verfolgen, der die Bedürfnisse von Patienten aber auch gesunder Menschen in den Mittelpunkt stellt. Durch die Schaffung eines offenen und digitalen Gesundheitsökosystems können wir eine nachhaltige und qualitativ hochwertige Gesundheitsversorgung gewährleisten, die den Bedürfnissen des 21. Jahrhunderts gewachsen ist. Wir haben gelernt, dass Smart Health das Potenzial hat, die Gesundheitsversorgung zu revolutionieren und eine neue Ära der Medizin einzuleiten. Die gemeinsame Nutzung von Daten ist ein zentraler Faktor für den Erfolg des kooperativen Ansatzes. Je besser Daten geteilt werden, desto größer und qualitativ hochwertiger ist der vorhandene Datenreichtum, was zu besseren Ergebnissen führt. Über einen längeren Zeitraum gesammelte Gesundheitsdaten können Krankheitsmuster und -trends aufdecken. In Kombination mit künstlicher Intelligenz ermöglichen sie tiefere Forschung, präzisere Vorhersagemodelle und innovative Behandlungsansätze. Die Digitalisierung und gemeinsame Datennutzung verbessert zudem die Früherkennung von Krankheiten, indem potenzielle Gesundheitsprobleme erkannt werden, bevor Symptome auftreten.

In der Forschung müssen Ergebnisse auf breiter Basis abgestützt werden, um die statistische Aussagekraft zu erhöhen. Mit mehr Gesundheitsdaten können auch genauere epidemiologische Studien durchgeführt werden, die ein besseres Verständnis von Krankheitsbildern bieten und die Entwicklung wirksamerer Behandlungen unterstützen. Zudem fördert der Datenaustausch die Zusammenarbeit zwischen verschiedenen Fachbereichen, was für ein ganzheitliches Gesundheitsverständnis wichtig ist. Beim Schweizer Pharmakonzern Roche werden unterschiedliche wissenschaftliche Perspektiven zusammengeführt, um Innovationen zu fördern. Dabei ist das Teilen von Gesundheitsdaten unumgänglich (Roche, 2024). Denn Gesundheitsdaten umfassen nicht nur klinisch gewonnene Informationen wie Laborwerte und Messwerte, sondern auch persönliche und sozioökonomische Daten. Klinisch gewonnene Daten stammen direkt aus medizinischen Untersuchungen und Behandlungen und umfassen Diagnosen, Behandlungsverläufe und ähnliche Informationen. Persönliche Daten betreffen individuelle Merkmale wie Alter, Geschlecht, Lebensstil, Familienanamnese und genetische Informationen. Sozioökonomische Daten beinhalten Informationen über den sozialen und wirtschaftlichen Status einer Person, wie Einkommen, Bildung, Beruf und Wohnort. Diese Daten können statistisch wertvolle Hinweise auf Gesundheitsrisiken und Behandlungserfolge geben.

Während das medizinische Wissen hauptsächlich auf klinischen Studien basiert, die systematische Untersuchungen zur Bewertung der Sicherheit und Wirksamkeit von Behandlungen darstellen, können zusätzlich vielfältige Daten die Entwicklung von Medikamenten und die personalisierte Medizin erheblich verbessern. Personalisierte Medizin nutzt die individuellen biologischen, genetischen, persönlichen und sozioökonomischen Merkmale eines Patienten, um maßgeschneiderte Behandlungspläne zu entwickeln. Roche baut aktuell ein Ökosystem für Gesundheitsdaten auf und ist überzeugt, dass durch das Teilen von Daten die Wirksamkeit von Medikamenten erhöht und Nebenwirkungen reduziert werden können (Roche, 2024).

12.8 Schlussfolgerung

Die Erkenntnisse und Empfehlungen aus diesem Buch enthalten Zukunftsaussichten, welche das Gesundheitswesen durch den Einsatz moderner Technologien und datenbasierter Ansätze revolutionieren können. *Smart Health* verbessert dabei die Prävention, Diagnose, Behandlung und Verwaltung von Gesundheitsdienstleistungen und schafft ein vernetztes, effizientes und patientenzentriertes Gesundheitssystem. Das Buch soll als Leitfaden dienen, um die notwendigen Schritte in Richtung einer zukunftsfähigen Versorgung zu gehen und die Vision eines integrierten und vernetzten Gesundheitsökosystems zu realisieren.

Die Einführung von Smart Health eröffnet vielfältige Potentiale für eine zukunftsorientierte und patietenzentrierte Gesundheitsversorgung. Ein zentrales Anwendungsfeld ist die personalisierte Medizin: Durch die Analyse umfangreicher Gesundheitsdaten – zunehmend unterstützt durch künstliche Intelligenz – können Behandlungen gezielter auf individuelle Bedürfnisse abgestimmt werden. Dies trägt nicht nur zu besseren medizinischen Ergebnissen bei, sondern steigert auch die Zufriedenheit der Patientinnen und Patienten. Auch in der Prävention und Früherkennung zeigt Smart Health große Wirkung. Moderne Technologien ermöglichen es, Krankheiten bereits vor dem Auftreten erster Symptome zu identifizieren und frühzeitig zu behandeln. Dadurch lassen sich nicht nur gesundheitliche Risiken reduzieren, sondern langfristig auch Kosten im Gesundheitssystem senken. Darüber hinaus führen digitale Prozesse zu einer spürbaren Entlastung im administrativen Bereich. Sie beschleunigen Abläufe, vereinfachen Dokumentationen und schaffen Freiräume, insbesondere für die direkte Interaktion mit den Patienten. Nicht zuletzt bietet die Telemedizin neue Zugänge zur medizinischen Betreuung: Fernüberwachung und virtuelle Konsultationen erleichtern den Zugang zur Versorgung, besonders für Menschen in ländlichen Regionen oder mit eingeschränkter Mobilität. Insgesamt zeigt sich: Smart Health ist nicht nur ein technologischer Fortschritt, sondern ein integraler Bestandteil eines modernen, effizienten und patientenzentrierten Gesundheitsökosystems..

Neben den Potenzialen von Smart Health haben wir auch auf eine Reihe von Herausforderungen hingewiesen. Der Schutz sensibler Gesundheitsdaten muss höchste Priorität haben, um das Vertrauen der Patienten zu gewährleisten. Zudem müssen unterschiedliche Systeme und Plattformen nahtlos zusammenarbeiten können, um einen reibungslosen Informationsfluss zu gewährleisten (Interoperabilität). Schließlich muss stehts sichergestellt werden, dass alle Bevölkerungsgruppen gleichermaßen von den technologischen Fortschritten profitieren und nicht nur diejenigen, die bereits privilegiert sind. *Gesundheit* wird nicht nur für alle Bevölkerungsgruppen gleichermaßen gefordert, sondern definiert auch den Zustand des vollständigen körperlichen, geistigen und sozialen Wohlbefindens. Es ist gemäß der Weltgesundheitsorganisation viel mehr als das Freisein von Krankheit und Gebrechen (WHO, 2020).

Auch mit Smart Health kann die Digitalisierung des Gesundheitswesens nicht über Nacht erreicht werden. Es bedarf kontinuierlicher Anstrengungen und Anpassungen. Wir stehen am Anfang einer aufregenden Reise voller Möglichkeiten und Herausforderungen. Mit der richtigen Kombination aus technologischem Wissen, politischem Willen und gesellschaftlicher Akzeptanz können wir gemeinsam ein digitales und nachhaltiges Gesundheitsökosystem schaffen.

Lassen Sie uns diese Reise gemeinsam antreten und die Zukunft der Gesundheitsversorgung aktiv gestalten. Denn letztendlich geht es darum, die Gesundheit und das Wohlbefinden jedes Einzelnen zu verbessern und eine bessere Lebensqualität für alle zu erreichen. Schließlich streben wir doch alle danach, so lange wie möglich gesund und glücklich zu leben!

Literatur

BAG. (2022). Das BAG bedauert die Nicht-Rückgabe der Daten der Plattform meineimpfungen.ch. Medienmitteilung Bundesamt für Gesundheit, 24. Mai. https://www.admin.ch/gov/de/start/dokumentation/medienmitteilungen.msg-id-88997.html. Zugegriffen: 26. Juli 2024.

BAG (2024). Weiterentwicklung des elektronischen Patientendossiers. Bundesamt für Gesundheit, https://www.bag.admin.ch/bag/de/home/strategie-und-politik/nationale-gesundheitsstrategien/strategie-ehealth-schweiz/umsetzung-vollzug/weiterentwicklung-epd.html. Zugegriffen: 20. Dez. 2024.

BSV (2003). Telemedizinische Verfahren auf dem Weg zum Standard. Forschungsbericht Nr. 14, Bundesamt für Sozialversicherungen.

Carver, L. F. (2023). *An interdisciplinary approach to aging, biohacking and technology: Hacking your age.* Taylor & Francis.

Compassana (2025). For smarter healthcare. https://www.compassana.ch. Zugegriffen: 19. März 2025.

Eckhardt, A., Abegg, A., Seferovic, G., Ibric, S., & Wolf, J. (2022). Wenn Menschen ihren Körper mit Technik vernetzen: Grundlagen und Perspektiven nicht-medizinischer Bioelektronik. *vdf Hochschulverlag, 78.*

Ehealth Suisse. (2024). Das elektronische Patientendossier: Aktueller Stand. https://www.e-health-suisse.ch/koordination/elektronisches-patientendossier/aktueller-stand. Zugegriffen: 30. Sept. 2024.

Fasnacht, D. (2023). Gesundheits-Ökosysteme, Kap. 6.7, 174–184. In: Offene und digitale Ökosysteme: Mehrwert durch Branchen- und Technologiekonvergenz. Springer Gabler. https://doi.org/10.1007/978-3-658-42494-7_6.

Fasnacht, K. (2025). Warum Hausärzte glücklich machen. Neue Zürcher Zeitung, 22. Februar.

Roche (2024). Ein Ökosystem für Gesundheitsdaten: Vorteile für Patient:Innen und Forschung. https://www.roche.ch/stories/ein-oekosystem-fuer-gesundheitsdaten. Zugegriffen: 19. Juni 2024.

Sandau, D. (2024). *Biohacking: The science of optimizing the human body.* David Sandua.

Swan, M. (2019). Technophysics, smart health networks, and the bio-cryptoeconomy: Quantized fungible global health care equivalency units for health and well-being. *Nanotechnology.*

WHO. (2020). *Constitution of the World Health Organization.* In: Basic Documents, Forty-ninth edition (S. 1). World Health Organization.

Yetisen, A. K. (2018). Biohacking. *Trends in Biotechnology, 36*(8), 744–747.

Kolibri 360 GmbH
Ferdinand-Jühlke-Straße 7
99095 Erfurt, Deutschland
produktsicherheit@kolibri360.de